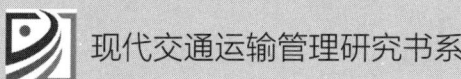 现代交通运输管理研究书系

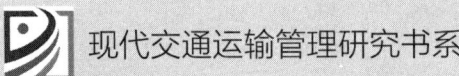 现代交通运输管理研究书系

现代交通运输管理研究书系

"一带一路"沿线国家物流网络的结构分析及深度融合研究

Research on the Structure Analysis and Deep Integration of Logistics Network among Countries along the Belt and Road

姚红光 ⊙ 著

北京·旅游教育出版社

图书在版编目（CIP）数据

"一带一路"沿线国家物流网络的结构分析及深度融合研究 / 姚红光著. -- 北京：旅游教育出版社，2021.11

（现代交通运输管理研究书系）

ISBN 978-7-5637-4258-5

Ⅰ．①一… Ⅱ．①姚… Ⅲ．①"一带一路"－国际物流－网络结构－研究 Ⅳ．①F259.1

中国版本图书馆CIP数据核字(2021)第103586号

现代交通运输管理研究书系

"一带一路"沿线国家物流网络的结构分析及深度融合研究

姚红光　著

策　　划	李红丽
责任编辑	马　瑞
出版单位	旅游教育出版社
地　　址	北京市朝阳区定福庄南里1号
邮　　编	100024
发行电话	（010）65778403　65728372　65767462（传真）
本社网址	www.tepcb.com
E - mail	tepfx@163.com
排版单位	北京旅教文化传播有限公司
印刷单位	唐山玺诚印务有限公司
经销单位	新华书店
开　　本	710毫米×1000毫米　1/16
印　　张	23
字　　数	301千字
版　　次	2021年11月第1版
印　　次	2021年11月第1次印刷
定　　价	88.00元

（图书如有装订差错请与发行部联系）

前　言

2013年9月和10月，中国国家主席习近平在出访中亚和东南亚国家期间，先后提出共建"丝绸之路经济带"和"21世纪海上丝绸之路"的重大倡议，得到国际社会高度关注和积极响应。"一带一路"倡议是新世纪我国向国际社会贡献的中国智慧，是构建"人类命运共同体"、促进世界和平发展的重要途径。"一带一路"倡议提出后，在国际上引起强烈反响，得到了沿线各国的大力支持。截至2021年1月末，中国已经同140个国家和31个国际组织签署了205份共建"一带一路"合作文件。

"一带一路"倡议对我国甚至对世界的未来发展都将产生深远的影响，而沿线物流网络融合对"一带一路"倡议的实施具有先导作用。"五通"是"一带一路"的基本内涵："设施联通"直接提出了物流网络要连通融合的基本要求；"贸易畅通"则必须以高效畅通的物流网络作为支撑，在此基础上才能促进"资金融通"；进而实现"政治沟通"和"民心相通"。因此，物流网络融合是实现"五通"的前提与基础。"一带一路"不是封闭的体系，没有绝对的边界，愿意参与的国家均可参加。从广义范畴讲，"亚—欧—非"大陆上的所有国家都是"一带一路"的潜在成员。"一带一路"相当于打造一个"亚—欧—非物流互联网"，将参与各国的运输体系连接起来，构建海陆空一体化的物流通道，实现全球物流一体化。"一带一路"是中国融入世界物流网络的最佳切入点。

"一带一路"沿线物流网络融合不仅能推动我国更深层次地融入国际物流链，还能促进"一带一路"沿线区域间的协调发展，从而优化我国对外开放的区域结构，盘活经济存量、消化产能过剩，获取战略资源、拓展经贸合作；有助于构建一个高效运转的物流网络、减少不必要的资源浪费，对提高"一带一路"沿线物流网络的运营效率、加强"一带一路"沿线国家间的经贸合作具有重大意义。

本书从网络化的视角对"一带一路"沿线物流网络结构进行分析，这在"一带一路"沿线物流研究领域是一个较新的尝试。笔者在书中实证研究了"一带一路"沿线物流网络的统计特征，较为精细地揭示了物流网络的结构特性，提出了"一带一路"沿线物流网络深度融合的具体策略。

本书共分十章，第一章介绍了本书研究背景，梳理了当前国内外相关领域的研究成果；第二章在回顾了"一带一路"倡议提出的历史背景后，引用习近平同志近年来的重要讲话深入分析了"一带一路"倡议的内涵，最后从国家和地方两个层面梳理了促进"一带一路"物流发展的相关政策，为后续研究奠定了基础；第三章以"一带一路"沿线国家间物流需求为研究对象，通过引力模型分析沿线国家间物流引力的分布情况，从而为实现"一带一路"国家间物流网络的完善与优化奠定基础；第四章通过采集"一带一路"沿线机场及航线的数据信息，运用复杂网络技术，研究了沿线航空网络结构特征；第五章针对"海上丝绸之路"航运网络，在分析了其结构特征后，通过仿真分析手段重点研究了网络的可靠性；第六章则针对当前"一带一路"国家间铁路运输的实际，从通达性的角度分析了未来高铁线路的布局问题；第七章进行了"一带一路"贸易网络与物流网络结构的对比分析，揭示了物流网络对国际贸易发展的支撑程度；第八章以航空运输网络为例，运用 k- 核理论提取了网络的核心层，确定了网络中的重要节点；第九章重点研究了"一带一路"物流网络中各节点间的连接机制和驱动因素；第十章根据上述研究成果提出了中国视角下"一带一路"沿线物流网络的融合策略。

本书是 2016 年度国家社会科学基金项目（16BGL014）的研究成果，得到了该项目的支持与资助；此外，本书还得到了上海工程技术大学著作出版专项基金的资助，在此一并表示感谢！

限于作者的学识水平和研究过程中客观条件的限制，本书撰写的时间跨度较大，在数据采集、网络选取等方面都存在不足；此外，书中仅关注了长距离的海运、航空、铁路等运输方式，对于沿线相邻国家间的公路运输则未将其涵盖在研究范围内。书中其他部分的认识不足或疏漏之处，恳请专家、学者批评指正。

姚红光
2021 年 2 月于上海工程技术大学

目 录

第一章 绪 论 / 1

第一节 研究背景及意义 / 1
一、研究背景 / 1
二、研究意义 / 2

第二节 国内外研究综述 / 2
一、物流业是实施"一带一路"倡议的先行者 / 3
二、基于复杂网络理论的物流网络研究综述 / 4
三、枢纽城市是物流网络的关键节点 / 5
四、物流网络融合研究综述 / 6

第二章 中国推进"一带一路"沿线物流发展的政策解析 / 9

第一节 "一带一路"倡议的提出 / 9
一、时代背景 / 9
二、习近平同志在哈萨克斯坦的重要演讲 / 10
三、习近平同志在印度尼西亚的重要演讲 / 12
四、"一带一路"倡议的内涵解析 / 13

第二节 中国推进"一带一路"物流发展的主要政策 / 19
一、中国推进"一带一路"的政策体系 / 19
二、现代物流业对推进"一带一路"倡议的意义分析 / 22
三、推进"一带一路"物流发展的政策解析 / 24

第三节 "一带一路"沿线国家概况 / 28
  一、东北亚地区 / 29
  二、东南亚地区 / 29
  三、南亚地区 / 29
  四、中亚地区 / 30
  五、西亚/北非地区 / 30
  六、中东欧地区 / 31

第三章 "一带一路"沿线国家间物流引力研究 / 33

第一节 物流网络对"一带一路"的作用 / 34
  一、我国与"一带一路"沿线国家间物流通道的建设与发展 / 34
  二、"一带一路"发展与物流网络的关系分析 / 35

第二节 "一带一路"沿线国家物流引力模型的构建 / 37
  一、引力模型的理论概述 / 37
  二、物流引力模型的建立 / 38
  三、"一带一路"沿线国家物流发展水平的确定 / 39

第三节 "一带一路"沿线各国物流发展水平分析 / 41
  一、数据的收集和处理 / 41
  二、指标权重的确定 / 45
  三、基于TOPSIS法的物流发展指数的测算 / 49
  四、物流综合能力数据分析 / 55

第四节 "一带一路"沿线国家间的物流引力分布 / 57

第五节 "一带一路"沿线各国物流引力与航线分布研究 / 71
  一、"一带一路"沿线各国物流引力与航线分布的对比分析 / 71
  二、中国与沿线各国物流引力与航线分布的对比分析 / 73

第四章 "一带一路"沿线航空网络结构特征分析 / 79

第一节 "一带一路"沿线航空网络概况 / 80
  一、我国民航航线发展现状 / 80
  二、我国与"一带一路"沿线国家间航空运输的开展现状 / 81

三、航空运输对"一带一路"发展的促进作用 / 81

第二节 "一带一路"航空网络结构研究 / 84
    一、复杂网络理论基础 / 84
    二、"一带一路"沿线国家航空网络的构建 / 88
    三、"一带一路"航空网络的统计特征 / 88

第三节 节点视角下"一带一路"航空网络结构研究 / 93
    一、机场及航线分布统计 / 93
    二、机场间的关联性质分析 / 95

第四节 国家视角下"一带一路"航空网络结构研究 / 97
    一、不同国家机场及航线统计 / 97
    二、国家视角下的航空网络结构研究 / 98
    三、中国与"一带一路"沿线国家的航线连接分析 / 103
    四、国家视角下的节点相关性分析 / 105

第五节 区域视角下"一带一路"航空网络结构研究 / 111
    一、区域板块机场及航线统计 / 111
    二、东南亚地区连接状况分析 / 112
    三、南亚地区航线网络的连接状况分析 / 113
    四、中亚地区航线网络的连接状况分析 / 114
    五、西亚/北非地区航线网络的连接状况分析 / 115
    六、中东欧地区航线网络的连接状况分析 / 117

第五章 "海上丝绸之路"远洋航运网络结构特征研究 / 120

第一节 "海上丝绸之路"沿线远洋航运网络的建立 / 121
    一、"海上丝绸之路"沿线远洋航运网络数据采集 / 121
    二、数据统计周期的确定 / 123
    三、临界矩阵的建立 / 124

第二节 "海上丝绸之路"远洋航运网络结构特征分析 / 125
    一、度及度分布 / 125
    二、聚集系数 / 128
    三、平均最短路径长度 / 129

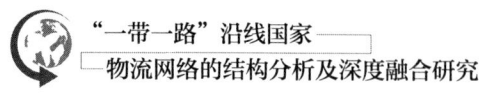

　　四、介数 / 130

　　五、特征参数的相关性研究 / 131

第三节　"海上丝绸之路"远洋航运网络的可靠性研究 / 132

　　一、远洋航运网络可靠性的内涵与意义 / 133

　　二、远洋航运网络可靠性的评判指标确定 / 134

　　三、"海上丝绸之路"远洋航运网络可靠性分析的主要模式 / 135

　　四、"独立干扰"模式下"海上丝绸之路"远洋航运网络可靠性的仿真研究 / 136

　　五、"随机持续干扰"模式下"海上丝绸之路"远洋航运网络可靠性的仿真研究 / 139

　　六、"定向持续干扰"模式对"海上丝绸之路"远洋航运网络可靠性影响研究 / 141

第四节　"海上丝绸之路"远洋航运网络可靠性的牵制控制研究 / 147

　　一、牵制控制对提高航运网络可靠性的意义分析 / 147

　　二、网络可靠性提升的牵制控制模型的建立 / 147

　　三、"海上丝绸之路"远洋航运网络牵制控制的实证分析 / 149

　　四、牵制控制对远洋航运网络可靠性的影响分析 / 151

第六章　"丝路经济带"铁路网络的通达性研究 / 155

第一节　"丝路经济带"铁路网模型的构建及路网现状 / 156

　　一、"丝路经济带"概况 / 156

　　二、基于Arc GIS软件的铁路网模型构建 / 156

　　三、"丝路经济带"铁路网分布现状 / 169

第二节　"丝路经济带"铁路网通达性测算及结果分析 / 170

　　一、通达性理论概述 / 170

　　二、基于Arc GIS软件的通达性测算方法概述 / 171

　　三、"丝路经济带"铁路网通达性测算 / 172

　　四、"丝路经济带"铁路网通达性测算结果分析 / 182

第三节　"丝路经济带"铁路网络中高铁布局分析 / 183

　　一、区域通达性与经济发展联系分析 / 183

二、引力模型及空间自相关理论 / 184

　　三、"丝路经济带"各城市经济联系总量比较分析 / 186

　　四、"丝路经济带"各城市经济联系强度比较分析 / 192

　　五、"丝路经济带"各城市经济隶属度比较分析 / 193

　　六、经济联系视角下高铁站点选址 / 196

第七章 "一带一路"沿线贸易网络与物流网络对比研究 / 206

第一节 "一带一路"贸易网络与物流网络特征参数的对比 / 206

　　一、国家视角下"一带一路"贸易网络与物流网络的
　　　　数据采集 / 206

　　二、网络密度的对比 / 208

　　三、度值对比 / 208

　　四、点强度的对比 / 212

第二节 "一带一路"贸易网络与物流网络属性的对比分析 / 216

　　一、"小世界"属性的对比分析 / 216

　　二、"无标度"属性的对比分析 / 217

第三节 "一带一路"贸易网络与物流网络的中心性的对比分析 / 219

　　一、主要中心性指标 / 219

　　二、中心性的对比分析 / 220

　　三、"一带一路"贸易网络与物流网络的核心—边缘分析 / 225

第四节 贸易网络与物流网络的协同发展分析 / 227

　　一、双核心国家 / 227

　　二、物流优势国家 / 227

　　三、贸易优势国家 / 228

　　四、双边缘型国家 / 228

第八章 "一带一路"沿线物流网络的层次性研究 / 231

第一节 网络的k-核分析 / 232

　　一、网络的k-核与节点的核数 / 232

　　二、k-核分解 / 232

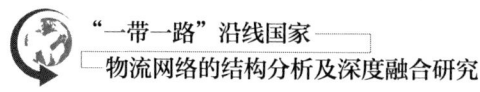

第二节 "一带一路"航空网络的k-核分析 / 233
 一、数据遴选与网络构建 / 233
 二、"一带一路"航空网络的k-核分解 / 234
 三、"一带一路"航空网络的节点核数与中心性的相关性分析 / 235
第三节 "一带一路"航空网络结构的层次分析 / 237
 一、"一带一路"航空网络的层次化 / 237
 二、各层网络性质的对比分析 / 238
 三、各层网络的连接状况分析 / 241
第四节 "一带一路"航空网络的核心层研究 / 243
 一、"一带一路"航空网络核心层的确定 / 243
 二、"一带一路"航空网络核心层的凝聚子群分析 / 243

第九章 "一带一路"物流网络的连接机制及驱动因素分析 / 247

第一节 链路预测理论 / 247
 一、链路预测概述 / 248
 二、链路预测指标的选取 / 250
第二节 基于相似性指标的网络链路预测 / 254
 一、"一带一路"沿线网络模型的构建 / 254
 二、构建基于相似性指标链路预测模型 / 255
 三、基于相似性指标链路预测结果 / 255
第三节 基于支持向量机的网络链路预测 / 256
 一、支持向量分类机的原理 / 257
 二、构建基于支持向量机的链路预测模型 / 261
 三、基于支持向量机的链路预测结果 / 262
第四节 "一带一路"沿线物流网络连接机制研究 / 269
 一、"一带一路"沿线物流网络连接驱动因素理论分析 / 270
 二、"一带一路"沿线物流网络连接驱动因素分析 / 272
 三、多元线性回归理论 / 274
 四、多元回归模型的构建 / 276
 五、"一带一路"沿线物流网络连接机制分析 / 280

第十章 中国视角下"一带一路"沿线物流网络的融合策略 / 285

第一节 中国融入"一带一路"沿线物流网络的基本策略 / 286
一、"一带一路"沿线国家分类 / 286
二、重点合作国家的遴选 / 289
三、"一带一路"沿线物流网络的轴辐式优化策略 / 291

第二节 中国深度融入"一带一路"航空网络的策略分析 / 293
一、我国融入"一带一路"航空网络的重点区域分析 / 293
二、"一带一路"沿线航空网络中枢纽国家的确定 / 295
三、区域视角下"一带一路"沿线航线网络航线优化策略 / 296
四、中国与"一带一路"沿线其他国家航空网络融合方案 / 297

第三节 中国融入"海上丝绸之路"航运网络的策略分析 / 302
一、提升我国港口"海上丝绸之路"航运网络地位的策略分析 / 302
二、我国主要港口融入"海上丝绸之路"航运网络的策略分析 / 304

第四节 中国与"丝路经济带"沿线铁路网络的融合策略 / 315
一、基于中欧班列的"丝路经济带"铁路发展策略 / 315
二、积极谋划构建"丝路经济带"沿线高铁线路 / 318

附 录 321

附录1 "一带一路"沿线国家间国际贸易加权网络 / 321
附录2 "一带一路"沿线国家航空加权网络 / 331
附录3 "一带一路"沿线国家远洋海运加权网络 / 343
附录4 基于相似性指标的传统链路预测算法 / 349
附录5 基于支持向量机的链路预测算法 / 352

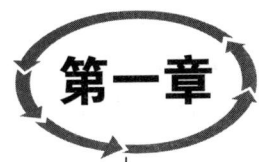

绪 论

第一节 研究背景及意义

一、研究背景

2013年9月和10月,中国国家主席习近平在出访中亚和东南亚国家期间,先后提出共建"丝绸之路经济带"和"21世纪海上丝绸之路"(以下简称"一带一路")的重大倡议,得到国际社会高度关注。中国国务院总理李克强参加2013年中国—东盟博览会时强调,铺就面向东盟的"海上丝绸之路",打造带动腹地发展的战略支点。加快"一带一路"建设,有利于促进沿线各国经济繁荣与区域经济合作,加强不同文明间的交流互鉴,促进世界和平发展,是一项造福世界各国人民的伟大事业。

"一带一路"旨在借助"古丝绸之路"这一历史元素,积极推动我国与"一带一路"沿线国家间的合作,打造出一个经济互利的利益共同体。世界经济仍处在由金融危机引发的深层次激荡之下,经济复苏缓慢、发展分化。转到国内背景来看,我国正处在经济发展的新常态时期,经济正从高速增长调整为中高速增长,经济结构持续优化升级,从要素和投资驱动转变为创新驱动;但目前我国产能过剩、外汇资产过剩,对国外的油气资源依赖度极高。"一带一路"倡议的提出正是基于如此复杂的背景环境,它旨在促进沿线经济要素的自由流动、资源的高效配置,共同打造开放、包容、均衡的"一带一路"沿线经

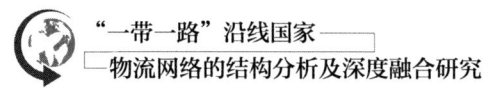

济合作架构,这是对2000多年以来"古丝绸之路"互联互通的传承与发展。

"一带一路"不是封闭的体系而是发展的体系,沿线国家的积极参与加速了"一带一路"朋友圈的扩容,同时验证了"一带一路"倡议有着强大的生命力及吸引力,中国与沿线国家共建"一带一路"必将创造多赢走向成功。"政策相通、设施联通、贸易畅通、资金融通、民心相通"是"一带一路"的基本内涵所在,其中"设施联通"直接提出构建"一带一路"沿线物流网络这一基本要求,"贸易畅通"则必须以高效运转的物流网络为支撑。以"一带一路"沿线城市为支点,打造"新亚欧大陆桥、中蒙俄经济走廊、中国—中亚—西亚经济走廊、中巴经济走廊、孟中印缅经济走廊、中国—中南半岛经济走廊"六大经济合作走廊。

"一带一路"沿线物流网络融合相当于打造一个"亚—欧物流互联网",通过新建运输路线将"一带一路"沿线区域各国的运输网络进行对接,从而达到"设施联通"与"贸易畅通"。

二、研究意义

本书从网络化的视角对"一带一路"沿线物流网络结构进行研究,这在"一带一路"沿线物流研究领域是全新的视角。实证研究"一带一路"沿线物流网络统计特征,这为后续的相关研究提供了数据支撑。"一带一路"沿线物流网络融合不仅能实现我国更深层次地融入国际物流链,还能促进"一带一路"沿线区域间的协调发展从而优化我国对外开放的区域结构、盘活经济存量消化产能过剩、获取战略资源拓展经贸合作;有助于构建一个高效运转的物流网络,有助于减少不必要的资源浪费,对提高"一带一路"沿线物流业的运营效率、对加强"一带一路"沿线国家间的经济合作具有重大意义。

第二节 国内外研究综述

截至2020年底,在中国知网,以"一带一路""物流"为关键词进行文献检索,可得相关文献共计4815篇,近几年研究"一带一路""物流"的文献数量保持稳定,如图1-1-1所示。

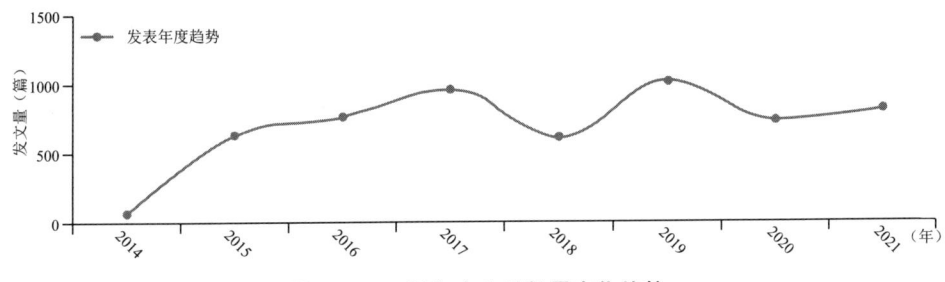

图 1-2-1 近年来文献数量变化趋势

由图 1-2-1 可知，随着 2013 年"一带一路"倡议被提出，从 2014 年开始，关于"一带一路物流网络"研究的文献数量逐年上升。"一带一路"沿线物流网络融合是我国融入世界物流网络的最佳切入点，所以对"一带一路"沿线物流网络融合的研究显得极为必要。

一、物流业是实施"一带一路"倡议的先行者

"一带一路"是经济之路，它是实现国家与国家间的贸易经济带。若要实现贸易的便利，发展物流业便成为首要一步。现代物流业具有典型的网络特性，故而研究"一带一路"沿线物流网络的构建，是实现"一带一路"倡议的第一步工作。

我国国家标准《物流术语》（GB/T18354-2006）将物流网络定义为"物流过程中相互联系的组织与设施的集合"。从形态上分，可将物流网络分为实体网络（组织与设施的集合）和虚拟网络（运作体系及物流信息处理）。本文所研究的"一带一路"沿线物流网络为实体网络，其中少数的物流节点为枢纽城市，物流线路是铁路网、航空网中具有运输功能的线路。

崔双成、孙林、罗明等学者在研究区域经济发展与外界物流环境的关系时，均得出以下相似结论：任何地区的经济发展均离不开外界良好的物流环境，"一带一路"沿线亦是如此；以"一带一路"为发展契机，物流业应加速扩张参与到国家战略的建设之中。

辛曼玉在《"一带一路"战略下国际物流大通道建设研究》中通过实证研究揭示了国际贸易与物流业具有显著的正向协同关系，"一带一路"倡议促进了双边的经济贸易发展。

董千里、董展则从集成场理论出发，研究"一带一路"沿线跨境物流网络产业联动发展问题。

刘卫东在《"一带一路"战略的科学内涵与科学问题》中指出"一带一路"战略的核心目标是促进经济要素自由流动及资源高效配置，这都需要物流先行。

谢泗薪在《"一带一路"战略架构下基于国际竞争力的物流发展模式创新》中则认为物流业是我国"一带一路"政策的先行者，"一带一路"战略的重点是通过设施的互联互通共建安全高效的物流网络，因而我国需要积极与沿线国家的物流企业竞合，构建物流网络。

二、基于复杂网络理论的物流网络研究综述

"一带一路"沿线物流网络指以沿线城市为网络节点，城市间的连接路线为网络边所构成的空间网络系统。目前对物流网络的研究主要包括：

物流网络结构分析特性是进行物流网络融合工作的基础。物流学界泰斗王之泰在《现代物流管理》一书中指出，线路与节点间的相互关系、配置构成了不同的物流网络。Pastor-Satorras 等学者在《无标度网络中的流行病传播》（*Epidemic Spreading in Scale-free Networks*）一文中认为：物流网络节点与线路的复杂性使其具有复杂网络的行为模式。

李靖、覃儒展、许伟超等学者指出物流网络具有节点、线路众多的特性，复杂网络理论正是从节点、节点间的连接关系来描述整个网络的复杂性，因此运用复杂网络理论对物流网络进行研究已成为当下热点。

Lubos Buzna 等学者在《复杂网络中灾害传播的动力学模型》（*Modelling the Dynamics of Disaster Spreading in Networks*）一文中，指出网络的结构影响以该网络为载体的活动。不同类型的物流网络具有不同的结构，Wu-Jianjun，Gao-Ziyou，Sun-Huijun 在《不同拓扑结构的交通网络的拥堵研究》（*Congestion in Different Topologies of Traffic Networks*）中提出，可通过测算复杂网络理论中的"度、平均最短路径长度、集聚系数、介数"等统计特征确定物流网络的结构类型。

钟广玲、高义佳、杨从平等学者运用复杂网络技术对物流网络的统计特征进行实证研究，均得出相似结论：集聚系数、度等参数是表征物流网络结构特

性的关键参数。集聚系数指与网络中同一节点存在连接关系的两个节点也存在连接的概率,它刻画局部网络的节点集聚成群的性质。网络中节点连接的边数被称为节点度,度是对节点连接特征最为重要的描述;度分布是反映网络宏观层面性质的统计特征,借助平均场法可验证物流网络具有稳定的度分布。

吴姗、韩晓龙等学者在《基于复杂网络的全球海运网络脆弱性分析》中指出:全球海运网络在世界范围内的进出口贸易中发挥着核心作用,海运网络的脆弱性直接影响国家间的贸易往来,该网络在面对蓄意攻击时表现出显著的脆弱性,因此对脆弱性较高的港口应加强预防;此外研究还发现全球海运网络的度分布基本服从截断递减幂律分布形式。

三、枢纽城市是物流网络的关键节点

物流网络优化的核心在于枢纽节点的选取,一般枢纽节点的选取过程就是在现有网络的基础上,分析得出枢纽节点的数量与位置。牟艳军在《"一带一路"战略下中蒙俄物流一体化建设研究》中认为,在"一带一路"沿线物流网络一体化构建的过程中,枢纽节点的建设尤为重要。

陆华在《"一带一路"沿线物流枢纽网络体系构建研究》中提出物流枢纽网络体系构建的关键是网络串接贯通,物流枢纽城市可为"一带一路"的物流企业提供转运、仓储、配送等服务。

在选取枢纽城市的方法中,王建伟的《"一带一路"倡议下广西区域通道物流网络构建》则采用 GDP、第一产业增加值、第二产业增加值、第三产业增加值、进出口贸易额等多个指标,利用 SPSS 中的主成分分析法分析出广西—东盟国家物流网络中的枢纽城市。

O'kelly 在《交互枢纽设施选址的二次整数规划》(*A Quadratic Integer Program for the Location of Interacting Hub Facilities*)一文中首次提出轴辐射式网络概念,并提供了改进节点选址的方法和 P-Hub 中值模型的构建。

党亚茹《基于复杂网络的航空货运枢纽城市研究》在确定我国航空货运网络的枢纽城市后提出:若攻击枢纽城市,整个航空货运网络的连通性和集聚性将受到严重影响;同时还论证了我国航空货运网络的无标度性。

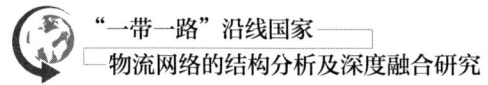

四、物流网络融合研究综述

邢华在《物流业网络融合的三种模式与创新》中则提出物流网络融合的三种模式，其中一种是物流设施的连通融合。

徐凤在《高铁—民航复合网络的构建及网络拓扑特性分析》中则运用复杂网络技术构建我国高铁—民航复合网络，研究表明：以城市为节点所构建的高铁—民航复合网络，其度分布服从双段幂律分布，它是一个具有无标度特性的小世界网络，且存在局部的群落结构特征。

马夏夏和蔡永明在《基于复杂网络的铁路—航空多层网络的鲁棒性研究》中收集了我国铁路站点和机场数据进行研究，利用复杂网络理论构建铁路和航空耦合网络，研究发现铁路和航空耦合网络是无标度网络；铁路和航空耦合网络在蓄意攻击下的鲁棒性较差，而在随机攻击下的鲁棒性较强。以上对两种运输方式耦合的研究为"一带一路"沿线多种运输方式耦合提供颇有价值的参考思路。

徐剑在《"一带一路"背景下中国区域物流网络模型研究》中选取"一带一路"重点涉及的五大区域和国内18个地区作为研究对象，利用改进引力模型测量区域物流引力大小及地区引力总量，构建起区域物流网络模型。

宓泽锋在《不同尺度下长江经济带物流联系格局、特征及影响因素研究》中以连接强度为因变量，以经济发展水平、物流服务水平、物流转运能力等为自变量对长江经济带物流联系强度开展回归分析，得出物流服务能力弱的地区倾向于和服务能力强的地区形成空运和水运联系，且距离对物流网络的发展影响显著。

"一带一路"沿线物流网络融合过程具有长期性与复杂性，且不同阶段对物流网络提出不同的功能需求，在未来可能开展的研究工作中可进行分阶段的"一带一路"沿线物流网络演化研究。运用弗里德曼空间组织理论，网络演化可分为初级均衡、极化聚集、辐射扩展、高级均衡四个阶段。物流网络在多种影响因素的作用下逐步形成，随着需求变化原网络中节点的规模、节点间的连接路线等需要进行相应的调整，这使得物流网络不断地演化；集聚与扩散机制是物流网络演化动力的最大可能，其主导的网络演化可分为辐射扩散、等级扩散、带状扩散三种情况。陈勇、杨光华等学者运用赫佛因德指数模型和区域分布非均衡系数模型分析物流网络的演化过程，其研究方法具有广泛的应用性。

参考文献

陈静, 孙林夫. 复杂网络中节点重要度评估[J]. 西南交通大学学报, 2009, 44(3): 426-429.

陈勇. 绍兴地区区域物流网络结构的演化分析与实证研究[J]. 技术与创新管理, 2016, 37(5): 547-551+557.

崔双成. "一带一路"战略下中国物流业发展探讨[J]. 物流技术, 2015, (12): 67-70.

党亚茹, 孟彩红. 基于复杂网络的航空货运枢纽城市研究[J]. 交通运输工程信息学报, 2012, 10(2): 12-18.

董千里. 基于"一带一路"跨境物流网络构建的产业联动发展[J]. 中国流通经济, 2015, (10): 34-41.

董展, 董千里. 构建物流集成场的主题思路与基本范畴[J]. 研究与探讨, 2012, 31(5): 1-10.

李靖, 张永安. 复杂网络理论在物流网络研究中的应用[J]. 现代物流, 2011, (5): 38-42+112.

刘欢, 李严峰, 田丽娜. 基于时刻演化模型的区域物流网络结构分析——以云南省为例[J]. 物流技术, 2012, 34(12): 33-35.

刘卫东. "一带一路"战略的科学内涵与科学问题[J]. 地理科学进展, 2015, 34(5): 538-544.

陆华, 刘凯. 基于时间序列的区域物流网络演化模型的实证分析[J]. 北京交通大学学报, 2015, 39(3): 41-47.

陆华. "一带一路"沿线物流枢纽网络体系构建研究[J]. 宏观经济研究, 2018, 38(11): 39-48.

宓泽锋, 曾刚. 不同尺度下长江经济带物流联系格局、特征及影响因素研究[J]. 地理科学, 2018, 38(7): 1079-1088.

牟艳军. "一带一路"战略下中蒙俄物流一体化建设研究[J]. 物流科技, 2016, 39(9): 96-98.

秦璐, 刘凯. 城市物流空间结构演化机理研究[J]. 中国流通经济, 2011, 25(6): 30-35.

覃儒展, 李天华. 基于复杂网络的物流网络构建初探[J]. 信息系统工程, 2009, (9): 104-107.

王建伟, 马姣姣, 张诗青, 等. "一带一路"倡议下广西区域通道物流网络构建[J]. 长安大学学报(社会科学版), 2017(6): 8-15.

王林,戴冠中.复杂网络的度分布研究[J].西北工业大学学报,2006,(4):405-409.

王之泰.现代物流管理[M].中国工人出版社,2011.

谢泗薪,侯蒙."一带一路"战略架构下基于国际竞争力的物流发展模式创新[J].中国流通经济,2015,29(8):33-39.

辛曼玉."一带一路"战略下国际物流大通道建设研究[J].物流技术,2015,34(16):90-92.

邢华.物流业网络融合的三种模式与创新[J].经济管理,2008,(6):61-66.

徐凤,朱金福,杨文东.高铁—民航复合网络的构建及网络拓扑特性分析[J].复杂系统与复杂性科学,2013,10(3):1-11.

徐娟.基于复杂网络的物流网络度分布[J].物流科技,2011,34(6):89-91.

杨光华,李夏苗,蔡鉴明.区域物流网络结构关系分析与实证[J].铁道科学与工程学报,2009,6(4):91-96.

姚红光.中国航空网络拓扑结构统计特征的实证研究[J].物流技术,2015,34(7):134-137.

赵立斌.国际物流网络与跨国公司生产网络的嵌入性研究——基于服务流程模块化的视角[J].商业经济与管理,2013(2):15-24.

Barabasi A L,Albert R. Emergence of Scaling in Random Networks[J]. Science,1999,286(5439):509-512.

Fried J,Weaver C. The Evolution of Regional Planning[M]. London:Edward Amold,1979.

Buzna L,Peters K,Helbing D. Modelling the Dynamics of Disaster Spreading in Networks[J]. Physica A,2006,(363):132-140.

Massimiliano Zanin,Fabrizio Lillo. Modelling the Air Transport with Complex Networks:A Short Review[J]. The European Physical Journal Special Topics,2013,215(1):5-21.

O'Kelly M E. A Quadratic Integer Program for the Location of Interacting Hub Facilities[J]. European Journal of Operational Research,1987,32(3):393-404.

Pastor-Satorras R,Vespignani A. Epidemic Spreading in Scale-free Networks[J]. Physical Review E,2001a,(86):3200-3203.

Watts D J,Strogatz S H. Collective Dynamics of "Small World" Networks[J]. Nature,1998,393(6684):440.

Wu J J,Gao Z Y,Sun H J,et al. Congestion in Different Topologies of Traffic Networks[J]. Europhys. Lett. 2006,(74):560-566.

第二章 中国推进"一带一路"沿线物流发展的政策解析

第一节 "一带一路"倡议的提出

一、时代背景

2000多年前,亚欧非大陆上的各国人民,探索出多条连接亚欧非几大文明的贸易和人文交流通道,后人将其统称为"丝绸之路"。千百年来,"和平合作、开放包容、互学互鉴、互利共赢"的丝绸之路精神薪火相传,推进了人类文明进步,是促进沿线各国繁荣发展的重要纽带,是东西方交流合作的象征,是世界各国共有的历史文化遗产。

进入21世纪,在以和平、发展、合作、共赢为主题的新时代,当今世界正发生复杂深刻的变化,全球政治经济格局面临百年未有之大变局,世界经济缓慢复苏、发展分化,国际投资贸易格局和多边投资贸易规则酝酿深刻调整,各国面临的发展问题依然严峻。全球正经历世界多极化、经济全球化、文化多样化、社会信息化的潮流。全球范围内,局部地区冲突虽时有发生,但和平与发展仍是当今世界的主流;绝大多数国家都有意愿秉持开放的区域合作精神,致力于维护全球自由贸易体系和开放型世界经济,促进经济要素有序自由流动、资源高效配置和市场深度融合,推动各国实现经济政策协调,开展更大范围、更高水平、更深层次的区域合作,共同打造开放、包容、均衡、普惠的区域经济合作架构。

亚欧非大陆自古以来就是人类文明的发祥地，不仅孕育了灿烂的古代文明，也是现代西方文明的摇篮；然而，近百年以来，亚欧非大陆历经战乱，各国经济发展、人民生活极不平衡；进入21世纪，亚欧非大陆上的发展中国家，普遍有意致力于亚欧非大陆及附近海洋的互联互通，建立和加强沿线各国互联互通伙伴关系，构建全方位、多层次、复合型的互联互通网络，推动沿线各国发展战略的对接与耦合，发掘区域内市场的潜力，促进投资和消费，创造需求和就业，增进沿线各国人民的人文交流与文明互鉴，让各国人民相逢相知、互信互敬，共享和谐、安宁、富裕的生活，实现沿线各国多元、自主、平衡、可持续发展的迫切愿望。

自1978年实行改革开放以后，在40余年中，中国经济社会发展取得举世瞩目的历史性成就，实现前所未有的历史性变革。2020年全年国内生产总值首次站上100万亿元的历史新台阶，达到1 015 986亿元，而1978年，我国国内生产总值只有3679亿元。1978年，我国经济总量居世界第11位；2010年超过日本，成为世界第二大经济体。2020年，我国国内生产总值占世界经济总量的17%左右，比1978年提高15个百分点左右。财政实力显著增强，1978年，国家一般公共预算收入仅1132亿元，2020年达到18.29万亿元。外汇储备大幅增长。1978年，我国外汇储备仅1.67亿美元，位居世界第38位，2017年末外汇储备余额达3.33万亿美元，稳居世界第一位。城镇化稳步推进，2020年末，我国常住人口城镇化率达到60%左右，比1978年末上升约40个百分点。中国已成为当今世界举足轻重的一支重要力量，中国经济的发展和世界经济高度关联。中国将一以贯之地坚持对外开放的基本国策，构建全方位开放新格局，深度融入世界经济体系。

随着中国国家实力的不断增强，构建一个遵守和平共处五项原则、坚持开放合作、坚持和谐包容的区域化合作组织，推进地区经贸发展，既是中国扩大和深化对外开放的需要，也是加强和亚欧非及世界各国互利合作的需要，中国有意愿在力所能及的范围内承担更多责任义务，为人类和平发展做出更大的贡献。

二、习近平同志在哈萨克斯坦的重要演讲

2013年9月7日国家主席习近平在哈萨克斯坦纳扎尔巴耶夫大学发表题为

《弘扬人民友谊 共创美好未来》的重要演讲，盛赞中哈传统友好，全面阐述中国对中亚国家睦邻友好合作政策，倡议用创新的合作模式，共同建设"丝绸之路经济带"，将其作为一项造福沿线各国人民的大事业。

此次演讲的重点内容，摘录如下：

为了使我们欧亚各国经济联系更加紧密、相互合作更加深入、发展空间更加广阔，我们可以用创新的合作模式，共同建设"丝绸之路经济带"。这是一项造福沿途各国人民的大事业。我们可从以下几个方面先做起来，以点带面，从线到片，逐步形成区域大合作。

第一，加强政策沟通。各国可以就经济发展战略和对策进行充分交流，本着求同存异原则，协商制定推进区域合作的规划和措施，在政策和法律上为区域经济融合"开绿灯"。

第二，加强道路联通。上海合作组织正在协商交通便利化协定。尽快签署并落实这一文件，将打通从太平洋到波罗的海的运输大通道。在此基础上，我们愿同各方积极探讨完善跨境交通基础设施，逐步形成连接东亚、西亚、南亚的交通运输网络，为各国经济发展和人员往来提供便利。

第三，加强贸易畅通。丝绸之路经济带总人口近30亿，市场规模和潜力独一无二。各国在贸易和投资领域合作潜力巨大。各方应该就贸易和投资便利化问题进行探讨并作出适当安排，消除贸易壁垒，降低贸易和投资成本，提高区域经济循环速度和质量，实现互利共赢。

第四，加强货币流通。中国和俄罗斯等国在本币结算方面开展了良好合作，取得了可喜成果，也积累了丰富经验。这一好的做法有必要加以推广。如果各国在经常项下和资本项下实现本币兑换和结算，就可以大大降低流通成本，增强抵御金融风险能力，提高本地区经济国际竞争力。

第五，加强民心相通。国之交在于民相亲。搞好上述领域合作，必须得到各国人民支持，必须加强人民友好往来，增进相互了解和传统友谊，为开展区域合作奠定坚实民意基础和社会基础。

习近平同志的这次重要演讲，不仅首次提出了共同建设"丝绸之路经济带"的伟大倡议，而且明确指出了加强"丝绸之路经济带"建设的五个重点领域，成为"一带一路"建设的标志性事件。

三、习近平同志在印度尼西亚的重要演讲

2013年10月3日，中国国家主席习近平应邀在印度尼西亚国会发表重要演讲，首次提出了愿与东盟国家共同建设"21世纪海上丝绸之路"的倡议，将"一带一路"倡议又向前推进了一大步。

以下为演讲部分摘要：

中国愿在平等互利的基础上，扩大对东盟国家开放，使自身发展更好惠及东盟国家。中国愿提高中国—东盟自由贸易区水平，争取使2020年双方贸易额达到1万亿美元。中国致力于加强同东盟国家的互联互通建设，中国倡议筹建亚洲基础设施投资银行，愿支持本地区发展中国家包括东盟国家开展基础设施互联互通建设。

东南亚地区自古以来就是"海上丝绸之路"的重要枢纽，中国愿同东盟国家加强海上合作，使用好中国政府设立的中国—东盟海上合作基金，发展好海洋合作伙伴关系，共同建设"21世纪海上丝绸之路"。中国愿通过扩大同东盟国家各领域务实合作，互通有无、优势互补，同东盟国家共享机遇、共迎挑战，实现共同发展、共同繁荣。

习近平主席在哈萨克斯坦和印尼的讲演，以及李克强总理在参观中国—东盟博览会展馆时提出的"铺就面向东盟的'海上丝绸之路'，打造带动腹地发展的战略支点"的要求，标志着中国全面系统地阐述了"一带一路"建设的具体思路，向沿线各国提出了共建"一带一路"的伟大倡议。

自习近平同志于2013年提出"一带一路"伟大倡议后，得到国际社会高度关注。"'一带一路'倡议顺应了时代发展之需、全球治理变革之要。在大变革、大动荡的时代背景下，加强经济合作、共建开放共赢的多边全球治理体制，积极参与'一带一路'建设，为经济发展寻找通路，成为跨越欧亚大陆的共同心声，成为构建共商共建共享全球治理观的重要抓手。""一带一路"建设的重点内容包括：基础建设、能源、贸易、投资、科技、文化等，"努力实现区域基础设施更加完善……经济联系更加紧密、政治互信更加深入、人文交流更加广泛

的愿景"。"'一带一路'倡议一经提出就受到沿线国家和人民的欢迎,因为不是地缘政治的算计,更不是'冷战'思维划分势力范围的计谋;它是合作之路,不是排他之路,更不是小圈子之路;它是共赢之路,不是单向之路,更不是谁的自拉自唱,而是互利共赢、多赢的大合唱。沿线国家是古丝绸之路的受益者,更是今天'一带一路'互利共赢的受益者。'一带一路'倡议为后危机时代,处于不确定的世界,处于寻找出路的世界各国,提供了一条确定的通路,提供了一条可供选择,互联互通、共商共建、和平繁荣的发展之路,是逆全球化时代的全球化公共产品。这是中国奉献给世界最好的责任和礼物。"习近平总书记指出:"2013年秋天,我们提出共建'一带一路'倡议以来,引起越来越多国家热烈响应,共建'一带一路'正在成为我国参与全球开放合作、改善全球经济治理体系、促进全球共同发展繁荣、推动构建人类命运共同体的中国方案。"

2000多年前,古老的丝绸之路给沿线各国带来的不仅是贸易和商机,还有文化与社会的交融互通。如今,联通亚欧非三大洲的"一带一路"必将给不同文化的沿线国家带来新的交流合作机遇。

四、"一带一路"倡议的内涵解析

自2013年首次提出"一带一路"倡议后,近年来习近平同志多次就"一带一路"发表重要观点,不断丰富和完善"一带一路"的内涵,并逐渐成为"习近平治国理政思想"的重要组成部分。

(一)阐述了"一带一路"的重大意义

2014年11月4日,习近平同志在中央财经领导小组第八次会议上的讲话中强调,"一带一路"倡议顺应了时代要求和各国加快发展的愿望:

> 丝绸之路经济带和21世纪海上丝绸之路倡议顺应了时代要求和各国加快发展的愿望,提供了一个包容性巨大的发展平台,具有深厚历史渊源和人文基础,能够把快速发展的中国经济同沿线国家的利益结合起来。

2017年5月15日,习近平同志在"一带一路"国际合作高峰论坛圆桌峰会闭幕辞中指出,"一带一路"为构建人类命运共同体注入强劲动力:

我们携手推进"一带一路"建设国际合作，让古老的丝绸之路重新焕发勃勃生机。新的起点上，我们要勇于担当，开拓进取，用实实在在的行动，推动"一带一路"建设国际合作不断取得新进展，为构建人类命运共同体注入强劲动力。

2017年10月18日，习近平同志在中国共产党第十九次全国代表大会所做报告《决胜全面建成小康社会　夺取新时代中国特色社会主义伟大胜利》中指出，要将"一带一路"打造成国际合作新平台：

中国坚持对外开放的基本国策，坚持打开国门搞建设，积极促进"一带一路"国际合作，努力实现政策沟通、设施联通、贸易畅通、资金融通、民心相通，打造国际合作新平台，增添共同发展新动力。

（二）丰富了"一带一路"的内涵

2017年5月14日，习近平同志在"一带一路"国际合作高峰论坛欢迎宴会祝酒辞中指出，"一带一路"是面向未来的正确抉择：

2000多年前，我们的先辈们就是怀着友好交往的朴素愿望，开辟了古丝绸之路，开启了人类文明史上的大交流时代。
……
今天，我们传承古丝绸之路精神，共商"一带一路"建设，是历史潮流的沿续，也是面向未来的正确抉择。

2015年10月21日（当地时间），习近平同志出席在伦敦金融城举行的中英工商峰会时强调，"一带一路"是大家携手前进的阳光大道：

"一带一路"是开放的，是穿越非洲、环连亚欧的广阔"朋友圈"，所有感兴趣的国家都可以添加进入"朋友圈"。"一带一路"是多元的，涵盖各个合作领域，合作形式也可以多种多样。"一带一路"是共赢的，各国共同参与，遵循共商共建共享原则，实现共同发展繁荣。这条路不是某一方的私家小路，而是大家携手前进的阳光大道。

2015年10月29日，习近平同志在中共十八届五中全会第二次全体会议上的讲话指出，"一带一路"是扩大开放的重大战略举措：

"一带一路"建设是扩大开放的重大战略举措和经济外交的顶层设计，要找准突破口，以点带面、串点成线，步步为营、久久为功。

2016年8月17日，习近平同志在推进"一带一路"建设工作座谈会上指出，"一带一路"本质是实现世界经济再平衡：

以"一带一路"建设为契机，开展跨国互联互通，提高贸易和投资合作水平，推动国际产能和装备制造合作，本质上是通过提高有效供给来催生新的需求，实现世界经济再平衡。

2017年5月15日，习近平同志在"一带一路"国际合作高峰论坛圆桌峰会开幕辞《开辟合作新起点 谋求发展新动力》中指出，"一带一路"建设的核心内容是促进基础设施建设和互联互通：

"一带一路"建设是我在2013年提出的倡议。它的核心内容是促进基础设施建设和互联互通，对接各国政策和发展战略，深化务实合作，促进协调联动发展，实现共同繁荣。

（三）明确了建设思路与路径

2014年12月5日，习近平同志主持十八届中共中央政治局第十九次集体学习时指出，同"一带一路"沿线国家和地区商建自由贸易区：

加快实施自由贸易区战略是一项复杂的系统工程。要加强顶层设计、谋划大棋局,既要谋子更要谋势,逐步构筑起立足周边、辐射"一带一路"、面向全球的自由贸易区网络,积极同"一带一路"沿线国家和地区商建自由贸易区,使我国与沿线国家合作更加紧密、往来更加便利、利益更加融合。

2015年10月15日,习近平同志在北京会见出席亚洲政党丝绸之路专题会议的外方主要代表时强调,"一带一路"建设既要登高望远,又要脚踏实地:

政党和政治家应具有远见卓识和历史担当,在共建"一带一路"的进程中走在前列。我们既要登高望远,又要脚踏实地。登高望远,就是要顺应时代潮流,做好顶层设计;脚踏实地,就是要有序推进,争取早期收获。

2017年5月14日,习近平同志在"一带一路"国际合作高峰论坛开幕式上的演讲《携手推进"一带一路"建设》中指出,要乘势而上、顺势而为:

中国人说,"万事开头难"。"一带一路"建设已经迈出坚实步伐。我们要乘势而上、顺势而为,推动"一带一路"建设行稳致远,迈向更加美好的未来。

(四)指明了对世界发展的意义

2015年3月28日,习近平同志在博鳌亚洲论坛2015年年会上的主旨演讲《迈向命运共同体 开创亚洲新未来》中指出,"一带一路"建设不是独奏,而是合唱:

"一带一路"建设秉持的是共商、共建、共享原则,不是封闭的,而是开放包容的;不是中国一家的独奏,而是沿线国家的合唱。"一带一路"建设不是要替代现有地区合作机制和倡议,而是要在已有基础上,推动沿线国家实现发展战略相互对接、优势互补。

2016年9月3日,习近平同志在二十国集团工商峰会开幕式上的主旨演讲《中国发展新起点 全球增长新蓝图》中指出,愿同沿线各国分享中国发展机遇:

中国的发展得益于国际社会，也愿为国际社会提供更多公共产品。我提出"一带一路"倡议，旨在同沿线各国分享中国发展机遇，实现共同繁荣。

2017年1月17日，习近平同志在世界经济论坛2017年年会开幕式上的主旨演讲《共担时代责任 共促全球发展》中指出，"一带一路"倡议来自中国，但成效惠及世界：

3年多来，已经有100多个国家和国际组织积极响应支持，40多个国家和国际组织同中国签署合作协议，"一带一路"的"朋友圈"正在不断扩大。中国企业对沿线国家投资达到500多亿美元，一系列重大项目落地开花，带动了各国经济发展，创造了大量就业机会。可以说，"一带一路"倡议来自中国，但成效惠及世界。

2017年1月18日，习近平同志在联合国日内瓦总部的演讲《共同构建人类命运共同体》中提出，"一带一路"建设目标是实现共赢共享发展：

我提出"一带一路"倡议，就是要实现共赢共享发展。目前，已经有100多个国家和国际组织积极响应支持，一大批早期收获项目落地开花。

（五）确定了重要的合作伙伴

2013年10月3日，习近平同志在印度尼西亚国会的演讲《携手建设中国—东盟命运共同体》中指出，东南亚是"海上丝绸之路"的重要枢纽：

东南亚地区自古以来就是"海上丝绸之路"的重要枢纽，中国愿同东盟国家加强海上合作，使用好中国政府设立的中国—东盟海上合作基金，发展好海洋合作伙伴关系，共同建设"21世纪海上丝绸之路"。

2014年4月1日，习近平同志在布鲁日欧洲学院的演讲中将中欧合作和"丝绸之路经济带"建设结合起来：

我们还要积极探讨把中欧合作和丝绸之路经济带建设结合起来，以构建亚欧大市场为目标，让亚欧两大洲人员、企业、资金、技术活起来、火起来，使中国和欧盟成为世界经济增长的双引擎。

2015年4月21日，习近平同志在巴基斯坦议会的演讲《构建中巴命运共同体 开辟合作共赢新征程》中指出，南亚地处"一带一路"海陆交汇之处：

南亚地处"一带一路"海陆交汇之处，是推进"一带一路"建设的重要方向和合作伙伴。中巴经济走廊和孟中印缅经济走廊与"一带一路"关联紧密，进展顺利。

2016年6月22日，习近平同志在乌兹别克斯坦最高会议立法院的演讲《携手共创丝绸之路新辉煌》中指出，中亚是"一带一路"建设中的重点合作地区和重要合作伙伴：

中国将中亚地区视为共建"一带一路"的重点合作地区和重要合作伙伴。双方要加强发展战略和规划对接，共同寻找合作切入点，不断提高合作水平。

2018年2月1日，习近平同志在钓鱼台国宾馆会见来华进行正式访问的英国首相特雷莎·梅时强调，中英可在"一带一路"框架内互利合作：

"一带一路"是公开、透明、开放、包容、互利共赢的倡议，秉持共商、共建、共享的原则，在市场规律和国际规则下运作。中英双方可以在"一带一路"框架内开展更大范围、更高水平、更深层次的互利合作。

2018年7月10日，习近平同志在中阿合作论坛第八届部长级会议开幕式上的讲话《携手推进新时代中阿战略伙伴关系》中指出，阿拉伯国家是天然合作伙伴：

作为历史上丝路文明的重要参与者和缔造者之一，阿拉伯国家身处"一带一路"交汇地带，是共建"一带一路"的天然合作伙伴。

第二节 中国推进"一带一路"物流发展的主要政策

一、中国推进"一带一路"的政策体系

在中国政府的大力推动下,各类促进"一带一路"建设的愿景、倡议、政策制度不断发展和完善;自2013年至今,已经初步形成了"一带一路"的政策体系框架,主要包括:战略纲领、金融协定、专项计划、双边合作和地方规划五大类,如表2-2-1所示。

表2-2-1 "一带一路"的政策体系框架

类型	名　称
战略纲领	推动共建"丝绸之路经济带"和21世纪"海上丝绸之路"的愿景与行动
金融协定	亚洲基础设施投资银行协定
	"一带一路"融资指导原则
专项计划	标准联通"一带一路"行动计划
	文化部"一带一路"文化发展行动计划
	中医药"一带一路"发展规划
	中欧班列建设发展规划
	推动"丝绸之路经济带"和"21世纪海上丝绸之路"能源合作愿景与行动
	"一带一路"生态环境保护合作规划
	共同推进"一带一路"建设农业合作的愿景与行动
	关于推进绿色"一带一路"建设的指导意见
	"一带一路"建设海上合作设想
	西部"陆海新通道"总体规划
双边合作	中国已经同140个国家和31个国际组织签署205份共建"一带一路"合作文件。

续表

类型	名　　称
地方规划	郑州—卢森堡"空中丝绸之路"建设专项规划
	宁波"一带一路"建设综合试验区总体方案
	关于以"一带一路"建设为统领，加快构建内陆开放高地的意见（河南）
	青海省年度推进"一带一路"建设重点工作分工方案
	江苏省关于高质量推进"一带一路"交会点建设的意见
	陕西省"一带一路"建设行动计划
	哈尔滨市推进"一带一路"建设三年行动计划
	辽宁"一带一路"综合试验区建设总体方案
	福建省开展"21世纪海上丝绸之路"核心区创新驱动发展试验实施方案
	江西省参与"一带一路"建设工作要点
	云南省参与中缅经济走廊建设实施方案
	中欧班列（乌鲁木齐）集结中心建设方案
	西安国际航空枢纽战略规划
	浙江省打造"一带一路"枢纽构建全面开放新格局督查激励措施配套实施办法
	广西加快西部"陆海新通道"建设若干政策措施
	中国（上海）自由贸易试验区临港新片区高质量发展实施特殊支持政策的若干意见

（一）战略纲领

2015年3月28日，国家发展改革委、外交部、商务部联合发布了《推动共建丝绸之路经济带和21世纪海上丝绸之路的愿景与行动》，可视作全面阐述我国推动"一带一路"倡议的战略纲领性文件。

该文件明确阐述了共建"一带一路"的总体思路是：

共建"一带一路"，将秉持和平合作、开放包容、互学互鉴、互利共赢的理念，以"五通"，即政策沟通、设施联通、贸易畅通、资金融通、民心相通为主要内容，全方位推进务实合作，打造政治互信、经济融合、文化包容的利益共同体、责任共同体和命运共同体。具体包括四个方面：

一是把握好合作方向。"一带一路"贯穿亚欧非大陆，一头是活跃的东亚经济圈,一头是发达的欧洲经济圈,中间是发展潜力巨大的腹地国家。"丝绸之路经济带"重点合作方向有三个,分别是中国经中亚、俄罗斯至欧洲其他国家(波罗的海)、中国经中亚、西亚至波斯湾、地中海、中国至东南亚、南亚至印度洋;"21世纪海上丝绸之路"重点合作方向有两个,分别是从中国沿海港口过南海到印度洋并延伸至欧洲,从中国沿海港口经南海到南太平洋。

二是共建国际经济合作走廊。陆上依托国际大通道,以沿线中心城市为支撑,以重点经贸产业园区为合作平台,共同打造新亚欧大陆桥、中蒙俄、中国—中亚—西亚、中国—中南半岛等国际经济合作走廊。海上以重点港口为节点,共同建设通畅安全高效的运输大通道。中巴、孟中印缅两个经济走廊与"一带一路"建设关联紧密,将进一步推动合作,取得更大进展。

三是推动形成区域经济一体化新格局。"一带一路"建设是沿线各国开放合作的宏大经济愿景,需要各国携手努力,朝着互利互惠、共同安全的目标相向而行,尽早建成安全高效的陆海空通道网络,实现区域互联互通,促进投资贸易便利化达到一个新水平,彼此之间经济联系更加紧密,政治互信更加深入,形成更大范围、更宽领域、更深层次的区域经济一体化新格局。同时,要推动"一带一路"沿线各国人文交流更加广泛深入,使不同文明互鉴共荣、各国人民友好相处。

(二)金融协定

主要包括《亚洲基础设施投资银行协定》和《"一带一路"融资指导原则》。

《亚洲基础设施投资银行协定》于2015年06月29日在北京签署,2015年12月25日正式生效。亚投行有57个创始成员国,作为域内国家参加的有37个,包括中国、印度、韩国等亚洲国家,以及大洋洲的澳大利亚和新西兰。作为域外国家参加亚投行的国家有20个,包括欧洲的英国、德国、法国等17个国家,还有非洲的埃及和南非,以及拉美的巴西。《亚洲基础设施投资银行协定》为成立亚投行提供了法律依据。亚投行为推进"一带一路"提供了有力的金融保障。

《"一带一路"融资指导原则》是为了推进"一带一路"融资体系建设,在中方倡议和推动下,中国财政部与阿根廷、白俄罗斯、柬埔寨、智利、捷克、埃塞俄比亚、斐济、格鲁吉亚、希腊、匈牙利、印度尼西亚、伊朗、肯尼亚、老挝、马来西亚、蒙古、缅甸、巴基斯坦、卡塔尔、俄罗斯、塞尔维亚、苏丹、瑞士、泰国、土耳其、英国等 26 国财政部共同核准了该原则。

（三）专项计划

主要为国务院下属各部委根据《推动共建丝绸之路经济带和 21 世纪海上丝绸之路的愿景与行动》的文件精神，提出的专项发展计划。目前主要包括：标准联通、文化发展、中医药、中欧班列、能源合作、生态环境保护、农业合作、绿色发展、海上合作、西部"陆海新通道"等主要部分。

（四）双边合作

自"一带一路"倡议提出后，在国际上引起强烈反响，得到了沿线各国的大力支持。截至 2021 年 1 月末，中国已经同 140 个国家和 31 个国际组织签署了 205 份共建"一带一路"合作文件。

（五）地方规划

各地方政府为落实国家推进"一带一路"倡议的具体规划，根据地方实际，制订的本地区"一带一路"建设行动计划，目前约有 20 余个省、市、自治区公布了本地区的"一带一路"建设行动计划。

二、现代物流业对推进"一带一路"倡议的意义分析

2013 年 9 月和 10 月，国家主席习近平在出访哈萨克斯坦和印度尼西亚时，先后提出了共建"新丝绸之路经济带"和"21 世纪海上丝绸之路"的倡议，旨在与沿线国家共建国际大通道和经济走廊，实现合作共赢的新局面，这一战略构想得到了有关国家的积极响应。2015 年 3 月，国家有关部委共同颁布了《推动共建丝绸之路经济带和 21 世纪海上丝绸之路的愿景与行动》，勾勒出"一带一路"倡议的宏伟蓝图，即陆上依托国际大通道，共同打造新亚欧大陆桥、中蒙俄、中国—中亚—西亚、中国—中南半岛等国际经济合作走廊，将活跃的东亚经济圈和发达的欧洲经济圈联通；而海上则依托一些重要港口，共同打造安

全高效的海运通路，将欧、亚、非三个大陆衔接起来，并与陆上"丝绸之路经济带"围成一个海上与陆地的闭环。

习近平同志曾明确指出"一带一路"建设的核心内容是"促进基础设施建设和互联互通，对接各国政策和发展战略，深化务实合作，促进协调联动发展，实现共同繁荣"。因此，发展现代物流业，实现物流网络融合是推进"一带一路"的首要切入点，具有重要意义：

（一）物流网络融合是实现"五通"的前提，更是实现"一带一路"倡议的基础保障

对于"一带一路"的基本内涵，习近平主席曾提出的"五通"，即"政治沟通、设施联通、贸易畅通、资金融通、民心相通"，涵盖了政治、经济、文化等多方面的内容。然而，"五通"的实施与物流业息息相关，其中："设施联通"直接提出了物流基础设施的连通和融合的基本要求；"贸易畅通"则必须以高效畅通的物流网络作为支撑；"资金融通""民心相通"则是只有在实现了"设施联通"和"贸易畅通"之后才能实现的更高层次合作，同样需要发达的现代物流网络作为基础与保障。因此，物流网络融合是实现"五通"的前提与基础，更是实现"一带一路"倡议的基础保障。

（二）"一带一路"沿线物流网络涵盖"亚—欧—非"大陆，构成了世界物流网络的主体

不同于单纯字面意义上的理解，"一带一路"具有多重空间内涵，不是一个封闭的体系，没有一个绝对的边界。"一带一路"从根本上是一个开放、包容的国际区域经济合作网络，愿意参与的国家均可参加。尽管此前外交部曾经提到"一带一路"沿线有60多个国家和40多亿人口，但是并没有给出具体范围和国家清单，而是指出"一带一路"贯穿亚欧非大陆。因此，从广义范畴来讲，可以认为"亚—欧—非"大陆上的所有国家都是"一带一路"的潜在成员，从"一带一路"的路线图来看，相当于打造一个中国主导的"物流互联网"，将参与各国的运输体系连接起来，构建海陆空一体化的物流通道，实现全球物流一体化。因此，"一带一路"沿线物流网络涵盖"亚—欧—非"大陆，构成了世界物流网络的主体。

三、推进"一带一路"物流发展的政策解析

当前,国内关于推进"一带一路"物流发展的政策主要集中在如何构建交通运输通道领域,主要包括两个方向,一个方向是中国与东盟国家间的陆海空运输通道的构建,另一个方向是中国经中亚、南亚、中东与中东欧之间的陆海空运输通道的构建。关于构建"一带一路"沿线交通运输通道的相关政策可分为国家层面和地方层面两类。

(一)国家层面的相关政策

《推动共建丝绸之路经济带和21世纪海上丝绸之路的愿景与行动》提出"设施联通"的主要内容,具体如下:

设施联通。基础设施互联互通是"一带一路"建设的优先领域。在尊重相关国家主权和安全关切的基础上,沿线国家宜加强基础设施建设规划、技术标准体系的对接,共同推进国际骨干通道建设,逐步形成连接亚洲各次区域以及亚欧非之间的基础设施网络。强化基础设施绿色低碳化建设和运营管理,在建设中充分考虑气候变化影响。

抓住交通基础设施的关键通道、关键节点和重点工程,优先打通缺失路段,畅通瓶颈路段,配套完善道路安全防护设施和交通管理设施设备,提升道路通达水平。推进建立统一的全程运输协调机制,促进国际通关、换装、多式联运有机衔接,逐步形成兼容规范的运输规则,实现国际运输便利化。推动口岸基础设施建设,畅通陆水联运通道,推进港口合作建设,增加海上航线和班次,加强海上物流信息化合作。拓展建立民航全面合作的平台和机制,加快提升航空基础设施水平。

作为2017年"一带一路"国际合作高峰论坛的领导人磋谈成果之一,由国家发展和改革委员会、国家海洋局联合发布《"一带一路"建设海上合作设想》首次就推进"一带一路"建设海上合作提出中国方案,该方案也明确提出了未来"一带一路"沿线远洋运输通道构建的主要设想,具体如下:

根据"21世纪海上丝绸之路"的重点方向，"一带一路"建设海上合作以中国沿海经济带为支撑，密切与沿线国的合作，连接中国—中南半岛经济走廊，经南海向西进入印度洋，衔接中巴、孟中印缅经济走廊，共同建设中国—印度洋—非洲—地中海蓝色经济通道；经南海向南进入太平洋，共建中国—大洋洲—南太平洋蓝色经济通道；积极推动共建经北冰洋连接欧洲的蓝色经济通道。

……

推进海上互联互通。加强国际海运合作，完善沿线国之间的航运服务网络，共建国际和区域性航运中心。通过缔结友好港或姐妹港协议、组建港口联盟等形式加强沿线港口合作，支持中国企业以多种方式参与沿线港口的建设和运营。推动共同规划建设海底光缆项目，提高国际通信互联互通水平。

2019年，国务院批复了《西部陆海新通道总体规划》，该规划是我国深入推进"一带一路"交通运输通道建设，促进沿线互联互通的又一重要举措。西部"陆海新通道"位于我国西部地区腹地，北接"丝绸之路经济带"，南连"21世纪海上丝绸之路"，协同衔接长江经济带，在区域协调发展格局中具有重要战略地位。该规划的实施有利于深化陆海双向开放、推进西部大开发形成新格局的重要举措，加快通道和物流设施建设，提升运输能力和物流发展质量效率，深化国际经济贸易合作，促进交通、物流、商贸、产业深度融合，为推动西部地区高质量发展、建设现代化经济体系提供有力支撑，具体如下：

统筹区域基础条件和未来发展需要，优化主通道布局，创新物流组织模式，强化区域中心城市和物流节点城市的枢纽辐射作用，发挥铁路在陆路运输中的骨干作用和港口在海上运输中的门户作用，促进形成通道引领、枢纽支撑、衔接高效、辐射带动的发展格局。

——主通道。建设自重庆经贵阳、南宁至北部湾出海口（北部湾港、洋浦港），自重庆经怀化、柳州至北部湾出海口，以及自成都经泸州（宜宾）、百色至北部湾出海口三条通路，共同形成西部"陆海新通道"的主通道。

——重要枢纽。着力打造国际性综合交通枢纽，充分发挥重庆位于"一带一路"和长江经济带交汇点的区位优势，建设通道物流和运营组织中心；发挥成都国家重要商贸物流中心作用,增强对通道发展的引领带动作用。建设广西北部湾国际门户港,发挥海南洋浦的区域国际集装箱枢纽港作用,提升通道出海口功能。

——核心覆盖区。围绕主通道完善西南地区综合交通运输网络,密切贵阳、南宁、昆明、遵义、柳州等西南地区重要节点城市和物流枢纽与主通道的联系,依托内陆开放型经济试验区、国家级新区、自由贸易试验区和重要口岸等,创新通道运行组织模式,提高通道整体效率和效益,有力支撑西南地区经济社会高质量发展。

——辐射延展带。强化主通道与西北地区综合运输通道的衔接,联通兰州、西宁、乌鲁木齐、西安、银川等西北重要城市。结合西北地区禀赋和特点,充分发挥铁路长距离运输优势,协调优化运输组织,加强西部陆海新通道与丝绸之路经济带的衔接,提升通道对西北地区的辐射联动作用,有力促进西部地区开发开放。

同时,注重发挥西南地区传统出海口湛江港的作用,加强通道与长江经济带的衔接。

(二)地方层面的相关政策

各地方政府根据国家的相关政策、规划,结合本地区实际,制定了推进"一带一路"物流发展的相关规划。

河南省提出了《郑州—卢森堡"空中丝绸之路"建设专项规划》,提出以航空网络为依托,拓展覆盖区域和合作领域,构建"双枢纽、多节点、多线路、广覆盖"的发展格局。其中,"双枢纽"主要是完善郑州和卢森堡枢纽功能,提升集疏能力,构建以郑州为中心的亚太集疏分拨基地、以卢森堡为中心的欧美集疏分拨基地;"多节点"主要是以国际枢纽节点城市为重点,加强经贸人文交流,形成莫斯科、莱比锡、芝加哥、悉尼、亚的斯亚贝巴等多点支撑的网络框架;"多线路"主要是依托"双枢纽"和主要节点城市,开辟航线、加密航班,构建连接世界主要枢纽机场的若干空中骨干通道;"广覆盖"主要是通过多式联运,增强枢纽和节点的辐射功能,构建覆盖亚太、连接欧美、辐射非洲和大洋洲的航空网络体系和陆空联运高效、空空中转便捷的集疏体系。

青海省提出了加快对外贸易通道建设。紧抓国家将格尔木作为陆港型物流枢纽承载城市、西宁作为商贸服务型物流枢纽承载城市的机遇，着力打造贯通俄罗斯远东地区—欧洲诸国、中亚—西亚、南亚三条青海绿色贸易通道，逐步扩大中欧班列常态化运营规模和质量效益。同时以融入国际陆海贸易新通道为契机，推动与渝、桂、黔、陇、新、滇、宁等省市的共建协作和物流一体化建设，采取铁海联运方式，积极融入"21世纪海上丝绸之路"。

江苏省提出加快交通网络建设。立足陆海联运、江海联运、海河联运发展需要，推进沿海、沿江、沿新亚欧陆海联运三大通道基础设施互联互通，着力构建综合性立体化通道网络。铁路方面，全力推进沿海铁路大通道建设，确保"十四五"初全线贯通，加快构建对接上海、联通中西部地区的沿江铁路大通道，南沿江铁路力争2022年前建成；加快连徐高铁建设，力争2021年前建成，推动陆桥沿线地区高效联通。港口方面，加快连云港30万吨级航道二期工程及码头工程建设，鼓励联合航运企业拓展远洋航线、加密日韩等近洋航线，推进宿连航道建设，推进上合组织（连云港）国际物流园铁路专用线建设，加快连云港集装箱铁水联运、海河联运发展，建设连接"一带一路"的综合交通枢纽和物流中心。发挥长江深水航道优势，加快南京区域性航运物流中心建设。大力推进通州湾港区建设，加快航道、码头、集疏运体系建设，积极开辟远洋航线，强化与太仓港联动发展、一体化经营，重点推进太仓港铁路支线、通海港区专用铁路线等工程建设，主动承接长江经济带运输需求，促进江海联动，着力打造江海联动国际物流中心和江海直达运输集散基地。航空方面，以东部机场集团组建为契机，优化全省航空网络布局，加强省内机场航空资源整合，在开辟"一带一路"沿线国家和地区航线、加强与国外航空公司合作等方面取得更大进展。大力推进南京禄口机场国际航空枢纽、无锡硕放区域性国际机场、南通新机场、淮安淮河生态经济带货运机场等建设。同时，提升服务"一带一路"的信息基础设施互联互通水平，加快"数字丝路"建设。

陕西省则着力构建交通商贸物流中心，推进西安咸阳国际机场三期工程建设。积极开展"一带一路"国家航权自由化试点研究，加快推进临空经济示范区建设，充分利用第五航权，吸引外国航空公司经停西安。力争开通西安至乌克兰、波兰等中东欧国家的航线。同时，加快宝鸡至坪坎、凤翔至旬邑、合阳至铜川、平利至镇坪、安康至岚皋、绥德至延川等高速公路项目建设进度，全

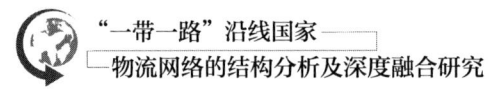

年建设规模超过1400千米。加快推进银西高铁建设，确保西延、西十、西康高铁开工建设。加快汉巴渝快速铁路北上通道项目前期工作，并持续抓好中欧班列"长安号"新线路开拓，加大货源组织力度。

黑龙江省则以哈尔滨为重点，推进哈尔滨国际陆港、航空枢纽等集疏运基础设施建设，提升国际贸易服务水平，实现"区港一体化"协同发展，哈俄、哈欧货运班列、哈俄公路、国际航班等国际多式联运通道网络高效运行，形成面向俄罗斯、辐射东北亚、承接欧洲腹地及北美地区的航空、铁路、公路立体大通道，成为东北亚国际经贸通道枢纽，产业集聚和支撑带动效益显著。

江西省在"一带一路"物流通道建设规划方面，主要提出了加快全省铁路、航空等基础设施建设，全面构建通江达海、联通内外的对外开放通道。完善江西省对外快速通道，开工建设昌景黄铁路，加快昌吉赣客专、赣深客专、安九客专建设，加快长赣铁路、昌九客专、瑞梅铁路项目前期工作。稳定开行江西省至宁波、福州、厦门铁海联运，拓展通达沿海港口的集装箱快速班列。推进空中走廊建设。加快完成昌北国际机场T1航站楼改造、赣州黄金机场改扩建主体工程等项目建设，完善全省机场网络布局。积极争取国家第五航权开放试点，积极引进基地航空。积极开拓江西省至俄罗斯、新加坡等国家的航线航班。

此外，广西、福建、新疆、上海等地也就如何促进"一带一路"物流网络的互联互通提出了相关发展规划。纵观目前国内的"一带一路"物流网络主要立足于国内交通网络现状，以线路贯通为主要目标。由于"一带一路"地跨亚欧非三大洲，幅员辽阔，我国仅为"一带一路"东段的重要国家，要保障整个"一带一路"沿线的物流畅通，需要对整个"一带一路"物流网络进行整体规划与布局。

第三节 "一带一路"沿线国家概况

为了实现将"一带一路"沿线的欧亚非紧密连接在一起，将参与各国的运输体系连接起来，构建海陆空一体化的物流通道，实现全球物流一体化，更好地促进沿线的经贸发展，除进一步完善国内交通运输通道的构建外，还需以全局的视角,从"一带一路"物流网络整体的角度对现有网络进行进一步的分析与研究,通过线路贯通、网络优化,打造一个贯通"亚—欧—非"大陆的"物流互联网"。为实现上述目标,首先需要对"一带一路"沿线国家、主要城市、重要物流枢纽进行重点分析。

虽然中国已经同 140 个国家和 31 个国际组织签署了 205 份共建"一带一路"合作文件(截至 2021 年 1 月 30 日),然而从地理视角进行分析,"一带一路"沿线除中国作为东段重要节点国家外,还包括东北亚、东南亚、南亚、中亚、西亚/北非、中东欧六大区域 64 个主要国家。本书将以上述 65 个国家作为主要研究对象,分析其物流网络的结构特征,现对其概况、重要交通运输枢纽介绍如下:

一、东北亚地区

东北亚地区除中国外,主要包括蒙古和俄罗斯远东地区。其中,蒙古国民经济对外依存度较高,经济发展相对滞后;蒙古的国际物流主要以铁路、公路和航空为主,境内有一条连接中俄的铁路。乌兰巴托的"成吉思汗"为蒙古唯一的国际机场。与北京、呼和浩特、海拉尔、莫斯科、伊尔库茨克、首尔、东京、大阪和法兰克福之间有定期航班。

二、东南亚地区

东南亚地区主要包括泰国、马来西亚、新加坡、印度尼西亚、越南、菲律宾、柬埔寨、缅甸、老挝、文莱、东帝汶 11 国。新加坡是该地区唯一的发达国家,物流基础设施发达,是世界重要的转口港及联系亚、欧、非、大洋洲的航空中心。泰国、印尼、马来西亚、越南、菲律宾是地区大国,近年来经济发展较快,航空运输及远洋运输都具备一定的规模。文莱虽国土面积较小,但经济发展水平较高,国际物流主要以海运及航空为主。缅甸、柬埔寨、老挝、东帝汶四国是该地区经济发展相对滞后的国家,物流基础设施落后。

三、南亚地区

南亚地区主要包括:印度、巴基斯坦、斯里兰卡、孟加拉国、尼泊尔、马尔代夫、不丹七国。其中，印度是南亚大国，作为新兴经济体，近年来经济发展速度较快，物流基础设施齐备，铁路里程居亚洲第二位、世界第四位，远洋运输及航空运输业很发达；主要港口包括孟买、加尔各答、钦奈（原名马德拉斯）、科钦、果阿等；拥有国际机场五个，分别位于德里、孟买、加尔各答、钦奈和特里凡特琅。巴基斯坦拥有卡拉奇和卡西姆两个国际港口，五座国际机场分别在伊斯兰堡、卡拉奇、拉合尔、白沙瓦和木尔坦；此外，其铁路线路与"一带一路"沿线国家铁路网络联通后，有望成为沿线重要的铁路枢纽。斯里兰卡拥有世界级大港科伦坡，此外汉班托塔、高尔和亭可马里也是重要港口，还拥有科伦坡机场、汉班托塔（马塔拉）机场两个国际机场。孟加拉国、尼泊尔、不丹、马尔代夫四国经济发展水平较低，国民经济主要依靠农业，物流基础设施薄弱，主要依赖公路与航空实现与邻国贸易往来。

四、中亚地区

中亚地区主要包括：哈萨克斯坦、吉尔吉斯斯坦、土库曼斯坦、塔吉克斯坦、乌兹别克斯坦五国。中亚五国经济主要以农业、矿产、能源等为主，经济发展水平比较落后，物流基础设施薄弱。中亚五国以公路及铁路运输为主要交通运输方式，其铁路线路与俄罗斯铁路网络相连，海运、空运在货运量中比重较小。

五、西亚/北非地区

西亚/北非地区主要包括：阿联酋、科威特、土耳其、卡塔尔、阿曼、黎巴嫩、沙特阿拉伯、巴林、以色列、也门、埃及、伊朗、约旦、叙利亚、伊拉克、阿富汗、巴勒斯坦、阿塞拜疆、格鲁吉亚、亚美尼亚等20国。该区域经济发展很不平衡，其中阿联酋、科威特、土耳其、卡塔尔、沙特阿拉伯经济发达、地理位置优化，是连接"一带一路"沿线东西方的桥梁和纽带，其航空运输和远洋运输都很发达。巴林、阿曼、以色列、埃及等国政治较稳定，经济发展尚可。其余国家受地缘政治、战乱等方面的影响，社会经济发展受到很大制约，物流基础设施较为薄弱。巴勒斯坦是"一带一路"沿线65个国家中唯一没有国际机场的国家。

六、中东欧地区

中东欧地区包括波兰、阿尔巴尼亚、爱沙尼亚、立陶宛、斯洛文尼亚、保加利亚、捷克、匈牙利、北马其顿、塞尔维亚、罗马尼亚、斯洛伐克、克罗地亚、拉脱维亚、波黑、黑山、乌克兰、白俄罗斯、摩尔多瓦等国。总面积117万平方千米，总人口1.2亿。中东欧处在连通最发达的欧盟一体化市场和最主要的能源产地间的结合部，其东联西通的地缘优势明显，是欧盟市场的重要接入口。对于西欧市场而言，它有成本低和新兴经济体增速快的优势；和俄罗斯中亚地区相比，它有市场发育更成熟、经济更发达、产品竞争力更强的相对优势。该地区的汽车制造业、发电设备、采煤技术和设备、飞机制造技术、船舶制造技术、生物技术、制药、农产品生产和加工、葡萄酒酿造等许多行业都具有良好的基础。作为亚欧大陆经济带的重要组成部分，中东欧地区具有的产业及区位优势决定了其可在"一带一路"倡议中发挥重要的区域性支点作用。

此外，俄罗斯国土面积广阔，横跨亚欧大陆。俄罗斯物流基础设施较为齐备，铁路、公路、航空、水运以及管道运输都很发达。客运以铁路和公路为主；货物运输方式以铁路和管道为主。铁路以莫斯科为中心呈放射状分布，欧洲部分较为密集，拥有横贯亚欧大陆的西伯利亚铁路运输通道。

参考文献

国家发展和改革委员会，外交部，商务部．推动共建"丝绸之路经济带"和21世纪"海上丝绸之路"的愿景与行动［R］．2015．

国家发展和改革委员会．西部"陆海新通道"总体规划［R］．2017．

国家发展和改革委员会，国家能源局．推动"丝绸之路经济带"和21世纪"海上丝绸之路"能源合作愿景与行动［R］．2017．

国家发展和改革委员会，国家海洋局．"一带一路"建设海上合作设想［R］．2017．

国家中医药管理局，国家发展和改革委员会．中医药"一带一路"发展规划［R］．2017．

环境保护部，外交部，国家发展与改革委员会，商务部．关于推进绿色"一带一路"建设的指导意见［R］．2017．

环境保护部．"一带一路"生态环境保护合作规划［R］．2017．

农业部，国家发展和改革委员会，商务部，外交部.共同推进"一带一路"建设农业合作的愿景与行动［R］.2017.

推进"一带一路"建设工作领导小组办公室.标准联通"一带一路"行动计划［R］.2015.

推进"一带一路"建设工作领导小组办公室.中欧班列建设发展规划［R］.2016.

文化部.文化部"一带一路"文化发展行动计划［R］.2017.

一带一路网［EB/OL］.https：//www.yidaiyilu.gov.cn/.

第三章 "一带一路"沿线国家间物流引力研究

在世界经济和贸易快速发展的情况下,如何加强国际间的贸易联系和拓展贸易领域成为当今国家发展经济的关键问题,中国政府利用传统的"丝绸之路经济带",联结亚欧非65个国家和地区来组建现代的丝绸之路,希望通过建立与沿线国家的经济合作伙伴关系,加强贸易交流来共同发展经济,实现双赢。"一带一路"中的"一带"代表着两条陆上丝绸之路,一是经中亚、俄罗斯到达欧洲诸国;二是新疆经巴基斯坦到印度洋、中亚与西亚到达波斯湾和地中海沿岸各国。而"一路"则是指"21世纪海上丝绸之路",其从中国大陆的沿海各港口出发,经过南海进入印度洋,然后延伸至欧洲。"一带一路"涉及的国家和地区众多且经济发展水平各异,因此如何平衡好与不同国家之间的贸易货物运输量很是重要,而贯穿亚欧非大陆的物流网络在其中扮演着重要的作用,对于"一带一路"沿线贸易发展具有重大意义。

鉴于"一带一路"沿线国家经济发展存在较大差异,且涉及国家众多,区域面积广阔,所以造成国家间的物流差异过大和地区贸易发展不平衡。此外,由于物流基础设施建设不足和路线规划不合理,导致很多国家的物流需求不能得到有效满足,造成物资流通效率过低、流通成本过高的现象。本章旨在以"一带一路"沿线国家间物流需求为研究对象,通过引力模型分析沿线国家间物流引力的分布情况,从而为实现"一带一路"国家间的物流网络的完善与优化奠定基础。

第一节 物流网络对"一带一路"的作用

一、我国与"一带一路"沿线国家间物流通道的建设与发展

如果将"一带一路"比喻为亚洲腾飞的两只翅膀,那么互联互通就是两只翅膀的血脉经络。加强设施联通,能够助推沿线国家经济增长,并为推动世界经济增长提供持续动能。国际铁路、国际港口、国际公路等一批交通设施重点工程不断推进,连点成线、织线成网,取得了"一带一路"建设的早期收获。

"一带一路"倡议提出以来,我国已与"一带一路"沿线国家签署了《上海合作组织成员国政府间国际道路运输便利化协定》《中国—东盟海运协定》等130多个双边和区域运输协定,涉及铁路、公路、海运、航空和邮政等多个方面,各项建设取得了积极进展。

据统计,通过73个公路和水路口岸,中国与相关国家开通了356条国际道路客货运输线路;海上运输服务已覆盖"一带一路"沿线所有国家;与43个沿线国家实现空中直航,每周约4200个航班;简化了国际铁路联运办理手续,促进中欧间国际铁路货物联运,开展国际铁路运邮合作。

在中国对"一带一路"国家出口额统计中,以水路运输的出口额占比最高。2017年,以水路运输的出口额达5679.3亿美元,占中国对"一带一路"国家出口额的73.3%,其次为航空运输占12.3%、公路运输占11.9%、铁路运输占2.0%、其他运输占0.4%、邮件运输占0.1%。从出口增速看,以铁路运输的出口额增速最快。2017年,以铁路运输的出口额为155.7亿美元,较2016年增34.5%,其次为航空运输增长23.8、公路运输增长14.8%、水路运输增长5%、其他运输减少3.2%、邮件运输减少31.5%。

在中国自"一带一路"国家进口额统计中,以水路运输的进口额占比最高。2017年,以水路运输的进口额达3841.9亿美元,占中国自"一带一路"国家进口额的57.7%,其次为航空运输占19.9%、公路运输占15.1%、其他运输占5.3%、铁路运输占2.1%、邮件运输占0.01%。从进口额增速看,水路运

输的增速最快。2017年，以水路运输的进口额较2016年增长22.0%，其次为航空运输增长21.1%、其他运输增长18.9%、公路运输增长13.9%、邮件运输增长5.3%、铁路运输减少2.6%。

综上可知，当前我国与"一带一路"国家间的物流活动，主要以远洋运输和航空运输为主，公路运输主要用于实现中短距离内的邻国边境城市之间的货物运输，而铁路运输则主要通过中—欧铁路班列开展货物运输。

二、"一带一路"发展与物流网络的关系分析

（一）经济贸易发展与物流的关系

经济贸易发展与物流业呈现相互影响、相互制约的发展关系，一个国家的国内生产总值与该国的物流状况存在显著的相关性。以中国的民用航空物流为例，如图3-1-1所示，2014年到2018年五年时间里，中国国内生产总值和民用航空货运量数据呈明显正相关，其相关系数为0.9889。

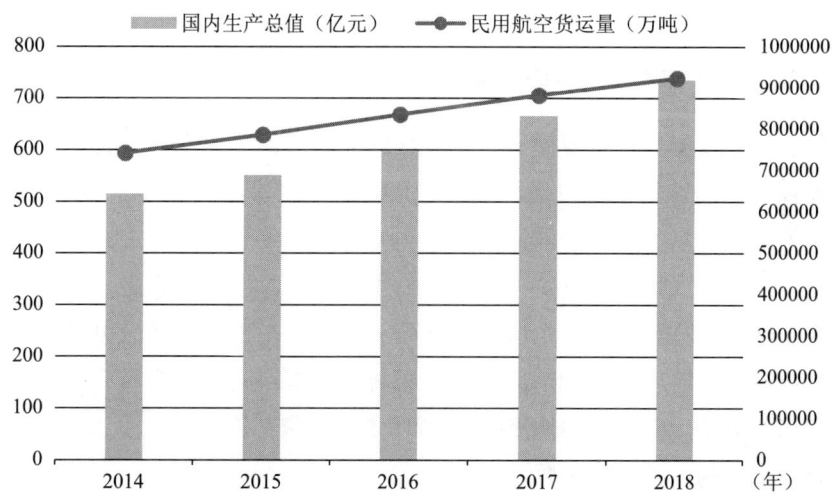

图3-1-1　2014—2018年中国国内生产总值与民航货运量关系图

物流业的发展可以有效地调整社会产业结构的优化升级，其主要原因在于可以极大地带动国家进出口贸易的增长，拓展经济腹地，从而发展地区经济，促进产业链的延伸及壮大，带动区域各产业间的交流，形成物流产业的集聚效

应,能够在很大程度上带动一个国家整体的经济和贸易发展。

(二)基础设施建设与物流的关系

交通运输的基础设施包含运输线路(铁路、管道、航线等),交通运输岗站(火车站、机场、码头等),以及许多附属设施(加油站、导航系统、维修站、塔台等)。物流的发展势必会刺激国家进出口贸易的发展,因此国家为了满足日益增长的航空货运需求,相应的配套基础设施建设便会提上日程。而这些一级基础设施又会带动二级基础设施的完善。最后,物流基础设施在建成后又会在相当一段时间内反馈到物流产业链中,并最终提高物资流通的上限,降低流通成本。

物流网络对于带动"一带一路"沿线国家基础设施的建设和完善,作用毋庸置疑。从长远影响来看,这能够推动国家经济发展,增强地区之间的经济联系,促进其空间分布形态演变;从近期效果分析,基础设施建设是劳动密集型产业,能够带动就业市场,而其公共产品性质又使得所有居民都能够使用,从而扩大内需,提升居民消费水平。

(三)产业规模水平与物流的关系

物流业的发展与产业规模也存在直接的关联。物流业产业链长,对于产业拉动作用强。随着物流的发展,货运量增长之后,进出口贸易量也随之增加,居民个人或者贸易公司对于物流的需求也就水涨船高了。在需求充足和服务人才保证的情况下,物流产业的投资资金来源也就不需要担心了。

综上所述,物流对于一个国家经济贸易发展、基础设施建设以及产业规模水平的提高,有着巨大作用。因此,如果将"一带一路"沿线所有的国家视为一个整体,丰富优化其中的物流网络,则65个国家都将受益匪浅,这对于"一带一路"倡议的实施至关重要。

第二节 "一带一路"沿线国家物流引力模型的构建

一、引力模型的理论概述

(一)引力模型的内涵

引力模型是用来分析和预测不同地区之间空间相互作用能力的数学模型,被广泛应用于各学科领域,常被学者用于研究国际贸易。

现代引力模型由牛顿万有引力公式衍生而来,如式(3-1)所示。

$$Y = C\frac{M_1 \times M_2}{D^2} \tag{3-1}$$

其中,Y 为两个对象之间的引力值;C 为常数;M_1 和 M_2 是研究对象的引力指标大小,比如研究国际贸易,M 可能就代表整个地区的进出口贸易额,又或者其他能够代表这个地区的国际贸易能力的一个或多个指标(若涉及多个指标则可能需要分配权重);至于 D 则是两个研究对象间的阻抗因素,一般在引力模型中常用两地之间的距离表示,还有些情况下距离并不是阻力因素,反而可能要取阻抗因素的倒数。

广义上来说,两个地区之间的空间相互作用表现在这两者之间的贸易往来、货币流通、人口流动、交通往返、信息交换和公共设施的共同利用等诸多方面,这些影响因素造成了两个地区间的差异,而引力模型就是用来研究差异大小的。然而在研究中将这诸多因素全部考虑进去异常困难,因此需要建立相应的评价体系和指标来考察研究对象的区域规模,还要根据对象之间的介质的连通性确定计算距离,从而得出研究所需要的引力值。

（二）典型的引力模型应用

19世纪上半叶美国最有影响力的经济学家凯雷（H. C. Carey）最早在1858年就根据牛顿万有引力定律提出过两个不同地区之间的空间相互作用，可以用式（3-2）表示。

$$I = k \frac{G_i^\alpha \times G_j^\beta}{d_{ij}^\gamma} \quad (3\text{-}2)$$

其中，I表示引力；G_i、G_j表示研究对象间的引力指标，该指标可以是单一指标，也可以是由一系列要素组成的复合型指标；d_{ij}表示研究对象间的阻抗要素；α、β、γ为系数。

后来人们对于引力模型的研究大多分为两类：一类是对传统引力模型进行修正，从而应用于专门的研究领域，另一类则是纯理论研究，目的是探讨引力模型的发展历史和未来可用方向。第一类如戴明辉、沈文星在《中国木质林产品贸易流量与潜力研究：引力模型方法》一文中应用具有中国木质林产品特色的要素禀赋、森林认证变量来对引力模型进行改进，该文收集了中国在1999年至2008年共10年时间内对28个出口贸易合作伙伴国家的木质林产品产品数量的面板数据进行相关分析，再对中国主要木质林产品贸易潜力进行测算，最终得出结论表明两国之间的经济规模随着中国木质林产品贸易量的增长而增长，随着距离的增长而减小，而要素禀赋和双边贸易流量呈正相关，至于森林认证也在双边贸易中起着积极作用；第二类如刘岩在《贸易流量引力模型的理论研究综述》一文中研究了30年来引力模型的理论发展脉络，向读者展示了该模型从局部均衡到一般均衡的扩展，由无贸易理论基础到和贸易国自身禀赋的融合，并提出该模型未来可能应用和拓展的领域，比如人均国民收入是否可以作为修正引力模型的因变量来研究两个发展中国家之间的贸易流量。

此外，Deardorff指出在影响因素较多时需要建立相应的引力评价体系来反映研究对象的实际，式（3-2）中所有系数取某一常数值并不影响结果的相对大小，仍能保证较高的精度，并得到了后辈学者们的认同。

二、物流引力模型的建立

两个地区之间物流的影响因素众多，包括经济发展、市场规模、基础设施等，需要通过专门的指标体系才能全面地反映实际情况，因此，本书建立的物流引力模型如式（3-3）所示。

$$I_{ij} = \frac{G_i \times G_j}{d_{ij}} \quad (3-3)$$

其中，I_{ij} 表示 i 国与 j 国之间的物流引力；G_i、G_j 表示 i 国、j 国的物流发展水平；d_{ij} 表示物流的距离阻抗，由于"一带一路"沿线陆路运输方式相对发达且成本较低，因此对于近距离运输往往采用陆运方式，长距离运输才是航空运输的优势，因此以 i、j 两国间距离的倒数作为物流引力的距离阻抗要素，再结合 Deardorff 的结论，所有系数取值为 1。

三、"一带一路"沿线国家物流发展水平的确定

（一）物流发展水平评价指标体系的建立

物流是一种派生需求，其发展水平与该国经贸发展水平具有高度关联性，国内生产总值（GDP）、进出口贸易等都对其产生直接影响。此外，货运周转量、承运人数量、承运人全球出港量等指标反映了一个国家物流的市场规模，也是反映物流发展水平的重要因素。由于当前"一带一路"国家间的物流活动，主要以远洋运输和航空运输为主，因此，以一国拥有的民航客机及远洋轮船的运力及机场、港口数量作为反映物流基础条件的指标。除此以外，由于中高收入群体对国际物流产生较大拉动作用，因此该指标也是影响物流发展的基础条件。

因此，本书从"国家经贸发展水平、物流市场规模、物流基础条件"三个方面构建指标体系，如表 3-2-1 所示。

表 3-2-1　物流发展水平评价指标体系

一级指标	二级指标
国家经贸发展水平	国民生产总值（A），经济自由度指数（B），出口贸易总额（C），进口贸易总额（D）
物流市场规模	货运周转量（E），承运人数量（F），承运人全球出港量（G）
物流基础条件	飞机及远洋班轮运力（H），机场及港口数量（I），中高收入群体数量（J）

（二）基于信息熵法的指标权重的确定

信息熵法可以基于历史数据确定指标权重，是一种偏于客观的确定权重的方法。若有 m 个国家，n 个评价指标，以 X_{ij} 表示第 i 个国家的第 j 个指标值，得到初始矩阵为 A；用式（3-4）对初始矩阵为 A 中数据进行无量纲化处理，得到归一化矩阵 A'。

$$r_{ij} = \frac{X_{ij}}{\sum_{i=1}^{m} X_{ij}}, \quad (i=1,\cdots,m; \ j=1,\cdots,n) \tag{3-4}$$

用式（3-5）可计算出每个指标的信息熵值，其值域为 [0, 1]。

$$E_j = \frac{-\sum_{i=1}^{m}(r_{ij} \times ln(r_{ij}))}{ln(m)}, \quad (j=1,\cdots,n) \tag{3-5}$$

将每个指标的信息熵值代入式（3-6），可计算出每个指标权重。

$$W_j = \frac{1-E_j}{\sum_{j=1}^{n}(1-E_j)}, \quad (j=1,\cdots,n) \tag{3-6}$$

（三）物流发展水平的评定

TOPSIS（Technique for Oder Preference by Similarity to Ideal Solution，优劣解距离法）法是多目标决策分析中一种常用的有效方法，可以反映出评价样本与理想样本之间的整体相似性，故采用 TOPSIS 法确定"一带一路"沿线各国物流发展水平。其基本步骤为：

将各指标权重与归一化矩阵相乘得指标加权评价矩阵，如式（3-7）所示。

$$V = W_j \times A' = \begin{bmatrix} v_{11} & \cdots & v_{1n} \\ \vdots & \ddots & \vdots \\ v_{m1} & \cdots & v_{mn} \end{bmatrix} \tag{3-7}$$

其中，正理想解 D^+ 和负理想解 D^- 的集合分别由矩阵 V 中各列的最大值和最小值组成：

$$D^+ = \{v_1^+, v_2^+, \cdots, v_n^+\} = \{(max\, v_{ij}|j \in J_1), (max\, v_{ij}|j \in J_2), \cdots, (max\, v_{ij}|j \in J_n)\}, (i=1,\cdots,m)$$

$$D^- = \{v_1^-, v_2^-, \cdots, v_n^-\} = \{(min\, v_{ij}|j \in J_1), (min\, v_{ij}|j \in J_2), \cdots, (min\, v_{ij}|j \in J_n)\}, (i=1,\cdots,m)$$

计算正、负理想解集合之间的欧氏距离，如式（3-8）所示。

$$L_i^+ = \sqrt{\sum_{j=1}^{n}(v_{ij} - v_j^+)^2}, (i=1,\cdots,m)$$

$$L_i^- = \sqrt{\sum_{j=1}^{n}(v_{ij} - v_j^-)^2}, (i=1,\cdots,m)$$

（3-8）

最后用式（3-9）确定出一个国家物流的发展水平，并按大小排序。

$$G_i = \frac{L_i^-}{L_i^+ + L_i^-}$$

（3-9）

第三节 "一带一路"沿线各国物流发展水平分析

一、数据的收集和处理

针对"一带一路"沿线65个国家按表3-2-1中的10个指标采集数据。本节所用数据主要来源于国家统计局、世界银行、世界贸易组织、国际民航组织等网站。其中数值单位依次为：10亿美元、百分比、10亿美元、10亿美元、百万吨千米、个、千次、万吨、个、10万人，如表3-3-1所示。

表3-3-1 "一带一路"沿线国家物流发展评价指标体系表

	A	B	C	D	E	F	G	H	I	J
阿尔巴尼亚	15	65	1	4	1	1	3	1	4	20
阿富汗	20	51	1	8	30	4	24	20	52	35
阿联酋	433	78	315	241	15963	12	456	498	43	54

续表

	A	B	C	D	E	F	G	H	I	J
阿曼	82	61	32	23	510	1	77	45	132	23
阿塞拜疆	46	64	16	9	44	2	20	35	37	77
埃及	249	53	24	53	438	14	104	101	83	391
爱沙尼亚	30	79	14	15	1	3	27	14	19	11
巴基斯坦	307	54	22	49	218	4	49	67	151	313
巴勒斯坦	13	50	2	1	1	1	1	3	1	30
巴林	39	68	14	14	421	6	57	42	4	14
白俄罗斯	57	58	24	26	2	2	32	30	65	68
保加利亚	64	68	32	36	1	8	11	44	68	43
波黑	20	61	5	9	1	1	1	1	28	27
波兰	549	69	221	222	271	6	124	92	126	282
不丹	3	62	1	1	1	2	5	6	2	3
东帝汶	3	48	1	1	1	1	5	5	6	3
俄罗斯	1576	58	337	213	6811	32	885	661	1218	1088
菲律宾	332	65	63	93	836	11	292	158	247	570
格鲁吉亚	17	76	4	8	1	5	7	13	23	25
哈萨克斯坦	184	69	49	31	50	10	83	71	96	141
黑山	5	64	1	3	1	1	7	6	5	5
吉尔吉斯斯坦	8	63	2	4	1	3	16	10	30	20
柬埔寨	24	59	10	14	1	4	14	10	17	41

续表

	A	B	C	D	E	F	G	H	I	J
捷克	245	74	157	147	25	4	51	48	128	81
卡塔尔	188	73	56	27	12667	2	198	199	6	21
科威特	145	62	54	29	392	3	46	31	7	22
克罗地亚	60	61	15	25	1	3	27	46	69	31
拉脱维亚	34	74	12	15	4	3	54	47	42	16
老挝	18	54	3	6	2	1	10	11	41	13
黎巴嫩	57	53	4	18	57	2	26	21	8	47
立陶宛	52	75	26	30	5	2	2	52	61	21
罗马尼亚	239	69	65	78	3	5	56	51	45	129
马尔代夫	5	51	1	2	8	3	27	15	9	2
马来西亚	347	75	188	163	1404	12	477	263	114	243
马其顿	12	71	4	1	1	2	7	10	10	15
蒙古	13	56	6	4	8	3	8	12	44	7
孟加拉国	286	55	36	42	64	6	101	30	16	285
缅甸	72	54	10	15	5	11	64	45	64	143
摩尔多瓦	11	58	1	1	1	3	14	12	7	25
尼泊尔	29	54	1	11	5	4	72	15	47	57
塞尔维亚	48	63	15	19	18	2	28	21	26	48
沙特阿拉伯	770	60	231	137	1085	12	254	214	214	208
斯里兰卡	93	58	11	21	436	3	34	25	18	71

续表

	A	B	C	D	E	F	G	H	I	J
斯洛伐克	107	65	81	78	1	4	2	23	35	44
斯洛文尼亚	55	65	30	29	1	2	18	35	3	15
塔吉克斯坦	7	58	1	3	2	2	4	10	26	17
泰国	490	67	228	190	2666	19	476	276	101	324
土耳其	714	65	157	197	5949	15	773	531	98	468
土库曼斯坦	43	47	7	5	17	1	18	23	28	10
文莱	15	64	6	3	129	1	11	10	1	4
乌克兰	126	52	37	44	75	17	67	92	187	232
乌兹别克斯坦	43	51	11	11	89	2	22	29	53	152
新加坡	347	89	373	327	5195	5	209	197	9	47
匈牙利	156	67	99	93	1	5	184	75	41	78
叙利亚	77	51	2	6	2	2	10	11	90	55
亚美尼亚	13	69	2	3	1	3	6	5	11	19
也门	29	54	1	5	3	2	17	10	57	67
伊拉克	231	50	57	36	16	4	21	39	102	81
伊朗	430	51	92	70	291	15	229	228	319	676
以色列	366	72	61	67	995	6	54	60	47	67
印度	2690	54	303	427	2704	20	1200	485	346	3743
印度尼西亚	1005	64	169	150	1132	29	959	550	673	655
约旦	42	65	8	18	176	7	36	40	17	51
越南	241	53	214	211	481	4	284	140	45	497

续表

	A	B	C	D	E	F	G	H	I	J
中国	13 457	58	2157	1731	25 256	56	4692	2890	507	7307
合计	27 484	4024	6183	5573	86 978	441	13 148	8860	6229	19378

二、指标权重的确定

针对表 3-3-1 的数据，应用式（3-4）进行归一化处理，得到归一化矩阵，如表 3-3-2 所示。

表 3-3-2 归一化矩阵

	A	B	C	D	E	F	G	H	I	J
阿尔巴尼亚	0.000 55	0.016 15	0.000 16	0.000 72	0.000 01	0.002 27	0.000 23	0.000 11	0.000 64	0.001 03
阿富汗	0.000 73	0.012 67	0.000 16	0.001 44	0.000 34	0.009 07	0.001 83	0.002 26	0.008 35	0.001 81
阿联酋	0.015 75	0.019 38	0.050 95	0.043 24	0.183 53	0.027 21	0.034 68	0.056 21	0.006 90	0.002 79
阿曼	0.002 98	0.015 16	0.005 18	0.004 13	0.005 86	0.002 27	0.005 86	0.005 08	0.021 19	0.001 19
阿塞拜疆	0.001 67	0.015 90	0.002 59	0.001 61	0.000 51	0.004 54	0.001 52	0.003 95	0.005 94	0.003 97
埃及	0.009 06	0.013 17	0.003 88	0.009 51	0.005 04	0.031 75	0.007 91	0.011 40	0.013 32	0.020 18
爱沙尼亚	0.001 09	0.019 63	0.002 26	0.002 69	0.000 01	0.006 80	0.002 05	0.001 58	0.003 05	0.000 57
巴基斯坦	0.011 17	0.013 42	0.003 56	0.008 79	0.002 51	0.009 07	0.003 73	0.007 56	0.024 24	0.016 15
巴勒斯坦	0.000 47	0.012 43	0.000 32	0.000 18		0.002 27	0.000 08	0.000 34	0.000 16	0.001 55
巴林	0.001 42	0.016 90	0.002 26	0.002 51	0.004 84	0.013 61	0.004 34	0.004 74	0.000 64	0.000 72
白俄罗斯	0.002 07	0.014 41	0.003 88	0.004 67	0.000 02	0.004 54	0.002 43	0.003 39	0.010 44	0.003 51
保加利亚	0.002 33	0.016 90	0.005 18	0.006 46	0.000 01	0.018 14	0.000 84	0.004 97	0.010 92	0.002 22

续表

	A	B	C	D	E	F	G	H	I	J
波黑	0.000 73	0.015 16	0.000 81	0.001 61	0.000 01	0.002 27	0.000 08	0.000 11	0.004 50	0.001 39
波兰	0.019 98	0.017 15	0.035 74	0.039 83	0.003 12	0.013 61	0.009 43	0.010 38	0.020 23	0.014 55
不丹	0.000 11	0.015 41	0.000 16	0.000 18	0.000 01	0.004 54	0.000 38	0.000 68	0.000 32	0.000 15
东帝汶	0.000 11	0.011 93	0.000 16	0.000 18	0.000 01	0.002 27	0.000 38	0.000 56	0.000 96	0.000 15
俄罗斯	0.057 34	0.014 41	0.054 50	0.038 22	0.078 31	0.072 56	0.067 31	0.074 60	0.195 54	0.056 15
菲律宾	0.012 08	0.016 15	0.010 19	0.016 69	0.009 61	0.024 94	0.022 21	0.017 83	0.039 65	0.029 41
格鲁吉亚	0.000 62	0.018 89	0.000 65	0.001 44	0.000 01	0.011 34	0.000 53	0.001 47	0.003 69	0.001 29
哈萨克斯坦	0.006 69	0.017 15	0.007 92	0.005 56	0.000 57	0.022 68	0.006 31	0.008 01	0.015 41	0.007 28
黑山	0.000 18	0.015 90	0.000 16	0.000 54	0.000 01	0.002 27	0.000 53	0.000 68	0.000 80	0.000 26
吉尔吉斯斯坦	0.000 29	0.015 66	0.000 32	0.000 72	0.000 01	0.006 80	0.001 22	0.001 13	0.004 82	0.001 03
柬埔寨	0.000 87	0.014 66	0.001 62	0.002 51	0.000 01	0.009 07	0.001 06	0.001 13	0.002 73	0.002 12
捷克	0.008 91	0.018 39	0.025 39	0.026 38	0.000 29	0.009 07	0.003 88	0.005 42	0.020 55	0.004 18
卡塔尔	0.006 84	0.018 14	0.009 06	0.004 84	0.145 63	0.004 54	0.015 06	0.022 46	0.000 96	0.001 08
科威特	0.005 28	0.015 41	0.008 73	0.005 20	0.004 51	0.006 80	0.003 50	0.003 50	0.001 12	0.001 14
克罗地亚	0.002 18	0.015 16	0.002 43	0.004 49	0.000 01	0.006 80	0.002 05	0.005 19	0.011 08	0.001 60
拉脱维亚	0.001 24	0.018 39	0.001 94	0.002 69	0.000 05	0.006 80	0.004 11	0.005 30	0.006 74	0.000 83
老挝	0.000 65	0.013 42	0.000 49	0.001 08	0.000 02	0.002 27	0.000 76	0.001 24	0.006 58	0.000 67
黎巴嫩	0.002 07	0.013 17	0.000 65	0.003 23	0.000 66	0.004 54	0.001 98	0.002 37	0.001 28	0.002 43
立陶宛	0.001 89	0.018 64	0.004 21	0.005 38	0.000 06	0.004 54	0.000 15	0.005 87	0.009 79	0.001 08

续表

	A	B	C	D	E	F	G	H	I	J
罗马尼亚	0.008 70	0.017 15	0.010 51	0.014 00	0.000 03	0.011 34	0.004 26	0.005 76	0.007 22	0.006 66
马尔代夫	0.000 18	0.012 67	0.000 16	0.000 36	0.000 09	0.006 80	0.002 05	0.001 69	0.001 44	0.000 10
马来西亚	0.012 63	0.018 64	0.030 41	0.029 25	0.016 14	0.027 21	0.036 28	0.029 68	0.018 30	0.012 54
马其顿	0.000 44	0.017 64	0.000 65	0.000 18	0.000 01	0.004 54	0.000 53	0.001 13	0.001 61	0.000 77
蒙古	0.000 47	0.013 92	0.000 97	0.000 72	0.000 09	0.006 80	0.000 61	0.001 35	0.007 06	0.000 36
孟加拉国	0.010 41	0.013 67	0.005 82	0.007 54	0.000 74	0.013 61	0.007 68	0.003 39	0.002 57	0.014 71
缅甸	0.002 62	0.013 42	0.001 62	0.002 69	0.000 06	0.024 94	0.004 87	0.005 08	0.010 27	0.007 38
摩尔多瓦	0.000 40	0.014 41	0.000 16	0.000 18	0.000 01	0.006 80	0.001 06	0.001 35	0.001 12	0.001 29
尼泊尔	0.001 06	0.013 42	0.000 16	0.001 97	0.000 06	0.009 07	0.005 48	0.001 69	0.007 55	0.002 94
塞尔维亚	0.001 75	0.015 66	0.002 43	0.003 41	0.000 21	0.004 54	0.002 13	0.002 37	0.004 17	0.002 48
沙特阿拉伯	0.028 02	0.014 91	0.037 36	0.024 58	0.012 47	0.027 21	0.019 32	0.024 15	0.034 36	0.010 73
斯里兰卡	0.003 38	0.014 41	0.001 78	0.003 77	0.005 01	0.006 80	0.002 59	0.002 82	0.002 89	0.003 66
斯洛伐克	0.003 89	0.016 15	0.013 10	0.014 00	0.000 01	0.009 07	0.000 15	0.002 60	0.005 62	0.002 27
斯洛文尼亚	0.002 00	0.016 15	0.004 85	0.005 20	0.000 01	0.004 54	0.001 37	0.003 95	0.000 48	0.000 77
塔吉克斯坦	0.000 25	0.014 41	0.000 16	0.000 54	0.000 02	0.004 54	0.000 30	0.001 13	0.004 17	0.000 88
泰国	0.017 83	0.016 65	0.036 88	0.034 09	0.030 65	0.043 08	0.036 20	0.031 15	0.016 21	0.016 72
土耳其	0.025 98	0.016 15	0.025 39	0.035 35	0.068 40	0.034 01	0.058 79	0.059 93	0.015 73	0.024 15

续表

	A	B	C	D	E	F	G	H	I	J
土库曼斯坦	0.001 56	0.011 68	0.001 13	0.000 90	0.000 20	0.002 27	0.001 37	0.002 60	0.004 50	0.000 52
文莱	0.000 55	0.015 90	0.000 97	0.000 54	0.001 48	0.002 27	0.000 84	0.001 13	0.000 16	0.000 21
乌克兰	0.004 58	0.012 92	0.005 98	0.007 90	0.000 86	0.038 55	0.005 10	0.010 38	0.030 02	0.011 97
乌兹别克斯坦	0.001 56	0.012 67	0.001 78	0.001 97	0.001 02	0.004 54	0.001 67	0.003 27	0.008 51	0.007 84
新加坡	0.012 63	0.022 12	0.060 33	0.058 68	0.059 73	0.011 34	0.015 90	0.022 23	0.001 44	0.002 43
匈牙利	0.005 68	0.016 65	0.016 01	0.016 69	0.000 01	0.011 34	0.013 99	0.008 47	0.006 58	0.004 03
叙利亚	0.002 80	0.012 67	0.000 32	0.001 08	0.000 02	0.004 54	0.000 76	0.001 24	0.014 45	0.002 84
亚美尼亚	0.000 47	0.017 15	0.000 32	0.000 54	0.000 01	0.006 80	0.000 46	0.000 56	0.001 77	0.000 98
也门	0.001 06	0.013 42	0.000 16	0.000 90	0.000 03	0.004 54	0.001 29	0.001 13	0.009 15	0.003 46
伊拉克	0.008 40	0.012 43	0.009 22	0.006 46	0.000 18	0.009 07	0.001 60	0.004 40	0.016 38	0.004 18
伊朗	0.015 65	0.012 67	0.014 88	0.012 56	0.003 35	0.034 01	0.017 42	0.025 73	0.051 21	0.034 88
以色列	0.013 32	0.017 89	0.009 87	0.012 02	0.011 44	0.013 61	0.004 11	0.006 77	0.007 55	0.003 46
印度	0.097 88	0.013 42	0.049 01	0.076 62	0.031 09	0.045 35	0.091 27	0.054 74	0.055 55	0.193 16
印度尼西亚	0.036 57	0.015 90	0.027 33	0.026 92	0.013 01	0.065 76	0.072 94	0.062 08	0.108 04	0.033 80
约旦	0.001 53	0.016 15	0.001 29	0.003 23	0.002 02	0.015 87	0.002 74	0.004 51	0.002 73	0.002 63
越南	0.008 77	0.013 17	0.034 61	0.037 86	0.005 53	0.009 07	0.021 60	0.015 80	0.007 22	0.025 65
中国	0.489 63	0.014 41	0.348 86	0.310 60	0.290 37	0.126 98	0.356 86	0.326 19	0.081 39	0.377 08

按式（3-5）计算各个指标的信息熵值，并按式（3-6）可最终计算出各指标权重，如表3-3-3所示。

表 3-3-3　各指标信息熵值

	A	B	C	D	E	F	G	H	I	J
信息熵	0.559	0.998	0.668	0.707	0.545	0.871	0.638	0.688	0.784	0.595
权重	0.150	0.001	0.113	0.100	0.154	0.044	0.123	0.106	0.073	0.137

从表 3-3-3 可知，指标权重最大的是货运周转量和国民生产总值，表明一个国家的物流发展水平主要依赖于货运总量以及整体的国民经济发展水平。其次，该国运力在全球各地的活跃频率和该国中高收入人群基数也与物流的发展息息相关。经济自由度指数反映的是政府对经济的干预水平，该指标权重最低，表明"一带一路"沿线各国经济的治理政策对物流的影响程度较小。

三、基于 TOPSIS 法的物流发展指数的测算

将得到的指标权重与归一化矩阵相乘得到指标加权评价矩阵，如表 3-3-4 所示。

表 3-3-4　指标加权评价矩阵

	A	B	C	D	E	F	G	H	I	J
阿尔巴尼亚	0.000 08	0.000 01	0.000 02	0.000 07	0.000 00	0.000 10	0.000 03	0.000 01	0.000 05	0.000 14
阿富汗	0.000 11	0.000 01	0.000 02	0.000 14	0.000 05	0.000 40	0.000 22	0.000 24	0.000 61	0.000 25
阿联酋	0.002 36	0.000 02	0.005 73	0.004 31	0.028 32	0.001 19	0.004 26	0.005 95	0.000 51	0.000 38
阿曼	0.000 45	0.000 01	0.000 58	0.000 41	0.000 90	0.000 10	0.000 72	0.000 54	0.001 55	0.000 16
阿塞拜疆	0.000 25	0.000 01	0.000 29	0.000 16	0.000 08	0.000 20	0.000 19	0.000 42	0.000 44	0.000 55
埃及	0.001 36	0.000 01	0.000 44	0.000 95	0.000 78	0.001 39	0.000 97	0.001 21	0.000 98	0.002 77
爱沙尼亚	0.000 16	0.000 02	0.000 25	0.000 27	0.000 00	0.000 30	0.000 25	0.000 17	0.000 22	0.000 08
巴基斯坦	0.001 67	0.000 01	0.000 40	0.000 88	0.000 39	0.000 40	0.000 46	0.000 80	0.001 78	0.002 22
巴勒斯坦	0.000 07	0.000 01	0.000 04	0.000 02	0.000 00	0.000 10	0.000 01	0.000 04	0.000 01	0.000 21
巴林	0.000 21	0.000 01	0.000 25	0.000 25	0.000 75	0.000 60	0.000 53	0.000 50	0.000 05	0.000 10

续表

	A	B	C	D	E	F	G	H	I	J
白俄罗斯	0.000 31	0.000 01	0.000 44	0.000 46	0.000 00	0.000 20	0.000 30	0.000 36	0.000 76	0.000 48
保加利亚	0.000 35	0.000 01	0.000 58	0.000 64	0.000 00	0.000 80	0.000 10	0.000 53	0.000 80	0.000 30
波黑	0.000 11	0.000 01	0.000 09	0.000 16	0.000 00	0.000 10	0.000 01	0.000 01	0.000 33	0.000 19
波兰	0.002 99	0.000 01	0.004 02	0.003 97	0.000 48	0.000 60	0.001 16	0.001 10	0.001 48	0.002 00
不丹	0.000 02	0.000 01	0.000 02	0.000 02	0.000 00	0.000 20	0.000 05	0.000 07	0.000 02	0.000 02
东帝汶	0.000 02	0.000 01	0.000 02	0.000 02	0.000 00	0.000 10	0.000 05	0.000 06	0.000 07	0.000 02
俄罗斯	0.008 58	0.000 01	0.006 13	0.003 81	0.012 08	0.003 18	0.008 28	0.007 89	0.014 33	0.007 71
菲律宾	0.001 81	0.000 01	0.001 15	0.001 66	0.001 48	0.001 09	0.002 73	0.001 89	0.002 91	0.004 04
格鲁吉亚	0.000 09	0.000 02	0.000 07	0.000 14	0.000 00	0.000 50	0.000 07	0.000 16	0.000 27	0.000 18
哈萨克斯坦	0.001 00	0.000 01	0.000 89	0.000 55	0.000 09	0.000 99	0.000 78	0.000 85	0.001 13	0.001 00
黑山	0.000 03	0.000 01	0.000 02	0.000 05	0.000 00	0.000 10	0.000 07	0.000 07	0.000 06	0.000 04
吉尔吉斯斯坦	0.000 04	0.000 01	0.000 04	0.000 07	0.000 00	0.000 30	0.000 15	0.000 12	0.000 35	0.000 14
柬埔寨	0.000 13	0.000 01	0.000 18	0.000 25	0.000 00	0.000 40	0.000 13	0.000 12	0.000 20	0.000 29
捷克	0.001 33	0.000 01	0.002 86	0.002 63	0.000 04	0.000 40	0.000 48	0.000 57	0.001 51	0.000 57
卡塔尔	0.001 02	0.000 01	0.001 02	0.000 48	0.022 47	0.000 20	0.001 85	0.002 38	0.000 07	0.000 15
科威特	0.000 79	0.000 01	0.000 98	0.000 52	0.000 70	0.000 30	0.000 43	0.000 37	0.000 08	0.000 16
克罗地亚	0.000 33	0.000 01	0.000 27	0.000 45	0.000 00	0.000 30	0.000 25	0.000 55	0.000 81	0.000 22
拉脱维亚	0.000 19	0.000 01	0.000 22	0.000 27	0.000 01	0.000 30	0.000 51	0.000 56	0.000 49	0.000 11
老挝	0.000 10	0.000 01	0.000 05	0.000 11	0.000 00	0.000 10	0.000 09	0.000 13	0.000 48	0.000 09
黎巴嫩	0.000 31	0.000 01	0.000 07	0.000 32	0.000 10	0.000 20	0.000 24	0.000 25	0.000 09	0.000 33

续表

	A	B	C	D	E	F	G	H	I	J
立陶宛	0.000 28	0.000 02	0.000 47	0.000 54	0.000 01	0.000 20	0.000 02	0.000 62	0.000 72	0.000 15
罗马尼亚	0.001 30	0.000 01	0.001 18	0.001 39	0.000 01	0.000 50	0.000 52	0.000 61	0.000 53	0.000 91
马尔代夫	0.000 03	0.000 01	0.000 02	0.000 04	0.000 01	0.000 30	0.000 25	0.000 18	0.000 11	0.000 01
马来西亚	0.001 89	0.000 02	0.003 42	0.002 91	0.002 49	0.001 19	0.004 46	0.003 14	0.001 34	0.001 72
马其顿	0.000 07	0.000 01	0.000 07	0.000 02	0.000 00	0.000 20	0.000 07	0.000 12	0.000 12	0.000 11
蒙古	0.000 07	0.000 01	0.000 11	0.000 07	0.000 01	0.000 30	0.000 07	0.000 14	0.000 52	0.000 05
孟加拉国	0.001 56	0.000 01	0.000 66	0.000 75	0.000 11	0.000 60	0.000 94	0.000 36	0.000 19	0.002 02
缅甸	0.000 39	0.000 01	0.000 18	0.000 27	0.000 01	0.001 09	0.000 60	0.000 54	0.000 75	0.001 01
摩尔多瓦	0.000 06	0.000 01	0.000 02	0.000 02	0.000 00	0.000 30	0.000 13	0.000 14	0.000 08	0.000 18
尼泊尔	0.000 16	0.000 01	0.000 02	0.000 20	0.000 01	0.000 40	0.000 67	0.000 18	0.000 55	0.000 40
塞尔维亚	0.000 26	0.000 01	0.000 27	0.000 34	0.000 03	0.000 20	0.000 26	0.000 25	0.000 31	0.000 34
沙特阿拉伯	0.004 19	0.000 01	0.004 20	0.002 45	0.001 92	0.001 19	0.002 38	0.002 55	0.002 52	0.001 47
斯里兰卡	0.000 51	0.000 01	0.000 20	0.000 38	0.000 77	0.000 30	0.000 32	0.000 30	0.000 21	0.000 50
斯洛伐克	0.000 58	0.000 01	0.001 47	0.001 39	0.000 00	0.000 40	0.000 02	0.000 27	0.000 41	0.000 31
斯洛文尼亚	0.000 30	0.000 01	0.000 55	0.000 52	0.000 00	0.000 20	0.000 17	0.000 42	0.000 04	0.000 11
塔吉克斯坦	0.000 04	0.000 01	0.000 02	0.000 05	0.000 00	0.000 20	0.000 04	0.000 12	0.000 31	0.000 12
泰国	0.002 67	0.000 01	0.004 15	0.003 40	0.004 73	0.001 89	0.004 45	0.003 29	0.001 19	0.002 30
土耳其	0.003 89	0.000 01	0.002 86	0.003 52	0.010 55	0.001 49	0.007 23	0.006 34	0.001 15	0.003 32

续表

	A	B	C	D	E	F	G	H	I	J
土库曼斯坦	0.000 23	0.000 01	0.000 13	0.000 09	0.000 03	0.000 10	0.000 17	0.000 27	0.000 33	0.000 07
文莱	0.000 08	0.000 01	0.000 11	0.000 05	0.000 23	0.000 10	0.000 10	0.000 12	0.000 01	0.000 03
乌克兰	0.000 69	0.000 01	0.000 67	0.000 79	0.000 13	0.001 69	0.000 63	0.001 10	0.002 20	0.001 64
乌兹别克斯坦	0.000 23	0.000 01	0.000 20	0.000 20	0.000 16	0.000 20	0.000 21	0.000 35	0.000 62	0.001 08
新加坡	0.001 89	0.000 02	0.006 79	0.005 84	0.009 22	0.000 50	0.001 95	0.002 35	0.000 11	0.000 33
匈牙利	0.000 85	0.000 01	0.001 80	0.001 66	0.000 00	0.000 50	0.001 72	0.000 90	0.000 48	0.000 55
叙利亚	0.000 42	0.000 01	0.000 04	0.000 11	0.000 00	0.000 20	0.000 09	0.000 13	0.001 06	0.000 39
亚美尼亚	0.000 07	0.000 01	0.000 04	0.000 05	0.000 00	0.000 30	0.000 06	0.000 06	0.000 13	0.000 13
也门	0.000 16	0.000 01	0.000 02	0.000 09	0.000 01	0.000 20	0.000 16	0.000 12	0.000 67	0.000 47
伊拉克	0.001 26	0.000 01	0.001 04	0.000 64	0.000 03	0.000 40	0.000 20	0.000 47	0.001 20	0.000 57
伊朗	0.002 34	0.000 01	0.001 67	0.001 25	0.000 52	0.001 49	0.002 14	0.002 72	0.003 75	0.004 79
以色列	0.001 99	0.000 01	0.001 11	0.001 20	0.001 76	0.000 60	0.000 51	0.000 72	0.000 55	0.000 47
印度	0.014 64	0.000 01	0.005 51	0.007 63	0.004 80	0.001 99	0.011 22	0.005 79	0.004 07	0.026 53
印度尼西亚	0.005 47	0.000 01	0.003 08	0.002 68	0.002 01	0.002 88	0.008 97	0.006 57	0.007 92	0.004 64
约旦	0.000 23	0.000 01	0.000 15	0.000 32	0.000 31	0.000 70	0.000 34	0.000 48	0.000 20	0.000 36
越南	0.001 31	0.000 01	0.003 89	0.003 77	0.000 85	0.000 40	0.002 66	0.001 67	0.000 53	0.003 52
中国	0.073 26	0.000 01	0.039 25	0.030 93	0.044 80	0.005 57	0.043 88	0.034 50	0.005 96	0.051 78

矩阵各列中的最大值与最小值分别组成正、负理想解集合，如表3-3-5所示。

表 3-3-5　正、负理想解集合

	A	B	C	D	E	F	G	H	I	J
v_j^+	0.073 26	0.000 02	0.039 25	0.030 93	0.044 80	0.005 57	0.043 88	0.034 50	0.014 33	0.051 78
v_j^-	0.000 02	0.000 01	0.000 02	0.000 02	0.000 00	0.000 10	0.000 01	0.000 01	0.000 01	0.000 01

根据式（3-8）可以计算出正负欧式距离，如表 3-3-6 所示。

表 3-3-6　正负欧式距离

国家	正欧式距离（L+）	负欧式距离（L-）	国家	正欧式距离（L+）	负欧式距离（L-）
阿尔巴尼亚	0.660 77	0.173 71	马来西亚	0.653 40	0.381 41
阿富汗	0.660 45	0.239 78	马其顿	0.660 73	0.186 04
阿联酋	0.644 51	0.496 65	蒙古	0.660 66	0.225 00
阿曼	0.659 35	0.292 93	孟加拉国	0.658 15	0.311 58
阿塞拜疆	0.660 12	0.246 36	缅甸	0.659 61	0.283 80
埃及	0.657 34	0.331 42	摩尔多瓦	0.660 69	0.200 50
爱沙尼亚	0.660 46	0.223 56	尼泊尔	0.660 22	0.252 53
巴基斯坦	0.657 82	0.323 75	塞尔维亚	0.660 22	0.236 73
巴勒斯坦	0.660 76	0.183 48	沙特阿拉伯	0.652 93	0.382 04
巴林	0.659 96	0.261 10	斯里兰卡	0.659 71	0.261 45
白俄罗斯	0.659 96	0.260 89	斯洛伐克	0.659 45	0.293 48
保加利亚	0.659 91	0.272 79	斯洛文尼亚	0.660 19	0.246 19
波黑	0.660 66	0.209 97	塔吉克斯坦	0.660 74	0.203 49
波兰	0.654 75	0.371 10	泰国	0.651 34	0.397 37
不丹	0.660 85	0.165 09	土耳其	0.646 41	0.436 82
东帝汶	0.660 85	0.153 35	土库曼斯坦	0.660 49	0.219 83
俄罗斯	0.637 06	0.481 88	文莱	0.660 65	0.196 51
菲律宾	0.654 74	0.368 25	乌克兰	0.658 46	0.324 69

续表

国家	正欧式距离(L+)	负欧式距离(L-)	国家	正欧式距离(L+)	负欧式距离(L-)
格鲁吉亚	0.660 61	0.222 68	乌兹别克斯坦	0.659 89	0.266 41
哈萨克斯坦	0.658 71	0.302 12	新加坡	0.651 18	0.421 66
黑山	0.660 82	0.159 69	匈牙利	0.658 19	0.319 13
吉尔吉斯斯坦	0.660 66	0.214 62	叙利亚	0.660 26	0.260 50
柬埔寨	0.660 47	0.224 20	亚美尼亚	0.660 73	0.194 36
捷克	0.657 72	0.338 54	也门	0.660 42	0.242 91
卡塔尔	0.651 62	0.469 10	伊拉克	0.659 03	0.295 20
科威特	0.659 38	0.276 68	伊朗	0.654 26	0.378 64
克罗地亚	0.660 07	0.260 05	以色列	0.657 68	0.319 52
拉脱维亚	0.660 21	0.250 18	印度	0.626 83	0.510 71
老挝	0.660 65	0.219 94	印度尼西亚	0.646 74	0.438 88
黎巴嫩	0.660 27	0.230 40	约旦	0.660 07	0.253 26
立陶宛	0.660 12	0.260 58	越南	0.654 48	0.374 27
罗马尼亚	0.658 53	0.304 07	中国	0.384 14	0.660 18
马尔代夫	0.660 71	0.205 76			

最终根据式（3-9）可算出各个国家的物流综合能力，见表3-3-7。

表 3-3-7　各国物流综合发展指数

国家	物流发展指数	国家	物流发展指数	国家	物流发展指数
中国	0.632	罗马尼亚	0.316	塞尔维亚	0.264
印度	0.449	哈萨克斯坦	0.314	黎巴嫩	0.259
阿联酋	0.435	伊拉克	0.309	蒙古	0.254
俄罗斯	0.431	斯洛伐克	0.308	柬埔寨	0.253
卡塔尔	0.419	阿曼	0.308	爱沙尼亚	0.253

续表

国家	物流发展指数	国家	物流发展指数	国家	物流发展指数
印度尼西亚	0.404	缅甸	0.301	格鲁吉亚	0.252
土耳其	0.403	科威特	0.296	老挝	0.250
新加坡	0.393	保加利亚	0.292	土库曼斯坦	0.250
泰国	0.379	乌兹别克斯坦	0.288	吉尔吉斯斯坦	0.245
沙特阿拉伯	0.369	斯里兰卡	0.284	波黑	0.241
马来西亚	0.369	巴林	0.283	马尔代夫	0.237
伊朗	0.367	白俄罗斯	0.283	塔吉克斯坦	0.235
越南	0.364	立陶宛	0.283	摩尔多瓦	0.233
波兰	0.362	叙利亚	0.283	文莱	0.229
菲律宾	0.360	克罗地亚	0.283	亚美尼亚	0.227
捷克	0.340	约旦	0.277	马其顿	0.220
埃及	0.335	尼泊尔	0.277	巴勒斯坦	0.217
乌克兰	0.330	拉脱维亚	0.275	阿尔巴尼亚	0.208
巴基斯坦	0.330	阿塞拜疆	0.272	不丹	0.200
以色列	0.327	斯洛文尼亚	0.272	黑山	0.195
匈牙利	0.327	也门	0.269	东帝汶	0.188
孟加拉国	0.321	阿富汗	0.266		

四、物流综合能力数据分析

从表 3-3-7 可以发现，中国、印度、阿联酋、俄罗斯和卡塔尔这五个国家虽然国民经济发展水平差距不小，但都拥有较大货运周转量和基础设施规模，拥有许多承运人来管理和运行物资流通，拥有较高的国民生产总值、不错的地理位置、广阔的货运市场、完善的基础设施保障和发达的物流运行及管理能力……它们造就了这些国家强大的物流能力。

对于排名靠后的国家，几乎拥有相同的特点：货运周转量、运力水平、港口及机场数量相对很低，国民经济极度不发达，贫穷成为阻碍这些国家发展物流的主要障碍。这些国家有的因为身处内陆（如不丹、巴勒斯坦）贸易不便，有的因为条件恶劣（东帝汶等）从而导致物流基础设施薄弱。运力不足、基础设施建设落后、国家经济发展水平低下等组合因素在很大程度上限制了这些国家物流水平的发展。

从区域层面看，除中国外，"一带一路"沿线其余 64 个国家可以划分为六大区域：东北亚地区主要包括蒙古和俄罗斯远东地区；东南亚地区主要包括泰国、马来西亚、新加坡、印度尼西亚、越南、菲律宾、柬埔寨、缅甸、老挝、文莱、东帝汶 11 国；南亚地区主要包括印度、巴基斯坦、斯里兰卡、孟加拉国、尼泊尔、马尔代夫、不丹七国；中亚地区主要包括哈萨克斯坦、吉尔吉斯斯坦、土库曼斯坦、塔吉克斯坦、乌兹别克斯坦五国；西亚/北非地区主要包括阿联酋、科威特、土耳其、卡塔尔、阿曼、黎巴嫩、沙特阿拉伯、巴林、以色列、也门、埃及、伊朗、约旦、叙利亚、伊拉克、阿富汗、巴勒斯坦、阿塞拜疆、格鲁吉亚、亚美尼亚等 20 国；中东欧地区包括波兰、阿尔巴尼亚、爱沙尼亚、立陶宛、斯洛文尼亚、保加利亚、捷克、匈牙利、北马其顿、塞尔维亚、罗马尼亚、斯洛伐克、克罗地亚、拉脱维亚、波黑、黑山、乌克兰、白俄罗斯、摩尔多瓦等国。

各区域相关国家物流综合能力指数平均值如图 3-3-1 所示。

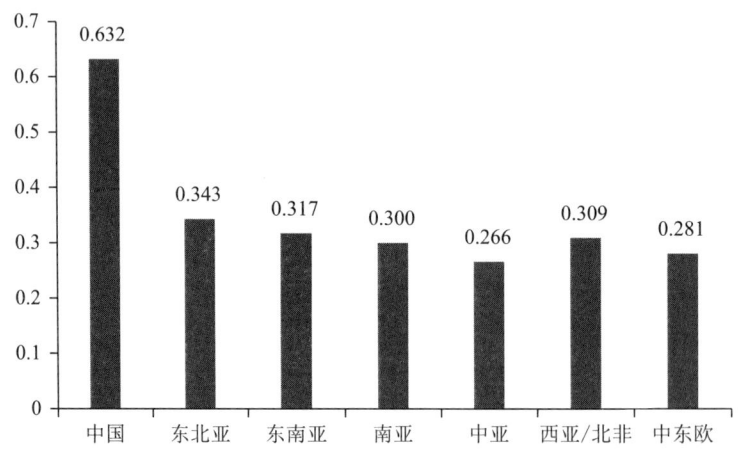

图 3-3-1 "一带一路"各大区域国家物流综合能力指数平均值

中国改革开放之后经济飞速发展，世界工厂的角色给中国带来巨额国际贸易；此外，中国物流基础设施完备，这些都促进了中国物流业的繁荣，使得中国成为"一带一路"沿线物流发展的领头羊；南亚国家多属于新兴的发展中国家，拥有一定的经济基础，地区大国印度正为建设物流强国而努力，其远洋运输及航空运输能力都居于世界前列；中东则由于石油产业带来的经济繁荣刺激了物流业的发展，且一些中东国家（如阿联酋、卡塔尔等）建设有世界上最先进的机场，这些都是中东地区物流能力较高的原因。东南亚国家中，除了新加坡之外经济发展水平普遍不高，然而由于特殊的地理位置和条件，陆上运输难以发展，只得求助于海运和空运。例如印度尼西亚虽然经济发展水平不高却拥有约700个机场，规模甚至超过中国，而该地区海运贸易的发达也为空运商业的发展提供了经济基础和市场需求；欧洲国家中参与"一带一路"计划的大多为东欧国家，皆因地区经济发展水平不足，又没有贸易发达的国家提供集聚和辐射效应，从而导致整体物流业发展水平不高。由于地理位置、产业结构、经济水平等多方面原因，中亚五国物流发展水平相对滞后。

第四节　"一带一路"沿线国家间的物流引力分布

将"一带一路"沿线国家物流发展指数代入式（3-3），并以65个国家首都相互之间的直线距离的倒数作为阻抗因素，可以计算出"一带一路"沿线国家间物流引力，若两国无直达航线则物流引力为0。"一带一路"沿线国家名称二字代码如表3-4-1所示（iso-3166-2标准）。"一带一路"沿线国家间物流引力分布，如表3-4-2所示。

表3-4-1　"一带一路"沿线国家名称二字代码

国家	二字代码	国家	二字代码	国家	二字代码
阿尔巴尼亚	AL	柬埔寨	KH	斯洛文尼亚	SI
阿富汗	AF	捷克	CZ	塔吉克斯坦	TJ

续表

国家	二字代码	国家	二字代码	国家	二字代码
阿联酋	AE	卡塔尔	QA	泰国	TH
阿曼	OM	科威特	KW	土耳其	TR
阿塞拜疆	AZ	克罗地亚	HR	土库曼斯坦	TM
埃及	EG	拉脱维亚	LV	文莱	BN
爱沙尼亚	EE	老挝	LA	乌克兰	UG
巴基斯坦	PK	黎巴嫩	LB	乌兹别克斯坦	UZ
巴勒斯坦	BL	立陶宛	LT	新加坡	SG
巴林	BH	罗马尼亚	RO	匈牙利	HU
白俄罗斯	BY	马尔代夫	MV	叙利亚	SY
保加利亚	BG	马来西亚	MY	亚美尼亚	AM
波黑	BA	马其顿	MK	也门	YE
波兰	PL	蒙古	MN	伊拉克	IQ
不丹	BT	孟加拉国	BD	伊朗	IR
东帝汶	TL	缅甸	MM	以色列	IL
俄罗斯	RU	摩尔多瓦	MD	印度	IN
菲律宾	PH	尼泊尔	NP	印度尼西亚	ID
格鲁吉亚	GE	塞尔维亚	RS	约旦	JO
哈萨克斯坦	KZ	沙特阿拉伯	SA	越南	VN
黑山	ME	斯里兰卡	LK	中国	CN
吉尔吉斯斯坦	KG	斯洛伐克	SK		

表 3-4-2 "一带一路"沿线国家间物流引力分布

(1)

	AL	AF	AE	OM	AZ	EG	EE	PK	BL	BH	BY	BG	BA	PL	BT	TL	RU	PH	GE	KZ	ME	KG
AL	0	0	0	0	0	0	0	0	0	0	0	41	0	0	0	0	0	0	0	0	0	0
AF	0	0	87	0	59	0	0	56	0	0	0	0	0	0	0	0	269	0	0	72	0	2
AE	87	0	0	84	94	205	0	147	0	66	364	317	306	501	0	0	509	932	120	307	238	180
OM	0	0	84	0	0	182	0	85	0	15	0	0	0	0	0	0	0	625	0	0	0	0
AZ	0	59	94	0	0	87	0	108	0	47	94	94	0	0	0	0	105	0	40	88	0	0
EG	0	0	205	182	87	0	0	0	0	90	0	62	0	195	0	0	275	0	68	0	0	0
EE	0	0	0	0	0	0	0	0	0	0	0	0	0	16	0	0	18	0	0	0	0	0
PK	0	56	147	85	108	0	62	0	0	119	0	0	0	0	0	0	0	0	0	0	0	0
BL	0	0	0	0	0	0	0	0	0	0	0	0	0	0	0	0	0	0	0	0	0	0
BH	0	0	66	15	47	90	0	119	0	0	0	172	0	289	0	0	295	653	58	0	0	0
BY	30	0	364	0	94	0	16	0	0	0	0	24	0	49	0	0	40	0	61	174	23	0
BG	41	0	317	0	94	62	0	0	0	172	24	0	0	9	0	0	99	0	56	0	39	0
BA	0	0	306	0	0	0	0	0	0	0	0	0	0	0	0	0	0	0	0	0	6	0
PL	0	0	501	0	0	195	16	0	0	289	49	9	0	0	0	0	26	0	105	275	0	0
BT	0	0	0	0	0	0	0	0	0	0	0	0	0	0	0	0	0	0	0	0	0	0
TL	0	0	0	0	0	0	0	0	0	0	0	0	0	0	0	0	0	0	0	0	0	0
RU	0	269	509	0	105	275	18	0	0	295	40	99	0	26	0	0	0	1124	70	173	83	218
PH	0	0	932	625	0	0	0	0	0	653	0	0	0	0	0	0	1124	0	0	0	0	0
GE	0	0	120	0	40	68	0	0	0	58	61	56	0	105	0	0	70	0	0	102	0	0

续表

	AL	AF	AE	OM	AZ	EG	EE	PK	BL	BH	BY	BG	BA	PL	BT	TL	RU	PH	GE	KZ	ME	KG
KZ	0	72	307	0	88	0	0	0	0	0	174	0	0	275	0	0	173	0	102	0	0	4
ME	0	0	238	0	0	0	0	0	0	0	23	0	39	6	0	0	83	0	0	0	0	0
KG	0	2	180	0	0	0	0	0	0	0	0	0	0	0	0	0	218	0	0	4	0	0
KH	0	0	490	0	0	0	0	0	0	0	0	0	0	0	0	0	0	69	0	0	5	0
CZ	5	0	512	395	176	186	0	0	0	0	0	5	0	60	0	0	98	0	130	0	0	0
QA	0	0	117	33	83	0	0	173	0	106	0	270	265	446	0	0	466	951	99	0	0	0
KW	0	0	15	24	19	62	44	137	0	46	0	140	145	0	0	0	0	706	29	0	0	0
HR	0	0	391	0	0	0	52	0	0	0	0	27	0	20	0	0	104	0	0	0	0	0
LV	0	0	399	0	117	0	0	0	0	0	47	48	49	44	0	0	20	90	85	0	0	0
LA	0	0	0	0	0	0	36	0	0	0	0	0	0	0	0	0	0	0	0	0	0	0
LB	0	0	128	120	0	33	0	0	0	50	97	34	0	125	0	0	150	0	13	0	0	0
LT	0	0	0	0	0	169	0	0	0	0	62	29	0	64	0	0	20	0	79	0	0	0
RO	0	0	328	0	0	69	0	0	0	0	5	65	0	6	0	0	65	0	43	0	25	0
MV	0	0	252	0	0	0	0	422	0	0	0	0	0	0	0	0	616	198	0	0	0	0
MY	0	0	734	475	0	0	0	0	0	0	0	53	0	15	0	0	0	0	0	583	0	0
MK	39	0	251	0	0	0	0	0	0	281	0	0	0	0	37	0	398	0	0	0	33	99
MN	0	0	0	0	0	0	0	0	0	0	0	0	0	0	0	0	0	0	0	122	0	0
BD	0	0	366	223	0	0	0	105	0	0	0	0	0	0	0	0	0	185	0	0	0	0
MM	0	0	427	0	0	0	0	0	0	0	0	0	0	0	0	0	0	0	0	0	0	0

续表

	AL	AF	AE	OM	AZ	EG	EE	PK	BL	BH	BY	BG	BA	PL	BT	TL	RU	PH	GE	KZ	ME	KG
MD	0	0	241	0	0	0	0	0	0	0	0	0	0	16	0	0	15	0	23	0	4	0
NP	0	0	245	149	0	0	0	0	0	0	0	0	0	0	32	0	0	0	0	0	0	0
RS	33	0	322	0	0	78	0	0	0	0	11	51	51	15	0	0	79	0	66	0	37	0
SA	0	140	27	20	81	84	0	207	0	61	0	0	209	0	0	0	403	901	85	0	0	0
LK	0	0	286	167	0	0	0	184	0	223	0	0	0	67	0	0	0	359	0	0	0	0
SK	10	0	407	0	0	137	0	0	0	0	21	24	35	16	0	0	64	0	0	0	0	0
SI	18	0	0	0	0	113	0	0	0	0	0	18	42	0	0	0	109	0	0	0	25	20
TJ	0	35	103	0	0	0	0	0	0	0	0	0	0	0	0	0	201	0	0	34	0	0
TH	0	0	636	416	481	800	0	318	0	468	69	17	27	975	67	0	985	161	490	458	0	254
TR	9	240	291	250	67	14	120	365	0	163	135	0	0	94	0	121	138	1152	15	286	4	0
TM	0	3	54	0	14	0	0	0	0	0	0	0	0	0	0	0	159	0	0	61	0	0
BN	0	0	573	0	0	0	0	0	0	0	0	0	0	0	0	0	0	26	0	0	0	0
UG	22	0	364	0	74	139	4	0	0	0	52	1	0	36	0	0	36	0	39	192	15	39
UZ	0	0	136	0	33	0	0	2	0	0	182	0	0	0	0	0	211	0	0	26	0	0
SG	0	0	833	555	0	0	0	0	0	591	0	0	0	0	179	0	1258	195	0	0	0	0
HU	21	0	422	0	137	126	0	0	0	0	6	36	47	54	0	0	77	0	92	279	29	0
SY	0	0	128	123	0	0	0	0	0	45	0	0	0	0	0	0	0	0	0	0	0	0
AM	0	0	97	0	0	54	0	0	0	0	63	54	0	100	0	0	77	0	40	98	0	0
YE	0	0	63	0	0	0	0	0	0	28	0	0	0	0	0	0	0	0	0	0	0	0

续表

	AL	AF	AE	OM	AZ	EG	EE	PK	BL	BH	BY	BG	BA	PL	BT	TL	RU	PH	GE	KZ	ME	KG
IQ	0	0	51	71	8	34	0	166	0	1	146	0	0	0	0	0	207	0	0	0	0	0
IR	0	60	43	59	45	0	0	115	0	6	181	0	0	0	0	0	235	0	7	158	0	100
IsIL	49	0	0	0	54	60	0	0	0	58	144	58	0	183	0	0	237	0	34	0	0	0
IN	0	1	237	140	0	574	0	33	0	236	0	531	0	0	20	83	743	567	0	325	0	113
ID	0	0	987	651	0	0	0	0	0	0	0	0	0	0	0	0	0	262	0	0	0	0
JO	0	0	113	115	0	40	0	0	0	42	0	0	0	0	0	0	205	0	26	0	0	0
VN	0	0	737	905	775	0	0	0	0	0	756	0	0	0	0	0	1056	79	0	516	0	0
CN	0	534	1365	905	775	1386	0	601	0	0	979	0	0	1358	0	0	1303	421	772	527	0	382

(2)

	KH	CZ	QA	KW	HR	LV	LA	LB	LT	RO	MV	MY	MK	MN	BD	MM	MD	NP	RS	SA	LK	SK
AL	0	5	0	0	0	0	0	0	0	0	0	0	39	0	0	0	0	0	33	0	0	10
AF	0	0	0	0	0	0	0	0	0	0	0	0	0	0	0	0	0	0	0	140	0	0
AE	490	512	117	15	391	399	0	128	0	328	252	734	251	0	366	427	241	245	322	27	286	407
OM	0	395	33	24	0	0	0	120	0	0	0	475	0	0	223	0	0	149	0	20	167	0
AZ	0	176	83	19	0	117	0	0	169	0	0	0	0	0	0	0	0	0	0	81	0	0
EG	0	186	0	62	44	52	0	33	36	0	0	0	0	0	0	0	0	0	78	84	0	137
EE	0	0	0	0	0	0	0	0	0	0	0	422	0	0	105	0	0	0	0	0	0	0
PK	0	0	173	137	0	0	0	0	0	0	0	0	0	0	0	0	0	0	0	207	184	0

续表

	KH	CZ	QA	KW	HR	LV	LA	LB	LT	RO	MV	MY	MK	MN	BD	MM	MD	NP	RS	SA	LK	SK
BL	0	0	0	0	0	0	0	0	0	0	0	0	0	0	0	0	0	0	0	0	0	0
BH	0	0	106	46	0	0	0	50	0	0	0	0	0	0	281	0	0	0	0	61	223	0
BY	0	0	0	0	0	47	0	97	62	5	0	0	0	0	0	0	0	0	11	0	0	0
BG	0	5	270	140	27	48	0	34	29	65	0	0	53	0	0	0	0	0	51	0	0	24
BA	0	0	265	145	49	0	0	0	0	0	0	0	0	0	0	0	0	0	51	209	0	35
PL	0	60	446	0	20	44	0	125	64	6	0	0	15	0	37	0	16	32	15	0	0	67
BT	0	0	0	0	0	0	0	0	0	0	0	0	0	0	0	0	0	0	0	0	0	0
TL	0	0	0	0	0	0	0	0	0	0	0	0	0	0	0	0	0	0	0	0	0	0
RU	0	98	466	0	104	20	90	150	20	65	616	198	0	398	0	185	15	0	79	403	0	64
PH	69	0	951	706	0	0	0	0	0	0	0	0	0	0	0	0	0	0	0	901	359	0
GE	0	130	99	29	0	85	0	13	79	43	0	583	0	0	0	0	23	0	66	85	0	0
KZ	0	0	0	0	0	0	0	0	0	0	0	0	33	122	0	0	0	0	0	0	0	0
ME	0	5	0	0	0	0	16	0	0	25	0	0	0	0	0	0	4	0	37	0	0	0
KG	0	0	0	0	0	0	0	0	0	0	0	0	0	99	0	23	0	0	0	0	0	0
KH	0	0	512	0	48	1	0	131	0	7	0	2	7	0	0	0	0	0	23	372	0	73
CZ	512	451	451	54	339	0	0	88	0	282	281	761	208	0	394	460	0	279	278	77	314	0
QA	0	0	0	0	0	0	0	21	0	143	0	585	0	0	311	0	0	222	0	51	267	0
KW	0	451	54	0	0	0	0	21	0	143	0	585	0	0	311	0	0	222	0	51	267	0
HR	0	48	339	0	0	28	0	0	0	18	0	0	23	0	0	0	0	0	47	0	0	61

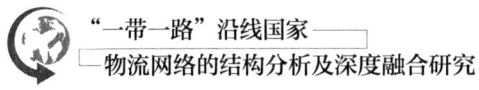

续表

	KH	CZ	QA	KW	HR	LV	LA	LB	LT	RO	MV	MY	MK	MN	BD	MM	MD	NP	RS	SA	LK	SK
LV	0	1	0	0	28	0	0	0	58	0	0	0	0	0	0	0	0	0	0	0	0	2
LA	16	0	0	0	0	0	0	0	0	0	0	63	0	0	0	0	0	0	0	0	0	0
LB	0	131	88	21	0	0	0	0	0	35	0	0	0	0	365	0	0	0	53	47	0	0
LT	0	0	0	0	0	58	0	0	0	0	0	0	0	0	0	0	0	0	0	0	0	21
RO	0	7	282	143	18	0	0	35	0	0	0	0	0	0	173	0	0	0	47	0	0	0
MV	0	0	281	0	0	0	63	0	0	0	0	191	0	0	0	0	0	0	0	263	13	0
MY	2	0	761	585	0	0	0	0	0	0	191	0	0	0	188	101	0	224	0	729	149	15
MK	0	7	0	0	23	0	0	0	0	0	0	0	0	0	0	0	0	0	39	0	0	0
MN	0	0	0	0	0	0	0	0	0	0	0	0	0	0	0	0	0	0	0	0	0	0
BD	0	0	394	311	0	0	0	365	0	0	173	188	0	0	0	25	48	31	0	401	108	0
MM	23	0	460	0	0	0	0	0	0	48	0	101	0	0	25	0	0	33	0	0	0	0
MD	0	0	0	0	0	0	0	0	0	0	0	0	0	0	0	0	0	0	19	0	0	0
NP	0	0	279	222	47	0	0	0	0	0	0	224	0	0	31	0	0	0	0	294	104	0
RS	0	23	278	0	0	0	0	53	0	47	263	729	39	0	401	0	19	294	0	0	0	45
SA	0	372	77	51	0	0	0	47	0	0	13	149	0	0	108	0	0	104	0	0	323	0
LK	0	0	314	267	61	2	0	0	0	21	0	0	15	0	0	0	0	0	0	323	0	0
SK	0	73	0	0	0	0	0	0	0	0	0	0	16	0	0	0	0	0	45	0	0	0
SI	0	51	0	0	0	0	0	0	0	0	0	0	0	0	0	0	0	0	37	0	0	0
TJ	0	0	0	0	0	0	0	0	0	0	0	0	0	0	0	0	0	0	0	0	0	0

续表

	KH	CZ	QA	KW	HR	LV	LA	LB	LT	RO	MV	MY	MK	MN	BD	MM	MD	NP	RS	SA	LK	SK
TH	42	0	680	526	0	0	45	575	0	0	218	23	0	272	66	25	0	127	0	664	144	0
TR	0	108	257	123	48	99	0	20	70	38	503	1056	23	507	617	0	27	462	18	201	596	29
TM	0	0	0	0	0	0	0	0	0	0	0	0	0	0	0	0	0	0	0	0	0	0
BN	0	0	0	0	0	0	0	0	0	0	0	38	0	0	0	0	0	0	0	556	0	0
UG	0	15	317	173	19	15	0	75	37	28	0	0	0	0	0	0	47	0	1	0	527	3
UZ	0	0	0	0	0	208	87	0	0	0	0	455	0	0	0	0	0	275	0	0	0	0
SG	14	0	863	0	0	0	0	0	0	0	227	96	0	0	241	144	0	0	59	825	194	0
HU	0	60	374	0	64	10	0	66	0	38	0	0	25	0	0	0	0	0	0	0	0	84
SY	0	0	80	15	0	0	0	5	0	0	0	0	0	0	0	0	0	0	0	0	0	0
AM	0	120	74	0	0	0	0	0	0	0	0	0	0	0	0	0	0	0	0	0	0	0
YE	0	0	52	46	0	0	0	14	0	0	0	661	0	0	0	0	0	0	0	8	0	0
IQ	0	0	9	42	0	0	0	44	0	0	0	712	0	0	346	0	0	0	0	47	342	0
IR	0	293	20	24	0	0	0	0	0	0	0	0	0	0	0	0	0	0	0	38	0	137
IsIL	0	185	0	22	116	173	5	0	156	65	0	0	0	0	58	150	64	25	81	0	179	0
IN	0	0	345	267	0	0	0	0	0	589	180	402	0	0	361	257	0	0	0	344	268	0
ID	0	0	1011	770	0	0	0	0	0	0	0	35	0	0	0	0	0	0	0	956	0	0
JO	0	0	71	11	0	0	0	49	0	64	0	666	0	0	72	1	1	0	0	31	0	0
VN	73	1020	767	0	0	0	0	0	0	0	0	1	0	27	412	424	0	377	1071	1306	747	0
CN	377	1386	1364	0	0	0	281	977	0	0	728	780	0	0	412	424	0	377	1071	1306	747	0

(3)

	SI	TJ	TH	TR	TM	BN	UG	UZ	SG	HU	SY	AM	YE	IQ	IR	IsIL	IN	ID	JO	VN	CN
AL	18	0	0	9	0	0	22	0	0	21	0	0	0	0	0	49	0	0	0	0	0
AF	0	35	0	240	3	0	0	0	0	0	0	0	0	0	60	0	1	0	0	0	534
AE	0	103	636	291	54	573	364	136	833	422	128	97	63	51	43	0	237	987	113	737	1365
OM	0	0	416	250	0	0	0	33	555	0	123	0	0	71	59	0	140	651	115	0	905
AZ	0	0	481	67	14	0	74	0	0	137	0	0	0	8	45	54	0	0	0	0	775
EG	113	0	800	14	0	0	139	0	0	126	0	54	0	34	0	60	574	0	40	0	1386
EE	0	0	0	120	0	0	4	0	0	0	0	0	0	0	0	0	0	0	0	0	0
PK	0	0	318	365	0	0	0	2	0	0	0	0	0	166	115	0	33	0	0	0	601
BL	0	0	0	0	0	0	0	0	0	0	0	0	28	1	6	58	236	0	42	0	0
BH	0	0	468	163	0	0	0	0	591	6	45	63	0	146	181	144	0	0	0	756	979
BY	21	0	0	69	135	0	52	182	0	36	0	54	0	0	0	58	531	0	0	0	0
BG	18	0	0	17	0	0	1	0	0	47	0	0	0	0	0	0	0	0	0	0	0
BA	42	0	0	27	0	0	0	0	0	54	0	100	0	0	0	183	0	0	0	0	1358
PL	16	0	975	94	0	0	36	0	179	0	0	0	0	0	0	0	20	0	0	0	0
BT	0	0	67	0	0	0	0	0	121	77	0	77	0	0	0	0	0	0	0	0	0
TL	0	0	0	0	0	0	0	0	1258	0	0	0	0	0	0	0	0	83	0	0	0
RU	109	201	985	138	159	0	36	211	0	77	0	77	0	207	235	237	743	0	205	1056	1303

续表

	SI	TJ	TH	TR	TM	BN	UG	UZ	SG	HU	SY	AM	YE	IQ	IR	IsIL	IN	ID	JO	VN	CN
PH	0	0	161	1152	0	26	0	0	0	0	0	0	0	0	0	0	567	262	0	79	421
GE	0	0	490	15	0	0	39	0	195	92	0	40	0	0	7	34	0	0	26	0	772
KZ	34	0	458	286	61	0	192	26	0	279	0	98	0	0	158	0	325	0	0	516	527
ME	25	0	0	4	0	0	15	0	0	29	0	0	0	0	0	0	0	0	0	0	0
KG	0	20	0	254	0	0	0	39	0	0	0	0	0	0	100	0	113	0	0	0	382
KH	51	0	42	0	0	0	15	0	14	0	0	0	0	0	0	0	0	0	0	73	377
CZ	0	0	0	108	0	0	317	0	863	60	80	120	0	9	293	185	0	0	0	1020	1386
QA	0	0	680	257	0	0	173	0	0	374	15	74	52	42	20	0	345	1011	71	767	1364
KW	0	0	526	123	0	0	19	0	0	0	0	0	46	0	24	22	267	770	11	0	0
HR	0	0	0	48	0	0	15	208	87	64	0	0	0	0	0	116	0	0	0	0	0
LV	0	0	0	99	0	0	75	0	0	10	66	5	0	14	0	173	0	0	0	5	281
LA	0	0	45	0	0	0	37	0	0	0	0	0	0	0	44	156	589	0	49	0	977
LB	0	0	575	20	0	0	28	0	0	0	0	0	0	0	0	65	180	0	0	0	0
LT	0	0	0	70	0	0	0	0	0	0	0	0	0	0	0	0	402	0	64	0	728
RO	0	0	218	38	0	0	0	455	0	38	0	0	0	0	0	0	0	0	0	0	0
MV	0	0	23	503	0	38	0	0	227	0	0	0	0	661	712	0	0	0	0	0	0
MY	0	0	0	1056	0	0	0	0	96	0	0	0	0	0	0	0	0	35	666	1	780

续表

	SI	TJ	TH	TR	TM	BN	UG	UZ	SG	HU	SY	AM	YE	IQ	IR	IsiL	IN	ID	JO	VN	CN
MK	16	0	0	23	0	0	0	0	0	25	0	0	0	0	0	0	0	0	0	0	0
MN	0	0	272	507	0	0	0	0	0	0	0	0	0	0	0	0	0	0	0	0	27
BD	0	0	66	617	0	0	0	0	241	0	0	0	0	0	346	0	58	361	0	72	412
MM	0	0	25	0	0	0	0	0	144	0	0	0	0	0	0	0	150	257	0	1	424
MD	0	0	0	27	0	0	47	0	0	0	0	0	0	0	0	64	0	0	0	0	0
NP	0	0	127	462	0	0	0	0	275	59	0	0	0	0	0	0	25	0	73	0	377
RS	37	0	0	18	0	0	1	0	0	0	0	0	0	0	38	81	0	0	31	0	1071
SA	0	0	664	201	0	556	0	0	825	84	0	0	8	47	342	0	344	956	0	0	1306
LK	0	0	144	596	0	0	527	0	194	0	0	0	0	0	0	0	179	268	0	0	747
SK	0	0	0	29	0	0	3	0	0	0	0	0	0	0	0	137	0	0	0	0	0
SI	0	0	0	32	0	0	25	0	0	0	0	0	0	0	0	123	45	0	0	0	0
TJ	0	0	0	226	6	0	0	47	0	0	0	32	0	0	48	0	327	208	612	2	455
TH	0	226	0	982	368	75	801	359	68	6	0	13	0	76	617	735	650	1379	23	928	550
TR	32	6	982	0	155	0	7	273	1216	0	0	0	0	0	151	23	117	0	0	0	1486
TM	0	0	368	155	0	0	0	0	0	0	0	0	0	0	0	0	0	0	0	0	621
BN	0	0	75	0	0	0	0	0	22	0	0	41	0	0	162	0	0	46	0	85	420
UG	25	0	801	7	0	0	0	0	0	9	0	0	0	0	0	122	0	0	102	0	1138

续表

	SI	TJ	TH	TR	TM	BN	UG	UZ	SG	HU	SY	AM	YE	IQ	IR	IsIL	IN	ID	JO	VN	CN
UZ	0	47	359	273	0	0	0	0	524	0	0	0	0	0	69	208	76	0	0	323	533
SG	0	0	68	1216	0	22	0	524	0	0	0	0	0	0	0	0	557	17	0	168	864
HU	0	0	0	6	0	0	9	0	0	0	0	0	0	0	0	130	0	0	115	0	1307
SY	0	0	0	0	0	0	0	0	0	0	0	6	0	21	43	0	229	0	0	0	0
AM	0	0	0	32	13	0	41	0	0	0	6	0	0	15	17	21	229	0	0	0	0
YE	0	0	0	0	0	0	0	0	0	0	0	0	0	0	0	0	325	0	0	0	0
IQ	0	48	0	76	0	0	162	69	0	0	21	15	0	0	34	0	299	0	17	0	1035
IR	123	0	617	151	0	0	122	208	0	0	43	17	0	34	0	0	242	0	82	0	1063
IsIL	0	0	735	23	117	0	0	76	557	130	0	21	0	0	0	0	447	0	0	0	1267
IN	0	45	327	650	0	0	0	0	0	0	0	229	325	299	242	447	0	732	849	318	789
ID	0	0	208	1379	0	46	102	0	17	115	0	0	0	0	0	0	732	0	849	305	1078
JO	0	0	612	23	0	0	0	323	0	0	0	0	0	17	0	82	0	849	0	0	1061
VN	0	0	2	928	0	85	0	533	168	0	0	0	0	0	0	0	318	305	0	0	305
CN	0	455	550	1486	621	420	1138	0	864	1307	0	0	0	1035	1063	1267	789	1078	1061	305	0

从表3-4-2可知,"一带一路"沿线物流引力较大的国家主要集中在航运或经济贸易发达的国家之间,其中中国—土耳其之间的引力数值最大,高达1486,远超其他国家;其余引力值超过1000的出现在新加坡、俄罗斯和菲律宾这几个国家间。

在"一带一路"沿线国家中,中国拥有最高引力值,远超其他各国,在"一带一路"物流网络中处于龙头地位。但中国与周边部分经济欠发达国家之间的物流引力却很小,如中国—老挝(281)、中国—蒙古(27)等,如何利用现有的经济基础和航运实力发展同这些小国之间的贸易,是当务之急;其次便是阿联酋和土耳其两国,它们作为中东地区最富庶的两个国家,前者拥有中东最繁忙的机场,后者是亚欧大陆交流的枢纽国家,再加上国家政策的支持和腹地广阔的市场,它们与其他国家间产生如此之大的引力值并不让人意外。

泰国、卡塔尔、印度和新加坡也是"一带一路"沿线重要的物流枢纽。卡塔尔拥有中东地区仅次于迪拜机场的多哈国际机场,后者不仅拥有巨大的吞吐量和货物周转量,地理位置也极佳,特别适合新进入的航空公司选择将其作为与中东地区进行航空贸易的第一站。至于新加坡和泰国则是东南亚地区的重要经济体,新加坡的机场、港口设施齐备并且地理位置优越,但国家市场太小,经济腹地不够,贸易发展水平基本饱和;泰国的航运技术水平一般,基础设施完善,地理位置较好,近几年经济发展很快,在一定程度上刺激了物流的发展;印度作为南亚重要新兴经济体,与中国情况类似,拥有很大的发展潜力。

此外,其他引力数值较大的国家大都出现在东南亚和中东地区。中东地区近年来虽然战乱不断,但因为国家相互之间的直线距离很短,地理位置又处于亚欧航运的中转区域,再加上有一定的经济基础和相关物流设施的支撑,所以其物流能力较强,已经形成了一定规模的货运产业集聚效应;而东南亚国家,如马来西亚、菲律宾和印度尼西亚等,因为地理位置的巨大优势和基础设施的相对发达也产生了较大的引力数值,但受制于经济体量不够和货运市场的狭小,其与相邻国家的物流引力数值则小得可怜,形成了巨大反差;至于中亚地区的国家则由于自身物流产业落后的原因,导致即使是与中国、阿联酋等国家进行贸易,也很难产生较大的物流引力。

第五节 "一带一路"沿线各国物流引力与航线分布研究

一、"一带一路"沿线各国物流引力与航线分布的对比分析

"一带一路"沿线国家的物流引力强度，表示该国与其他各国物流引力值的总和；而某一国家的航线数量是指该国与其他各国直航的航空航线和海运航线的数量总和。

"一带一路"沿线各国物流引力与航线数量如表3-5-1所示。

表3-5-1 各国航空引力与航线的对比强度汇总表

国家	引力强度	航线强度	对比强度	国家	引力强度	航线强度	对比强度	国家	引力强度	航线强度	对比强度
阿尔巴尼亚	277	13	21.3	柬埔寨	1618	97	16.7	斯洛文尼亚	646	15	43.1
阿富汗	1558	34	45.8	捷克	5923	83	71.4	塔吉克斯坦	1220	58	21.0
阿联酋	17 628	394	44.7	卡塔尔	14 071	109	129.1	泰国	15 366	394	39.0
阿曼	5882	79	74.5	科威特	4996	75	66.6	土耳其	16 022	415	38.6
阿塞拜疆	2980	81	36.8	克罗地亚	1446	45	32.1	土库曼斯坦	1706	20	85.3
埃及	5260	110	47.8	拉脱维亚	1406	33	42.6	文莱	1841	20	92.1
爱沙尼亚	352	14	25.1	老挝	587	37	15.9	乌克兰	4638	218	21.3

续表

国家	引力强度	航线强度	对比强度	国家	引力强度	航线强度	对比强度	国家	引力强度	航线强度	对比强度
巴基斯坦	3343	121	27.6	黎巴嫩	3315	48	69.1	乌兹别克斯坦	3704	81	45.7
巴勒斯坦	0	0	--	立陶宛	780	42	18.6	新加坡	10 134	129	78.6
巴林	4209	53	79.4	罗马尼亚	2029	54	37.6	匈牙利	3607	54	66.8
白俄罗斯	3815	69	55.3	马尔代夫	3645	37	98.5	叙利亚	527	22	24.0
保加利亚	2335	86	27.2	马来西亚	10 330	191	54.1	亚美尼亚	1156	52	22.2
波黑	1215	16	75.9	马其顿	747	17	43.9	也门	522	16	32.6
波兰	5165	120	43.0	蒙古	1425	21	67.9	伊拉克	2954	125	23.6
不丹	335	10	33.5	孟加拉国	5181	65	79.7	伊朗	5274	180	29.3
东帝汶	204	2	102.0	缅甸	2255	41	55.0	以色列	5034	85	59.2
俄罗斯	13 039	729	17.9	摩尔多瓦	504	17	29.6	印度	11 212	330	34.0
菲律宾	9656	101	95.6	尼泊尔	2879	30	96.0	印度尼西亚	10 255	191	53.7
格鲁吉亚	2847	96	29.7	塞尔维亚	2634	42	62.7	约旦	4367	56	78.0
哈萨克斯坦	4860	126	38.6	沙特阿拉伯	9751	312	31.3	越南	7517	138	54.5
黑山	566	32	17.7	斯里兰卡	5494	56	98.1	中国	35 537	878	40.5
吉尔吉斯斯坦	1411	48	29.4	斯洛伐克	1214	39	31.1				

对表 3-5-1 中各国的物流引力与航线强度进行相关性分析,其皮尔逊相关性系数为 0.886,在 0.01 级别双尾检验下显著相关。较高的相关性系数,表明一个国家拥有的国际航线强度对物流引力产生较大的影响。

将引力强度与航线强度的比值称作对比强度,该值是反映某一国家航线运输效果的重要指标。从表 3-5-1 可知,由于巴勒斯坦目前与其他国家尚不通航,故"一带一路"沿线物流引力网络及航线网络分别包括 64 个国家。64 个国家的对比强度平均值为 51.3,共有 24 个国家对比强度超过平均值 51.3,其中对比强度较高的国家包括:卡塔尔(129.1)、东帝汶(102.0)、马尔代夫(98.5)、尼泊尔(96.0)、菲律宾(95.6)等。对比强度高,反映出上述国家国际航线数量较少,每条航线上承受的物流压力较大,未来应该进一步增加与其他国家直航航线数量,这样能够进一步促进物流的发展。除巴勒斯坦外,尚有 40 个国家对比强度小于平均值 51.3,其中对比强度较低的国家包括:老挝(15.9)、柬埔寨(16.7)、黑山(17.7)、俄罗斯(17.9)、塔吉克斯坦(21.0)等。对比强度低,反映出这些国家国际航线的货运能力尚未完全发挥,每条航线上承受的物流量较小,未来应该进一步发挥运输优势,增加航线货运量,这样才能带动国际经贸的发展。中国的对比强度为 40.5,稍低于平均值,反映出中国现有的国际航线能够承担起物流发展的需要,且仍具有一定的发展潜力。

二、中国与沿线各国物流引力与航线分布的对比分析

当前中国与"一带一路"沿线的 43 个国家存在直航航线,研究中国与这些国家间物流引力与航线的对比强度,有助于揭示当前中国国际航线的运行效率,对于进一步优化航线网络结构,促进物流及国际贸易的发展都有积极意义。利用前文计算出的中国与"一带一路"沿线国家之间的物流引力及相互间的航线数量,可计算出对比强度,如表 3-5-2 所示。

表 3-5-2 中国与 43 个直航国家间的对比强度汇总表

国家	引力强度	航线强度	对比强度	国家	引力强度	航线强度	对比强度	国家	引力强度	航线强度	对比强度
阿富汗	534	1	534.4	捷克	1386	5	277.2	泰国	550	214	2.6
阿联酋	1365	19	71.8	卡塔尔	1364	8	170.4	土耳其	1486	5	297.2
阿曼	905	2	452.3	老挝	281	15	18.7	土库曼斯坦	621	2	310.3
阿塞拜疆	775	4	193.7	黎巴嫩	977	1	976.6	文莱	420	6	70.0
埃及	1386	3	461.9	马尔代夫	728	12	60.7	乌克兰	1138	2	568.8
巴基斯坦	601	9	66.8	马来西亚	780	64	12.2	乌兹别克斯坦	533	3	177.7
白俄罗斯	979	1	978.6	蒙古	27	10	2.7	新加坡	864	40	21.6
波兰	1358	2	678.9	孟加拉国	412	4	102.9	匈牙利	1307	1	1307.5
俄罗斯	1303	114	11.4	缅甸	424	14	30.3	伊拉克	1035	3	344.9
菲律宾	421	45	9.4	尼泊尔	377	6	62.8	伊朗	1063	4	265.9
格鲁吉亚	772	2	386.1	塞尔维亚	1071	3	357.2	以色列	1267	2	633.4
哈萨克斯坦	527	10	52.7	沙特阿拉伯	1306	9	145.1	印度	789	17	46.4
吉尔吉斯斯坦	382	4	95.5	斯里兰卡	747	7	106.7	印度尼西亚	1078	61	17.7
柬埔寨	377	69	5.5	塔吉克斯坦	455	3	151.5	约旦	1061	1	1060.7
								越南	305	71	4.3

从表 3-5-2 可知，中国与 43 个直航国家间的物流引力与航线强度的对比强度存在较大差异，其中与匈牙利的对比强度值最大，达到 1307.5；与泰国的对比强度值最小，仅为 2.6；其平均值为 269.8。总体看来，中国与 43 个直航国家间的对比强化值呈现出随距离变化而增加的趋势；对比强化值较低的国家，多在中国周边，甚至绝大多数为直接接壤的邻国。其原因是：由于距离近以及陆路衔接，造成陆路运输相比于航空运输更有优势；中国与周边国家的物流引力受其他方式的物流服务冲击较大；另一面，中国与周边国家之间直航航线数量较多。而对比强化值较高的国家，多为与中国距离遥远，海运及航空运输成为两国之间重要的物流服务形式，两国经贸往来密切，彼此间具有较大的物流引力。鉴于上述原因，中国应进一步增加阿富汗、阿曼、埃及、白俄罗斯、波兰、黎巴嫩、乌克兰、匈牙利、以色列、约旦等国的直航航班，对于促进双方的经贸发展具有重要意义。

根据国际物流发展的历史经验，"一带一路"沿线国际物流会随着该地区商品贸易的发展，而逐渐形成以一个或少数几个具有较强竞争优势的国家为核心节点，次级竞争优势国家为辅助节点，其余非优势国家为边缘节点的物流网络格局。作为核心节点的国家物流有望快速发展，从而带动该区域物流的整体发展。因此，应重点强化"一带一路"六大区域核心节点国家间的物流合作水平，促进沿线区域的经贸发展。根据引力分布情况，可将捷克、阿联酋和卡塔尔、印度、新加坡和马来西亚、乌兹别克斯坦、中国作为"一带一路"物流网络的各区域的核心节点国家，在加强各核心节点国家间物流发展的同时，未来应重点规划两条物流通道：第一条为货物自东欧各国经土耳其进入中东，在阿联酋和卡塔尔进行汇集中转后，进入中国；第二条为东南亚国家的货物可进入中国进行汇集整合后，通过土耳其中转至中东地区及东欧各国。在这两条物流通道基础上形成以中国与土耳其为东、西二极的物流网络格局。

对于"一带一路"中的六大区域，中东作为目前物流网络较完善的区域，需要在保证安全的基础上不断提高货运通过效率和服务质量，并加快物流产业结构优化，努力开拓更高价值的航运市场，争取成为全球性的物流引力轴心区域；而东欧虽然内部物流引力较强，但需要打造一个核心节点国家来加快整合区域的物流资源，推进东欧各国与中东、中亚的物流发展，形成跨区域的物流网络；中亚地区则应加强物流基础设施建设，扩充机场数量及机队规模，从而更好地融入"一带一路"物流网络;南亚、东南亚及中国则需进一步发挥枢纽港口、机场的作用,提升物流效率。

对中国来说,我国与中东和欧洲两大区域的物流引力数值最高,因此未来应重点推进与上述两个区域的物流发展,增加与匈牙利、波兰、土耳其、埃及等国的航线及航班数量,促进与上述区域的贸易发展;对于中亚地区,则重点应该从物流基础设施建设的角度进行合作,帮助上述国家进一步提升基础设施建设水平,为未来物流的发展奠定基础;对东南亚、南亚国家,则应重点放在如果有效提升现有航线网络的效率方面。

参考文献

崔日明,黄英婉."一带一路"沿线国家贸易投资便利化评价指标体系研究[J].国际贸易问题,2016(9):153-164.

戴明辉,沈文星.中国木质林产品贸易流量与潜力研究:引力模型方法[J].资源科学,2010,32(11):2115-2122.

邸玉娜,由林青.中国对"一带一路"国家的投资动因、距离因素与区位选择[J].中国软科学,2018(02):168-176.

杜方叶,王姣娥,谢家昊,等."一带一路"背景下中国国际航空网络的空间格局及演变[J].地理科学进展,2019,38(07):963-972.

葛纯宝,于津平."一带一路"沿线国家贸易便利化与中国出口——基于拓展引力模型的实证分析[J].国际经贸探索,2020,36(09):22-35.

韩永辉,罗晓斐.中国与中亚区域贸易合作治理研究——兼论"一带一路"倡议下共建自贸区的可行性[J].国际经贸探索,2017(02):72-84.

黄志华,何毅.基于引力模型的中国与34个"一带一路"沿线国家的本地市场效应研究[J].中国软科学,2020(03):100-109.

蓝庆新,唐琬.中国自其他金砖国家进口贸易影响因素及潜力分析[J].中国流通经济,2019,33(12):74-84.

厉英珍,赵立静,梁世明."一带一路"沿线国家出口贸易潜力研究——基于扩展引力模型对浙江省数据的分析[J].价格理论与实践,2020(01):159-162.

刘岩.贸易流量引力模型的理论研究综述[J].国际商务,2010(03):26-31.

陆华，汪鸣，杜志平.中国与"一带一路"沿线中东欧国家物流绩效对比分析［J］.中国流通经济，2020，34（03）：55-65.

罗良翌."一带一路"倡议下对外贸易与航空物流的协同发展［J］.对外经贸实务，2020（05）：93-96.

马静，戴维佳.基于AHP信息熵决策的城市轨道建设期交通组织方案评价［J］.长安大学学报（自然科学版），2020，40（04）：101-108.

马钰，张定海，王万雄.一种基于信息熵属性重要度的直觉模糊TOPSIS方法［J］.兰州大学学报（自然科学版），2020，56（05）：677-680+689.

史沛然.中国绿色产品出口潜力分析——基于拓展引力模型的研究［J］.中国流通经济，2020，34（06）：105-116.

谭思婧，苏刚.基于引力模型的中国新疆与哈萨克斯坦物流贸易影响因素研究［J］.物流科技，2020，43（02）：116-118.

唐睿，冯学钢.中国入境旅游效率测算及影响因素——基于"一带一路"沿线国家随机前沿引力模型的实证［J］.经济问题探索，2018（07）：60-67.

王姣娥，王涵，焦敬娟."一带一路"与中国对外航空运输联系［J］.地理科学进展，2015，34（05）：554-562.

王占海，梁工谦.基于AHP-TOPSIS方法的物流服务商选择［J］.统计与决策，2017（09）：62-64.

吴天博，田刚."丝绸之路经济带"视域下中国与沿线国家木质林产品贸易——基于引力模型的实证研究［J］.国际贸易问题，2019（11）：77-87.

杨桔，祁春节."丝绸之路经济带"沿线国家对中国农产品出口贸易潜力研究——基于TPI与扩展的随机前沿引力模型的分析框架［J］.国际贸易问题，2020（06）：127-142.

杨立娟.航空物流服务链网络复杂特性分析——以顺丰速运为例［J］.企业改革与管理，2020（06）：56-57.

张会云，马欢欢."一带一路"沿线航空物流和经济发展关系研究——航空物流与经济的时空演变及其耦合发展分析［J］.价格理论与实践，2020（04）：172-175.

张会云，马欢欢."一带一路"沿线航空物流和经济发展关系研究——航空物流与经济的时空演变及其耦合发展分析［J］.价格理论与实践，2020（04）：172-175.

张淑华，张景新.中国—东盟战略合作背景下南宁航空物流发展研究［J］.物流技术，2020，39（11）：58-61+106.

周慧玲，王甫园.基于修正引力模型的中国省际旅游者流空间网络结构特征［J］.地理研究，

2020, 39（03）：669-681.

庄博，洪晨翔. CAFTA 框架下贸易便利化对中国进口贸易的影响——基于随机前沿引力模型［J］. 上海管理科学，2020，42（05）：8-15.

Abdüssamet Polater. Airports' Role as Logistics Centers in Humanitarian Supply Chains：A Surge Capacity Management Perspective［J］. Journal of Air Transport Management，2020，83（11）：239-249.

Deardorff，Alan V. Determinants of Bilateral Trade：Does Gravity Work in a Neoclassical World?［J］. Nber Working Papers，1995.

Prem Chhetri，Mathews Nkhoma，Konrad Peszynski. Global Logistics City Concept：a Cluster-led Strategy Under the Belt and Road Initiative［J］. Maritime Policy & Management，2018，45（3）：319-335.

Kundu T. Forecasting Time-varying Logistics Distribution Flows in the One Belt-One Road Strategic Context［J］. Transportation Research Part E：Logistics and Transportation Review，2018，09：5-22.

Reilly W J. The Law of Retail Gravitation：Second Edition［M］. New York，1953.

Chen Y W，Fan Z J，Zhang J，et al. Does the Connectivity of the Belt and Road Initiative Contribute to the Economic Growth of the Belt and Road Countries［J］. Emerging Markets Finance and Trade，2019，55（14）：3227-3240.

第四章 "一带一路"沿线航空网络结构特征分析

自我国与2013年提出"一带一路"建设的倡议后,得到沿线各国的积极响应。近年来,沿线各国本着"共商、共建、共享"的基本原则,共同推动构建人类命运共同体进程,取得了显著的进展与成效,初步实现了"政策沟通、设施联通、贸易畅通、资金融通、民心相通"。其中,"贸易畅通"和"设施联通"是当前"一带一路"倡议的重点推进领域。数据表明,航空运输是我国在与"一带一路"沿线国家贸易交流过程中,仅次于远洋海运的第二主要运输方式,且近年来持续保持快速增长势头。相比远洋海运,航空运输受地理环境的制约更小、时效性更强、可达性更好;此外,受地缘政治及安全形势上的影响程度也都大幅度小于海运。航空运输凭借独特的技术经济优势,在"一带一路"中发挥着重要作用,也迎来了新的发展机遇,沿线国家之间新航线不断开辟,航空网络日趋完善。可以说,在未来"一带一路"的经济合作战略中,作为"六路"之一的航空运输业,其战略潜力不亚于古代中国"陆上丝绸之路"和"海上丝绸之路",是现代"空中丝绸之路"。随着经济全球化发展进程加速,国际间客货流量快速增长,加上"一带一路"合作深入推进的刺激,航空运输在"一带一路"沿线国家之间的远程运输上作用日益明显,逐渐成为文化、经济以及政治交流的重要载体。

开展"一带一路"沿线航空网络结构特征的研究,能够了解沿线航空网络布局以及网络中节点间的行为关系,促进沿线国家航空网络的互联互通、深度融合,减少不必要的航空资源浪费和运营风险,从而提高沿线航空运输业整体运营效率;对实现"一带一路"倡议的深入推进,航空运输网络的融合构建研究，优化航空枢纽布局，加强国家之间的经济合作和文化交流，都具有十分深远的意义。

第一节 "一带一路"沿线航空网络概况

一、我国民航航线发展现状

截至2018年底，民航大数据统计显示，我国目前有3420条国内航线，786条国际航线，总计4206条航线。其中有167条新国际航线是在2018年这一年的时间里开通的，如图2.1所示，此中有105条新航线与"一带一路"关联。

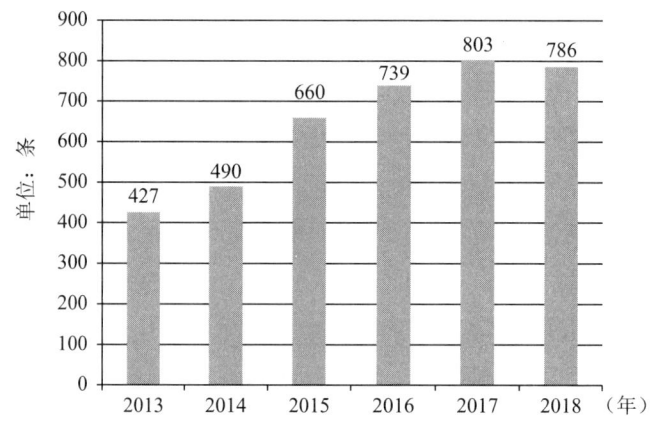

图 4-1-1　2013—2018年中国民航国际航线数目

（来源：中国民用航空局）

"一带一路"沿线涉及国家或地区合计有65个，目前已经与国内机场（除香港、澳门和台湾地区之外）实现互通航线的国家就有43个。从航线数量来看，从国内机场出发直飞沿线各国的航线有大幅增长，其运力也水涨船高。这些航线运力的总和同比2017年增长了14.9%，达到5256.1万座。当前，飞往东亚和东南亚的航线的运力规模在内机场直飞"一带一路"航线中最大的，其中直飞东南亚国家的航线运力占比60.2%，且其运力增速也是最快。

二、我国与"一带一路"沿线国家间航空运输的开展现状

我国及"一带一路"沿线航线运力排名前 20 的国家航空联通水平参差不齐，联通程度最高的是泰国，而运力增速最快的则是柬埔寨，如图 4-1-2 所示。

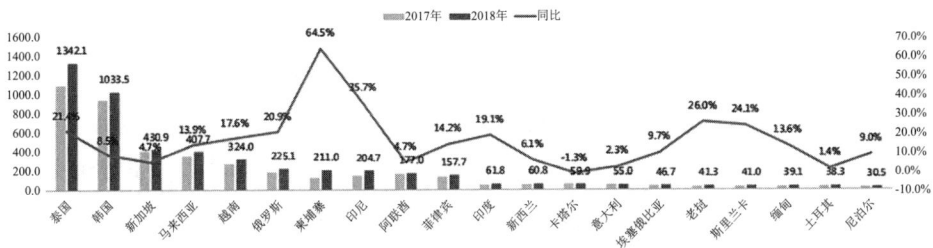

图 4-1-2 我国与"一带一路"沿线国家运力分布

(来源：飞常准民航大数据研究院，2018)

在直飞"一带一路"沿线国家的地区中，东南亚航线数量名列前茅，其中有 7 个国家排名前 10，有 9 个国家排名前 20。国内机场直飞泰国的航线有 211 条，运力为 1324.1 万座，其中新开通的直飞航线有 42 条，直飞泰国运力同比增长 21.4%。

从增长曲线可以看出，直飞"一带一路"沿线国家航线运力的前 20 名中，增速最为明显的是柬埔寨、印尼和老挝这三个国家，分别增长 64.5%、35.7%、26.0%。其中直飞柬埔寨航线运力增速位居第一，总和达到 211 万座，同比 2017 年增长了 82.8 万座。

三、航空运输对"一带一路"发展的促进作用

区域经济一体化与经济全球化极大地促进了国际航空业的高速发展，从星罗棋布的航线，到如雨后春笋般不断新建的航空基础设施，可见一斑——航空运输在国际远程运输中，尤其是在旅客运输方面具有不可替代的作用，同时也使社会交流得以高频高效地进行。由此可见，大力发展国际航空运输业对"一带一路"倡议的实施至关重要。

如图 4-1-3 所示，自 2014 年起，航空运输的运输总周转量呈现出稳步增长的趋势。2018 年，我国航空运输行业的运输总周转量相比 2017 年增长

11.4%，达到 1206.53 亿吨公里。2018 年国内航线（不含香港、澳门和台湾地区航线）与国际航线运输总周转量相比 2017 年分别增长 11.1%、12.0%，总周转量分别为 771.51 亿吨公里、435.02 亿吨公里。

近年来，航空运输创造的价值在交通运输业中占比逐渐增大，俨然成为社会经济增长的有力助推器。

"一带一路"的航空运输建设，可助力我国与沿线各国建立合作伙伴的关系，亦可促进沿线各国之间的交流与经贸往来，是构建亚欧非区域复合型、多层次及全方位的互联互通网络的重要举措，也将帮助沿线各国结合成经济共同体、命运共同体，以实现自主多元、平衡协调的可持续发展目标。

图 4-1-3　2014—2018 年中国民航运输总周转量

（来源：中国民用航空网）

《"一带一路"沿线 32 国民航业发展报告》中明确指出，我国与"一带一路"沿线国家贸易额在未来的 10 年内将翻一番，这一经济趋势必将为我国民航业带来更为广阔的市场前景和难得的发展机遇。

表 4-1-1　"一带一路"区域的经济基础、与中国经贸关系及民航业发展潜力

国家或地区	东北亚	东南亚	南亚	中亚	西亚/北非	中东欧
当地经济发展基础	薄弱	良好	薄弱	一般	各国差异大	良好
与中国的经贸关系	一般	良好	一般	一般	一般	良好
民航业发展潜力	较大	较大	较大	较大	一般	平稳

由表 4-1-1 可知，从各地区的经济发展基础来看，较好的有东南亚和中东欧地区的国家，中亚及独联体国家经济基础一般，西亚国家之间经济发展差距较大，而南亚地区的国家经济发展根基相对薄弱。

经济底子较好的地区有东南亚和中东欧，在经贸方面均与中国保持较好的合作关系，其民航业的发展潜力也较为可观。尤其是东南亚，拥有相对不错的基础，尽管东南亚的机场基础设施与当前经济发展水平仍需更加紧密地配合，仍需不断完善，但当地航空公司有较高的行业服务标准体系，因此未来东南亚地区的航空业发展潜力较大。

南亚地区国家与中国的经贸合作关系还有待进一步的深化，且其民航业的发展相对滞后，机场航空设施水平与航空公司实力均有待提高，但未来行业发展空间仍比较大。

受地理位置的影响、国土疆域的限制，当地机场设施和航空公司的发展水平还处于较低的水平，这样的地区有中亚及独联体国家、西亚和中东欧。中亚及独联体国家地处内陆，民航业和公路、铁路相比，发展相对滞后，机场设备设施和航空公司规模也有待发展，未来影响民航业的发展因素主要是本国产业政策。

西亚地区国与国之间国土疆域存在限制，机场设备设施和航空公司规模的发展状况一般，未来本国宏观经济政策导向对行业发展的影响比较大；中东欧国家国土面积狭小，机场设备设施和航空公司规模的发展空间稳定，其未来民航业发展与本国经济政策趋势密切关联。

在"一带一路"的建设倡议中，干线航空的重要性不言而喻，是沿线各国的航空网络的大动脉。而支线航空的作用也举足轻重，是"一带一路"地区的几何体交通网络中的毛细血管，直接给沿线各国之间非干线航空运输市场的发展注入活力，满足了各国发展自身航空业的需求。

第二节 "一带一路"航空网络结构研究

一、复杂网络理论基础

(一) 复杂网络的基本概念

1. 网络

网络（network）是一类描述自然和人工系统的模型，是一种组织形式的表现。一个网络是具有一定特征和功能的群体。网络分析并不只是一个简单的理论任务，它需要收集数据来对现实的网络进行制图。虽然网络可以用图片语言进行描述，但网络不仅仅是图，它还承载一定的功能和状态，运用所制成的网络图，可以用来分析网络的拓扑性质。

复杂网络具有海量的节点数和复杂的连线拓扑结构。随着大型数据库和计算机能力的提升，这样的实证研究也开始出现在各个领域。在复杂网络中，节点是系统中的元素，边则代表节点间的相互作用，例如因特网（Internet）可以看作是由不同路由器作为节点，根据不同协议，相互间物理或逻辑连接作为边的复杂网络；巨型的基因网络则可以看作是由每个蛋白质作为节点，而蛋白质之间的化学相互作用为边；在食物网中，节点是各种具有营养的生物物种，相互的猎食关系则作为它的边；在新陈代谢网络中，节点是各式各样的酶，边则是代谢关系；在社会网络中，独立自主行为者为节点，边则代表了独立自主行为者之间的关系。由于庞大的规模以及相互之间的复杂性，许多网络的拓扑性质仍然是未知或者在探索中。

2. 小世界网络

1967年，美国社会心理学家特拉弗（Traver）和米尔格兰（Milgram）提出了一个著名的理论：六度区隔，"在这个世界上任何人之间都可以与彼此建立起关系，大约只需要通过六步"。这也是最早被强调的小世界效应理论之一。小世界效应的内涵在于无论怎样巨大的网络，都可以有任意两个节点存在很小的路径长度使得二者相连。这一现象揭示了在我们客观世界中,许多复杂网络存在最为便捷和有效的传递方式。

小世界理论(WS 网络)最早是由沃茨(Watts)和斯托加兹(Strogatz)提出的。它是一种新的办法,用于构建一种介于固定网络与随机网络之间的网络。在一个网络中,两个节点之间的连接概率可以设为 P。在一个固定网络中,节点必然与它邻近的节点相连,所以 P 为 0。固定网络还具有高节点集聚系数和较大的节点间分离程度的特征。随机网络中,情况则发生了变化,两个节点的连接概率 P 变为整数 1,开始拥有低集聚系数和较小的节点间分离程度。

3. 无标度网络

无标度网络的主要特征就是少部分节点承担着连接大多数节点的作用,同时这些少数节点有较大的抗压能力。无标度网络被认为可能是小世界网络模型下的一种,但是两者之间有存在着许多差异。

小世界网络模型最早由巴拉巴西(Barabasi)和艾伯特(Albert)提出。他们发现网络中节点的度分布相对均匀,而在现实中多数网络的度分布是不均匀的,且往往满足幂律分布。

在一个航空网络中,如果存在机场数为 k_0,在这个基础上,每增加一个新的机场,那么新机场就会随机生成 k 条航线。假设该原始网络机场 i 的连接度为 k_i,则机场 i 与新机场的连接概率如式(4-1)所示。

$$P(i) = \frac{k_i}{\sum_j k_j} \quad (4-1)$$

无标度网络特性在于其扩张性,表明它可以无标度地不断扩张,同时它的局限在于只考虑新节点和原本网络存在的节点连线,与真实网络仍有一定差距。

(二)复杂网络特征度量方法

网络统计性质又被称为网络的静态几何量。网络可以用式(4-2)表示:

$$G = (X, Y) \quad (4-2)$$

其中 X 就是网络中所存在的节点,也可以理解为网络中点的集合。Y 则表示节点与节点连接成的边,可以理解为网络中点与点连线的集合。$x = |X|$ 是网

络节点的数量，y = | Y | 是网络边的数量，显然我们可以得到 y ≤ x（x-1）。$M = (m_{ij})$ 是用于研究网络的邻接矩阵，i 和 j 是网络 G 中任意的节点。在矩阵 M 中，如果节点 i 和节点 j 是相互连接的，且 $i \neq j$，那么 $m_{ij} = 1$。反之，$m_{ij} = 0$。

1. 平均路径长度和节点可达性

平均路径长度（Average Path Length）表现的是整个网络的分离程度。它在航空网络中主要拿来测量各个机场之间的最小衔接长度，即转机次数，用于把握航空网络的整体性质和度量各个机场的紧靠程度或分离程度。同时，平均路径长度还可以检测航空网络的传输性能和传输效率。

平均路径长度定义如下：对于节点 i 和节点 j（$i, j \in X$），且 $i \neq j$，它们之间的最短距离为 d_{ij}。那么整个网络的平均路径长度计算公式如式（4-3）所示。

$$L = \frac{1}{C_x^2} \sum_{i,j \in X} d_{ij} \quad (4-3)$$

网络节点可达性可以用于判断网络节点的区位条件的优劣，是节点 i 到其他所有节点距离平均值的倒数，数值越大，可达性越高，如式（4-4）所示。

$$L_i = \frac{x-1}{\sum_{i \in X} d_{ij}} \quad (4-4)$$

2. 聚类系数

聚类系数（Clustering Coefficient）也可以认为是网络集聚系数。它是网络中节点趋于聚集在一起的量度，即节点的聚集程度。而平均聚类系数（Average Clustering Coefficient）则反映了整个网络的聚集化程度。网络平均聚集程度主要是为了考察网络节点各自近邻之间有多少共同近邻。一个节点的聚类系数是指它近邻相连接成边的数目占最大可能连接数目的比值。定义如下：对于任意节点 i，与该节点相连接的节点集合为 K_i，则该节点 i 的近邻数量为 $k_i = | K_i |$，而 K_i 个近邻节点之间实际存在的边数为 E_i 和总的可能存在边数为 $C_{k_i}^2$，那么节点 i 的聚集系数可以被定义为：

$$C_i = \frac{E_i}{C_{k_i}^2} \quad (4-5)$$

所有节点的平均聚类系数的计算公式则为：

$$C = \frac{1}{n}\sum_{i=1}^{n} C_i \qquad (4\text{-}6)$$

3. 度与度分布

度值（Degree）是网络拓扑中最稳健的度量概念之一。网络 G 是由节点集合 X 和连接它们的边集合 Y 构成，那么所有与节点 i 连接的边的数量 D_i 就是节点 i 的度（degree）。度是一个节点在网络 G 中的关系总量：从该点出发和接收回来的关系总数。在有向网络中，可以有点入度和点出度。但本文观察航空网络的无向关系。

由节点的度可以得到最小度和平均度两个延伸概念。最小度就是网络中度最小的节点的度，如果在网络 G 中，最小度大于等于 1，于是网络 G 可以说在整体连接上是连通的。在无向网络中，各个节点的度的平均值为网络的平均度：

$$\langle k \rangle = 2y/x \qquad (4\text{-}7)$$

网络 G 中的度分布 $P_{(k)}$ 表示网络 G 的任意节点 i 恰好有 k 条边的概率分布。在大部分现实网络中，度分布一般以幂律分布的形式出现，当然也可能是高斯分布或者指数分布。

（四）介数

介数（Betweenness Centrality）是一种有全局特性的变量，具有很强的现实意义。它分为节点介数和边介数两种。定义如下：在航空网络中，W_{uk} 为（u,k）的最短航线集合，另 $w_{uk} = |W_{uk}|$，w_{uk} 则表示为从 u 至 k 的最短航线条数。$w_{uk(i)}$ 则是从 u 至 k 必须经过机场 i 的最短航线条数，直观上来说介数就是表现机场 i 作为桥梁的重要性。节点介数公式如式（4-8）所示。

$$B_{(i)} = \sum_{u \neq k \neq i} \frac{w_{uk(i)}}{w_{uk}} \qquad (4\text{-}8)$$

$B_{(i)}$ 表示节点 i 的介数。类似地，可以定义边的介数。介数的现实意义可以表现为：在航空网络研究中，介数的分布特征可以具体反映不同航空机场在整个航空网络关系中的连接地位，同时确保航线安全都具有十分重要的影响。

二、"一带一路"沿线国家航空网络的构建

以 65 个"一带一路"沿线国家机场为节点,以各机场之间的航线为边,构建成一个"一带一路"沿线国家航空网络。以沿线 65 个国家各机场作为矩阵的行和列,以相互之间是否存在民航航线建立"一带一路"航空网络邻接矩阵;共采集"一带一路"沿线 1218 座通航机场,通航航线 22 468 条。数据来源:飞常准网站(http://www.variflight.com)。

三、"一带一路"航空网络的统计特征

根据构建的"一带一路"航空网络临界矩阵,利用复杂网络技术,分析"一带一路"航空网络的基本结构特征,所选统计特征为度、簇系数、平均路径长度和介数。

(一)"一带一路"航空网络的度

度是指节点与其他节点衔接的边的数量之和,而节点代表航空网络中的机场,度值就是该机场在一个航空网络中所有通航航线数量之和,因此机场的规模和通达性程度通常用度表示。

"一带一路"航空网络的总度数为 22 468,平均度为 18.45,说明平均每个机场大约与 19 个不同的机场有直通航线,网络最大节点度为 250,最小节点度为 1。为规范表示,机场名称采用 ICAO 机场三字代码表述,"一带一路"航空网络机场节点度值如表 4-2-1 所示。

表 4-2-1 "一带一路"航空网络机场节点度值(部分)

机场	度	机场	度	机场	度	机场	度	机场	度	机场	度
PEK	250	OVB	100	BHY	61	MRV	46	KHV	37	LYA	27
CAN	228	MED	100	TGO	61	KBV	46	BTH	36	XIC	27
CTU	205	DMK	100	THR	61	DAC	45	BTS	36	SOC	27
PVG	205	KHN	98	CMB	61	HJJ	45	PNH	35	IEV	27
DME	202	CGK	98	ZQZ	60	NTG	45	DOY	35	DAT	26
KMG	200	CGQ	96	KJA	60	AMD	45	HIA	35	MDG	26
XIY	198	HFE	96	YKS	60	TRV	45	VVO	35	RIZ	26

续表

机场	度	机场	度	机场	度	机场	度	机场	度	机场	度
CKG	193	BAV	95	LCA	59	KHI	45	BAR	34	TVS	26
SZX	193	ATH	93	KZN	59	OTP	45	LLF	34	KTW	26
IST	187	SAW	91	HAN	59	DLU	44	LYG	34	BJV	26
TSN	172	WNZ	90	CIF	58	HLH	44	YIW	34	KHG	25
HGH	170	SHJ	87	HLD	58	JIQ	44	PNQ	34	TXN	25
DXB	166	XNN	86	JNG	58	MIG	44	FUG	33	WUA	25
BKK	160	MNL	86	THQ	58	UYN	44	WUT	33	AWZ	25
SHA	159	PRG	81	BUD	58	YBP	44	MDC	33	SCO	25
LED	155	TLV	80	MHD	58	AEB	43	IFN	33	TZX	25
HAK	154	AUH	80	TSE	58	DYG	43	PEE	33	DQA	24
WUH	147	YNT	79	UFA	58	XFN	43	ROV	33	LFQ	24
SVO	147	SWA	78	CIH	57	YIH	43	AAN	33	LUM	24

将得出的各节点度值分布情况进行拟合，在双对数坐标系下，度分布曲线服从双段幂律分布，如图4-2-1，说明该网络具有"无标度"性。

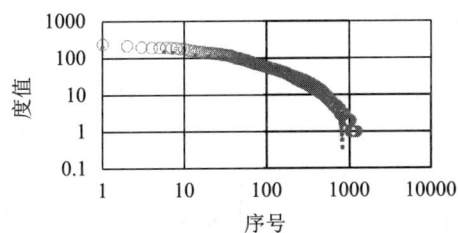

图4-2-1 "一带一路"航空网络节点度值分布（双对数坐标系）

（二）"一带一路"航空网络簇系数

簇系数是表示网络节点的集中程度的参数。节点 i 的簇系数 C_i 的取值范围为 [0，1]，C_i 等于1时，表示节点 i 所有邻距节点之间完全连接，C_i 为0表示节点 i 的邻距节点之间没有连接。

将"一带一路"航空网络临界矩阵代入Ucinet软件，可以计算出"一带一路"航空网络的簇系数为0.714，表现出比较强集聚性和传递性。

"一带一路"航空网络节点的簇系数如表4-2-2所示。

表4-2-2 "一带一路"航空网络簇系数（部分）

机场	簇	机场	簇	机场	簇	机场	簇	机场	簇	机场	簇
CCN	1.00	CQD	1.00	CSH	1.00	GWL	1.00	HOF	1.00	ENI	1.00
LLK	1.00	IHR	1.00	DEE	1.00	RDP	1.00	RAE	1.00	IWA	1.00
CXB	1.00	IIL	1.00	EKS	1.00	TEZ	1.00	RAH	1.00	NKT	1.00
GNA	1.00	KHD	1.00	ERG	1.00	BMU	1.00	ULH	1.00	ADE	1.00
VTB	1.00	LVP	1.00	ESL	1.00	FLZ	1.00	WAE	1.00	AOG	1.00
BUT	1.00	RZR	1.00	ITU	1.00	JKT	1.00	NUF	1.00	GOQ	1.00
YON	1.00	SDG	1.00	KCK	1.00	LAH	1.00	LPT	1.00	YUS	1.00
AHJ	1.00	YES	1.00	KSZ	1.00	MJU	1.00	MAQ	1.00	KET	1.00
BPL	1.00	SDV	1.00	KVR	1.00	MOF	1.00	TST	1.00	AJF	1.00
GMQ	1.00	ADJ	1.00	ONK	1.00	NNX	1.00	AJI	1.00	KKC	1.00
HXD	1.00	TDK	1.00	SBT	1.00	SUP	1.00	ANK	1.00	EDO	1.00
NLH	1.00	XKH	1.00	UKX	1.00	TMC	1.00	IGD	1.00	GNY	1.00
TCG	1.00	OHD	1.00	DWD	1.00	ACZ	1.00	KCM	1.00	OGU	1.00
AXD	1.00	AOR	1.00	EJH	1.00	BJB	1.00	NAV	1.00	MLX	1.00
IOA	1.00	KUD	1.00	SJC	1.00	HDM	1.00	CRZ	1.00	GYS	1.00
JSY	1.00	LBP	1.00	QPG	1.00	JWN	1.00	MYP	1.00	JNZ	1.00
KSO	1.00	LGL	1.00	TAT	1.00	LFM	1.00	GBB	1.00	DDG	1.00
KZI	1.00	LKH	1.00	BTC	1.00	RJN	1.00	RKZ	1.00	LYP	1.00
MLO	1.00	ODN	1.00	GIU	1.00	PPK	1.00	IXU	1.00	MXZ	1.00
SKU	1.00	TGC	1.00	HIM	1.00	ZVK	1.00	DUM	1.00	NZL	1.00
VOL	1.00	FVM	1.00	KQT	1.00	KUA	1.00	DEF	1.00	YIC	1.00
AGX	1.00	COQ	1.00	KOP	1.00	LBU	1.00	GBT	1.00	LLV	1.00
CDP	1.00	LTI	1.00	NNT	1.00	LMN	1.00	MRX	1.00	WUS	1.00
HBX	1.00	KHM	1.00	PHS	1.00	MZV	1.00	NSH	1.00	WXN	1.00
IXD	1.00	LIW	1.00	BGG	1.00	TGG	1.00	UZR	1.00	HDG	0.99
IXI	1.00	MOG	1.00	ISE	1.00	DRV	1.00	DGT	1.00	BSD	0.98

续表

机场	簇	机场	簇	机场	簇	机场	簇	机场	簇	机场	簇
JGA	1.00	VBA	1.00	KCO	1.00	IFU	1.00	LGP	1.00	JDZ	0.98
KNU	1.00	VBP	1.00	KFS	1.00	HOX	1.00	BZK	1.00	GXH	0.98

从表4-2-2中可以看出,"一带一路"航空网络中大量存在聚类系数为1的机场。这些聚类系数值大的机场同时也拥有着较小的度值,网络表现出较强的聚集性,但在航空网络紧密度上,沿线航空网络仍然有可以提升的空间。

(三)"一带一路"航空网络平均路径长度

平均路径长度是一个反映网络的内部拓扑结构和连接效率所必需的全局性质的指标。将"一带一路"航空网络临界矩阵代入Ucinet软件,可以计算出"一带一路"航空网络平均路径长度为3.154,意味着乘客平均只需换乘两次就可以到达这个网络中的任意一个城市。

综上,"一带一路"航空网络是一个有1218个节点和22 468边的复杂网络,平均度为18.45,平均路径长度为3.154,簇系数为0.714,"一带一路"航空网络有较强的集聚性和良好的传输性。

(四)"一带一路"航空网络介数

介数在航空网络中表现的是:空港城市机场在航空网络中的中转能力,或是作为网络"桥梁"的重要性。运行Ucinet软件,进行航空网络节点介数计算,如表4-2-3所示。

表4-2-3 "一带一路"航空网络机场介数值(部分)

机场	介数	机场	介数	机场	介数	机场	介数	机场	介数
IST	134 876	BKI	14 326	TBS	4717	JHB	1701	KDH	717
PEK	130 853	HAN	14 239	XMN	4699	DSN	1695	OHH	710
DME	123 454	KNO	14 181	BTH	4581	CFU	1690	KGS	681
DXB	109 353	OTP	14 038	RIX	4562	NGB	1678	EBL	667
CGK	96 069	MCT	13 756	XNN	4545	HFA	1677	DBV	653
DEL	82 087	BGW	13 742	BTS	4497	ATQ	1659	VNS	649

续表

机场	介数	机场	介数	机场	介数	机场	介数	机场	介数
BKK	76 669	KJA	13 480	PLW	4414	ADB	1656	BDJ	648
SIN	73 041	MAA	13 214	NJF	4397	ILO	1650	CGP	645
MNL	64 023	ALA	12 570	KRR	4328	KUF	1587	REP	638
KUL	62 521	WUH	12 141	IFN	4225	KER	1582	NAY	620
CAN	62 036	TSE	12 031	KCH	4212	HET	1568	KHN	598
SVO	61 494	KWI	11 656	COK	4206	JAI	1547	PNQ	593
YKS	57 155	ASB	11 185	KGD	4198	ZAH	1540	VAR	583
JED	54 494	ISB	10 167	INC	4157	BSR	1496	IEV	572
ATH	53 956	CNX	10 107	BAH	4061	PDG	1488	BUS	572
PVG	49 384	KBP	9905	CRK	3984	HLD	1487	HFE	566
RGN	47 613	TSN	9887	AER	3930	PKU	1355	CIT	558
LED	47 088	AMQ	9870	NYT	3857	TYN	1344	NJC	556
DOH	45 153	GYD	9788	AMM	3831	SOC	1317	CGQ	554
BOM	42 960	VTE	9368	LHE	3800	PLM	1306	UTP	538
VKO	40 274	SYX	9153	DJB	3709	BRQ	1245	WUX	520
KMG	37 367	TAO	8887	BEY	3691	UDR	1234	JOG	519
DMK	37 126	BUD	8695	LHW	3633	EFL	1229	BTU	519
CTU	36 296	KHV	8491	GOI	3491	KCT	1221	SPU	517
THR	36 049	DJJ	8425	BOJ	3361	HGN	1221	SCO	516
KTM	35 694	SCW	8411	NNG	3311	ADF	1221	LUW	509
URC	31 850	CGO	8249	SGC	3275	KWL	1213	RKT	507
CMB	30 783	VVO	7877	TRV	3248	BGN	1211	HDY	507
DPS	29 632	MSQ	7869	KWE	3243	AMD	1192	KGF	490
MLE	28 280	RHO	7806	DMM	3128	BAV	1109	JJN	489
AYT	25 105	HKT	7791	CEE	3043	ROV	1087	MMK	488
XIY	24 197	HGH	7726	LOP	3041	MRV	1068	MPH	463
RUH	24 022	UUS	7722	BND	3021	BDO	1047	PPS	459

介数分布情况如图 4-2-2 所示。

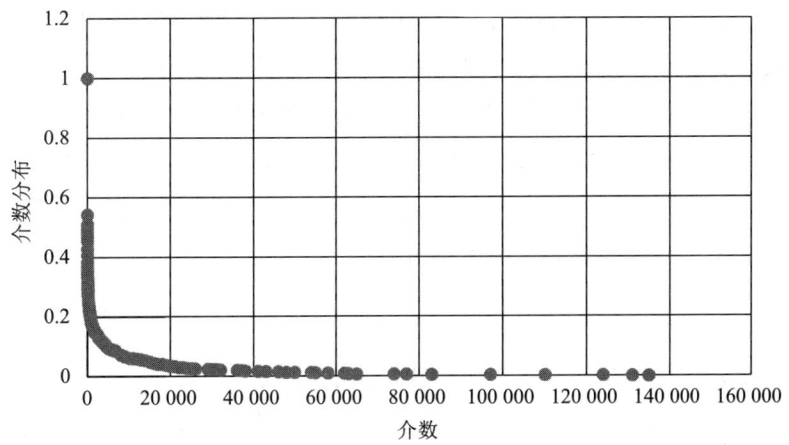

图 4-2-2　介数分布

从图 4-2-2 可以看出，"一带一路"航空网络介数分布在曲线两端，无限接近于坐标轴。大部分机场介数值处于 5000~60 000。当介数小于 5000 时，介数分布无限接近于 Y 轴；而介数大于 60 000 时，介数分布则无限接近于 X 轴。可以看出，网络中"桥梁"性较弱的机场数和"桥梁"性较强的机场数都较少；而当介数大于 5000 小于 60 000 时，介数分布递减缓慢，说明该区域介数分布相对均匀。从中我们可以发现，网络中存在少数巨大介数值的节点，这些节点对"一带一路"沿线航空网络的连接起到了重要作用，同时对沿线航空网络的枢纽机场构建有很大的影响。

第三节　节点视角下"一带一路"航空网络结构研究

一、机场及航线分布统计

共采集到"一带一路"沿线航空网络样 1218 座通航机场及 22 468 条航线。不同的机场拥有航线的数量差异较大，平均每个机场有 18.45 条航线。机场拥有航线的数量与机场的经纬度具有一定的关系。在经度 40 度左右，机场度值达到高峰，即在这个地理区位，航线规模较大；从经度 40 度继续向右移动，航空规模开始减小，直到经过经度 120 度左右的区域，度值达到最大值，此时航空规模最大，然后从 120 度经度继续增加度值才逐渐减少，如图 4-3-1 所示。在纬度 45 度至 25 度，度值有明显的高值，即机场航空网络在这个地理区域范围内规模较大；从纬度 25 度继续向下移动，度值逐渐下降。度值在整个纬度范围内均包含有大量低度值的机场，如图 4-3-2 所示。

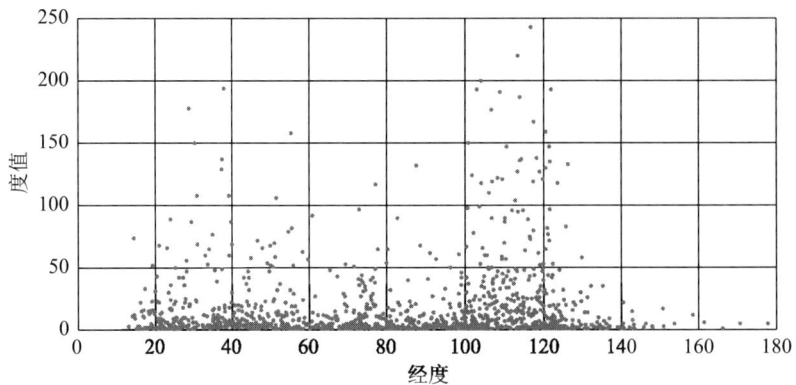

图 4-3-1　不同经度机场度分布情况

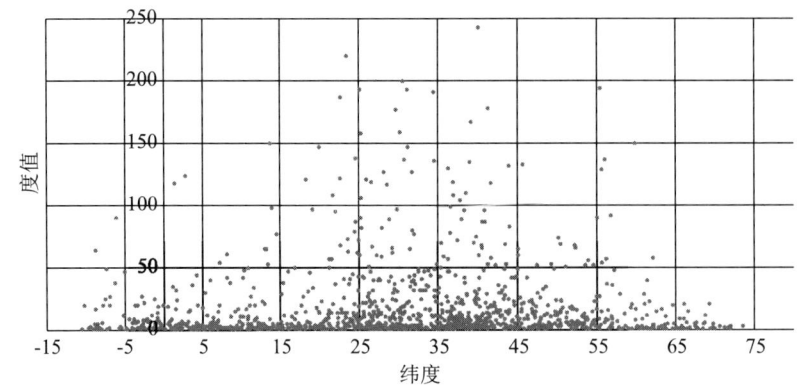

图 4-3-2　不同纬度机场度分布情况

二、机场间的关联性质分析

（一）度度相关性

度度相关性指的是网络节点的度值 k 与邻近节点的平均度 k_i 的关系。在航空网络中，R_i 为机场 i 的邻近机场集合，而 i 邻近节点平均度计算公式为：

$$k_i = \frac{1}{k}\sum_{j \in R_i} k_j \qquad (4-9)$$

在先算出节点聚类系数的情况下，也可以通过聚类系数和节点度来计算邻近节点的平均度，其公式为：

$$k_i = (k-1)C_i \qquad (4-10)$$

如果节点度为 k 的所有节点数为 N_k，那么度值为 k 的所以节点的平均度计算公式为：

$$Ak_i = \frac{k_i}{N_k} \qquad (4-11)$$

度度相关，在航空网络中主要表现的是空港城市机场在航线选择上的偏好性。如果 Ak_i 的数值随着度 k 的增加而增大，说明在航空网络中，具有大度数的空港城市机场，具有优先选择度数大的城市机场进行连接的偏好性。相反，Ak_i 的数值随着度 k 的增加而减小。以上说明，具有大度数的空港城市机场具有优先选择度数小的城市机场进行连接的偏好性。

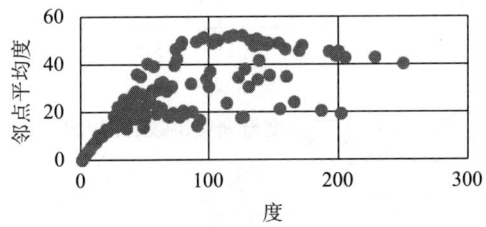

图 4-3-3 节点度与其邻点平均度的联系

从图 4-3-3 中可以看出，"一带一路"航空网络的度与邻点平均度之间呈现正相关，之间的相关系数为 0.6974，即度值高的机场相对应拥有较大的邻点平均度。但是这种相关随着度值的不断增大而减弱。当度 $k<100$ 时，它具有

较大的正相关；而当度 100<k<150 时，节点平均度 Ak_i 近乎处于一个定值；度 k>150 时，Ak_i 随着 k 的递增开始出现较弱的递减趋势。出现这种现状的一个原因可能是因为沿线网络区域的局限性，许多大型的城市机场的邻点所连接的其他机场不在"一带一路"沿线城市机场范围之内，造成与度及邻点平均度呈现出负相关；另一个原因可能是，度值大的机场具有优先选择度数小的城市机场进行连接的偏好性。

（二）簇度相关性

从图 4-3-4 中可以看出，"一带一路"航空网络具有负的簇度相关性，各机场之间的相关系数为 -0.7470，说明度值较小的城市机场相比于度值较大的机场更加具有聚集性。沿线网络中，共有 272 个机场节点的聚类系数为 1，这些节点的度值也都集中在 2~15，它们都是低度值的机场节点；而那些度值较大的机场，都具有较小的聚类系数。造成这种现象的主要原因是：与这些低度值的机场节点相连接的往往是"一带一路"航空网络中的枢纽机场，例如 BVG、SHA、IST 或 CTU 等机场，这些枢纽机场之间又存在相互连接的航线，所以会得到这些聚类系数较大的机场节点。

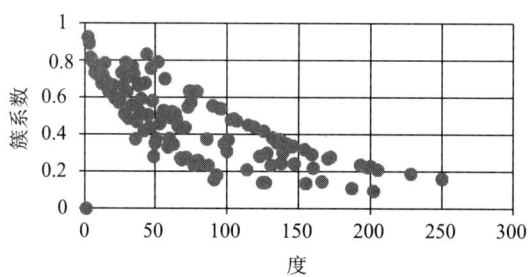

图 4-3-4 节点度与聚类系数的相关性

第四节 国家视角下"一带一路"航空网络结构研究

一、不同国家机场及航线统计

对"一带一路"航空网络按国别进行统计,中国是机场数量和航线数量最多的国家,机场数量有 224 个,占比 18.4%,航线有 9596 条,占比 42.71%;其次是俄罗斯,机场数和航线数分别为 163 和 2623,占比分别为 13.38% 和 11.67%;印度的机场数量比印度尼西亚的少,但航线数量比印尼多了 192 条;巴勒斯坦是唯一不拥有机场的国家,如表 4-4-1 所示。

表 4-4-1 国家机场与航线数量统计

国家	机场数	航线数	国家	机场数	航线数	国家	机场数	航线数
中国	224	9596	新加坡	3	123	匈牙利	3	58
俄罗斯	163	2623	捷克	5	106	斯洛伐克	5	52
印度	87	1228	卡塔尔	1	106	巴林	1	51
印度尼西亚	112	1036	以色列	5	105	蒙古	9	50
土耳其	52	775	柬埔寨	3	104	约旦	3	50
伊朗	54	541	斯里兰卡	14	99	黎巴嫩	1	48
泰国	34	528	格鲁吉亚	3	97	立陶宛	3	46
希腊	39	498	罗马尼亚	13	96	吉尔吉斯斯坦	2	45
沙特阿拉伯	27	451	保加利亚	4	93	塞尔维亚	2	44
阿联酋	9	381	阿塞拜疆	6	90	亚美尼亚	1	42
马来西亚	34	366	马尔代夫	12	84	拉脱维亚	2	37
菲律宾	44	324	阿曼	5	82	黑山	2	31

续表

国家	机场数	航线数	国家	机场数	航线数	国家	机场数	航线数
哈萨克斯坦	21	239	克罗地亚	8	80	也门	6	28
巴基斯坦	23	216	塞浦路斯	3	76	爱沙尼亚	3	23
越南	16	209	叙利亚	7	76	摩尔多瓦	1	21
缅甸	27	195	阿富汗	16	74	不丹	4	20
波兰	14	171	白俄罗斯	6	69	文莱	1	18
土库曼斯坦	13	167	科威特	1	66	波黑	3	16
伊拉克	5	135	孟加拉国	8	66	马其顿	2	15
乌兹别克斯坦	11	128	尼泊尔	17	66	阿尔巴尼亚	1	13
乌克兰	5	125	老挝	9	58	斯洛文尼亚	1	12

拥有航线数量排名靠前的国家为中国、俄罗斯和印度等，这些国家的面积相对广阔，节点机场遍布全国。中国的机场节点分布在东部较西部多，南部较北部更密集，即在经度角度，从东到西，随着经度的减小，机场数量在逐渐减少；从纬度角度看，由上到下，节点分布最初从疏散，经过中纬度地域，慢慢变得紧凑；俄罗斯的地理范围比中国要大，机场节点零星且均匀地分散在全国各地，依然有其突出的特点，从经度角度看，从东到西，节点在逐渐增多，增多的趋势不大，但机场较多地簇拥在以首都为根据地的属于欧洲地区的地带；在印度的地理范围内，机场明显聚集在南北两端，中纬度地区机场分布稀少，东部和西部的节点分布差异不大。

二、国家视角下的航空网络结构研究

（一）国家视角下的度值分布研究

将"一带一路"航空网络的各机场度值按国家分类，通过软件 Ucinet 计算可得。表 4-4-2 展示了"一带一路"航空网络各个国家内部的度值。样本中总度数为 15 100，平均度为 321.28，平均每个国家内部约有 321 条航线。

表 4-4-2 国家航空网络内外度值比较

国家	内部网络度值	内外网络度值	占比	国家	内部网络度值	内外网络度值	占比
中国	8740	9596	91.08%	罗马尼亚	32	96	33.33%
印度尼西亚	876	1036	84.56%	泰国	153	528	28.98%
缅甸	155	195	79.49%	孟加拉国	16	66	24.24%
印度	907	1228	73.86%	格鲁吉亚	22	97	22.68%
菲律宾	230	324	70.99%	土库曼斯坦	36	167	21.56%
俄罗斯	1850	2623	70.53%	波兰	33	171	19.30%
伊朗	362	541	66.91%	爱沙尼亚	4	23	17.39%
蒙古	31	50	62.00%	伊拉克	18	135	13.33%
马尔代夫	49	84	58.33%	阿曼	8	82	9.76%
尼泊尔	37	66	56.06%	以色列	10	105	9.52%
阿富汗	41	74	55.41%	保加利亚	7	93	7.53%
斯里兰卡	51	99	51.52%	阿塞拜疆	6	90	6.67%
不丹	10	20	50.00%	捷克	7	106	6.60%
马来西亚	178	366	48.63%	柬埔寨	6	104	5.77%
土耳其	371	775	47.87%	斯洛伐克	3	52	5.77%
哈萨克斯坦	114	239	47.70%	拉脱维亚	2	37	5.41%
希腊	229	498	45.98%	叙利亚	4	76	5.26%
巴基斯坦	99	216	45.83%	阿联酋	19	381	4.99%
也门	12	28	42.86%	吉尔吉斯斯坦	2	45	4.44%
克罗地亚	34	80	42.50%	约旦	2	50	4.00%
沙特阿拉伯	178	451	39.47%	黑山	1	31	3.23%
乌兹别克斯坦	49	128	38.28%	白俄罗斯	2	69	2.90%
越南	80	209	38.28%	新加坡	2	123	1.63%
老挝	22	58	37.93%				

中国航空网络内部网络规模与总网络规模百分比为91.08%，说明国内联通在中国的航空联通中发挥了更为重要的作用，同样拥有高比值的国家有印度尼西亚、缅甸、印度、菲律宾和俄罗斯，占比均高于0.7。其他的以外部联系为主的国家主要位于中东欧和东南亚地区，如新加坡、白俄罗斯、黑山、约旦等，这些国家普遍具有国土面积较小的特点。以各国家首都所在的地理坐标为基准，按照经度从小到大排序，得到"一带一路"国家航空网络度值在经度方向上的分布直方图，其中水平横坐标上的刻度代表国家首都的经度位置，如图4-4-1。

如图4-4-1所示，捷克位于"一带一路"版图的最西边，度值为7，随着经度的增加，国家度值保持波动，直到俄罗斯（东经37.631 900 8度），度值达到第二高（1850）。继续向右移动，从也门（东经44.207 500 5度）到吉尔吉斯斯坦（东经74.587 898 3度）为止，有15个国家，无较突出的国家度值，只有少数几个度值超过100的国家，如沙特阿拉伯、伊朗和哈萨克斯坦等。高度值国家主要位于东经77.205 802 9至120.982 002 3度的地理区位内，跨越经度大约43度的距离，平均度值为718.38，有最大度值的国家是中国（8740）。

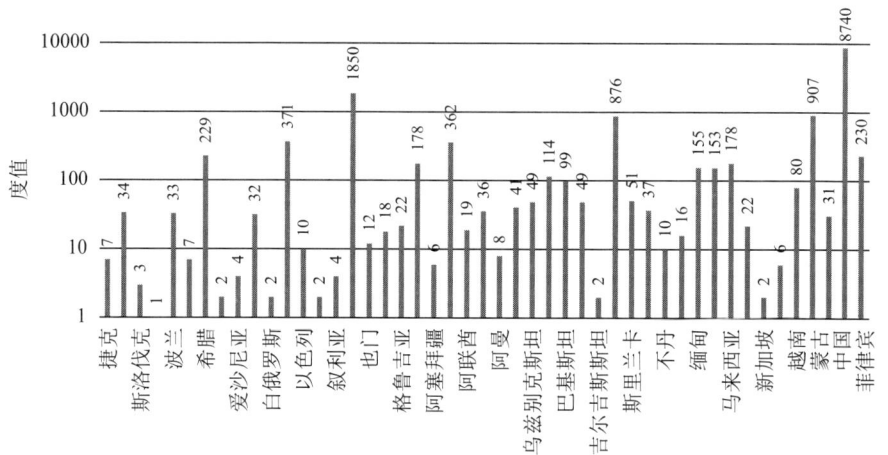

图4-4-1 不同国家度值随经度变化图

按照纬度从高到低对"一带一路"沿线国家排序，得到不同国家度值在纬度方向上的分布直方图，水平横坐标上的刻度代表沿线国家首都的纬度位置，如图4-4-2所示。

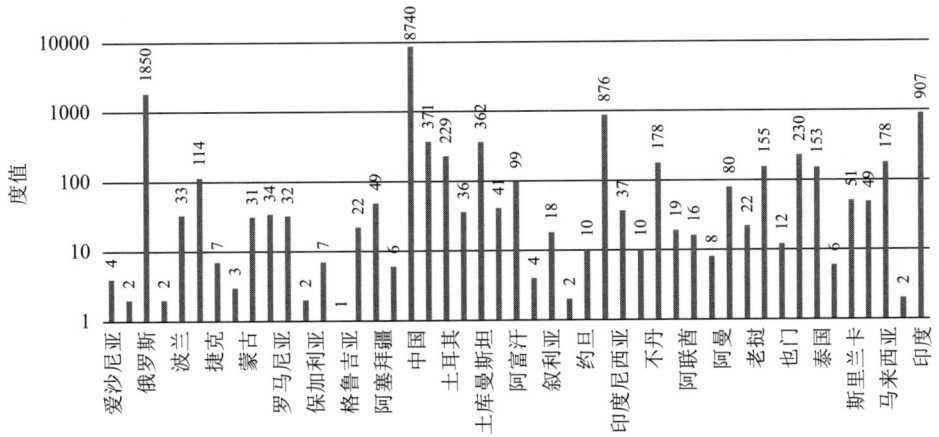

图 4-4-2 不同国家度值随纬度变化图

如图 4-4-2 所示，整体来看，"一带一路"沿线国家主要集中在中低纬度地区，在纬度位置高度排前三的国家中（爱沙尼亚、拉脱维亚、俄罗斯），俄罗斯的度值最高（1850）；随后向下大约移动 15 度，到达中国北京（北纬 39.931 400 3 度）和土耳其安卡拉（北纬 39.929 298 4 度）的位置，度值有高值（8740 和 371）。从希腊（北纬 38.034 92 度）继续向下移动约 10 度的纬度距离，出现度值高的国家——印度尼西亚，度值为 876；继印度尼西亚纬度位置之后的国家是尼泊尔，从尼泊尔（北纬 23.709 899 9 度）到"一带一路"版图纬度最低的国家印度（南纬 6.211 540 2 度）共经历了 35 度左右的距离，其区间平均度约为 117.38，小于"一带一路"国家航空网络平均度 321.28。在"一带一路"航空网络地理范围内，低纬度地区的航空网络规模总体小于高纬度和中纬度地区的航空网络规模。

（二）国家视角下的簇系数分布研究

经计算，簇系数不为 0 的各国家簇系数如表 4-4-3 所示，簇系数越小的国家其国内节点的集聚性越强。样本中，簇系数最小的国家为阿联酋，是少有的簇系数低于 0.5 的国家，75% 的"一带一路"沿线国家国内航空网络聚类系数大于 0.7。

表 4-4-3 "一带一路"各沿线国家簇系数

国家	簇系数	国家	簇系数	国家	簇系数
柬埔寨	1	土库曼斯坦	0.785	希腊	0.705
伊拉克	0.9	中国	0.783	越南	0.704
马尔代夫	0.885	保加利亚	0.778	也门	0.7
克罗地亚	0.839	泰国	0.777	孟加拉国	0.683
不丹	0.833	斯里兰卡	0.761	波兰	0.639
沙特阿拉伯	0.83	马来西亚	0.755	老挝	0.629
菲律宾	0.821	蒙古	0.745	尼泊尔	0.624
缅甸	0.809	乌兹别克斯坦	0.742	捷克	0.611
伊朗	0.805	印度尼西亚	0.741	以色列	0.583
土耳其	0.802	印度	0.74	罗马尼亚	0.514
巴基斯坦	0.797	阿富汗	0.738	阿联酋	0.339
哈萨克斯坦	0.795	俄罗斯	0.735		

（三）国家视角下的介数分布研究

介数指标反映节点在整个网络中的作用和影响力，介数值越高，其节点的通达性越高。经 Ucinet 软件测算，"一带一路"国家航空网络介数不为 0 的国家如表 4-4-4 所示。

表 4-4-4 "一带一路"各沿线国家介数

国家	介数	国家	介数	国家	介数
俄罗斯	1164 904.3	沙特阿拉伯	5384.3	老挝	155.5
中国	784 979.8	尼泊尔	3365.5	孟加拉国	140.0
印度尼西亚	273 198.3	哈萨克斯坦	2492	克罗地亚	59.0
伊拉克	221 979.1	阿富汗	1956.333	也门	45.0
印度	221 979.1	斯里兰卡	1091.0	阿曼	17.0
伊朗	91 606.8	波兰	887.3	捷克	14.0
菲律宾	42 747.7	马尔代夫	856.0	以色列	13.0
土耳其	36 303.3	越南	532.8	阿塞拜疆	8.0

续表

国家	介数	国家	介数	国家	介数
希腊	33 135.1	罗马尼亚	430.5	保加利亚	6.0
泰国	20 311.5	乌兹别克斯坦	407.4	斯洛伐克	4.0
马来西亚	13 396.2	蒙古	283.0	爱沙尼亚	2.0
缅甸	10 986.3	土库曼斯坦	256.0	新加坡	2.0
巴基斯坦	5646.0	阿联酋	226.0	不丹	1.0

三、中国与"一带一路"沿线国家的航线连接分析

从表4-4-5中可以看出，中国与"一带一路"沿线45个国家之间已经存在连接的航线，沿线航线数有862条。但是目前仍然有一些国家与中国没有连通航线。在"一带一路"沿线中，中国与泰国的连接航线最多，有214条；其次是俄罗斯，有114条。对中国与沿线国家连接航线数进行取平均数分析，取得平均数13，说明中国平均与每个沿线国家有13条航线连接。因此对与中国连接航线数小于13的国家需要进行深度融合，这些国家分别是缅甸、马尔代夫、巴基斯坦等国，它们是未来中国在沿线网络中需要深度融合的连接对象国。

在连接的区域中，可以看出中国与东南亚区域联系较为密切，其次是中东欧区域。而西亚和中东欧等区域与中国之间依然缺少航空连接，这对"一带一路"在航空领域的推进是很大的阻碍，需要增加中国对区域的航线连接，从中国视角达到"一带一路"沿线航空网络的深度融合。

从表4-4-6可以看出，目前中国对"一带一路"沿线国家航线运输最多的是PEK机场，拥有78条"一带一路"沿线航线。其次是CAN机场58条、PVG机场47条。对连接机场进行平均数分析，平均每座机场连接11条沿线航线。因此针对航线数小于11的中国机场选择开辟新的沿线航线，如SHE机场、BAV机场、DLC等机场。中国目前拥有"一带一路"沿线航线的机场占全部机场的33%，说明国内仍有2/3的机场与"一带一路"沿线国家没有进行连接，机场之间必须通过转机才能到达，这减弱了交通运输的时效性。未来可以增加这些机场与沿线国家之间的航线数，从中国视角进行"一带一路"航空网络的深度融合。

表 4-4-5 中国至"一带一路"沿线国家的连接现状

国家	航线数	国家	航线数	国家	航线数
泰国	214	土耳其	5	阿富汗	1
俄罗斯	114	捷克	5	也门	0
越南	70	伊朗	4	亚美尼亚	0
柬埔寨	67	孟加拉国	4	叙利亚	0
马来西亚	63	吉尔吉斯斯坦	4	斯洛文尼亚	0
印度尼西亚	61	阿塞拜疆	4	斯洛伐克	0
菲律宾	44	伊拉克	3	塞浦路斯	0
新加坡	40	乌兹别克斯坦	3	摩尔多瓦	0
阿联酋	19	塔吉克斯坦	3	马其顿	0
老挝	15	以色列	2	罗马尼亚	0
印度	14	塞尔维亚	3	立陶宛	0
缅甸	12	格鲁吉亚	2	拉脱维亚	0
马尔代夫	12	波兰	2	克罗地亚	0
沙特阿拉伯	11	土库曼斯坦	2	科威特	0
哈萨克斯坦	10	匈牙利	1	黑山	0
巴基斯坦	9	希腊	1	不丹	0
斯里兰卡	7	乌克兰	1	波黑	0
蒙古	7	约旦	1	保加利亚	0
卡塔尔	7	黎巴嫩	1	巴林	0
文莱	6	白俄罗斯	1	爱沙尼亚	0
尼泊尔	6	阿曼	1		

表 4-4-6 中国机场至"一带一路"沿线国家的航线数

机场	航线数	机场	航线数	机场	航线数	机场	航线数	机场	航线数
PEK	71	TSN	19	HFE	8	NTG	4	JHG	1
CAN	58	HRB	16	DLC	7	YNT	4	JMU	1
PVG	47	TNA	16	DSN	7	BPE	3	LJG	1
KMG	46	FOC	15	KHN	7	HLD	3	LXA	1

续表

机场	航线数	机场	航线数	机场	航线数	机场	航线数	机场	航线数
CTU	38	NKG	14	KWL	7	XNN	3	LYA	1
SZX	34	NGB	13	CGQ	6	XUZ	3	LYG	1
WUH	27	TAO	12	JJN	6	ZHA	3	LZH	1
CSX	26	KWE	11	NZH	6	BHY	2	SIA	1
CKG	24	WNZ	11	SHA	6	ERL	2	TXN	1
URC	24	WUX	11	CZX	5	KHG	2	WUA	1
XIY	24	XMN	11	DAT	5	LYI	2	YIW	1
CGO	21	LHW	10	SJW	5	YCU	2	AAT	0
SYX	21	SHE	10	TYN	5	YNZ	2	ACX	0
HAK	20	INC	9	ZYI	5	YTY	2	AEB	0
HGH	20	SWA	9	HET	4	DYG	1		
NNG	19	BAV	8	HIA	4	FYJ	1		

四、国家视角下的节点相关性分析

通过节点度值之间、节点度值与簇系数之间、节点度值与介数之间的相关性来细致完整地描述航空网络的连接偏好和结构特性。选取"一带一路"沿线拥有较多机场数的国家进行相关性分析。

(一) 度度相关性分析

1. 中国

经计算,中国航空网络度值与邻域节点度值统计如表4-4-7所示。注:k为节点度值,Ak_i为邻域节点度的平均值。

表4-4-7 中国航空网络度值与邻域节点度值统计表

k	Ak_i	k	Ak_i	k	Ak_i	k	Ak_i
243	53.786 008 23	99	83.878 787 88	48	106.875	22	132.397 727 3
220	55.809 090 91	97	79.969 072 16	47	111.234 042 6	21	138.914 285 7

续表

k	Ak_i	k	Ak_i	k	Ak_i	k	Ak_i
200	56.365	96	78.083 333 33	45	116.466 666 7	20	145.05
193	59.564 766 84	95	78.915 789 47	44	110.719 697	19	128.178 947 4
191	54.397 905 76	90	84.644 444 44	43	115.372 093	18	130.166 666 7
187	57.288 770 05	89	82.988 764 04	42	113.797 619	17	150.617 647 1
177	58.632 768 36	87	43.942 528 74	41	120.134 146 3	16	130.5
167	62.143 712 57	83	88.674 698 8	40	117.283 333 3	15	144.190 476 2
159	59.515 723 27	82	84.804 878 05	39	118.923 076 9	14	139.488 095 2
147	62.493 197 28	80	84.575	38	125.578 947 4	13	141.784 615 4
138	66.043 478 26	78	90.346 153 85	37	118.468 468 5	12	146.154 761 9
137	69.452 554 74	75	70.133 333 33	35	128.914 285 7	11	133.848 484 8
136	68.705 882 35	73	93.342 465 75	34	123.117 647 1	10	141.033 333 3
135	66.281 481 48	72	96.708 333 33	33	128.136 363 6	9	178.962 963
133	69.766 917 29	70	99.528 571 43	32	132.333 333 3	8	133.6
132	70.212 121 21	67	92.552 238 81	31	117.645 161 3	7	78.040 816 33
130	69.446 153 85	65	94.892 307 69	30	131.716 666 7	6	136.625
127	69.299 212 6	62	95.282 258 06	29	130.293 103 4	5	143.6
122	72.680 327 87	60	103.283 333 3	28	125.928 571 4	4	131.1
121	75.731 404 96	59	106.440 678	27	126.592 592 6	3	112.333 333 3
119	72.268 907 56	57	106.526 315 8	26	130.259 615 4	2	132.214 285 7
118	72.694 915 25	53	106.990 566	25	124.826 666 7	1	102
110	76.818 181 82	52	109.653 846 2	24	125.116 666 7		
104	77.269 230 77	49	107.020 408 2	23	130.434 782 6		

中国航空网络的度与度关联如图 4-4-3 所示，度度相关性中，曲线斜率为 -0.4614，低于 0，呈现负关联，表示度大的节点对其他度小的节点有优先性连接倾向。节点邻点度值和度值关系散点图呈现山峰状的分布，节点邻点度值最大值为 1673.857 143，对应度值 14，说明度值在 14 附近的节点，有更多的连接，对枢纽的依赖性也更强。度大的城市与度小的城市总是有偏向性的连接。

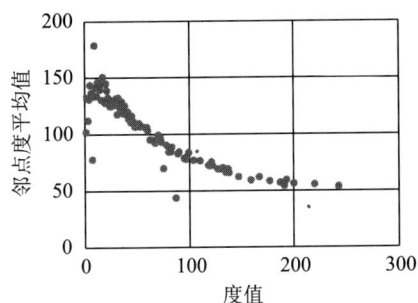

图 4-4-3　中国航空网络的度度相关性

2. 俄罗斯

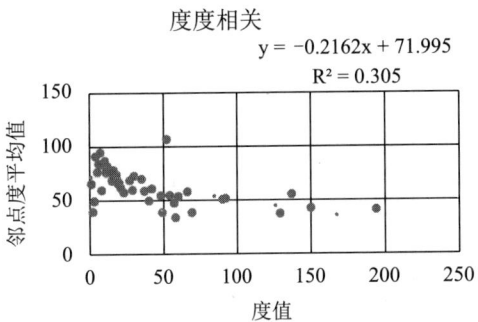

图 4-4-4　俄罗斯航空网络度度相关性

图 4-4-4 为俄罗斯航空网络的度度相关散点图，斜率为负，即网络表现为负相关。俄罗斯航空网络的大部分度值高的节点优先连接度值低的节点，但度值高的节点是少数的，因此在图上显示高度值的点和低度值的点比较分布要更加稀疏。其中围绕在直线附近分布且邻点度平均值处于顶端的节点度值约为 8，和中国的航空网络相比，节点连接数目多的机场度值更小（中国为 14）。

3. 印度

图 4-4-5 为印度航空网络的度度相关散点图，结合曲线斜率和点在散点图上的分布，印度航空网络呈现负相关，显著性水平约 0.16，表明这种相关性并不显著；换言之，低度值节点与高度值节点被选择作为两两相接节点的差异不大，它们的邻点度平均值相近。

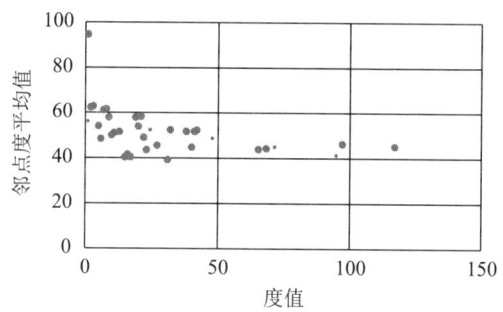

图 4-4-5　印度航空网络度度相关性

4. 印尼

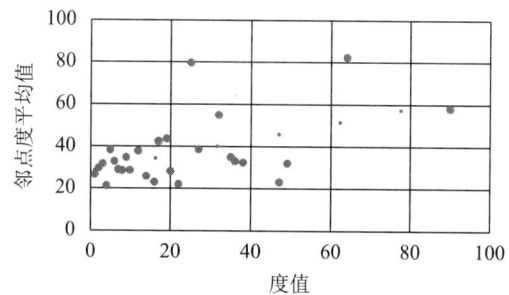

图 4-4-6　印度尼西亚航空网络度度相关性

图 4-4-6 为印度尼西亚航空网络度度相关示意图，与中国、俄罗斯、印度航空网络不一致的是，印尼航空网络表现出正相关，即高度节点彼此优先地连接。造成这样的差异与印度尼西亚的地理特征和国土疆域有关，它是世界上岛屿最多的国家，国土面积约 200 万平方千米，由于水运交通系统发达，因此在城市的航空联通之间，高度节点和低度节点相连，不能有效发挥航空运输效率。

（二）簇度相关性分析

用于衡量不同度水平节点的邻域点之间，互为直接关联的聚类程度称为簇度相关性。航空网络中的高度优势城市为了吸引更多的连接，以增强其优势地位，因此簇系数水平也会比较低。但是，对于低度劣势城市来说，部分低等级城市和中等级城市由于特殊的城市功能或区位限制而相互联系，与低等级城市偏向和高等级城市相对接、尽可能地降低运营成本也是两种常见的极端现象。

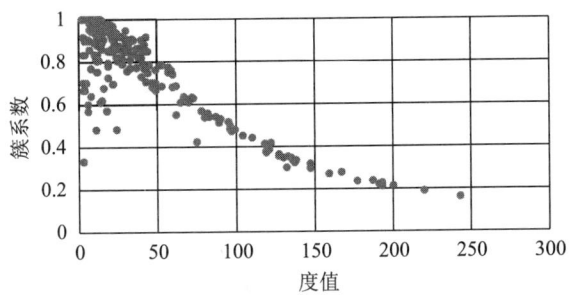

图 4-4-7　中国航空网络簇度相关性

如图 4-4-7 所示，中国航空网络的簇系数随节点的度值增大呈现下降的趋势，簇—度关系呈现负关联，即低度节点彼此存在紧密联系，高度节点的簇系数较小，有大量与其间接关联的节点。这些现象表明了在中国航空网络中，簇系数为 1 或接近 1 的节点的度也偏低，多数度值低于 50 的节点趋于集中分布并集聚成团，此类节点占总节点数的 73.97%。高度优势的枢纽节点如北京首都、广州白云、成都双流等机场，通常被低度的机场连接。

与中国相似，俄罗斯、印度航空网络簇度相关性也表现为负相关，如图 4-4-8、图 4-4-9 所示。即低度节点有更多节点与之相连，并簇拥成团，其中俄罗斯比中国的簇度相关性分布走势更为陡峭。

印尼的航空网络簇度相关性同样是呈现负相关关系，如图 4-4-10 所示，但簇度分布相比上述三个国家更加疏散，不易形成团。度小的节点同样有数量可观的节点与其间接连接。

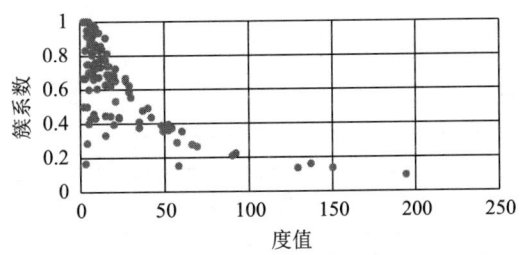

图 4-4-8　俄罗斯航空网络簇度相关性

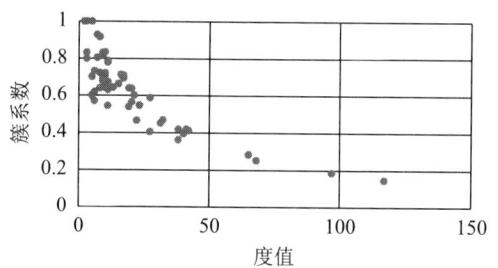

图 4-4-9　印度航空网络簇度相关性

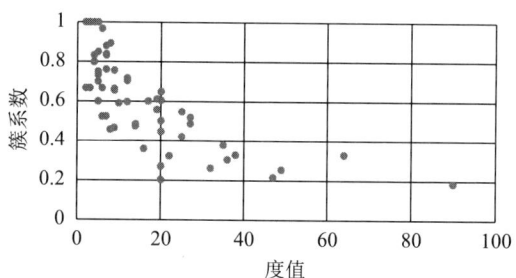

图 4-4-10　印度尼西亚航空网络簇度相关性

（三）介度相关性分析

中国航空网络节点的介度相关性呈现出正相关关系，如图 4-4-11。高介数和高度值的通航机场主要聚集在首都、国际都市、省会城市或直辖市，例如"北京首都机场"的介数和度值均排在第一位，在面向"一带一路"航空网络联通时，该机场是发挥重要作用的门户机场，此外，西北地区的乌鲁木齐，不仅是联通新疆地区与其他地区的枢纽，在"一带一路"中也发挥着重要作用。

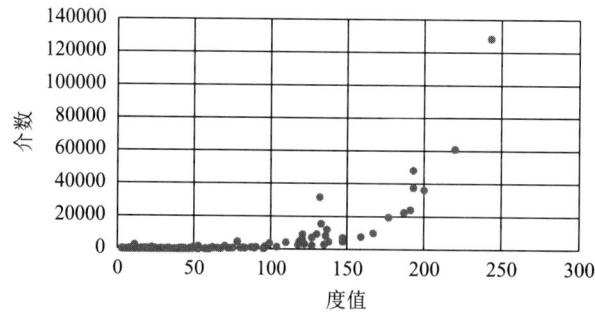

图 4-4-11　中国航空网络介度相关性

和中国相同，俄罗斯、印度和印尼航空网络的介度关系，都呈现正相关。印度尼西亚航空网络介度相关性较差，表明大多数节点不符合度值高介数就高的规律。例如，印度尼西亚的雅加达机场的介数仅次于北京首都机场、俄罗斯莫斯科机场，但度值仅有 90。

第五节 区域视角下"一带一路"航空网络结构研究

一、区域板块机场及航线统计

"一带一路"的地理区域范围划分为东北亚、东南亚、西亚/北非、中亚、南亚、中东欧这 6 个板块。各区域机场及航线数量如表 4-5-1 所示。

表 4-5-1 不同区域机场与航线数量统计

区域	机场数	国家数	航线数
东北亚	395	3	12 269
西亚/北非	203	18	3198
东南亚	283	10	2961
南亚	165	7	1779
中东欧	125	21	1682
中亚	47	4	579

如表 4-5-1 所示，航线数量最多的板块位于东北亚，达 12 269 条，其中只有 3 个国家；其次是西亚/北非，有 3198 条航线，比东北亚少了近乎 3/4 倍；东南亚板块 10 个国家的航线总和排第三，有 2961 条；南亚板块有 7 个国家，165 个机场，1779 条航线；中东欧的国家数量和机场数量接近南亚，但航线数量比南亚少 97 条；机场和航线最少的板块属于中亚板块，只有 47 个机场和 579 条航线。板块内的机场数量和航线数量密切相关，几乎是机场越多航线就越多（除西亚/北非和东南亚），而板块内国家数量的多少和航线数量无关，如东北亚，国家数量最少，但航线数最多。

二、东南亚地区连接状况分析

东南亚地区是"一带一路"中拥有机场数最多区域。计算得出:东南亚网络平均路径长度值为2.827,相比"一带一路"网络有着较好的网络紧密度。网络的平均聚类系数值为0.755,东南亚网络表现出很强的紧密度和聚集性。

东南亚机场中度值最大的是泰国的BKK机场,度值第二大的是新加坡的SIN机场;而印度尼西亚的CGK机场拥有东南亚网络中最大的介数值,菲律宾的MNL机场拥有第二大的介数值。这些机场在东南亚网络中都具有很强的影响力。从表4-5-2可以看出东南亚类似的重要机场还有:马来西亚的KUL机场、缅甸的RGN机场、越南的SGN机场和泰国的DMK等机场。

东南亚对其他航线网络的航线数一共有318条。从表4-5-2可以看出泰国在对其他航线网络的连接中最突出的,其次是印度尼西亚、马来西亚和新加坡。这些国家承担大部分东南亚地区对沿线其他地区的多数航线连接。而柬埔寨、文莱、老挝等国在对沿线航线网络的连接上较弱。特别是老挝的国家机场,在"一带一路"沿线航空运输中局限于东南亚地区,而对沿线其他地区没有连接的航线;菲律宾、印度尼西亚、越南、缅甸等国家在对其他航线网络连接航线数上明显小于平均值。未来需要针对这些与沿线其他航线网络的连接航线较少的国家,进行区域上的深度融合。

表4-5-2 东南亚网络中的重要机场

机场	介数	度值	所在国家	机场	介数	度值	所在国家
CGK	83	34 124.136 72	印度尼西亚	UPG	49	9423.383 789	印度尼西亚
MNL	68	22 874.166 02	菲律宾	SUB	51	8040.692 871	印度尼西亚
SIN	97	20 128.783 2	新加坡	MYY	21	7385.958 008	马来西亚
KUL	90	19 740.230 47	马来西亚	BKI	42	7384.548 828	马来西亚
RGN	43	17 474	缅甸	KOE	22	6858.246 094	印度尼西亚
DMK	89	17 299.984 38	泰国	KNO	32	5805.406 25	印度尼西亚
DPS	61	14 504.412 11	印度尼西亚	SGN	45	5496.450 195	越南
BKK	101	11 585.629 88	泰国	CNX	47	4554.573 242	泰国
CEB	48	11 082.415 04	菲律宾	MDC	33	9915.961 914	印度尼西亚

三、南亚地区航线网络的连接状况分析

南亚区域属于"一带一路"沿线中经济较为落后的区域,它的网络平均路径长度为2.848,平均聚类系数值为0.733,有较短的网络衔接长度和较强的网络聚集性,航空网络呈现小世界网络特征。

南亚网络中度值最大的机场是印度的DEL机场,也是网络中介数最大的机场;第二大机场是印度的BOM机场;第三大机场是斯里兰卡的CMB机场。这些机场在南亚网络中都具有很强的影响力。从表4-5-3可以看出南亚类似的重要机场还有:孟加拉国的DAC机场、马尔代夫的MLE机场、巴基斯坦的KHI机场和尼泊尔的KTM等机场。

南亚对其他航线网络的航线数一共有562条。从图4-5-1可以看出,印度占超过半数,其次是巴基斯坦对沿线其他地区连接航线较多,说明该区域的对外航空运输主要依靠印度和巴基斯坦两国。南亚区域中不丹对沿线其他区域的连接最少,其他连接航线数较少的国家还有阿富汗、尼泊尔等国。

表4-5-3 南亚网络中的重要机场

机场	介数	度值	所在国家	机场	介数	度值	所在国家
DEL	12 800	78	印度	MAA	1724	47	印度
BOM	5470	63	印度	LHE	1319	16	巴基斯坦
KHI	5312	24	巴基斯坦	ISB	1242	17	巴基斯坦
CMB	5287	32	斯里兰卡	HEA	1114	9	阿富汗
KTM	5047	20	尼泊尔	PBH	1097	11	不丹
MLE	3606	21	马尔代夫	KEP	1068	4	尼泊尔
KBL	2947	15	阿富汗	COK	584	31	印度
DAC	2923	19	孟加拉国	VGA	403	12	印度
CCU	2235	51	印度	PKR	387	5	尼泊尔
BLR	1910	51	印度	TRV	314	20	印度

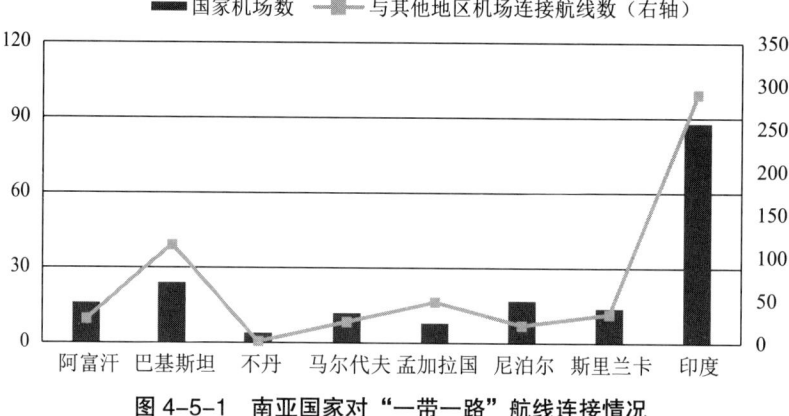

图 4-5-1　南亚国家对"一带一路"航线连接情况

四、中亚地区航线网络的连接状况分析

中亚区域是国家数最少的区域，拥有的机场数也仅有 44 个。中亚网络的平均路径长度为 2.498，平均聚类系数为 0.717，呈现小世界网络特质。

中亚网络中度值和介数值都最大的是乌兹别克斯坦的 TAS 机场，同时该机场在沿线航线网络上拥有 40 条航线，在中亚网络中具有很强的影响力。从表 4-5-4 可以看出中亚类似的重要机场还有：哈萨克斯坦的 TSE 机场、土库曼斯坦的 ASB 机场、吉尔吉斯斯坦的 FRU 机场和塔吉克斯坦的 DYU 等机场。几乎每个中亚国家都有至少一个重要的机场连接中亚和"一带一路"网络。

中亚对其他航线网络的航线数一共有 313 条。从图 4-5-2 看出，哈萨克斯坦和乌兹别克斯坦在对其他航线网络上连接航线数最多。而吉尔吉斯斯坦、塔吉克斯坦和土库曼斯坦等国，在对其他航线网络连接航线数上明显小于平均值，未来需要针对这些在沿线其他航线网络上连接航线较少的国家，进行区域上的深度融合。

表 4-5-4　中亚网络中的重要机场

机场	介数	度值	所在国家	机场	介数	度值	所在国家
ALA	811	22	哈萨克斯坦	GUW	5	8	哈萨克斯坦
TAS	676	15	乌兹别克斯坦	SCO	5	8	哈萨克斯坦
TSE	388	20	哈萨克斯坦	TAZ	4	5	土库曼斯坦

续表

机场	介数	度值	所在国家	机场	介数	度值	所在国家
ASB	369	7	土库曼斯坦	DMB	4	3	哈萨克斯坦
FRU	130	7	吉尔吉斯斯坦	UGC	3	6	乌兹别克斯坦
DYU	94	5	塔吉克斯坦	TMJ	2	6	乌兹别克斯坦
UKK	83	6	哈萨克斯坦	NCU	2	6	乌兹别克斯坦
CIT	45	10	哈萨克斯坦	KZO	2	5	哈萨克斯坦
BHK	9	8	乌兹别克斯坦	NVI	2	6	乌兹别克斯坦
KGF	6	6	哈萨克斯坦	LBD	1	4	塔吉克斯坦

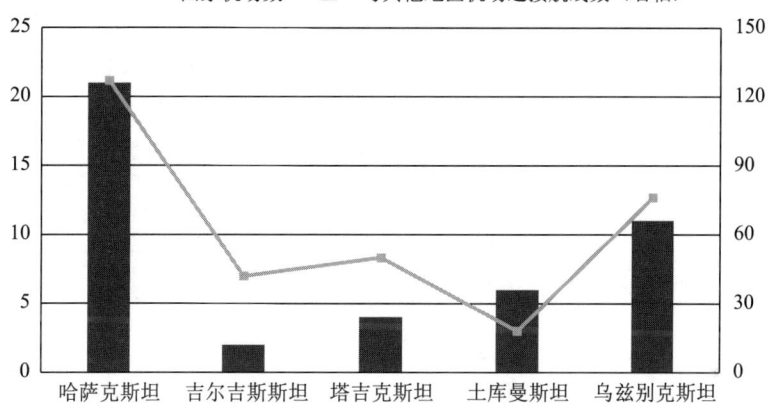

图 4-5-2 中亚国家对"一带一路"地区航线连接情况

五、西亚/北非地区航线网络的连接状况分析

西亚/北非地区是"一带一路"沿线国家数较多的区域，拥有的地区机场数有187座。它的平均路径长度为2.498，平均聚类系数为0.717，呈现小世界网络特质。

该网络中度值最大的是土耳其IST机场，对其他航线网络的航线有101条，是该地区最大的机场之一。从表4-5-5可以看出类似的重要机场还有：土耳其的AYT机场、卡塔尔的DOH机场、以色列的TLV机场、沙特阿拉伯的JED机场、科威特的KWI机场、阿曼的MCT机场、塞浦路斯的LCA机场和阿联酋的AUH等机场。

西亚/北非地区对其他航线网络的航线数一共有 1246 条，是"一带一路"中在对其他航线网络上航线数最多的区域。从图 4-5-3 可以看出其中土耳其、沙特阿拉伯和阿联酋是连接西亚对"一带一路"沿线其他航线网络的主要国家。伊朗虽然拥有较大的机场数，但是在其他航线网络连接航线数上较小。其余连接航线数较少的国家有阿曼、科威特、也门等国，它们在对其他航线网络连接航线数上明显小于平均值，未来需要针对这些在沿线其他航线网络上连接航线较少的国家，进行区域上的深度融合。

表 4-5-5 西亚/北非地区的重要机场

机场	介数	度值	所在国家	机场	介数	度值	所在国家
IST	7564	86	土耳其	MED	1351	54	沙特阿拉伯
THR	5564	59	伊朗	DOH	1250	47	卡塔尔
JED	4425	74	沙特阿拉伯	TLV	1245	17	以色列
MHD	3102	49	伊朗	SYZ	1224	38	伊朗
SAW	2998	65	土耳其	SHJ	1153	43	阿联酋
DXB	2959	58	阿联酋	KWI	1128	42	科威特
RUH	2013	44	沙特阿拉伯	MCT	962	25	阿曼
BGW	1755	42	伊拉克	IKA	881	36	伊朗
AUH	1360	30	阿联酋	AYT	764	44	土耳其
ESB	1353	53	土耳其	LCA	577	11	塞浦路斯

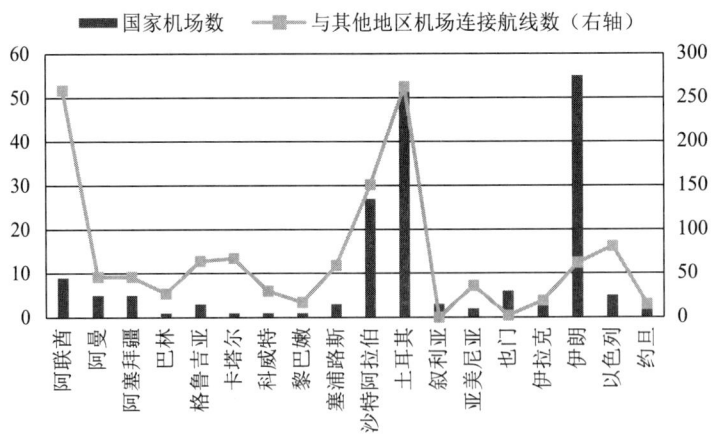

图 4-5-3 西亚/北非地区航线连接情况

六、中东欧地区航线网络的连接状况分析

中东欧地区是"一带一路"沿线国家数最多的区域，同时拥有293座机场。中东欧网络平均路径长度为2.747，平均聚类系数为0.666，网络的聚集性在各区域网络中最小，网络整体呈现小世界网络特质。

中东欧对其他航线网络的航线数一共有1016条，是"一带一路"中在其他航线网络上连接航线数第二多的区域。斯洛文尼亚、斯洛伐克、摩尔多瓦、马其顿、立陶宛、克罗地亚、黑山、波黑和爱沙尼亚等，这些国家大部分航线都仅限于中东欧区域，缺少对其他航线网络的航线连接，未来需要针对这些在沿线其他航线网络上连接航线较少的国家，进行区域上的深度融合。

参考文献

毕京浩, 张瑞, 马夏夏. 多层网络中心度在航空网络中的应用研究 [J]. 商, 2015 (03): 190-191.

曾小舟, 江可申, 程凯. 我国航空网络枢纽机场中心化水平比较分析 [J]. 系统工程, 2010, 28 (09): 39-45.

崔爱香, 傅彦, 尚明生, 等. 复杂网络局部结构的涌现: 共同邻居驱动网络演化 [J]. 物理学报, 2011, 60 (03): 809-814.

杜方叶, 王姣娥, 谢家昊, 等. "一带一路"背景下中国国际航空网络的空间格局及演变 [J]. 地理科学进展, 2019, 38 (07): 963-972.

何大韧, 刘宗华, 汪秉荣. 复杂系统与复杂网络 [M]. 北京: 高等教育出版社, 2009: 126-138.

胡一玹, 朱道立, 李阳, 等. 成本驱动的加权网络演变模型 [J]. 复杂系统与复杂性科学, 2009, 6 (02): 26-32.

黄建华, 党延忠. 复杂网络二维抗毁性测度指标及评价算法 [J]. 计算机工程, 2011, 37 (15): 63-65.

焦敬娟, 王姣娥. 海航航空网络空间复杂性及演化研究 [J]. 地理研究, 2014, 33 (05): 926-936.

金凤君, 王成金. 轴-辐侍服理念下的中国航空网络模式构筑 [J]. 地理研究, 2005 (05): 774-784.

金凤君.我国航空客流网络发展及其地域系统研究［J］.地理研究，2001（01）：31-39.

李勇，吴俊，谭跃进.容量均匀分布的物流保障网络级联失效抗毁性［J］.系统工程学报，2010，25（06）：853-860.

刘宏鲲，吕琳媛，周涛.利用链路预测推断网络演化机制［J］.中国科学（G辑：物理学 力学 天文学），2011，41（07）：816-823.

刘宏鲲，张效莉，曹崑，等.中国城市航空网络航线连接机制分析［J］.中国科学（G辑：物理学 力学 天文学），2009，39（07）：935-942.

刘宏鲲，周涛.中国城市航空网络的实证研究与分析［J］.物理学报，2007（01）：106-112.

刘卫东，Michael Dunford，高菠阳."一带一路"倡议的理论建构——从新自由主义全球化到包容性全球化［J］.地理科学进展，2017，36（11）：1321-1331.

汤国安，杨昕.ArcGIS地理信息系统空间分析实验教程［M］.北京：科学出版社，2006.

王成金，金凤君.从航空国际网络看我国对外联系的空间演变［J］.经济地理，2005（05）：667-672.

王海江，苗长虹.中国航空联系的网络结构与区域差异［J］.地理科学，2015，35（10）：1220-1229.

王姣娥，莫辉辉，金凤君.中国航空网络空间结构的复杂性［J］.地理学报，2009，64（08）：899-910.

王姣娥，王涵，焦敬娟."一带一路"与中国对外航空运输联系［J］.地理科学进展，2015，34（05）：554-562.

王林.复杂网络的SCALE-FREE性、SCALE-FREE现象及其控制［D］.西北工业大学，2006.

王文强，张千明.链路预测的网络演化模型评价方法［J］.电子科技大学学报，2011，40（02）：174-179.

王云琴.基于复杂网络理论的城市轨道交通网络连通可靠性研究［D］.北京交通大学，2008.

许晓泓.互联互通：中国民航在"一带一路"战略中的国际视野［N］.中国民航报，2015-07-01（002）.

闫玲玲，陈增强，张青.基于度和聚类系数的中国航空网络重要性节点分析［J］.智能系统学报，2016，11（05）：586-593.

姚红光.中国航空网络拓扑结构统计特征的实证研究［J］.物流技术，2015，34（13）：134-137.

张翼，陈卓，郑兴无. 中国航空运输网络的连通性与时空演化［J］. 综合运输，2019，41（07）：1-10.

赵凤彩. 航线网络经济性的探讨［J］. 中国民航学院学报，2002（02）：12-16.

卓志强，姚红光. "一带一路"沿线航空网络结构及其鲁棒性研究［J］. 物流科技，2018，41（05）：78-84.

Albert-Laszlo Barabasi, Eeic Bonabeau. Scale-Free Networks［J］. Scientific American，2003（5）：50-59.

Edgar Jimenez, João Claro, Jorge Pinho de Sousa. Spatial and Commercial Evolution of Aviation Networks: a Case Study in Mainland Portugal, Journal of Transport Geography，2012（24）：383-395.

Florian Allroggen, Michael D. Wittman, Robert Malina. How Air Transport Connects the World: a New Metric of Air Connectivity and Its Evolution Between 1990 and 2012［J］. Transportation Research Part E，2015（80）：45-53.

Héctor Rodríguez-Déniz, Pere Suau-Sanchez, Augusto Voltes-Dorta. Classifying Airports According to Their Hub Dimensions: an Application to the US Domestic Network, Journal of Transport Geography，2013（33）：188-195.

Guimerá R, Amaral L A N. Modeling the World-wide Airport Network［J］. The European Physical Journal B，2004（2）：381–385.

Max Z. Li, Megan S. Ryerson, Hamsa Balakrishnan. Topological Data Analysis for Aviation Applications, Transportation Research Part E: Logistics and Transportation Review，2019（128），Pages 149-174.

Cheung T, Wong C, Zhang A. The Evolution of Aviation Network: Global Airport Connectivity Index 2006–2016, Transportation Research Part E: Logistics and Transportation Review，2020（133）：101826.

第五章 "海上丝绸之路"远洋航运网络结构特征研究

"海上丝绸之路"倡议在广袤的空间上构建起全球经贸联系的大格局,作为货运运输的主力军,航运业迎来了历史性的大机遇。航运业应充分发挥自身特点,在海上丝路构建过程中发挥先导作用,带动其他行业的合作与发展,共同服务于海上丝路的建设。

亚欧航线是世界三大主要航线之一,是海上丝路的构建基础。作为亚欧航线繁荣的东部起点,中国具有先发优势。近年来,一方面,海上丝路沿线国家和地区之间的贸易额度在逐年提升;另一方面航运基础设施落后,且沿线国家或地区间缺乏合作,国际航运管理和有关标准不统一制约了航运业的进一步增长。

航运业的发展离不开港口的支撑,港口是现阶段"海上丝绸之路"沿线航运业发展的重点。只有以沿线港口为节点,完善基础设施建设,优化航线布局,形成一张互联互通的航运网络,从而有效降低运输成本,才能促进沿线经贸的进一步繁荣,实现"海上丝绸之路"战略的伟大目标。鉴于上述原因,本章将继续应用复杂网络分析技术对"海上丝绸之路"远洋航运网络结构特征进行深入研究。

第一节 "海上丝绸之路"沿线远洋航运网络的建立

"海上丝绸之路"沿线远洋航运网络是以港口为节点、航线为边形成的网络结构,以往对于网络结构的研究,都是把港口之间的航线连接关系进行"0-1"二值化处理,这种研究方法忽视运量大小对网络特征的影响。因此为了更准确地测度出"海上丝绸之路"沿线远洋航运网络的结构特征,本文以复杂网络理论为基础,以航班数量为权重对航线网络进行了加权处理,以便能够更精细地刻画网络结构。

一、"海上丝绸之路"沿线远洋航运网络数据采集

共采集到"海上丝绸之路"沿线 47 个国家 124 个港口间远洋航线 6871 条,15 622 班,具体国家及港口构成如表 5-1-1 所示。

表 5-1-1 "海上丝绸之路"沿线国家及港口

国家	主要港口
中国	上海、宁波、青岛、深圳、天津、厦门、大连、唐山、秦皇岛、营口、广州
俄罗斯	加里宁格勒、科尔萨科夫、新罗西斯克、符拉迪沃斯托克
新加坡	新加坡
印度尼西亚	勿拉湾、雅加达、三宝垄、巴厘巴板、泗水、巨港
马来西亚	民都鲁、哥打基纳巴卢、关丹、古晋、巴西古当、槟城、丹戎帕拉帕斯
泰国	曼谷、林查班、宋卡
越南	海防、头顿
菲律宾	八打雁、卡加延德奥罗、宿务、达沃、桑托斯将军城、马尼拉
柬埔寨	金边、西哈努克
缅甸	仰光

续表

国家	主要港口
文莱	麻拉港、白拉奕、斯里巴加湾港
东帝汶	帝力
印度	科钦、钦奈、达曼、霍尔迪亚、坎德拉、蒙德拉
巴基斯坦	卡西姆港
斯里兰卡	科伦坡
孟加拉国	吉大港、达卡
马尔代夫	马累
阿联酋	阿布扎比、阿治曼、杰贝阿里港、沙迦、乌姆盖万、哈伊马角
科威特	科威特
土耳其	阿利亚加、阿姆巴利港、安塔利亚、亚细亚港、艾维亚普港、盖布泽、盖姆利克
卡塔尔	多哈、哈马德港
阿曼	塞拉莱、索哈港
黎巴嫩	贝鲁特
沙特阿拉伯	达曼、吉达、朱拜勒、利雅得
巴林	巴林
以色列	阿什杜德、海法
也门	亚丁、穆卡拉
埃及	亚历山大、塞得港、狄克拉港
伊朗	阿巴斯港、布什尔、基什岛、格什姆岛
约旦	亚喀巴、安曼
叙利亚	拉塔基亚、塔尔图斯
伊拉克	巴士拉
格鲁吉亚	巴塔米、波季
亚美尼亚	埃里温
波兰	格但斯克、什切青、格丁尼亚
阿尔巴尼亚	都拉斯
爱沙尼亚	帕尔努、塔林

续表

国家	主要港口
立陶宛	克莱佩达、考纳斯
保加利亚	布尔加斯、瓦尔纳
罗马尼亚	康斯坦察、布加勒斯特
克罗地亚	普洛切、里耶卡、斯普利特
拉脱维亚	里加
波黑	萨拉热窝、泽尼察
黑山	巴尔
乌克兰	别尔迪扬斯克、基辅
白俄罗斯	明斯克
摩尔多瓦	基希讷乌

二、数据统计周期的确定

对于班轮公司来说，在进行航班安排时会保证每周的航班基本相同，因此可用一周为计时单位；然而在不定期船市场，其航班往往根据货运需求进行安排，因此，需要收集较长周期的数据，如月度数据或季度数据，统计数据的工作量较大。

通过分析周班数据与月班数据之间的相关关系，可以得出以周班数据进行网络结构分析时的准确性。随机选取101组港口对之间，自2019年5月6日（星期一）起连续七周的航班量进行相关性分析和独立样本t检验。如表5-1-2、表5-1-3所示。

表5-1-2 周班数量与月份数量的相关性检验结果

	第一周	第二周	第三周	第四周	第五周	第六周	第七周
皮尔逊系数	0.918**	0.923**	0.944**	0.914**	0.939**	0.946**	0.914**
均值	1.337	1.505	1.495	1.396	1.376	1.455	1.446
标准差	1.8508	1.8635	1.932	1.744	1.7484	2.0225	1.7577

表 5-1-3　独立样本 t 检验摘要表

比较	假设方差	F	Sig.	t	df	Sig.（双侧）	均值差值	标准误差值
第一周与对应月	相等	.586	.445	−.372	200	.710	−.093 352 19	.251 003 88
	不相等			−.372	198.832	.710	−.093 352 19	.251 003 88
第二周与对应月	相等	.930	.336	.298	200	.766	.074 964 64	.251 927 78
	不相等			.298	198.618	.766	.074 964 64	.251 927 78
第三周与对应月	相等	.444	.506	.253	200	.800	.065 063 65	.256 986 12
	不相等			.253	197.201	.800	.065 063 65	.256 986 12
第四周与对应月	相等	.491	.484	−.140	200	.889	−.033 946 25	.243 313 29
	不相等			−.140	199.940	.889	−.033 946 25	.243 313 29
第五周与对应月	相等	.681	.410	−.221	200	.826	−.053 748 23	.243 627 35
	不相等			−.221	199.921	.826	−.053 748 23	.243 627 35
第六周与对应月	相等	.765	.383	.097	200	.923	.025 459 69	.263 792 75
	不相等			.097	194.761	.923	.025 459 69	.263 792 75
第七周与对应月	相等	.541	.463	.064	200	.949	.015 558 70	.244 286 35
	不相等			.064	199.873	.949	.015 558 70	.244 286 35

其中，表 5-1-2 显示月合计变量与每周变量的皮尔逊相关系数在 0.914~0.946，呈高度相关，其中相关系数最高的变量是第六周和第三周，分别为 0.946 和 0.944。

表 5-1-3 独立样本 t 检验中每周变量与月平均变量的方差不存在显著区别，且 t 检验显示 P 值（表中的 sig）介于 0.064~0.37，均远大于 0.05，故可以认为每周变量与月平均变量的区别不显著，其中与月平均变量相比 t 值最小的是第七周和第六周，t 值分别为 0.064 和 0.097，综合相关系数和 t 检验可以认为：采用一周的数据代替一月的数据在统计上是可行的，且大幅度减少了数据采集工作。

三、临界矩阵的建立

对所搜集的数据进行处理，建立"海上丝绸之路"沿线远洋航运网络的邻接矩阵和加权矩阵。邻接矩阵是在对网络进行分析时最常使用的一种数据形式，它是方阵形式的一种矩阵，行和列都代表完全相同的网络节点，一般行为出发点，列为到达点并且行和列排列的次序一致，矩阵中的要素代表节点之间的关系。

（一）邻接矩阵

以124座港口城市作为矩阵的行和列，当两个港口之间存在航线，则矩阵元素a_{ij}=1，否则aij=0，记为邻接矩阵A。

（二）加权矩阵

以124座港口分别作为矩阵的行和列，以2019年5月6日至5月12日一周的航班数量作为矩阵元素，建立可反映"海上丝绸之路"沿线远洋航运网络运输服务能力的邻接矩阵，记为邻接矩阵B。

第二节 "海上丝绸之路"远洋航运网络结构特征分析

一、度及度分布

（一）节点的度值

借助复杂网络专业分析软件Ucinet，利用邻接矩阵A，计算出"海上丝绸之路"远洋航运网络中各节点的度值，其中城市节点度值排名前20位的见表5-2-1。

表5-2-1 "海上丝绸之路"远洋航运网络主要港口度值表（部分）

序号	城市名	度值	序号	城市名	度值
1	霍尔迪亚	166	11	盖姆利克	104
2	新加坡	115	12	沙迦	103

续表

序号	城市名	度值	序号	城市名	度值
3	塞拉莱	111	13	亚喀巴	103
4	科伦坡	111	14	阿治曼	102
5	科钦	111	15	新罗西斯克	101
6	杰贝阿里	109	16	都拉斯	100
7	索哈	108	17	曼谷	100
8	广州	107	18	林查班	99
9	阿布扎比	106	19	蒙德拉	99
10	上海	105	20	亚历山大	98

从"海上丝绸之路"远洋航运网络整体的角度进性分析，网络节点的平均度是55.41，该值显示出任一通航港口平均与55个港口之间有直达的航班，该数值远高于航空网络，表明"海上丝绸之路"远洋航运网络中各港口间具有紧密的联系；网络中有90个节点的度值大于平均度值，占网络节点总数的72.58%，表明大多数港口都在本国国际货物运输中发挥着重要作用；小于平均度值的港口仅有34个节点的度值，占网络节点总数的27.42%，由"海上丝绸之路"远洋航运网络节点度值的分布相对均衡。其中度值排名前10的港口中，南亚地区有三个，分别是霍尔迪亚、科伦坡、科钦；西亚有四个，分别是塞拉莱、杰贝阿里、索哈、阿布扎比；东南亚地区的是新加坡港；中国广州港与上海港进入前10位。从"海上丝绸之路"远洋航运网络中港口的度值排序情况可以看出，地理位置对于港口度值具有较大的影响，南亚与西亚位于"海上丝绸之路"的中部，是连接东亚、东南亚与中东欧的桥梁，所以该地区的港口普遍具有较高的度值。

借助复杂网络专业分析软件Ucinet，利用邻接矩阵B，可计算出网络中各节点的加权度值，即节点的点强度，该值是代表港口吞吐能力的重要指标。点强度值排名前20位的城市见表5-2-2。

表 5-2-2 "海上丝绸之路"远洋航运网络主要港口点强度表（部分）

序号	城市名	点强度	序号	城市名	点强度
1	上海	560	11	蒙德拉	305
2	霍尔迪亚	529	12	杰贝阿里	301
3	阿治曼	484	13	亚历山大	301
4	广州	451	14	厦门	296
5	新加坡	398	15	塞拉莱	288
6	深圳	369	16	宁波	287
7	青岛	368	17	大连	284
8	科钦	355	18	加里宁格勒	276
9	塔林	332	19	都拉斯	274
10	塞得港	314	20	阿布扎比	270

从表 5-2-2 可看出，在前 20 位的港口中，中国共有七个港口上榜，不仅表明我国具有领先的航运能力，也进一步说明我国是"海上丝绸之路"沿线国际贸易大国，港口的航运吞吐量巨大。

（二）节点的度分布

节点的度分布 $P(k)$ 指的是网络中任意一个节点度值为 k 的概率。Barabási 和 Albert 最先指出"度值分布是否符合幂律分布"是判断网络是否具有"无标度"属性的关键，无标度网络中节点的度值与节点度值排序在双对数坐标下呈"双截尾幂律分布"。关于双截尾幂律分布的数学解析和物理意义参考 Reed 的相关文献，本文不再赘述。

网络的度分布可以用幂律分布形式 $P(k) \propto k^{-\gamma}$ 来描述。为研究方便，常用累积度分布函数来反映度分布情况。累积度分布函数表示的是度值不小于 k 的节点的概率分布。

如果度分布为幂律分布，即 $P(k) \propto k^{-\gamma}$，那么累积度分布函数符合幂指数为 $\gamma-1$ 的幂律，如式（5-1）所示。其中 γ 又称为度分布指数，γ 值越小，网络中节点的度值差异越大，网络的无标度属性越强。在双对数坐标系下，幂律分布对应一条直线。

$$P(k) = \alpha \sum_{k'=k}^{\infty} k'^{-\gamma} = \alpha k^{-(\gamma-1)} \tag{5-1}$$

根据已计算出的港口度值,"海上丝绸之路"远洋航运网络中港口度值在双对数坐标中的分布。如图 5-2-1 所示。

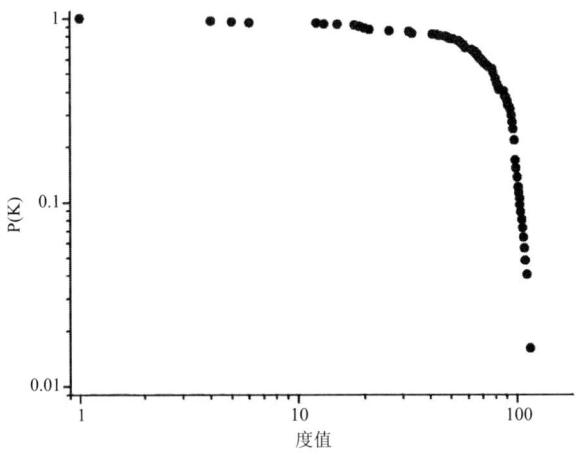

图 5-2-1 "海上丝绸之路"远洋航运网络中港口度分布(双对数坐标)

从图 5-2-1 中可以看出,在双对数坐标系下,"海上丝绸之路"远洋航运网络中港口度值的累计概率分布呈现一条折线,表明港口度分布情况不服从幂律分布,进而说明"海上丝绸之路"远洋航运网络不具有显著的无标度属性,这是与航空运输网络的显著差异。

二、聚集系数

网络簇系数在"海上丝绸之路"远洋航运网络中代表通航港口与相邻节点之间所形成网络的平均聚集程度。

借助复杂网络专业分析软件 Ucinet,利用邻接矩阵 A,计算得出中国城市航空网络的簇系数为 0.635,说明"海上丝绸之路"远洋航运网络的集聚程度较高。各港口聚集系数分布如图 5-2-2 所示。

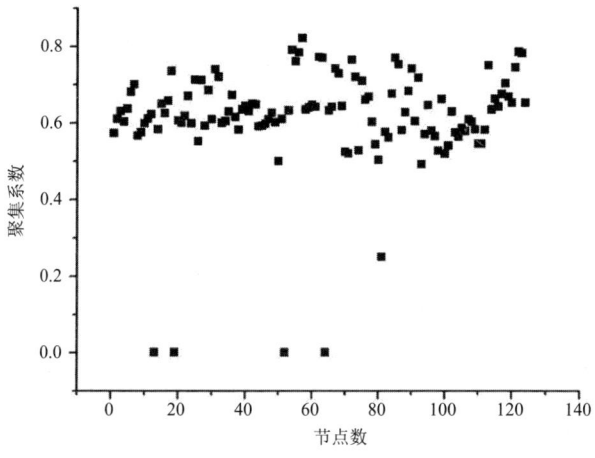

图 5-2-2 各港口聚集系数分布

从图 5-2-2 中可以看出：各港口的聚集系数主要分布在 0.5~0.8，该区间以外的节点数量很少，表明"海上丝绸之路"远洋航运网络中绝大多数港口都与其他港口建立有比较紧密的货物运输联系；聚集系数整体上差异不大也表明，在"海上丝绸之路"中，尚无明显具有显著枢纽地位的港口出现。其中，我国上海港，在世界三大航圈中发挥着亚太枢纽港的地位，而在"海上丝绸之路"远洋航运网络中的上海港的聚集系数为 0.636，仅稍高于平均值，反映出上海港参与"海上丝绸之路"程度与其在世界航运舞台上的地位尚存在较大差异，尚有较大的提升空间。

三、平均最短路径长度

借助 Ucinet，利用邻接矩阵 A，可计算得出"海上丝绸之路"远洋航运网络的平均最短路径长度为 1.608，该数值表示从每一个通航港口出发，平均仅需 1.608 次中转便可抵达其他通航港口，网络中各港口之间的联通状况如表 5-2-3 所示。

表 5-2-3 "海上丝绸之路"远洋航运网络中各港口间的短路径长度

最短路径长度	路径数量	所占比例
1	6659	0.437
2	7914	0.519

续表

最短路径长度	路径数量	所占比例
3	671	0.044
4	8	0.001

从表 5-2-3 中可以看出,"海上丝绸之路"远洋航运网络的便捷程度较高,43.7% 的港口对都可以实现直达,需要中转两次的港口对数量极少,仅占 4.5%。上述特点表明"海上丝绸之路"远洋航运网络中任意两个通航港口之间的分离程度较小,节点间联系紧密,整个网络的货物运输效率较高。

四、介数

介数指的是一个结点担任其他两个结点之间最短路径的桥梁的次数。一个结点充当"中介"的次数越高,表明它对网络的影响和控制能力越强,它的介数值就越大。

借助 Ucinet,利用邻接矩阵 A,可计算得到"海上丝绸之路"远洋航运网络的介数值,部分主要通航港口介数值见表 5-2-4。

表 5-2-4 "海上丝绸之路"远洋航运网络主要港口介数值表(部分)

序号	港口	介数	序号	港口	介数
1	塞拉莱	671.1737	11	都拉斯	194.1385
2	索哈	661.1498	12	加里宁格勒	174.4169
3	广州	611.1508	13	多哈	164.7668
4	科钦	306.2488	14	塔林	159.9563
5	盖姆利克	277.2943	15	勿拉湾	143.1827
6	阿姆巴利	274.5535	16	蒙德拉	141.6281
7	曼谷	232.9278	17	亚历山大	126.893
8	霍尔迪亚	231.7104	18	海防港	126.2926
9	林查班	228.2841	19	杰贝阿里	124.9173
10	亚喀巴	198.8963	20	瓦尔纳	124.5428

各港口介数分布如图 5-2-3 所示。

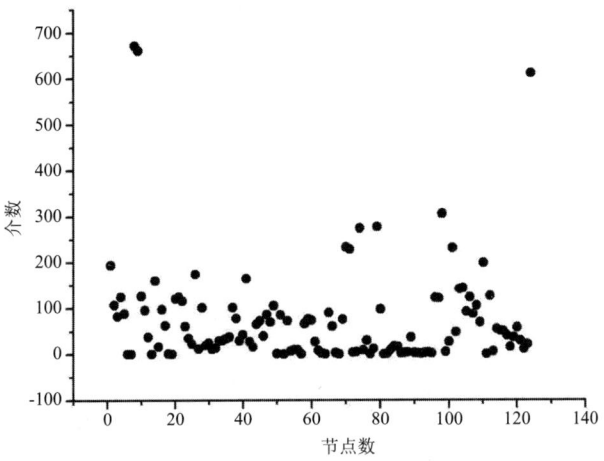

图 5-2-3　各港口介数分布

从表中的数据看来,中国城市航空网络所包含的 124 座港口节点的介数值有显著差别,介数值排在第一位的塞拉莱,其介数值达到 671.17,大部分港口介数在(0,150)区间内;均值为 74.847,仅 43 个港口介数超过均值,占 34.68%;通过观察表 5-2-4 可知,地理位置对港口介数产生较大影响。

五、特征参数的相关性研究

网络节点的度、点强度、聚集系数、介数等结构特征参数,从不同侧面揭示了网络特征,研究这些特征参数之间的相关性,能揭示这些特征参数的相互影响情况。

根据"海上丝绸之路"远洋航运网络各港口的度、点强度、聚集系数、介数,进行相关性分析,计算两两之间的皮尔逊相关系数,如表 5-2-5 所示。

表 5-2-5　节点特征参数的皮尔逊相关系数

		介数	聚集系数	点强度	度
介数	皮尔逊相关性	1	-.099	.515**	.560**
	显著性(双尾)		.276	.000	.000
	个案数	124	124	124	124

续表

		介数	聚集系数	点强度	度
聚集系数	皮尔逊相关性	-.099	1	.178*	.255**
	显著性（双尾）	.276		.048	.004
	个案数	124	124	124	124
点强度	皮尔逊相关性	.515**	.178*	1	.863**
	显著性（双尾）	.000	.048		.000
	个案数	124	124	124	124
度	皮尔逊相关性	.560**	.255**	.863**	1
	显著性（双尾）	.000	.004	.000	
	个案数	124	124	124	124

**. 在 0.01 级别（双尾），相关性显著。
*. 在 0.05 级别（双尾），相关性显著。

从表 5-2-5 可知，"度—点强度"之间的相关性较高，其皮尔逊系数达到 0.863，表明拥有较多条航线的港口，其每周运输班次也相对较多；此外，"度—介数""点强度—介数"的皮尔逊系数都在 0.5 以上，具有较显著的关系。港口的聚集系数与度、点强度和介数的相关程度都不高，表明彼此之间关联不大。

第三节 "海上丝绸之路"远洋航运网络的可靠性研究

远洋航运在"海上丝绸之路"沿线国家间国际贸易中发挥着重要的作用，完成了约 70% 的货物运输。然而，远洋航运也是一种易受外界影响的运输方式，安全因素、政治因素、气象因素都会对远洋运输系统造成影响，导致航班延误或取消。此外，在远洋航运网络中，一个或少数几个港口出现问题，会通过网络间的偶合关系影响其他港口，并导致连锁反应。当前，"海上丝绸之路"

沿线政治安全形势总体稳定，但不稳定因素仍时有发生。因此，研究"海上丝绸之路"远洋航运网络的可靠性对于预防航运网络遭到攻击与破坏、提高网络可靠性、提升运输效率都具有极其重要的意义。

一、远洋航运网络可靠性的内涵与意义

（一）远洋航运网络可靠性的内涵分析

可靠性，一般是指在规定条件、时间内，完成所规定任务的能力。值得注意的是，定义中提出的关于可靠性的三个基本要素：规定条件、规定时间和规定任务。远洋航运网络的可靠性，指的是远洋航运系统在正常情况以及紧急情况下所具备的应变能力和承受能力，即能够保证在自然灾害、安全事件、政治环境变化时，网络可以接受货物运输服务水平的能力。

尽管远洋航运网络的可靠性可以表现在多个方面，但是可将其大致总结为两个方面：网络生存性和网络抗毁性。具体来讲，网络生存性指的是在随机攻击情况下远洋航运网络的可靠性；它假设破坏者并不了解网络的具体信息，以随机概率破坏网络。对于生存性较强的网络来说，其大部分节点的度均较小，故而以随机概率选中的节点对于整个网络的可靠性影响不会太大；网络抗毁性描述的是在一定攻击策略的破坏作用下，远洋航运网络的可靠性。它假设了破坏者实施的是有预谋、有方向的破坏策略。增强抗毁性，必然可以有效地避免因各种意外事件所造成的空中交通网络大面积瘫痪事件的发生。

（二）可靠性研究对于远洋航运网络整体性研究的作用与意义

远洋航运在实现国家间经贸发展方面发挥着重要的作用，然而它极易受外界因素的影响，对可靠性的要求较高。在远洋航运网络中，任意一个或几个节点发生故障很可能会导致网络部分功能甚至全部功能的丧失。

然而针对不同的节点组合，远洋航运网络的可靠性会表现出很大的差异性和一系列复杂的变化规律。分析网络的可靠性，一方面有助于运用复杂网络理论更加深入地从宏观了解"海上丝绸之路"远洋航运网络的整个拓扑结构和特征；另一方面，能够帮助发现"海上丝绸之路"远洋航运网络中的重要节点和

薄弱环节，在实际运行中对这些重要节点进行有效保护，避免其因遭受外界干扰而影响整个网络功能的发挥，最终目的在于保证"海上丝绸之路"远洋航运安全高效地进行，促进沿线经贸发展。

二、远洋航运网络可靠性的评判指标确定

（一）评判指标选择的原则

远洋航运网络可靠性指标的选取应按照以下原则进行：

1. 可测性

可测性即指标可以通过量化计算得出，具备可操作性。

2. 客观性

客观性是指指标能够真实准确地反映出远洋航运网络可靠性的某一特性。

3. 一致性

在选取指标时，要注意保持指标分析目标一致，指标间互相不矛盾。

4. 完备性

完备性是指影响远洋航运网络可靠性的所有指标都应该尽量包含在内。

（二）远洋航运网络功能可靠性的评价指标确定

网络的可靠性对于网络在传输过程中的效率有着直接的影响，在衡量网络受到干扰后所产生的影响时，一般会用某些网络结构指标（如全网效能、连通系数、平均最短路径比、平均聚集系数比、介数等），并且通过这些指标值研究网络的可靠性。

远洋航运网络可靠性一般用"去除节点数占原航空网络总节点数的比例 f"与"最大连通子图的相对大小 s""平均最短路径长度 l"之间的关系来度量。

网络的功能和效率衡量是远洋航运网络的两个重要标准，应从远洋航运网络功能和效率两个方面着手研究可靠性的具体特征。

1. 远洋航运网络功能可靠性的评价指标

远洋航运网络功能可靠性是指远洋航运网络特定的服务功能对去除一定数量的节点后的可靠程度。

研究发现，随着 f 值的增大，l 值通常会呈现出先变大后变小的趋势。因而，可以将网络最短平均路径长度达到峰值时的 f_c 作为远洋航运网络功能可靠性的度量指标，如式（5-2）所示。该指标已被其他相关研究证明是有效且适用的。

$$f_c = \{f | \text{网络平均路径长度} l \text{达到峰值}\} \quad (5-2)$$

其中：网络功能可靠性的高低与 f_c 的值呈反比，当 f 值不变时，l 值越大的节点被隔离时，对网络可靠性所造成的影响越严重。

2. 远洋航运网络效率可靠性的评价指标

远洋航运网络效率可靠性指的是将一定数量的节点从网络中移除后，整体网络效率的可靠程度。远洋航运网络效率可靠性一般用网络中"最大联通子图的相对大小 s"作为度量标准，如式（5-3）所示。

$$s = \frac{\text{最大连通子图包含节点数}}{\text{原网络节点总数}} \quad (5-3)$$

网络效率与"最大连接子图"中所包含的节点数量呈正比关系，当其包含的节点与网络节点数相等时，网络中所有的节点相互联通。随着 f 值的增加，s 值会不断变小。当 f 值一定时，s 越大，则远洋航运网络的效率可靠性越好。

三、"海上丝绸之路"远洋航运网络可靠性分析的主要模式

"海上丝绸之路"远洋航运网络可靠性的研究是当网络中的某个节点或一部分节点被隔离时，网络抵抗故障的能力。而在网络可靠性的模拟过程中，受干扰节点以及不同的干扰形式，对远洋航运网络可靠性的影响结果可能截然不同。对"海上丝绸之路"远洋航运网络可靠性的干扰形式可以分为："独立干扰"和"持续干扰"两种模式。

"独立干扰"模式可以研究特定港口对远洋航运网络可靠性的影响。其主要思路是：根据度、介数和聚类系数等特征参数选取相关港口，并对其进行干扰令其不能发挥功能，具体表现为在网络中依次移除所选港口，观察远洋航运网络的 f、l 和 s 的值及其变化，从而得出特定港口对远洋航运网络可靠性影响的程度。

"持续干扰"模式可以研究不同的港口群体对远洋航运网络可靠性的影响。其主要思路是：根据度、介数和聚类系数等特征参数选取一定数量的港口

群体，并对其依次进行干扰令其不能发挥功能，具体表现为在网络中依次移除相应的港口，观察远洋航运网络的 f、l 和 s 的值及其变化，从而得出不同的港口群体对远洋航运网络可靠性影响的程度。"持续干扰"模式又分为"随机型干扰"和"定向型干扰"两种。"随机型干扰"即完全随机选择受干扰的港口，并删除网络中的相应的节点及其航线；"定向型干扰"则指按照某种既定的标准选择受干扰的港口，并删除网络中相应的节点及其航线。

四、"独立干扰"模式下"海上丝绸之路"远洋航运网络可靠性的仿真研究

"独立干扰"模式下远洋航运网络可靠性实质上研究的是当某一单个港口被攻击时，整个远洋航运网络的服务水平。在研究单个港口对远洋航运网络可靠性影响的仿真过程中，要求按照一定的参数排名选择节点，移除该节点后，计算网络的各个指标值 f、l 和 s，完成计算后将网络恢复原状，再进行下一个节点的移除，重复计算网络的 f、l 和 s，最终通过比较分析，得出单个港口对远洋航运网络可靠性的影响分析。

在远洋航运网络中，由于点强度与度存在较高的相关性，因此，为降低计算工作量，选取度、介数和聚类系数作为选取受干扰港口的主要依据。

（一）仿真系统设计思路

"独立干扰"模式下远洋航运网络可靠性的仿真系统设计思路是：以远洋航运网络邻接矩阵 A 为基础，分别计算出各通航港口的度、介数和聚类系数，并按由大到小排序，然后分别参照度排名、介数排名、聚类系数排名以及三者排名次序之和这四个标准作为反映通航港口重要性的判定指标，按照从大到小的次序排序，有选择地对通航港口进行攻击。按照上述步骤，依次选择节点，并在远洋航运网络邻接矩阵中删除该通航港口及其所有航线，形成新的航空邻接矩阵 A_1，然后计算 f、l 和 s 值，并分析网络的可靠性变化。具体思路如图 5-3-1 所示。

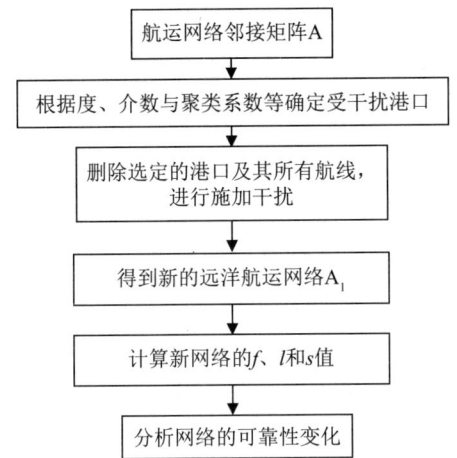

图 5-3-1 "独立干扰"模式下的仿真系统设计思路

(二)"独立干扰"模式下远洋航运网络可靠性的仿真分析

为研究单个港口对远洋航运网络可靠性的影响,分别按照度、介数和聚类系数对 124 个节点由大到小排序,按次序从中各选取 15 个港口。对所选节点依次进行仿真干扰,每次干扰将删除该通航港口的所有航线,形成新的远洋航运网络邻接矩阵,运用 Ucinet,计算该矩阵的 l、s 值,结果如图 5-3-2 所示。

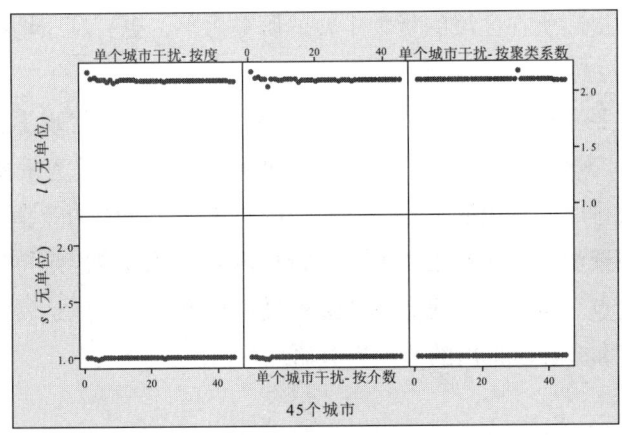

图 5-3-2 不同标准下单个节点被删除后新的远洋航运网络 l、s 值分布

单个城市对远洋航运网络可靠性影响的仿真结果,如图 5-3-2 表明:

（1）如图所示，删除任意节点后新的远洋航运网络的平均最短路径长度 l 和最大子图的相对大小 s，其平均值分别为 1.612、1.0。而原远洋航运网络的 l 值为 1.608、s 值为 1.0。删除任意节点后的新的远洋航运网络 l、s 值与原远洋航运网络 l、s 值差异很小，由此可知，远洋航运网络对单一节点港口受到干扰的情况下，具有较强的可靠性。

（2）通过仿真实验表明：新的远洋航运网络 l 值最大的五座通航港口依次为：霍尔迪亚（1.645）、塞拉莱（1.632）、索哈（1.621）、广州（1.617）、科钦（1.614），这 5 座城市在被干扰之后的 l 值与原远洋航运网络的 l 值（1.608）相差较大，说明这些城市对于远洋航运网络的便利运行有着较为重要的作用，即这些城市对于保持远洋航运网络功能的可靠性更为重要。在条件允许的情况下，缩短班次间隔、增加航班数量等措施有利于增强网络的功能可靠性。

（3）当隔离阿布扎比这一节点时，新的远洋航运网络邻接矩阵的 s 值约为 0.9754，此时 s 达到最小值。当 f 值一定时，s 越大，则远洋航运网络的效率可靠性越好。去除阿布扎比 s 值最小，说明在去除了阿布扎比之后，远洋航运网络中所有节点的连接程度最差，即远洋航运网络的效率可靠性最低。可以说阿布扎比在远洋航运网络中，为一些特定节点城市提供了与网络其他节点连通的桥梁作用。该港口对于远洋航运网络的效率可靠性具有至关重要的作用，因此升级改造该类港口的硬件设施、注重与其他运输方式的衔接、完善港口服务功能，可以有效提高所在区域的货物中转的服务水平，更有利于增强网络的效率可靠性。

（4）在按照度排序选出的节点并对其进行隔离之后，发现了霍尔迪亚、塞拉莱、索哈、广州、科钦等对于远洋航运网络功能可靠性较为重要的几个节点；而在按照介数排序所选出的节点中，得出阿布扎比对网络的效率可靠性非常重要；而对按照聚类系数所选出的节点进行攻击后，并未得出维持远洋航运网络可靠性的关键点。所以，在研究单个通航城市对整个远洋航运网络可靠性的影响时，按照度和介数所选出的节点更有研究价值。

五、"随机持续干扰"模式下"海上丝绸之路"远洋航运网络可靠性的仿真研究

(一)研究随机型干扰对远洋航运网络可靠性影响的仿真系统设计的思路

"随机持续干扰"模式,是指持续随机选择干扰的节点,每次移除远洋航运网络中的一个节点及其对应的航线,直到受干扰的节点数量达到研究要求,然后计算新网络的 f、l 和 s 值,并分析网络的可靠性变化。

"随机持续干扰"模式仿真系统主要的设计思路是:以远洋航运网络邻接矩阵 A 为基础,通过生成随机数来选定将要受干扰的节点,并在矩阵 A 中删除该节点及其所有航线,形成新的远洋航运网络邻接矩阵 A_2;重复以上步骤,直到远洋航运网络中受干扰的通航港口达到数量要求,然后计算新网络的 f、l 和 s 值,并分析网络的可靠性变化。其设计思路如图 5-3-3 所示。

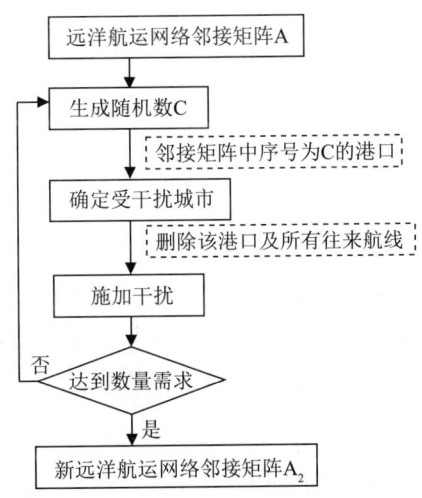

图 5-3-3 "随机持续干扰"模式仿真系统设计思路

(二)"随机持续干扰"模式对远洋航运网络可靠性影响的仿真分析

在随机干扰仿真系统中,以干扰城市依次递增的方式分别进行 124 次仿真。

第一次仿真，只干扰远洋航运网络中的一个通航港口，并得到新的远洋航运网络邻接矩阵，第2次仿真受干扰城市增加到两个，依此类推，共计进行124次仿真，得到124组邻接矩阵；并根据得到的124组邻接矩阵分别计算 f、l、s 三个参数值。

中国远洋航运网络在随机干扰系统中 f 和 l、f 和 s 变化关系，如图5-3-4所示。

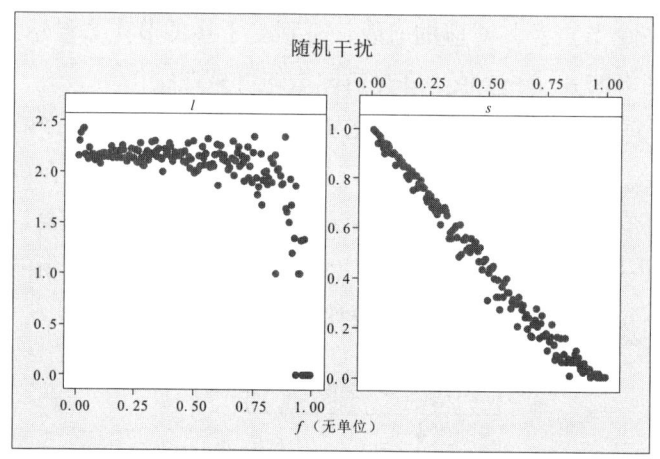

图5-3-4　随机干扰系统中 f 和 l、f 和 s 的变化关系图

从图5-3-4可以看出：

（1）在随机干扰系统中，值随着 f 的增加，l 呈现出先增加后减少的变化趋势。随着越来越多的通航城市受到影响，节点之间的连通性下降，当所有节点相互孤立时，网络中不存在连接，导致 l 值降为0。在系统面对随机干扰时 f 的峰 $f_{c1}=0.031$；当 $f<0.75$ 时，l 变化幅度较小，表明随机干扰对远洋航运网络功能可靠性影响不大。

（2）在随机干扰系统中，在 f 值接近于1，即远洋航运网络中的大部分节点都受到干扰时，s 才下降到0。这表明只有当所有通航港口在同时遭受到突发事件的影响，如大范围的恶劣天气，才有可能导致整个远洋航运网络受到严重影响。

鉴于"海上丝绸之路"航运网络分布区域广阔，所有网络节点同时受到突发事件影响的可能性较小，故可以认为"海上丝绸之路"远洋航运网络的效率对随机干扰具有较强的可靠性。

六、"定向持续干扰"模式对"海上丝绸之路"远洋航运网络可靠性影响研究

(一)"定向持续干扰"模式的仿真系统设计的思路

"定向持续干扰"模式是指根据既定的方案对远洋航运网络中的节点进行依次干扰的模式。在定向干扰型仿真系统中,将会有选择地破坏某些重要节点。在远洋航运网络中,度、介数和聚类系数是反映通航城市重要性的三个关键指标,因此需要借助这三者以作为定向干扰的依据。分别计算出各通航港口的度、介数和聚类系数,并按由大到小排序,然后分别参照度排名、介数排名、聚类系数排名以及三者排名次序之和这四个标准作为反映通航港口重要性的判定指标,按照从大到小的次序排序,分别进行四次攻击,根据计算结果以确定最终的定向干扰方式。

定向干扰型仿真系统设计的主要思路:定向干扰型仿真系统参照一定标准,有目的性地对重要通航港口进行破坏。在远洋航运网络邻接矩阵 A 中,按既定次序,依次选取节点,并在远洋航运网络邻接矩阵中删除该通航城市以及与其通航城市的所有航班,形成新的远洋航运网络邻接矩阵 A_3;重复上述步骤,直至受干扰的通航港口数量达到要求,具体思路如图5-3-5所示。

(二)"定向持续干扰"模式对远洋航运网络可靠性影响的仿真分析

1."度"值标准下的仿真分析

在按照度排序的定向干扰仿真系统中,以干扰城市依次递增的方式进行124次干扰仿真,即第一次仿真,按两种不同的干扰策略均只影响远洋航运网络中的一个通航港口,得到新的远洋航运网络邻接矩阵 Y_1,第二次仿真则将受干扰城市增加到两个,得到远洋航运网络邻接矩阵 Y_2,依此类推,共计进行124次仿真,得到124组 Y 矩阵。分别计算 f、l、s 三个参数值。如图5-3-6所示。

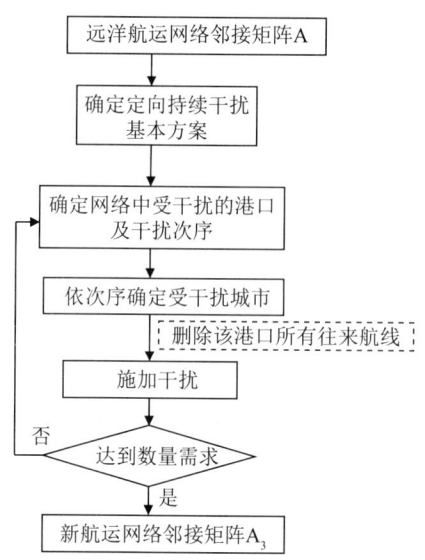

图 5-3-5 定向干扰型仿真系统设计思路

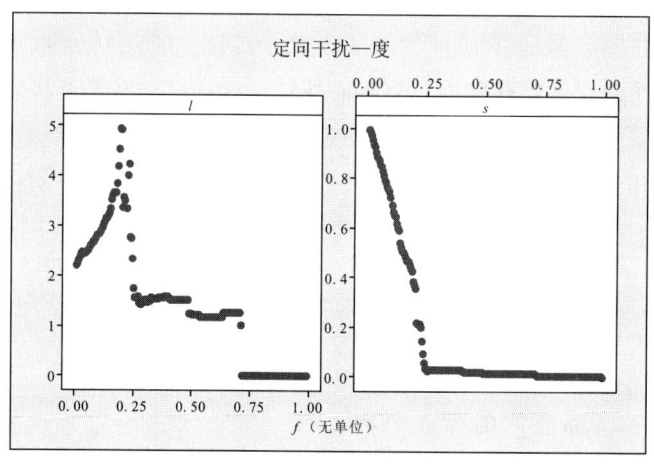

图 5-3-6 "度"值标准下 f 和 l、f 和 s 变化关系图

（1）在定向干扰型—按照度标准的仿真系统中，l 值先急剧增加，后快速降为 0，变化幅度大，说明按照度标准下的定向干扰对远洋航运网络的功能可靠性影响显著；随着越来越多的节点被干扰，节点之间的连通性逐渐下降，在被干扰的节点达到一定的数量之后，远洋航运网络中的节点相互孤立，网络中随即不存在任何连接，此时 l 值下降为 0，f =0.68；f >0.68 后，整个网络便处

于瘫痪状态。

（2）在定向干扰系统中，s 值下降快速，当 $f=0.25$ 时，s 值趋于 0，表明远洋航运网络非常容易在"度"值标准下定向持续干扰仿真中陷入瘫痪，即"度"值标准下定向持续干扰对中国远洋航运网络的效率可靠性影响较大。

2. "介数"标准下的仿真分析

在按照介数排序的定向干扰仿真系统中，以干扰港口依次递增的方式进行 124 次干扰仿真，即第一次仿真，按两种不同的干扰策略均只影响远洋航运网络中的一个通航港口，得到新的远洋航运网络邻接矩阵 Y_1，第二次仿真则将受干扰港口库增加到两个，得到远洋航运网络邻接矩阵 Y_2，依此类推，共计进行 124 次仿真，得到 124 组 Y 矩阵。分别计算 f、l、s 三个参数值。如图 5-3-7。

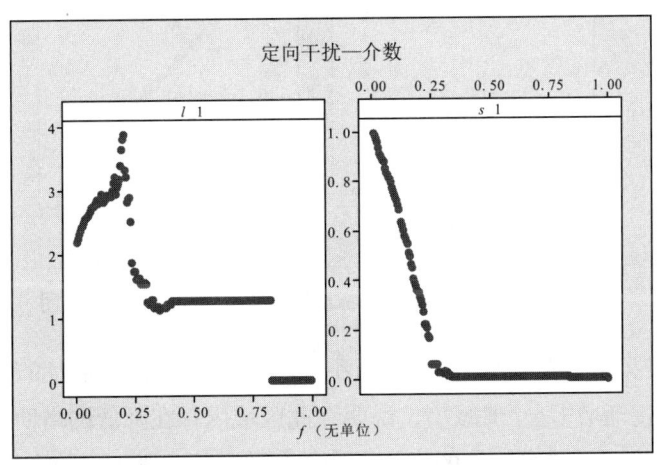

图 5-3-7 定向干扰：按照介数标准下 f 和 l、f 和 s 变化关系图

（1）"介数"标准下，l 值先增加，后降为 0，变化幅度大，说明按照介数标准的定向干扰对远洋航运网络的功能可靠性影响明显；被干扰节点数增加，节点间连通性持续下降，当 $f=0.76$ 时，l 值下降为 0，网络中随即不存在任何连接；$f>0.76$ 后，整个网络便处于瘫痪状态。

（2）"介数"标准下，s 值快速下降，当 $f=0.25$ 时，s 值趋于 0，表明远洋航运网络非常容易陷入瘫痪，即"介数"标准下定向干扰对中国远洋航运网络的效率可靠性影响较大。

3. "聚类系数"标准下的仿真分析

在按照聚类系数排序进行124次干扰仿真，即第一次仿真，按两种不同的干扰策略均只影响远洋航运网络中的一个通航港口，得到新的远洋航运网络邻接矩阵 Y_1，第二次仿真则将受干扰港口增加到两个，得到远洋航运网络邻接矩阵 Y_2，依此类推，共计进行124次仿真，得到124组 Y 矩阵。分别计算 f、l、s 三个参数值。如图 5-3-8 所示。

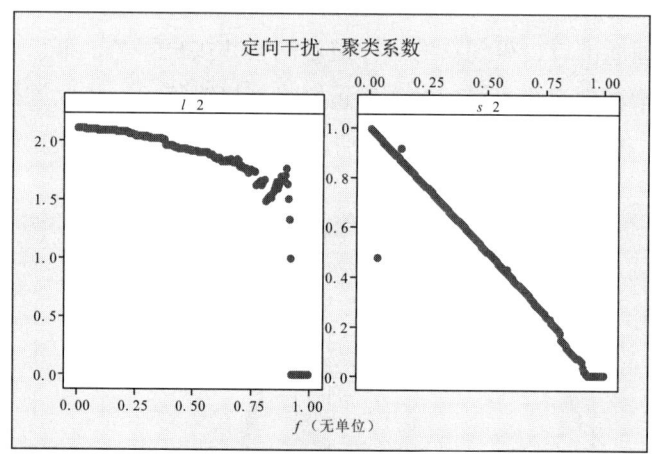

图 5-3-8 "聚类系数"标准下 f 和 l、f 和 s 变化关系图

（1）"聚类系数"标准下，l 先减小，然后增加，最后降为 0。随着被干扰节点的数量逐渐增多，l 值减小，说明在此区域内存在降低网络便利性的节点，在该节点删除后，整个网络的平均最短路径变小。而随后 l 值急剧降为 0，说明接下来被干扰的这些节点对中国远洋航运网络的功能可靠性起着至关重要的作用。

（2）"聚类系数"标准下，s 值下降快速，但减速相对较慢，当 $f=0.8$ 时，s 值趋于 0，说明在这种标准下 80% 的节点被删除后，远洋航运网络才会出现瘫痪的情况，与前两类标准下定向干扰结果相比，按照聚类系数对网络进行定向干扰时，中国远洋航运网络的效率可靠性受影响程度较小。

4. "多参数"标准下的仿真分析

"多参数"标准下，按照度、介数和聚类系数排名之和确定受干扰港口，并进行124次干扰仿真，即第一次仿真，按两种不同的干扰策略均只影响远洋航运网络中的一个通航港口，得到新的远洋航运网络邻接矩阵 Y_1，第二次仿真则将受干扰港口增加到两个，得到远洋航运网络邻接矩阵 Y_2，依此类推，共计进行 204 次仿真，得到 204 组 Y 矩阵。分别计算 f、l、s 三个参数值。如图 5-3-9 所示。

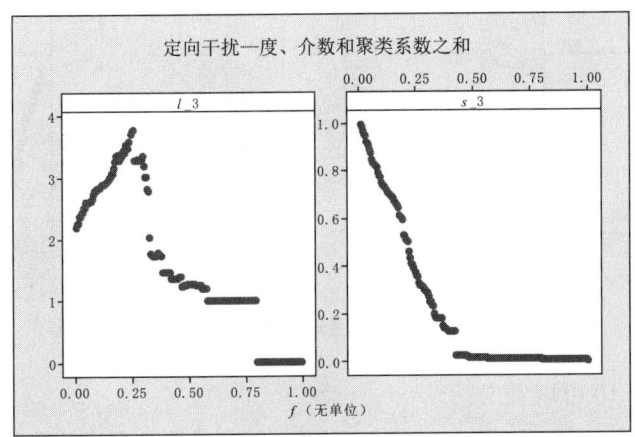

图 5-3-9 "多参数"标准下 f 和 l、f 和 s 变化关系图

（1）"多参数"标准下，l 值先增加，后降为 0，变化幅度大，说明按照综合标准下的定向干扰对远洋航运网络的功能可靠性影响明显；当 f=0.76 时，l 值为 0，此时网络中不存在任何连接；f>0.76 后，整个网络便处于瘫痪状态。

（2）"多参数"标准下，s 值快速下降，当 f=0.35 时，s 值趋于 0，即当 35% 的节点被干扰时，网络中已不存在联通子图，所有节点已处于孤立状态，所以，在按照综合标准下进行定向干扰对中国远洋航运网络的效率可靠性影响较大。

5. 四种标准的定向持续干扰仿真结果的比较

四种标准的定向持续干扰仿真结果如图 5-3-10 所示。

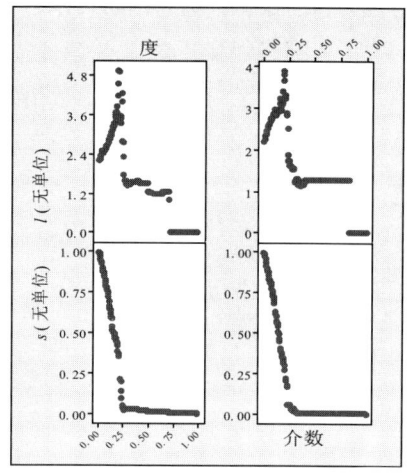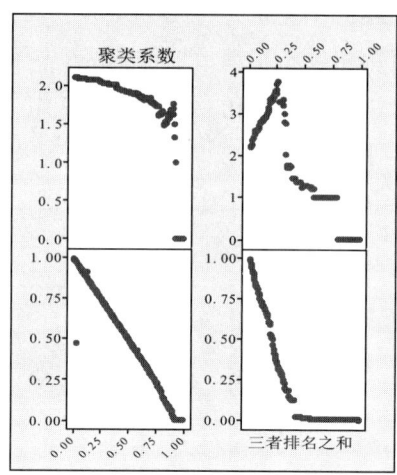

图 5-3-10 四种标准的定向持续干扰仿真结果的对比

从图 5-3-10 可以看出：

（1）在四种不同的攻击标准中，l 值均随着 f 的增加呈现出先增加后减少的变化趋势，最终都降为 0。其中，按照度排序进行仿真时，l 值得增幅和减幅最为显著。从图中可以看出，按照度排序仿真进攻时，l 降为 0 的速度最快，当 l 值为 0 时 $f=0.68$，即整个网络中约 68.8% 的节点受到攻击时，整个网络中的节点全部孤立，节点之间无法联通。

（2）按照度排序对远洋航运网络进行仿真干扰时，l 降为 0 最为迅速，说明度排序中的节点受到干扰时，对整个远洋航运网络的破坏最大，所以这些节点对于网络的功能可靠性有较为重要的作用。

（3）在按照度排序、介数排序、聚类系数排序以及度、介数和聚类系数之和排序进行攻击时，f 的峰值分别为 $f_{c1}=0.188$，$f_{c2}=0.225$，$f_{c3}=0$，$f_{c4}=0.25$，根据网络功能可靠性的度量标准，可知在度、介数和聚类系数之和排序进行攻击时，网络的功能可靠性最差，即该网络的中转能力受影响最大。

（4）从图 5-3-10 中不难看出，s 值随着 f 值的增加都呈现出逐渐减小的趋势，其中按照聚类系数排序对网络节点进行干扰时，s 值得减速最慢；在其他三种方案中，无论是按照度排序、介数排序或者三者排名之和排序进行干扰，s 与 l 的对应关系变化不明显。

第四节 "海上丝绸之路"远洋航运网络可靠性的牵制控制研究

一、牵制控制对提高航运网络可靠性的意义分析

提高远洋航运网络的可靠性,有助于发现远洋航运网络中的重要节点并进行有效保护,避免其遭受外界干扰造成延误甚至导致网络瘫痪,保证远洋运输安全高效的运营。提高远洋航运网络可靠性,不仅需要提高节点港口的应急能力、管理水平;更需避免因节点的耦合关系导致的网络故障的叠加与扩散。因此,提高远洋航运的可靠性,往往需要针对网络中大量的节点进行控制与管理,代价和成本都比较高。

牵制控制,近年来被广泛应用到复杂网络的动力学控制领域,其基本思想是通过仅对网络中的一部分节点直接施加常数输入控制,而达到有效抑制整个网络的时空混沌行为的目的。对远洋航运网络进行牵制控制可以在实现网络可靠性提升目标的同时,极大地减少受控节点数量,对于降低控制代价具有重要意义。

二、网络可靠性提升的牵制控制模型的建立

(一)网络节点的线性耦合常微分方程

线性耦合常微分方程是用来描述连续动力系统的重要工具。一般可以描述成下列形式:

$$\dot{x}_i = f(x_i) + c\sum_{j=1}^{N} c_{ij} x_j, \quad i=1,2,\cdots,N \qquad (5-4)$$

其中:$N>1$:网络中节数;f:是一个连续的函数;x_i:第i个节点的状态变量;$c>1$是网络的耦合强度;$C=(C_{ij})_{N\times N}$:耦合矩阵,反应网络的拓扑结

构，其中如果节点 i 与节点 j ($i \neq j$) 存在一个连接，那么 $C_{ij} = 1$，否则 $C_{ij} = 0$，C 不必是对称的，但是要求其满足式（5-5）条件，其中 k_i 为节点 i 的度。

$$c_{ii} = -\sum_{j=1, j\neq i}^{n} c_{ij} = -k_i \qquad (5-5)$$

（二）受控节点的网络描述

将实现网络同步时的 x 值作为控制的平衡点：

$$x_1 = x_2 = \cdots = x_N = \bar{x}，且 f(\bar{x}) = 0$$

为了将远洋航运网络控制到上述平衡点，需要对占网络节点总数的比例为 σ（$0 < \sigma < 1$）的小部分节点实施牵扯控制。假设选择节点 $i_1, i_2, \cdots, i_r$ 作为被牵扯控制的节点，r 表示受牵扯控制的节点数量。在线性反馈作用下，节点的牵制网络可以被描述如式（5-6）。

$$\begin{cases} \dot{x}_{i_k} = f(x_{i_k}) + c(\sum_{j=1}^{N} c_{i_k j} x_j - d\, e_{i_k}(x_{i_k} - \bar{x})) ,& 1 \leqslant i \leqslant r \\ \dot{x}_{i_k} = f(x_{i_k}) + c\sum_{j=1}^{N} c_{i_k j} x_j ,& i > r \end{cases} \qquad (5-6)$$

其中：e_{i_k} 表示受控的节点在实现正常港口功能情况下的代价，即港口硬件设施的总投资及运营费用；$d > 0$ 是反馈控制增益系数，de_{i_k} 表示反馈增益。在远洋航运网络中，反馈控制增益的现实意义是：各节点港口为在"气象因素""突发事件""设施故障"等发生时，仍能保持港口的正常功能而做的额外准备所付出的代价。这种额外准备不仅包括在硬件条件、基础设施上的升级、改进和储备，也包括管理手段、运作流程的优化，由于港口的硬件投入及运营成本巨大，因此这种额外准备代价巨大。

（三）受控节点数 r 与反馈控制增益系数的均衡

在传统的牵制控制研究中，为了使动力网络稳定到事先确定的平衡点上，通常将反馈控制增益系数 d 设为足够大，然而，要求 d 值足够大在现实情况下是不可行的。当 $d=1$ 时，则为预防突发影响储备的运力与港口现有运力相等，即意味着额外运力储备的成本与整个港口建设的总投资相同，在现实中是不行的；只有将 d 值控制在一个足够小的水平上，对远洋航运网络的牵制控制才有现实意义。

若对于某个 $\varepsilon_0 > 0$，存在一个自然数 $r \in [1, N-1]$，和一个反馈增益系数 d 满足式（5-7），则式（5-6）可以稳定到均衡点上。

$$\lambda_{\max}((\hat{C}+\hat{C}^T)/2 - D/\lambda_{\max}(P)) < \lambda_{r+1} + \varepsilon_0 < -\sigma/c \quad (5-7)$$

其中：λ_i 是矩阵 $(\hat{C}+\hat{C}^T)/2$ 的 M_i 最大特征值，M_i 是同时去除矩阵 $(\hat{C}+\hat{C}^T)/2$ 的第 $1, 2, \cdots, N-1$ 行和列得到的矩阵，并且 $\hat{C}$ 是矩阵 C 的主对角元素 c_i 被 $[\lambda_{\min}(p)/\lambda_{\max}(p)]c_{ii}$ 取代后得到的矩阵。$D = \begin{pmatrix} D_1 & 0 \\ 0 & 0 \end{pmatrix}$，$D_1 = diag(d_1, \cdots, d_n)$，是一个正定的对角矩阵。

假设 $\hat{\lambda}_i$ 是矩阵 $(\hat{C}+\hat{C}^T)/2 - D/\lambda_{\max}(P)$ 的最大特征值，如果令 $\hat{\lambda}_i = \lambda_{r+1}$，则反馈增益 d 值不得不达到足够大，这是不切合实际的。因此，引入一个松弛因子 ε_0，使得对于一个适当的 d，$\hat{\lambda}_i \leq \lambda_{r+1} + \varepsilon_0$ 成立。牵制节点越多，满足上述不等式所需的反馈增益 d 就越小。对于一个确定的牵制节点数目 r，反馈增益系数 d 存在着一个临界值，当 d 大于这个临界值时，远洋航运网络中受控节点的牵制网络就能达到稳定的平衡点。同样，对于一个给定的反馈增益 d，牵制节点的数目也存在着一个临界值，达不到这个值，受控节点的牵制网络是不能到达指数稳定的状态。因此，可以得到一系列可行的组合 (r, d)，它定义了一个稳定的区域，用它可以划分牵制节点数目 r 和反馈增益 d 的稳定的参数空间。

建立代价函数 $Q(r, d) = r^\alpha d^{1-\alpha}$，可以得到是函数值取得最小值的 (r, d) 的可行组合，从而兼顾二者的取值。

三、"海上丝绸之路"远洋航运网络牵制控制的实证分析

从远洋航运网络可靠性分析的角度上看，节点机场包括"正常"与"瘫痪"两种状态。以各航班在机场内平均等待服务时间为标准，运用排队论原理，可以得出中国远洋航运网络节点的线性耦合常微分方程为式（5-8）。

$$\begin{bmatrix} \dot{x}_{i_1} \\ \dot{x}_{i_2} \end{bmatrix} = \begin{bmatrix} \dfrac{z_i}{x_i} + c\sum_{j=1}^{N} c_{ij} x_j \\ \dfrac{z_i}{x_i - z_i} \end{bmatrix}, \quad i = 1,2,\cdots,N \qquad (5-8)$$

其中：$\dot{x}_{i_1}$ 表示节点港口的瘫痪状态；$\dot{x}_{i_2}$ 表示节点港口的正常状态；$N > 1$：远洋航运网络中节点港口数目；Z_i 表示第 i 个节点港口的正常情况单位时间内的平均吞吐量；x_i：表示第 i 个节点港口受到外界干扰时单位时间内的航班服务数；$c > 0$ 是远洋航运网络的耦合强度，表示各节点城市之间的相互影响关系，可以用远洋航运网络中节点城市"度"的平均值来表示，中国远洋航运网络各节点度的平均值为 $c = 55.41$；$C = (c_{ij})_{N \times N}$：耦合矩阵，反映远洋航运网络的拓扑结构，即已采集到的 124×124 的远洋航运网络邻接矩阵 A。

将实现节点机场的正常功能为控制均衡点，按式（5-6）建立远洋航运网络节点的牵制网络方程，并利用赵军产等学者提出的算法：先确定网络的最小耦合强度与最少牵制节点后，然后不断增加牵制节点，最终选择一个合适的 α，使代价函数 $Q(r, d)$ 达到它的最小值，进而得到最优的 (r, d) 组合，计算出远洋航运网络的受控点数量与反馈增益系数的可行组合情况 (r, d) 如表 5-4-1 所示。

表 5-4-1　部分可行组合表

可行组合	1	2	3	4	5	6	7
r	9	12	15	18	21	25	35
d	52.4	38.3	20.4	19.8	10.5	9.6	8.9

当 α 在 [0.1] 之间取不同值时，对于上述可行组合 $Q(r, d) = r^{\alpha} d^{1-\alpha}$ 值得变化情况如图 5-4-1 所示。

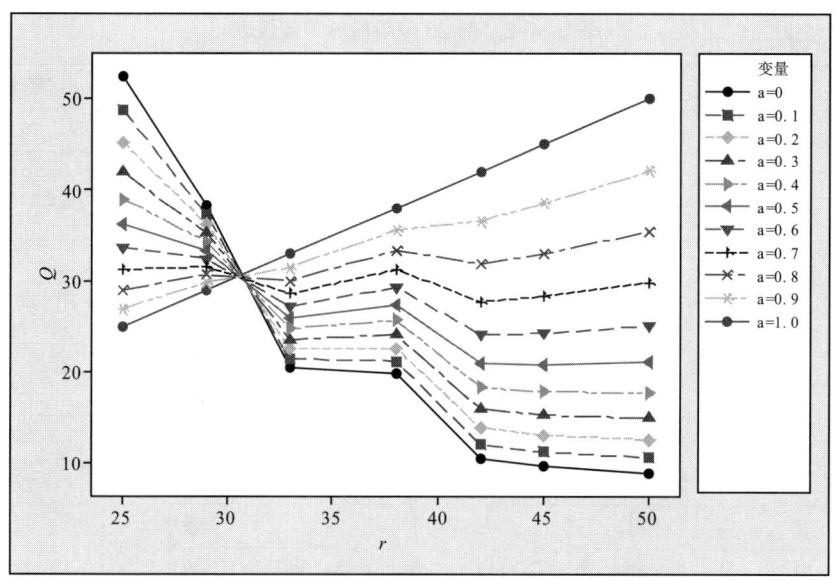

图 5-4-1　$\alpha=0$，0.1，0.2，…，1 时可行组合对应的 Q 值

通过计算可知，当 $\alpha=0.5$ 时同时兼顾了 r，d 的取值，此时当 r=25 时，Q 有最小值 $min(Q_{\alpha=0.5, R=45})=20.78461$。即对于中国远洋航运网络，只要有选择地控制 25 个关键节点，就能够以储备受控节点 9.6% 的服务能力为代价，实现对整个网络的有效控制。

四、牵制控制对远洋航运网络可靠性的影响分析

（一）25 个受控节点分析

由于在远洋航运网络节点的线性耦合常微分方程中，以"度"的平均值来反映远洋航运网络的耦合强度，因此从对远洋航运网络可靠性影响的角度考虑，应选择度排序在前 25 位的城市作为牵制控制的对象。

在网络中，节点 i 的度 k_i 定义为与节点 i 相接的边的总数。在远洋航运网络，一个通航港口的度越大就意味着与其相连的城市数越多，其拥有的航线数也就越多。应用大型网络分析软件 Ucinet，以及采集到的远洋航运网络邻接矩阵 A，计算出 124 个通航城市的度，排名前 25 位的通航城市如表 5-4-2 所示。

表 5-4-2　前 25 位通航城市度值表

序号	城市名	度值	序号	城市名	度值
1	霍尔迪亚	166	14	阿治曼	102
2	新加坡	115	15	新罗西斯克	101
3	塞拉莱	111	16	都拉斯	100
4	科伦坡	111	17	曼谷	100
5	科钦	111	18	林查班	99
6	杰贝阿里	109	19	蒙德拉	99
7	索哈	108	20	亚历山大	98
8	广州	107	21	康斯坦察	98
9	阿布扎比	106	22	加里宁格勒	97
10	上海	105	23	波季	97
11	盖姆利克	104	24	里加	97
12	沙迦	103	25	贝鲁特	97
13	亚喀巴	103			

（二）远洋航运网络牵制控制与随机控制的可靠性对比分析

牵制控制可以以较低的代价保证远洋航运网络的服务功能，相比随机控制，可以大幅度提高远洋航运网络的可靠性。选择表 5-4-2 所示的 25 个城市作为受控对象进行牵制控制，与随机选择的 25 座城市进行远洋航运网络受攻击状态下的可靠性对比分析。其研究步骤是：

（1）确定受控城市及其数量，使其免于陷入瘫痪状态，即保证其拥有航线的有效性；

（2）对远洋航运网络中的非受控城市进行模拟干扰，中断其所有航线，即令远洋航运网络邻接矩阵 A 中其对应的行与列中所有元素值为零，并形成新的远洋航运网络邻接矩阵 R；

（3）通过计算新矩阵 R 的可靠性 s 值；

（4）在新的远洋航运网络邻接矩阵 R 上重复上述步骤，不断增加被攻击的城市数量，分析其变化 s 的变化趋势，直到除受控城市外的所有城市都受到攻击。

按上述步骤，牵制控制与四次随机控制的 s 值对比如图 5-4-2 所示。

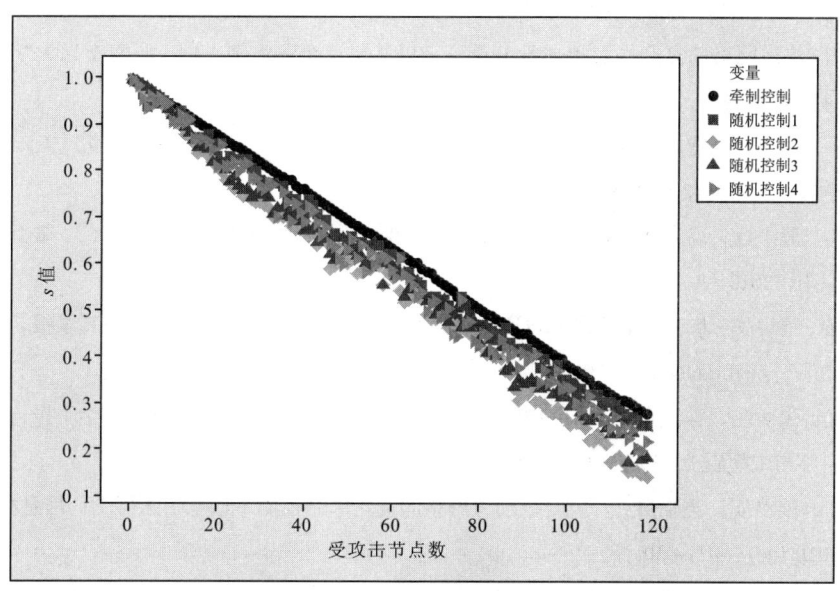

图 5-4-2　牵制控制与四次随机控制的 s 值对比图

从图 5-4-2 可以看出，受干扰节点在由 1 向最大值 124 变化时，牵制控制的 s 值始终大于随机控制的 s 值；在 s 值相同时，牵制控制的受攻击节点数始终大于随机控制。表明，相比随机控制，牵制控制可以有效地提高远洋航运网络的可靠性。

参考文献

曾小舟，唐笑笑，江可申. 基于复杂网络理论的中国航空网络抗毁性测度分析［J］. 系统仿真技术，2012（02）：111-116.

陈菁菁. 基于复杂网络的城市轨道交通网络可靠性研究［J］. 都市快轨交通，2010（02）：18-21.

戴帅，陈艳艳，魏中华. 复杂公交网络的系统可靠性分析［J］. 武汉理工大学学报（交通科学与工程版），2007（03）：35-41.

邓贵仕，武佩剑，田炜. 全球航运网络鲁棒性和脆弱性研究［J］. 大连理工大学学报，2008（05）：755-768.

高自友,吴建军,毛保华,等.交通运输网络复杂性及其相关问题的研究[J].交通运输系统工程与信息,2005(02):27-35.

黄建华.快递网络的复杂性及鲁棒性分析——以某快递企业为例[J].西南交通大学学报(社会科学版),2009(06):99-106.

任卓明,邵凤,刘建国,等.基于度与集聚系数的网络节点重要性度量方法研究[J].物理学报,2013(12):2-5.

王俊超,殷志远,冯光柳.复杂网络特性及可靠性分析:以中国航空网为例[J].微型电脑应用,2013(11):18-21

王志强,徐瑞华.基于复杂网络的轨道交通路网可靠性仿真分析[J].系统仿真学报,2009(20):6670-6674.

姚红光,朱丽萍.基于仿真分析的中国航空网络鲁棒性研究[J].武汉理工大学学报(交通科学与工程版),2012(01):42-46.

赵军产,陆君安,吴晓群.一般复杂动力网络的优化牵制控制[J].中国科学:信息科学,2010(6):821-830.

Chen T, Liu X, Lu W. Pinning Complex Networks by a Single Controller. IEEE Trans Circ Syst-I, 2007 (54): 1317-1326.

Eduardo Rodríguez-Núñez a, Juan Carlos García-Palomares b. Measuring the Vulnerability of Public Transport Networks [J]. Journal of Transport Geography, 2014 (35): 50-63.

Li X, Wang X F, Chen G. Pinning a Complex Dynamical Network to Its Equilibrium. IEEE Trans Circ Syst-I, 2004 (51): 2074-2087.

Oriol Lordan, Jose M. Sallan, Pep Simo. Study of the Topology and Robustness of Airline Route Networks from the Complex Network Approach: a Survey and Research Agenda [J]. Journal of Transport Geography, 2014 (37): 112-120.

Wang X F, Chen G. Pinning Control of Scale-free Dynamical Networks. Phys A, 2002 (310): 281-302.

Duan Y Y, Lu F. Structural Robustness of City Road Networks Based on Community Theory [J]. Computers, Environment and Urban Systems, 2013 (41): 75-87.

Zhou J. Pinning Adaptive Synchronization of a General Complex Dynamical Network. Automatica, 2008 (44): 996-1003.

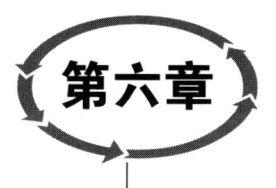

第六章 "丝路经济带"铁路网络的通达性研究

共建"丝绸之路经济带"的合作倡议,得到了国际社会的高度关注和沿线国家的积极响应。此项不仅符合沿带国家共同需求,还为相关国家优势互补、共同发展提供了新机遇,充分体现了五通的基本内涵。贸易畅通是本质内容,道路联通是基础,而铁路网建设作为"道路联通"的主要手段,对于"丝绸之路经济带"战略的加快实施具有重大的推动作用。当前铁路运输主要以中欧班列的形式参与"一带一路"建设,是由国家铁路集团组织,按照固定车次、线路、班期和全程运行时刻开行,运行于中国与欧洲以及"一带一路"沿线国家间的集装箱等铁路国际联运列车,是深化我国与沿线国家经贸合作的重要载体和推进"一带一路"建设的重要抓手。截至2020年9月底,中欧班列累计开行超过30 000列,成为"一带一路"建设的重要成果和突出亮点。

然而在我国与"一带一路"沿线国家的货物贸易中,经铁路运输的货物仅占货物总量的2%左右,远远低于远洋运输与航空运输。其根本原因,是受诸多客观因素制约,各国铁路网络无法像航空和海运一样融合成一个有机的整体。除中欧班列沿线站点外,各国铁路网络孤立存在,导致"一带一路"其余区域无法有效利用铁路运输。而"丝路经济带"沿线陆路联通,天然具备发展铁路运输的条件。因此,如何通过网络互联,提升现有铁路网络中节点的通达性,就成为当前需要解决的关键问题。此外,随着我国高铁技术的不断输出,高铁技术的广泛应用可以进一步提升铁路网络在时间维度上的可达性,对"丝路经济带"沿带铁路网的布局与优化有重要意义。

本章致力于通过从通达性角度分析"丝路经济带"现有铁路网,给出有效可行的高铁线路布局方案。不仅可以改善目前"丝路经济带"铁路网的通达性,而且可以通过高铁与现有普通铁路的联通来更充分地发挥整体铁路网的运输效能,还对"丝路经济带"沿线国家调整产业结构、优化城市空间结构以及对未来的高铁线路布局提供必要的参考和依据有着重要的现实意义。

第一节 "丝路经济带"铁路网模型的构建及路网现状

一、"丝路经济带"概况

就整个"丝路经济带"版图来说,中亚、东欧、西亚共同构成了"丝路经济带"的中部核心地区,是"丝路经济带"战略推进的关键。由于考虑到资源互补性、地缘影响力以及数据可获得性等因素,以中国作为"丝绸之路经济带"的东部起点,选取核心区中亚5国、重点区15国以及欧洲18国,共39国作为"丝绸之路经济带"国家代表,综合考虑这些国家的国土面积、行政区划、经济发展水平、是否为交通枢纽城市等因素选出共121座节点城市,总面积约4254.37万平方千米,总人口近37.79亿。这条线路很长且横向辐射范围广,是当前世界上最具发展潜力的地区,涵盖了不同发展程度的各类国家城市,其中发达经济体11个、发展中经济体8个、转型经济体16个。

二、基于 Arc GIS 软件的铁路网模型构建

(一) Arc GIS 软件简介

地理信息系统(Geographic Information System,GIS)是对地理空间信息进行描述、采集、处理、存储、管理、分析和应用的一门交叉学科;它以地

理空间数据库为基础,运用地理模型的分析方法,提供多种地理信息,以便解决复杂的规划和管理问题。在众多的 GIS 软件平台中,美国 ESRI 公司推出的 Arc GIS 地理信息系统平台是最具代表性,该软件平台具有强大的地图制作、空间分析和空间信息整合等能力。

Arc GIS 软件融合了 GIS 与数据库、人工智能和软件工程等计算机技术,由 Arc GIS 桌面产品、服务端产品和嵌入式 GIS 软件这三个部分组成。此软件可进行地图浏览;创建、编辑和维护管理地理数据,提供在线地图服务功能;使用空间处理功能,实现对二维数据、三维数据的空间分析和空间建模工作;用二维、三维地图数据进行可视化并能够显示基于时间的动态现象等。

(二)构建"丝路经济带"铁路网模型

1. 节点城市的确定

在"丝路经济带"范围内,少部分国家城市铁路网相对发达,通达性较好,但多数国家城市通达性实际是较差的。更加深入地了解、研究区内整体铁路网现状,找出铁路网通达性较差的关键原因,对"丝路经济带"沿带城市铁路网的通达性尤其是对通达性一般和较差地区进行评价,能为寻找有效提高通达性的方式提供理论依据,具有一定的现实意义。

考虑到界定的研究区面积较大,为有效提前铁路网络的骨架,在选定的研究区 39 国的基础上,首先按地理区域划分为中亚 5 国、西亚/北非 9 国、中东欧 18 国以及包括中国在内的其他地区 7 国,并列举出各国首都、首府/省会及主要城市,详见表 6-1-1。

表 6-1-1 "丝路经济带"沿线国家的主要城市

国家	首都	总人口（人）	总面积（平方米）	人均GDP（美元）	主要行政区及城市
哈萨克斯坦	阿斯塔纳	18 311 700	2 724 900	8838	阿斯塔纳市，拉木图市，阿拉木图州—塔尔迪库尔干，巴甫洛达尔州—巴甫洛达尔，卡拉干达州—卡拉干达，科斯塔奈州—科斯塔奈，曼格斯套州—阿克套，西哈萨克斯坦州—乌拉尔州—厄斯克门，南哈萨克斯坦州—奇姆肯特，西哈萨克斯坦州—乌拉尔斯克，北哈萨克斯坦州—克孜勒扎尔
吉尔吉斯斯坦	比什凯克	6 132 932	199 951	1220	楚河州，塔拉斯州，奥什州，贾拉拉巴德州，纳伦州，伊塞克湖州，巴特肯州和比什凯克市，奥什市
乌兹别克斯坦	塔什干	31 850 000	447 400	1504	一自治共和国—卡拉卡尔帕克斯坦自治共和国，一个直辖市—塔什干市和12个州：安集延州，布哈拉州，吉扎克州，卡什卡达里亚州，纳沃伊州，纳曼干州，撒马尔罕州，苏尔汉河州，锡尔河州，塔什干州，费尔干纳州，花拉子模州
塔吉克斯坦	杜尚别	9 107 211	143 100	800	戈尔诺—巴达赫尚州，索格特州，哈特隆州和中央直属区和杜尚别市
土库曼斯坦	阿什哈巴德	5 620 000	491 210	7356	阿哈尔州—阿瑙，巴尔坎州—巴尔坎纳巴德，列巴普州—土库曼纳巴德
科威特	科威特城	4 239 000	17 818	29 301	杰赫拉省—杰赫拉，科威特省—科威特市，哈瓦利省—哈瓦利，大穆巴拉克省—大穆巴拉克，艾哈迈迪省—艾哈迈迪
土耳其	安卡拉	80 810 000	783 600	10 541	阿达纳省—阿达纳，安卡拉省—安卡拉，比特利斯省—比特利斯，布尔萨省—布尔萨，埃尔祖鲁姆省—埃尔祖鲁姆，伊斯坦布尔省—伊斯坦布尔，伊兹密尔省—伊兹密尔，阿尔达汉省—阿尔达汉，尼德尔省—尼德尔，亚洛瓦省—亚洛瓦，卡拉比克省—卡拉比克
叙利亚	大马士革	18 270 000	185 180	1535	大马士革省—大马士革市，阿勒颇省，霍姆斯省

— 158 —

续表

国家	首都	总人口（人）	总面积（平方米）	人均GDP（美元）	主要行政区及城市
伊拉克	巴格达	37 203 000	437 072	5166	巴格达省—巴格达市，尼尼微省—摩苏尔，安巴尔省—拉马迪，埃尔比勒省—埃尔比勒市，巴比伦省—希拉，穆萨纳省—萨马沃，巴士拉省—巴士拉，济卡尔省—卡迪西亚省—迪瓦尼耶，卡尔巴拉省—卡尔巴拉
伊朗	德黑兰	81 162 788	1 648 195	5415	行政区及主要城市：德兰省—拉什特市，中央省—阿拉克市，吉兰省—库姆省—库姆市，东亚塞拜疆省—大不里士市，西亚塞拜疆省—阿尔达比勒省—阿尔达比勒市，布什尔省—布尔什尔市，法尔斯省—设拉子市，伊斯法德省—伊斯法罕市，伊斯法罕省—亚兹德省—亚兹德市，塞姆南省—塞姆南市，霍尔木兹甘省—马什哈德市，南霍拉桑省—比尔詹德
格鲁吉亚	第比利斯	3 717 100	69 700	4078	行政区及主要城市：阿布哈兹自治共和国—苏呼米，阿扎尔自治共和国—巴统，克维莫—阿尔特里区—鲁斯塔维，卡赫季区—泰拉维，第比利斯
亚美尼亚	埃里温	2 930 450	29 800	3937	行政区及主要城市：希拉克州—久姆里，洛里州—瓦纳佐，阿尔马维尔州—阿尔马维尔，阿拉拉特州—阿塔沙特，休尼克州—卡凡，埃里温市
阿塞拜疆	巴库	9 760 000	86 600	3877	行政区及主要城市：阿格达什区—阿格达什，汉克尔—汉肯迪，丘尔达—丘钦，米尔区—丘尔达米尔，连科兰—连科兰，拉其米尔区—拉钦，列里克区—列里克，马萨雷区—马萨雷，库巴雷区—库巴雷，库尔区—库贾，斯捷潘纳克尔特，连贝纳盖齐，扎尔多布区—扎尔多布，巴库，苏姆盖特，叶夫拉赫
阿富汗	喀布尔	34 660 000	647 500	681	行政区及主要城市：巴达赫尚省—法扎巴德，巴尔赫省—巴米扬，巴格兰省—巴米扬，古尔省—恰赫恰兰，萨尔普勒省—萨尔普勒，巴米扬省—巴米扬，赫尔曼德省—拉什卡加，德黑兰省—霍斯特，塔哈尔省—塔卢坎，坎大哈省—坎大哈，赫拉特省—法拉，库纳尔省—阿萨达巴德，喀布尔省—喀布尔，昆都士省—昆都士市，库纳尔省—库纳尔，扎布尔省—卡拉特

续表

国家	首都	总人口（人）	总面积（平方米）	人均GDP（美元）	主要行政区及城市
俄罗斯	莫斯科	144 500 000	17 098 200	10 743	22个自治共和国、9个边疆区、46个州、3个联邦直辖市、1个自治州、4个民族自治区
印度	新德里	1 324 000 000	2 980 000	1940	主要城市：海得拉巴、第斯普尔、巴特那、赖普尔、帕纳吉、阿加尔塔拉、西姆拉、贾玫兰、德拉敦、昌迪加尔、班加罗尔、艾溪尔、布巴内斯瓦尔、昌迪加尔、甘托克、孟买、科希马、博帕尔、斯利那加
不丹	廷布	807 610	38 394	3110	西方区、中央区、南方区、东方区；主要城市：巴罗、普那卡
孟加拉国	达卡	164 700 000	147 570	1517	达卡
尼泊尔	加德满都	28 980 000	147 181	835	主要城市：帕坦、巴德岗、博克拉
中国	北京	1 395 380 000	9 600 000	10 217	共有34个省级行政区域，包括23个省、5个自治区、4个直辖市、2个特别行政区。包括：北京市、天津市、上海市、重庆市、河北省、山西省、辽宁省、吉林省、黑龙江省、江苏省、浙江省、安徽省、福建省、江西省、山东省、河南省、湖北省、湖南省、广东省、海南省、四川省、贵州省、云南省、陕西省、甘肃省、青海省、台湾省、内蒙古自治区、广西壮族自治区、西藏自治区、宁夏回族自治区、新疆维吾尔自治区、香港特别行政区、澳门特别行政区
巴基斯坦	伊斯兰堡	197 000 000	880 254	1548	主要城市：卡拉奇、伊斯兰堡、拉合尔、拉瓦尔品第、白沙瓦、费萨拉巴德、木尔丹、海德拉巴、苏库尔、吉尔吉特、奎达、瓜达尔港

续表

国家	首都	总人口（人）	总面积（平方米）	人均GDP（美元）	主要行政区及城市
波兰	华沙	37 948 000	312 685	12 690	行政区及主要城市：库亚维—滨海省—比得哥什，大波兰省—波兹南，小波兰省—克拉科夫，罗兹省—罗兹，下西里西亚省—弗罗茨瓦夫，卢布林省—卢布林，卢布斯卡地区—大波兰地区戈茹夫，马佐夫舍省—华沙，波德拉谢省—比亚韦斯托克，滨海省—格但斯克，西里西亚省—卡托维兹，喀尔巴阡山省—热舒夫，瓦尔米亚—马祖里省—奥尔什丁，西滨海省—什切青
白俄罗斯	明斯克	9 477 000	207 600	5726	明斯克（市/州），布列斯特（市/州），维捷布斯克（市/州铁路枢组），戈梅利（市/州），格罗德诺（市/州铁路枢组），莫吉廖夫（市/州）六个州和具有独立行政区地位的首都明斯克市
立陶宛	维尔纽斯	2 870 000	65 300	14 880	主要城市：维尔纽斯，考纳斯，克莱佩达，希奥利艾
爱沙尼亚	塔林	1 319 000	45 339	17 575	主要城市：塔林，塔尔图，纳尔瓦，科赫特拉—耶尔韦，派尔努，维尔扬迪，拉克韦雷，西拉梅，马杜，库雷萨雷，沃鲁，哈普萨卢，约赫维
拉脱维亚	里加	1 960 424	64 589	15 594	主要城市：道加瓦皮尔斯，利耶帕亚，文茨皮尔斯，尤尔马拉
捷克	布拉格	10 560 000	78 866	20 368	主要城市：布拉格，布杰约维采，卡罗维发利，拉贝河畔乌斯季，利贝雷茨，赫拉德茨—克拉洛韦，帕尔杜比采，伊赫拉瓦，布尔诺，奥洛穆茨，俄斯特拉发
斯洛伐克	布拉迪斯拉发	5 429 000	49 037	17 605	主要城市：布拉迪斯拉发，布尔诺，特尔纳瓦，尼特拉，特伦钦，日利纳，班斯卡—比斯特里察，普雷绍夫，科希策
匈牙利	布达佩斯	9 798 000	93 030	13 196	主要城市：佩奇，基什孔，贝凯什乔包，奥包乌伊伦—普伦，琼格拉德，费耶尔，肖普隆科马罗姆，诺格拉德，维斯普雷姆，绍莫吉，索博尔索—索尔诺克，托尔纳，瓦什，维斯普雷姆，德布勒森，塞格德
斯洛文尼亚	卢布尔雅那	2 065 000	20 273	23 597	主要城市：马里博尔，采列，普图伊，科佩尔

续表

国家	首都	总人口（人）	总面积（平方米）	人均GDP（美元）	主要行政区及城市
克罗地亚	萨格勒布	4 174 000	56 594	13 295	主要城市：斯普利特、里耶卡、奥西耶克、扎达尔、斯拉沃尼亚布罗德、普拉
塞尔维亚	贝尔格莱德	7 040 000	88 361	5900	主要城市：尼什、克拉古耶瓦茨
罗马尼亚	布加勒斯特	19 705 000	238 391	9480	主要城市：阿尔杰什、布勒伊拉、克勒拉希、克卢日、康斯坦察、圣格奥尔基、克拉约瓦、加拉茨、久尔久、戈尔日、德瓦、斯洛博齐亚、特尔戈维什泰、巴亚马雷、德罗贝塔-塞维林堡、斯拉蒂纳、雅西、布加勒斯特、蒂米什瓦拉、瓦斯卢伊、福克沙尼、普洛耶什蒂、萨图马雷、布加勒斯特
摩尔多瓦	基希讷乌	3 550 900	33 800	2290	主要城市：基希讷乌、伯尔兹、蒂拉斯波尔
乌克兰	基辅	44 831 159	603 700	2640	主要城市：基辅、维尼察、卢茨克、第聂伯彼得罗夫斯克、日托米尔、尼古拉耶夫、敖德萨、波尔塔瓦、罗夫诺、哈尔科夫、利沃夫、顿涅茨克
保加利亚	索菲亚	7 050 000	110 371.8	8697	主要城市：布拉格耶夫格勒、布尔加斯、瓦尔纳、蒙塔纳、帕兹尔吉克、普列文、特尔戈维什特、哈斯科沃
马其顿	斯科普里	2 080 000	25 713	5237	主要城市：比托拉、库马诺沃、普利莱普、泰托沃、奥赫里德
阿尔巴尼亚	地拉那	2 880 000	28 748	4125	主要城市：塔拉特、萨兰达、吉诺卡斯特和都拉斯
波黑	萨拉热窝	3 516 816	51 200	4709	波黑由穆克联邦和塞族共和国两个实体组成。主要城市：比哈奇、奥扎克、泽尼察、利夫诺、萨拉热窝、塞族共和国下设7个区：巴尼亚卢卡区、多博伊区、别利那区、弗拉塞尼察区、索科拉茨区、斯尔比涅区和特雷比涅区；布尔奇科特区

鉴于人口数量和区域经济发展水平都是影响铁路运输的重要因素，因此对选定区域内各国家的城市计算人口和地区生产总值的几何平均值，详见表6-1-2。

表 6-1-2　各国城市人口及经济状况表

国家	城市	人口（人）	地区生产总值（美元）	人口和地区生产总值的几何平均值
塔吉克斯坦	杜尚别	820 600	656 480 000.00	23 210 072.99
吉尔吉斯斯坦	比什凯克	700 000	854 000 000.00	24 449 948.88
土库曼斯坦	阿什哈巴德	680 000	5 002 080 000.00	58 321 646.07
哈萨克斯坦	卡拉干达	650 000	5 744 700 000.00	61 106 914.50
	阿拉木图	1 600 000	14 142 400 000.00	150 425 529.75
乌兹别克斯坦	撒马尔罕	504 400	758 617 600.00	19 561 357.76
科威特	科威特	380 000	11 134 380 000.00	65 046 632.50
土耳其	伊斯坦布尔	15 067 724	158 828 878 684.00	1 546 993 764.45
	安卡拉	5 000 000	52 705 000 000.00	513 346 861.29
	埃尔祖鲁姆	400 000	4 216 400 000.00	41 067 748.90
	阿达纳	1 000 000	10 541 000 000.00	102 669 372.26
	伊兹密尔	2 550 000	26 879 550 000.00	261 806 899.26
叙利亚	阿勒颇	2 301 570	3 532 909 950.00	90 173 386.06
	霍姆斯	409 000	627 815 000.00	16 024 242.10
	大马士革	1 711 000	2 626 385 000.00	67 035 399.12
伊拉克	摩苏尔	1 500 000	7 749 000 000.00	107 812 336.96
	巴格达	5 600 000	28 929 600 000.00	402 499 391.30
	巴士拉	3 250 000	16 789 500 000.00	233 593 396.74
伊朗	大不里士	852 000	4 613 580 000.00	62 695 854.41
	马什哈德	2 427 316	13 143 916 140.00	178 618 134.44
	德黑兰	8 429 807	45 647 404 905.00	620 321 540.33
	伊斯法罕	927 000	5 019 705 000.00	68 214 855.68
	亚兹德	464 737	2 516 550 855.00	34 198 454.57
	设拉子	1 500 000	8 122 500 000.00	110 380 025.37
	扎黑丹	5 80 071	3 141 084 465.00	42 685 501.13

续表

国家	城市	人口（人）	地区生产总值（美元）	人口和地区生产总值的几何平均值
格鲁吉亚	第比利斯	1 200 000	4 893 600 000.00	76 631 064.20
亚美尼亚	埃里温	1 074 000	4 228 338 000.00	67 388 686.08
阿塞拜疆	巴库	3 202 300	12 415 317 100.00	199 393 003.76
阿富汗	喀布尔	4 520 000	3 078 120 000.00	117 953 814.69
阿富汗	坎大哈	210 000	143 010 000.00	5 480 155.11
俄罗斯	摩尔曼斯克	295 374	3 173 202 882.00	30 615 055.58
俄罗斯	阿尔汉格尔斯克	1 129 908	12 138 601 644.00	117 113 206.37
俄罗斯	圣彼得堡	5 132 000	55 133 076 000.00	531 923 816.00
俄罗斯	彼尔姆	1 051 583	11 297 156 169.00	108 994 941.97
俄罗斯	叶卡捷琳堡	1 377 738	14 801 039 334.00	142 800 400.31
俄罗斯	诺夫哥罗德	222 868	2 394 270 924.00	23 099 921.48
俄罗斯	喀山	1 057 000	11 355 351 000.00	109 556 405.60
俄罗斯	车里雅宾斯克	3 493 036	37 525 685 748.00	362 047 747.19
俄罗斯	鄂木斯克	2 064 300	22 176 774 900.00	213 961 483.51
俄罗斯	新西伯利亚	1 612 833	17 326 664 919.00	167 167 631.32
俄罗斯	乌法	1 120 547	12 038 036 421.00	116 142 953.28
俄罗斯	萨马拉	1 163 399	12 498 395 457.00	120 584 496.42
俄罗斯	伏尔加格勒	1 011 417	10 865 652 831.00	104 831 798.56
俄罗斯	伊尔库茨克	623 869	6 702 224 667.00	64 663 051.28
俄罗斯	罗斯托夫	31 039	333 451 977.00	3 217 144.06
俄罗斯	新库兹涅茨克	553 638	5 947 733 034.00	57 383 717.39
俄罗斯	哈巴罗夫斯克	618 150	6 640 785 450.00	64 070 285.83
俄罗斯	符拉迪沃斯托克	592 069	6 360 597 267.00	61 367 030.75
俄罗斯	阿斯特拉罕	533 925	5 735 956 275.00	55 340 495.61
俄罗斯	莫斯科	14 150 000	152 013 450 000.00	1 466 625 486.45

续表

国家	城市	人口（人）	地区生产总值（美元）	人口和地区生产总值的几何平均值
印度	阿姆利则	3 096 077	6 006 389 380.00	136 368 046.16
	新德里	25 000 000	48 500 000 000.00	1 101 135 777.28
	德里	25 700 000	49 858 000 000.00	1 131 967 579.04
	坎普尔	1 688 000	3 274 720 000.00	74 348 687.68
	巴特那	1 380 000	2 677 200 000.00	60 782 694.91
	瓦拉纳西	1 000 000	1 940 000 000.00	44 045 431.09
	那格浦尔	2 100 000	4 074 000 000.00	92 495 405.29
	海得拉巴	4 060 000	7 876 400 000.00	17 8824 450.23
孟加拉国	达卡	14 399 000	21 843 283 000.00	560 822 103.63
	库尔纳	1 400 000	2 123 800 000.00	54 528 157.86
	吉大港	1 750 000	2 654 750 000.00	68 160 197.33
尼泊尔	加德满都	5 000 000	4 175 000 000.00	144 481 832.77
巴基斯坦	伊斯兰堡	1 900 000	2 941 200 000.00	74 754 799.18
	拉瓦尔品第	1 410 000	2 182 680 000.00	55 475 929.92
	拉合尔	10 000 000	15 480 000 000.00	393 446 311.46
中国	齐齐哈尔	5 337 000	20 243 544 864.32	328 694 081.09
	长春	7 489 000	97 687 221 374.50	855 324 266.51
	哈尔滨	10 929 000	95 069 263 680.70	1 019 319 372.31
	吉林	27 174 300	228 718 846 303.44	2 493 045 235.27
	抚顺	2 107 000	14 211 770 337.79	173 043 925.35
	沈阳	8 294 000	87 738 982 138.05	853 057 511.46
	乌鲁木齐	3 504 000	46 369 565 867.82	403 086 788.17
	北京	21 542 000	453 579 870 149.30	3 125 862 690.96
	唐山	7 879 000	106 305 538 102.50	915 194 697.71
	天津	15 596 000	281 387 667 175.30	2 094 879 962.50
	石家庄	10 879 900	90 994 225 533.32	994 991 494.63
	太原	4 421 400	58 110 881 728.15	506 884 062.16
	淄博	4 708 400	75 822 038 715.85	597 495 177.46
	济南	8 700 000	107 739 580 528.38	968 160 291.79

续表

国家	城市	人口（人）	地区生产总值（美元）	人口和地区生产总值的几何平均值
中国	兰州	3 705 500	40 884 121 712.59	389 225 015.90
	郑州	10 120 000	151 741 315 860.34	1 239 202 209.69
	洛阳	6 823 000	64 971 726 056.91	665 809 347.25
	西安	10 003 700	124 911 887 023.91	1 117 846 610.33
	南京	8 335 000	175 255 063 878.17	1 208 615 305.80
	上海	24 237 800	488 882 954 851.45	3 442 302 613.53
	成都	16 330 000	229 524 130 090.06	1 936 008 534.17
	武汉	11 081 000	222 111 869 072.20	1 568 828 104.41
	杭州	9 806 000	202 091 374 203.39	1 407 731 513.98
	重庆	31 017 900	304 628 399 605.06	3 073 911 715.73
	南昌	5 463 500	49 906 202 315.77	522 170 983.83
	长沙	7 918 100	157 608 682 643.69	1 117 121 886.83
	贵阳	4 862 000	52 927 026 299.26	507 278 229.25
	福州	7 660 000	106 274 421 805.34	902 253 883.91
	昆明	6 728 000	72 668 521 676.69	699 223 722.31
	广州	14 498 400	341 970 349 759.15	2 226 661 833.09
	青岛	9 290 500	165 115 040 540.95	1 238 548 054.84
	大连	5 949 000	110 162 163 779.43	809 539 815.16
	包头	2 877 700	41 184 663 255.84	344 263 134.03
	鞍山	3 440 000	23 898 213 804.86	286 722 610.70
波兰	格但斯克	470 000	5 964 300 000.00	52 945 453.06
	华沙	1 764 615	22 392 964 350.00	198 783 703.52
	罗兹	767 628	9 741 199 320.00	86 473 217.54
	弗罗茨瓦夫	635 800	8 068 302 000.00	71 622 806.50
	克拉科夫	740 000	9 390 600 000.00	83 360 926.10
白俄罗斯	明斯克	1 982 444	11 351 474 344.00	150 012 206.85
立陶宛	维尔纽斯	610 883	9 089 939 040.00	74 517 710.85
爱沙尼亚	塔林	450 830	7 923 337 250.00	59 766 864.84
拉脱维亚	里加	637 971	9 948 519 774.00	79 667 227.32

续表

国家	城市	人口（人）	地区生产总值（美元）	人口和地区生产总值的几何平均值
捷克	布拉格	1 297 000	26 417 296 000.00	185 103 303.35
	布尔诺	385 700	7 855 937 600.00	55 045 754.90
匈牙利	布达佩斯	1 759 000	23 211 764 000.00	202 063 091.33
斯洛文尼亚	卢布尔雅那	278 600	6 574 124 200.00	42 796 623.72
克罗地亚	萨格勒布	1 470 000	19 543 650 000.00	169 496 800.85
塞尔维亚	贝尔格莱德	1 233 796	7 279 396 400.00	94 769 668.99
罗马尼亚	布加勒斯特	2 280 000	21 614 400 000.00	221 992 864.75
摩尔多瓦	基希讷乌	720 000	1 648 800 000.00	34 454 840.01
乌克兰	基辅	2 934 522	7 747 138 080.00	150 778 470.39
	顿涅茨克	929 063	2 452 726 320.00	47 736 121.26
	利沃夫	727 968	1 921 835 520.00	37 403 673.08
	敖德萨	1 011 494	2 670 344 160.00	51 971 502.73
	哈尔科夫	1 450 082	3 828 216 480.00	74 506 562.19
	第聂伯罗彼得罗夫斯克	3 476 200	9 177 168 000.00	178 610 389.96
保加利亚	索菲亚	1 200 000	10 436 400 000.00	111 909 248.95
马其顿	斯科普里	668 518	3 501 028 766.00	48 378 722.06
阿尔巴尼亚	地拉那	862 000	3 555 750 000.00	55 362 952.41
波黑	萨拉热窝	310 000	1 459 790 000.00	21 272 867.70

选择表6-1-2城市所属区域内人口和地区生产总值的几何平均值前50%的城市，并考虑以该城市的政治地位，即是否为首都或所属省份、州的省会城市，及该城市的交通情况即是否为交通枢纽城市；根据以上步骤完成节点城市的选取，确定了121座城市作为研究通达性的对象，以期能够通过城市、国家之间通达性的测算来全面反映研究区总体通达水平。

2. 铁路网数据集的建立

其中空间矢量数据包括：研究区国家级、省级行政区划、铁路道路网数据，主要来源于2018年开放街道地图（Open Street Map，简称OSM）。OSM是一个开源的、任何人都可以进行编辑的全民地图。

属性数据包括：行政区域人口和 GDP 数据，来源于哥伦比亚大学地球观测系统数据与信息中心和世界银行网站。

（三）数据预处理

针对空间数据的预处理，需借助 Arc GIS 软件实现。

（1）创建一个地理数据库用以储存研究区各城市的点、线、面信息，并按 90 千米/小时的速度计算铁路运行时间。地理数据库是按照层次性的数据对象来组织地理数据的，如图 6-1-1 所示。该地理数据库是 Arc GIS 实现网络分析功能的基础，也是本文分析整个研究区铁路网通达性的根本。

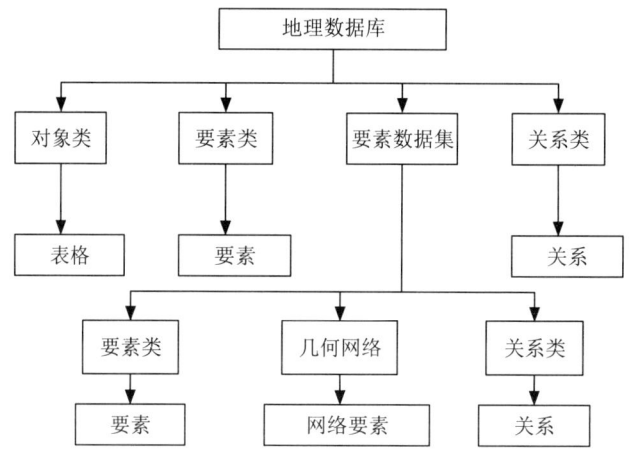

图 6-1-1　地理数据库的数据组织框图

（2）在创建完地理数据库后，必须定义空间参考坐标。一般用于通达性分析的坐标系统定义（地理坐标和投影坐标）：地理坐标统一定义为 GCS_WGS_1984，投影坐标统一定义为 WGS_1984_World_Mercator。

（3）运用 ArcGIS 将存有研究区城市数据、铁路数据和省级行政区划数据将数据信息可视化，依据空间地理要素的类别，按照点、线、面三种要素类型，将收集到的研究区数据信息划分为研究区城市、研究区铁路和研究区省级行政区划三个图层。

（4）按城市所在国家对所属同一地区的相邻城市进行拼接。经多次校正拼接，得到一张初步完整的研究区现有铁路分布图。最后对已得到的研究区现有铁路分布图与其他可获得电子矢量地图进行对比，验证其真实性，将不合理、不必要的街道线路删除，得到最终的研究区现有铁路分布图。

三、"丝路经济带"铁路网分布现状

（一）整体铁路网分布

经处理过的整个研究区现有铁路网以中国为东方起点，贯通整个亚欧大陆，从中国东北，经蒙古、中国新疆，连接中亚五国河中地区，再分别从北路俄罗斯和东欧通道进入欧洲，从南路伊朗、巴基斯坦及土耳其进入欧洲。不难看出，现有铁路网在中国东部和欧洲比较密集，中亚及中国西部地区铁路网稀疏。

（二）现有高铁线路

一直以来，我国积极对外开展高铁合作项目。目前由中国收获的研究区高铁订单为三条，里程为1434千米，涉及土耳其、匈牙利、塞尔维亚、伊朗四个国家，辐射欧洲和亚洲，如表6-1-3所示。

表6-1-3 中国对外开展的高铁项目

国家	项目名称	里程（千米）	设计时速（千米/小时）	项目进展	备注
土耳其	安卡拉—伊斯坦布尔高速铁路二期	158	250	运营	采用欧洲设计标准
匈牙利、塞尔维亚	匈塞铁路	350	200	正在建设	2015年12月项目启动
伊朗	德黑兰—马什哈德铁路电气化改造	926	250	正在建设	采用中国装备

第二节 "丝路经济带"铁路网通达性测算及结果分析

一、通达性理论概述

(一) 通达性内涵

通达性在古典区位论中是反映交通成本的基本指标。随着研究逐步深入，通达性受到不同研究领域学者的广泛关注。专家学者们对通达性的概念有着越来越丰富的理解和诠释。因此，就通达性而言，不同的人和视角产生了不同的理解。而产生理解差异的实质归因于通达性不同层面的含义。一是客观层面：各点之间交通、交流的便捷程度；二是主观层面：按人的意愿产生的对某一空间点或区域的主观选择优先级。

在此，本书定义"丝路经济带"现有铁路网的通达性含义更倾向于主观层面，即"丝路经济带"现有铁路网中各选定的节点城市间互相到达的方便程度。

(二) 通达性测量方法介绍

随着人们对通达性概念理解得更加深入以及在应用领域逐步扩展，对于通达性的测量方法不断地涌现并且不断地改进优化。然而，现有的种种方法根据其本身的特点适用于测算不同应用范围内的通达性。通过对比已有研究方法，结合本文研究内容发现：近年来，随着计算机技术水平的提高，人们已经熟练地将它与各门学科结合，为了更好地计算路网通达性，提出并取得了相关成果——将GIS技术与通达性结合起来研究。其中，平均最短旅行时间距离和加权平均旅行时间距离这两个测算指标常常出现在学者们的通达性实际测算评价研究中。

本书考虑到通达性除了与空间位置和研究区已有的交通基础设施水平有关

之外，还与研究区内所确定的节点城市的规模和城市所在区域内的经济发展水平有关，经济发展水平对人员的空间流动及其流动的方向起着决定性作用。正是考虑到节点城市规模的大小和其经济发展水平的高低这两个因素对通达性的影响作用，故此采用加权平均旅行时间距离这一指标，利用 Arc GIS 软件，采用主、客观相结合的方法对选定节点城市的通达性进行测算及分析，最后利用软件自带的克里金插值分析功能绘制整个研究区通达性专题示意图，以保证分析结果的准确性和直观性。

二、基于 Arc GIS 软件的通达性测算方法概述

（一）GIS 在路网通达性领域的研究与应用

随着计算机技术的成熟及其越来越广泛地应用于各个领域，在 20 世纪 80 年代，基于计算机的有关交通与区域规划问题等研究更加成熟，主要聚焦于解决城市交通规划设计问题。进入 20 世纪 90 年代，随着 GIS 技术在实际应用中更加完善，研究人员将 GIS 强大的空间分析功能应用到通达性领域更为普遍。在此期间，不同国家相继有学者利用 GIS 技术针对不同路网的通达性进行测算分析，并对具体的修建完善提出了建设性意见。结果均表明，路网通达性的提高与改善对城市体系的完善能起到巨大的促进作用。

（二）基于 Arc GIS 软件的"丝路经济带"铁路网通达性测算方法

由式（6-1）得出用来测算的通达性的指标为加权平均旅行时间距离：

$$A_i = \sum_{j=1}^{n}(T_{ij} \cdot M_j) / \sum_{j=1}^{n} M_j \qquad (6\text{-}1)$$

式（6-1）中，T_{ij} 为节点 i 到节点 j 的最短旅行时间距离；M_j 为节点 j 的权重，既可以是人口规模，也可以是地区生产总值，用以反映节点城市规模对人员流动意愿的影响程度；采用节点城市的人口规模和地区生产总值的几何平均值为权重，即 $M_j = \sqrt{P_j G_j}$，P_j 为 j 市的人口规模，G_j 为 j 市的 GDP 总量，可以使测到的通达性更加精准合理；n 为除 i 点外的节点城市总数；A_i 为节点城市 i 的加权平均旅行时间，表示 i 点在铁路网中的通达性，A_i 的值越小表示节点的通达性越好；反之则节点城市通达性越差。

为进一步反映各节点城市在整个铁路网中的作用及变动趋势，采用另一相关指标——通达性系数，来反映各节点城市通达性的相对高低。通达性系数为节点城市通达性值与整个路网所有节点城市通达性平均值的比，其数学表达式为：

$$A'_i = A_i / (\sum_{i=1}^{n} A_i / n) \quad (6-2)$$

式（6-2）中，A'_i为i节点的通达性系数，A_i表示节点i的通达性值，n为节点城市总数。A'_i值越大表明该节点通达性越差，大于1表明该节点城市通达性比整个研究区域的平均通达水平差，小于1表明该节点通达性比整个研究区域的平均通达水平优。

三、"丝路经济带"铁路网通达性测算

对于"丝路经济带"铁路网通达水平的测算，如式（6-1）所示，采用加权平均旅行时间距离A_i这一指标来反映。对加权平均旅行时间距离的求解，在此给予说明：Arc GIS软件并没有提供可用于直接计算时间度量的方法，但是提供了多个节点对多个节点之间的最短路径分析的OD成本矩阵分析功能。本书分析的是研究区121个节点城市相互之间的路径分析，所以可以通过创建OD成本矩阵来分析最短路径。OD成本矩阵用来计算两地之间的成本的，此成本可以是出行距离、也可以是出行时间。由于本书分析时间距离指标，所以在构建网络数据集时，自定义为OD时间成本，并赋予时间成本表达式为"［长度］/90"。其中，［长度］字段值为该段道路的长度（单位：千米），可由Arc GIS软件自行计算得出。

定义好时间成本后，为了满足从分析最短出行路径的距离成本转化为获取所需的时间成本数据，需要对OD时间成本矩阵进行分析设置。当选择时间指标进行分析时，结果就为节点间加权平均旅行时间距离。

设置完成后，分别将121个城市添加为起始点和目的地点求解路径，即可利用得到的出行距离计算出加权平均旅行时间距离。经OD时间成本矩阵分析得到各国家两两城市之间的时间通达性值，如表6-2-1所示；所得通达性系数，如表6-2-2所示。

表 6-2-1　各国家两两城市之间的时间通达性值

（加权平均旅行时间距离：小时）

城市	国家	通达性值	城市	国家	通达性值
科威特	科威特	133.3386	长春	中国	38.1935
巴士拉	伊拉克	132.7999	杭州	中国	37.9611
巴格达	伊拉克	127.0802	上海	中国	37.5739
马什哈德	伊朗	122.7264	长沙	中国	37.5409
摩苏尔	伊拉克	122.6006	抚顺	中国	36.5706
伊斯法罕	伊朗	121.5799	南昌	中国	36.2976
伊兹密尔	土耳其	121.0643	沈阳	中国	36.1535
大马士革	叙利亚	120.6747	鞍山	中国	36.0797
亚兹德	伊朗	119.9820	包头	中国	35.9173
伊斯坦布尔	土耳其	118.9383	南京	中国	35.6093
霍姆斯	叙利亚	118.3153	青岛	中国	35.3187
阿勒颇	叙利亚	116.1669	西安	中国	34.7123
乌鲁木齐	中国	116.0336	武汉	中国	34.2292
安卡拉	土耳其	113.2630	洛阳	中国	32.6830
阿达纳	土耳其	113.1122	太原	中国	32.5994
德黑兰	伊朗	112.6861	郑州	中国	31.8245
卡拉干达	哈萨克斯坦	107.0734	唐山	中国	31.8199
杜尚别	塔吉克斯坦	105.6855	济南	中国	31.4523
摩尔曼斯克	俄罗斯	105.5734	石家庄	中国	31.1758
大不里士	伊朗	105.0268	北京	中国	31.0665
阿什哈巴德	土库曼斯坦	102.8544	天津	中国	31.0217
埃尔祖鲁姆	土耳其	102.7963	哈尔科夫	乌克兰	25.5552
埃里温	亚美尼亚	101.7529	里加	拉脱维亚	22.4411
阿拉木图	哈萨克斯坦	101.5293	顿涅茨克	乌克兰	22.1302
撒马尔罕	乌兹别克斯坦	100.4586	吉大港	孟加拉国	21.7464
比什凯克	吉尔吉斯斯坦	98.8234	库尔纳	孟加拉国	20.4710

续表

城市	国家	通达性值	城市	国家	通达性值
第比利斯	格鲁吉亚	98.3422	海得拉巴	印度	20.3979
塔林	爱沙尼亚	97.5555	达卡	孟加拉国	19.8281
阿尔汉格尔斯克	俄罗斯	96.2175	第聂伯罗彼得罗夫斯克	乌克兰	19.0341
罗斯托夫	俄罗斯	95.3592	萨拉热窝	波黑	18.9509
塔什干	乌兹别克斯坦	94.4618	斯科普里	前南马其顿	18.3372
巴库	阿塞拜疆	93.8598	明斯克	白俄罗斯	18.0865
圣彼得堡	俄罗斯	93.1255	格但斯克	波兰	17.0568
伏尔加格勒	俄罗斯	88.6581	卢布尔雅那	斯洛文尼亚	16.9029
莫斯科	俄罗斯	85.9982	索菲亚	保加利亚	16.8819
阿斯特拉罕	俄罗斯	85.6305	维尔纽斯	立陶宛	16.7469
乌法	俄罗斯	82.8203	那格浦尔	印度	16.1159
诺夫哥罗德	俄罗斯	82.7505	萨格勒布	克罗地亚	15.8197
萨马拉	俄罗斯	82.6770	敖德萨	乌克兰	15.4834
符拉迪沃斯托克	俄罗斯	81.5242	基辅	乌克兰	15.2884
喀山	俄罗斯	79.8152	贝尔格莱德	塞尔维亚	15.1979
彼尔姆	俄罗斯	75.7689	布加勒斯特	罗马尼亚	14.9560
哈巴罗夫斯克	俄罗斯	73.2183	伊斯兰堡	巴基斯坦	14.3037
叶卡捷琳堡	俄罗斯	72.8685	拉瓦尔品第	巴基斯坦	14.2728
车里雅宾斯克	俄罗斯	70.7565	基希讷乌	摩尔多瓦	14.1056
鄂木斯克	俄罗斯	64.6826	布拉格	捷克	13.3203
新库兹涅茨克	俄罗斯	62.3881	巴特那	印度	13.2958
新西伯利亚	俄罗斯	59.8809	布尔诺	捷克	13.2054
昆明	中国	51.2516	华沙	波兰	13.1243
贵阳	中国	49.0110	弗罗茨瓦夫	波兰	12.8056
伊尔库茨克	俄罗斯	47.4246	布达佩斯	匈牙利	12.7366
广州	中国	44.6294	克拉科夫	波兰	12.5802

续表

城市	国家	通达性值	城市	国家	通达性值
福州	中国	42.2285	罗兹	波兰	12.5673
哈尔滨	中国	41.9782	阿姆利则	印度	11.9091
齐齐哈尔	中国	41.8257	利沃夫	乌克兰	11.4172
成都	中国	41.5347	拉合尔	巴基斯坦	11.2407
重庆	中国	40.8522	瓦拉纳西	印度	10.8247
乌兰巴托	蒙古	40.2263	坎普尔	印度	8.7851
兰州	中国	39.7405	新德里	印度	6.5907
吉林	中国	39.4287	德里	印度	6.5890
大连	中国	38.3089			

表 6-2-2 各国家两两城市之间的时间通达性系数

城市	通达性系数	城市	通达性系数
乌鲁木齐	2.1063	布达佩斯	0.2312
哈巴罗夫斯克	1.3291	布尔诺	0.2397
符拉迪沃斯托克	1.4799	布加勒斯特	0.2715
利沃夫	0.2073	布拉格	0.2418
伊尔库茨克	0.8609	巴特那	0.2414
杜尚别	1.9185	伊斯兰堡	0.2597
比什凯克	1.7939	拉瓦尔品第	0.2591
阿什哈巴德	1.8671	库尔纳	0.3716
塔林	1.7709	拉合尔	0.2040
科威特	2.4205	敖德萨	0.2811
埃里温	1.8471	基辅	0.2775
撒马尔罕	1.8236	格但斯克	0.3096
第比利斯	1.7852	克拉科夫	0.2284
乌兰巴托	0.7302	吉大港	0.3948
塔什干	1.7147	弗罗茨瓦夫	0.2325
大马士革	2.1906	哈尔科夫	0.4639

续表

城市	通达性系数	城市	通达性系数
霍姆斯	2.1478	顿涅茨克	0.4017
阿勒颇	2.1088	达卡	0.3599
卡拉干达	1.9437	罗兹	0.2281
巴库	1.7038	华沙	0.2382
阿拉木图	1.8430	第聂伯罗彼得罗夫斯克	0.3455
萨拉热窝	0.3440	海得拉巴	0.3703
基希讷乌	0.2561	瓦拉纳西	0.1965
摩苏尔	2.2255	那格浦尔	0.2925
巴士拉	2.4107	阿姆利则	0.2162
巴格达	2.3069	坎普尔	0.1595
卢布尔雅那	0.3068	德里	0.1196
大不里士	1.9065	新德里	0.1196
伊斯法罕	2.2070	昆明	0.9304
马什哈德	2.2278	齐齐哈尔	0.7593
亚兹德	2.1780	哈尔滨	0.7620
斯科普里	0.3329	贵阳	0.8897
德黑兰	2.0456	包头	0.6520
维尔纽斯	0.3040	兰州	0.7214
里加	0.4074	吉林	0.7157
新库兹涅茨克	1.1325	广州	0.8101
贝尔格莱德	0.2759	长春	0.6933
新西伯利亚	1.0870	大连	0.6954
埃尔祖鲁姆	1.8660	福州	0.7666
索菲亚	0.3065	成都	0.7540
阿达纳	2.0533	重庆	0.7416
伊兹密尔	2.1977	抚顺	0.6639
鄂木斯克	1.1742	沈阳	0.6563
安卡拉	2.0560	鞍山	0.6549

续表

城市	通达性系数	城市	通达性系数
伊斯坦布尔	2.1591	上海	0.6821
车里雅宾斯克	1.2844	杭州	0.6891
罗斯托夫	1.7310	青岛	0.6411
叶卡捷琳堡	1.3228	长沙	0.6815
摩尔曼斯克	1.9165	南京	0.6464
阿斯特拉罕	1.5544	南昌	0.6589
乌法	1.5034	西安	0.6301
彼尔姆	1.3754	唐山	0.5776
明斯克	0.3283	太原	0.5918
伏尔加格勒	1.6094	北京	0.5639
阿尔汉格尔斯克	1.7466	天津	0.5631
喀山	1.4489	石家庄	0.5659
萨马拉	1.5008	武汉	0.6214
圣彼得堡	1.6905	洛阳	0.5933
诺夫哥罗德	1.5022	济南	0.5709
莫斯科	1.5611	郑州	0.5777
萨格勒布	0.2872		

经 OD 时间成本矩阵分析得到的某城市与其他国家内各城市两两之间的时间通达性值如表 6-2-3 所示；所得通达性系数，如表 6-2-4 所示。

表 6-2-3 某城市与其他国家内各城市两两之间的时间通达性值

（加权平均旅行时间距离：小时）

城市	国家	通达性值	城市	国家	通达性值
巴士拉	伊拉克	134.7872	塔林	爱沙尼亚	97.6754
昆明	中国	134.4930	塔什干	乌兹别克斯坦	94.6461
科威特	科威特	133.5170	伏尔加格勒	俄罗斯联邦	94.3206
贵阳	中国	132.2669	巴库	阿塞拜疆	94.2458
巴格达	伊拉克	129.0128	莫斯科	俄罗斯	92.1202

续表

城市	国家	通达性值	城市	国家	通达性值
广州	中国	127.1281	阿斯特拉罕	俄罗斯	90.8559
伊兹密尔	土耳其	127.0610	诺夫哥罗德	俄罗斯	88.3800
伊斯坦布尔	土耳其	125.1190	萨马拉	俄罗斯	88.0836
马什哈德	伊朗	125.0110	乌法	俄罗斯	87.9083
摩苏尔	伊拉克	124.4138	喀山	俄罗斯	84.9950
福州	中国	124.3395	彼尔姆	俄罗斯	80.4529
伊斯法罕	伊朗	123.8245	符拉迪沃斯托克	俄罗斯	77.6810
成都	中国	123.1698	叶卡捷琳堡	俄罗斯	77.1653
重庆	中国	122.3829	车里雅宾斯克	俄罗斯	74.5761
亚兹德	伊朗	122.2211	乌鲁木齐	中国	74.2723
大马士革	叙利亚	121.0964	哈巴罗夫斯克	俄罗斯	69.3540
长沙	中国	119.2146	鄂木斯克	俄罗斯	67.9217
安卡拉	土耳其	119.0245	新库兹涅茨克	俄罗斯	64.7533
杭州	中国	118.8397	新西伯利亚	俄罗斯	62.2239
霍姆斯	叙利亚	118.7306	伊尔库茨克	俄罗斯	47.0586
阿达纳	土耳其	118.5868	乌兰巴托	蒙古	40.2989
南昌	中国	117.7721	哈尔科夫	乌克兰	29.8867
上海	中国	117.5137	海得拉巴	印度	27.8025
阿勒颇	叙利亚	116.5748	顿涅茨克	乌克兰	26.2469
武汉	中国	115.0614	吉大港	孟加拉国	25.4092
德黑兰	伊朗	114.8965	达卡	孟加拉国	23.6764
南京	中国	114.4754	里加	拉脱维亚	23.1720
西安	中国	113.5640	库尔纳	孟加拉国	23.1329
哈尔滨	中国	112.6085	第聂伯罗彼得罗夫斯克	乌克兰	22.9033
齐齐哈尔	中国	111.9728	那格浦尔	印度	22.4430
摩尔曼斯克	俄罗斯	111.8213	格但斯克	波兰	19.8548

续表

城市	国家	通达性值	城市	国家	通达性值
大连	中国	111.6909	明斯克	白俄罗斯	19.2286
兰州	中国	111.5366	萨拉热窝	波黑	19.1118
青岛	中国	111.1600	斯科普里	前南马其顿	18.6953
吉林	中国	111.0550	敖德萨	乌克兰	17.7863
洛阳	中国	110.6207	基辅	乌克兰	17.7831
抚顺	中国	109.8775	索菲亚	保加利亚	17.6646
长春	中国	109.6326	阿姆利则	印度	17.6347
鞍山	中国	109.4841	维尔纽斯	立陶宛	17.2560
沈阳	中国	109.4042	卢布尔雅那	斯洛文尼亚	17.1942
郑州	中国	109.2547	萨格勒布	克罗地亚	16.9577
卡拉干达	哈萨克斯坦	107.5032	布加勒斯特	罗马尼亚	16.3972
埃尔祖鲁姆	土耳其	107.3790	伊斯兰堡	巴基斯坦	16.0726
太原	中国	106.9928	拉瓦尔品第	巴基斯坦	16.0404
大不里士	伊朗	106.9427	新德里	印度	16.0170
济南	中国	106.7848	德里	印度	16.0107
杜尚别	塔吉克斯坦	105.7359	贝尔格莱德	塞尔维亚	15.7904
石家庄	中国	104.6821	华沙	波兰	15.7518
唐山	中国	104.1927	坎普尔	印度	15.3735
天津	中国	103.0421	罗兹	波兰	15.0705
阿什哈巴德	土库曼斯坦	102.9778	弗罗茨瓦夫	波兰	14.9722
阿尔汉格尔斯克	俄罗斯	102.3696	瓦拉纳西	印度	14.8751
北京	中国	102.1020	巴特那	印度	14.6782
阿拉木图	哈萨克斯坦	101.9572	克拉科夫	波兰	14.6736
埃里温	亚美尼亚	101.8939	布拉格	捷克	14.6549
罗斯托夫	俄罗斯	100.9401	布尔诺	捷克	14.3745
撒马尔罕	乌兹别克斯坦	100.6037	基希讷乌	摩尔多瓦	14.3007
包头	中国	100.3804	布达佩斯	匈牙利	13.8441

续表

城市	国家	通达性值	城市	国家	通达性值
圣彼得堡	俄罗斯	99.4282	拉合尔	巴基斯坦	12.7994
比什凯克	吉尔吉斯斯坦	98.8730	利沃夫	乌克兰	10.9323
第比利斯	格鲁吉亚	98.4973			

表 6-2-4　某城市与其他国家内各城市两两之间的时间通达性系数

城市	通达性系数	城市	通达性系数
乌鲁木齐	0.9671	布达佩斯	0.1803
哈巴罗夫斯克	0.9030	布尔诺	0.1872
符拉迪沃斯托克	1.0115	布加勒斯特	0.2135
利沃夫	0.1423	布拉格	0.1908
伊尔库茨克	0.6127	巴特那	0.1911
杜尚别	1.3767	伊斯兰堡	0.2093
比什凯克	1.2874	拉瓦尔品第	0.2089
阿什哈巴德	1.3408	库尔纳	0.3012
塔林	1.2718	拉合尔	0.1667
科威特	1.7385	敖德萨	0.2316
埃里温	1.3267	基辅	0.2315
撒马尔罕	1.3099	格但斯克	0.2585
第比利斯	1.2825	克拉科夫	0.1911
乌兰巴托	0.5247	吉大港	0.3308
塔什干	1.2324	弗罗茨瓦夫	0.1949
大马士革	1.5768	哈尔科夫	0.3891
霍姆斯	1.5459	顿涅茨克	0.3418
阿勒颇	1.5179	达卡	0.3083
卡拉干达	1.3998	罗兹	0.1962
巴库	1.2271	华沙	0.2051
阿拉木图	1.3275	第聂伯罗彼得罗夫斯克	0.2982

续表

城市	通达性系数	城市	通达性系数
萨拉热窝	0.2488	海得拉巴	0.3620
基希讷乌	0.1862	瓦拉纳西	0.1937
摩苏尔	1.6199	那格浦尔	0.2922
巴士拉	1.7550	阿姆利则	0.2296
巴格达	1.6798	坎普尔	0.2002
卢布尔雅那	0.2239	德里	0.2085
大不里士	1.3925	新德里	0.2086
伊斯法罕	1.6123	昆明	1.7512
马什哈德	1.6277	齐齐哈尔	1.4580
亚兹德	1.5914	哈尔滨	1.4662
斯科普里	0.2434	贵阳	1.7222
德黑兰	1.4960	包头	1.3070
维尔纽斯	0.2247	兰州	1.4523
里加	0.3017	吉林	1.4460
新库兹涅茨克	0.8431	广州	1.6553
贝尔格莱德	0.2056	长春	1.4275
新西伯利亚	0.8102	大连	1.4543
埃尔祖鲁姆	1.3981	福州	1.6190
索菲亚	0.2300	成都	1.6037
阿达纳	1.5441	重庆	1.5935
伊兹密尔	1.6544	抚顺	1.4307
鄂木斯克	0.8844	沈阳	1.4245
安卡拉	1.5498	鞍山	1.4256
伊斯坦布尔	1.6291	上海	1.5301
车里雅宾斯克	0.9710	杭州	1.5474
罗斯托夫	1.3143	青岛	1.4474
叶卡捷琳堡	1.0047	长沙	1.5522

续表

城市	通达性系数	城市	通达性系数
摩尔曼斯克	1.4560	南京	1.4905
阿斯特拉罕	1.1830	南昌	1.5335
乌法	1.1446	西安	1.4787
彼尔姆	1.0475	唐山	1.3567
明斯克	0.2504	太原	1.3931
伏尔加格勒	1.2281	北京	1.3294
阿尔汉格尔斯克	1.3329	天津	1.3417
喀山	1.1067	石家庄	1.3630
萨马拉	1.1469	武汉	1.4982
圣彼得堡	1.2946	洛阳	1.4403
诺夫哥罗德	1.1508	济南	1.3904
莫斯科	1.1995	郑州	1.4226
萨格勒布	0.2208		

四、"丝路经济带"铁路网通达性测算结果分析

(一)"丝路经济带"铁路网通达性值分析

一方面,分析各国两两城市之间的时间通达性。整个研究区时间通达性在空间分布上极不均衡,时间最短跨度为6.66小时到133.46小时。最优的主要集中在东欧和南亚地区城市,时间通达性都维持在6小时到60小时之间;最差的主要集中在中亚、南亚地区城市,时间通达性基本都在60小时到130小时之间。另外由于自然地理环境影响,位于中国的乌鲁木齐市通达性也很差,为116.03小时。中国与俄罗斯作为整个"丝路经济带"两大经济体通达性处于较好水平。

另一方面,分析一国某城市与其他国家内各城市两两之间的时间通达性。结果如表6-2-1所示,可以看出整个研究区在不考虑本国内城市之间的相互影响前提下,时间通达性空间格局发生了较大变化,但是整体空间分布仍旧极不

均衡，时间最短跨度为 15 小时到 123.72 小时。通达性最优城市依然主要集中在东欧和南亚，该地区城市大多时间通达性都维持在 15 小时到 40 小时之间；最差城市发生了变化，主要集中在西南亚和中国，该地区城市大多时间通达性基本都在 100 小时以上。由此可以得出中国基于铁路对外的通达性水平差，尤其是在中国沿海城市主要依靠海运，铁路运输并不占主导地位。

（二）"丝路经济带"铁路网通达性系数分析

与上述通达性值的分析方法一致，首先分析各国两两城市之间的时间通达性系数。通达性系数大于 1 的城市主要集中在整个研究区的中间地带，反映出中间地带城市通达性水平低于整个研究区平均水平，通达性差；通达性系数小于 1 的城市主要集中在东西两侧，且东侧通达性水平高于西侧。

进一步分析一国某城市与其他国家内各城市两两之间的时间通达性系数。通达性系数大于 1 的城市主要集中在俄罗斯东西部、中国绝大部分地区和西南亚地区，反映出这些地区城市通达性水平低于整个研究区平均水平，通达性差；通达性系数小于 1 的城市占整个研究区的比重较小，主要集中在东欧、俄罗斯中部以及南亚地区城市，且东欧和南亚通达性水平高于俄罗斯中部地区城市。

第三节 "丝路经济带"铁路网络中高铁布局分析

一、区域通达性与经济发展联系分析

就交通通达性与经济发展水平而言，总体上两者呈正相关关系。也就是说，交通通达性越高的地方经济发展水平也越高，但是两者间的相关程度大小却受多种其他因素影响，且根据以往研究表明，两者往往在空间组合上存在着较大差异，会出现经济发展水平与交通通达性不匹配的情况。然而一个区域的交通通达性与本地的经济发展又密不可分，且单凭了解国家整体经济发展概况，无法对现有铁路网是否有利于国家对外经济活动做出有效评估。因此，需

要进一步细分至各研究区内所选城市,对各城市的经济发展水平进行评估,以及通过构建采用时间距离修正的引力模型对各城市之间经济联系进行测算,得出一套现有铁路网沿线城市经济联系视角下的高铁布局方案。

二、引力模型及空间自相关理论

（一）引力模型的改进及构建

根据实际情况,本书采用时间距离修正经典引力模型来测算研究区经济相互联系强度。考虑到省会城市一般是各省的经济核心和对外经济联系的门户,以省会城市为各省经济的质心节点、省会城市间的铁路加权平均旅行时间距离的修正引力模型,对各国城市间的国际经济联系强度进行测度,表达式为：

$$R_{ij} = \frac{\sqrt{P_i G_i} \cdot \sqrt{P_j G_j}}{D_{ij}^2} \quad (6-3)$$

式中,R_{ij}为i、j两城市间的经济联系强度；P_i、P_j分别为i、j市的人口规模；G_i、G_j分别为i、j市的地区生产总值；D_{ij}为i、j两城市间基于铁路网的加权平均旅行时间距离。

基于引力模型,然后针对某一城市对整个研究区内剩余120座其他城市的经济联系总量进行测算,表达式为：

$$R_i = \sum_{j=1}^{n} R_{ij} \quad (6-4)$$

式中,R_i为i市对外经济联系总量,反映该城市与其他城市的经济联系强弱程度；同时进一步引入经济隶属度模型,可以得到两个城市之间的经济联系对各自的重要程度。以各节点城市与不同节点城市间经济联系强度的占比来表示各节点城市的经济隶属度,表达式为：

$$F_{ij} = R_{ij}/R_i \quad (6-5)$$

式中：F_{ij}表示i和j两城市间基于铁路网的经济联系隶属度,可以用来确定基于铁路网的城市经济联系的主要方向及强弱。

（二）空间自相关性理论及测度方法

为了分析"丝路经济带"内铁路通达性和经济联系强度的空间分布及

两者之间的相互关系，需要利用探索性空间数据分析方法，结合 Arc GIS 和 Open Geo Da 软件来分析其空间集聚性与异化性。空间自相关包括全局自相关 Moran's I 指数和局部自相关 Local Moran's I 指数两种。

1. 全局自相关

由地理学第一定律可知，任何地理事物之间均存在着联系，距离靠近的地理事物比距离疏远的联系更为密切，测算空间自相关性可以反映出邻近研究区域的相似程度。全局空间自相关能够反映区域经济的空间集聚或分散的总体态势，常用 Moran 指数和 Geary 系数来衡量。在此引入全局自相关 Moran 指数 I 进行度量，公式如下：

$$I = \frac{\sum_{i=1}^{n}\sum_{j=1}^{n}W_{ij}(x_i-\bar{x})(x_j-\bar{x})}{S^2\sum_{i=1}^{n}\sum_{j=1}^{n}W_{ij}} \qquad (6-6)$$

式中，I 为全局自相关系数；$S^2 = \frac{1}{n}\sum_i(x_i-\bar{x})^2$；$\bar{x} = \frac{1}{n}\sum_{i=1}^{n}x_i$。n 为样本数量；$x_j$ 为样本观测值；x 为均值；W_{ij} 为空间权重矩阵。Moran 指数 I 的取值一般介于 –1 和 1 之间，小于 0 为负相关，等于 0 为不相关，大于 0 为正相关。如果 Moran 指数 I 结果为正，且接近于 1，则表示相似属性的样本在区域中显著聚集；反之，则表示区域中样本属性具有显著的空间差异；而值越趋近于 0，则表示空间越呈随机分布。

可以通过标准化统计量 Z 来检验全局自相关 Moran 指数：

$$Z(I) = \frac{I-E(I)}{\sqrt{VAR(I)}} \qquad (6-7)$$

2. 局部自相关

在通过全局空间自相关分析了样本属性在空间上的总体均衡态势后，为了进一步得出样本观测值在空间上的局部集聚分布，在此引入局部 Moran 指数 I_i，计算公式如下：

$$I_i = \frac{(x_i-\bar{x})}{S^2}\sum_{j\neq i}^{n}W_{ij}(x_j-\bar{x}) \qquad (6-8)$$

式中，$S^2 = \frac{1}{n}\sum_i(x_i-\bar{x})^2$；$\bar{x} = \frac{1}{n}\sum_{i=1}^{n}x_i$。

局部 Moran 指数 I_i 能反映局部空间联系，若 I_i 为正，则在样本周围，某一相似属性存在空间集聚；反之，则样本周围的非相似属性存在空间集聚[64]。

局部 Moran 指数 I_i 也可以通过标准化统计量 Z（I_i）进行检验，公式如下：

$$Z(I_i) = \frac{I_i - E(I_i)}{\sqrt{VAR(I_i)}} \qquad (6-9)$$

采用局部 Moran 指数 I_i 显著性水平的 Moran 散点图结合 LISA 聚集图，来更为直观地表达局部空间自相关的测算结果。LISA 集聚图各类型具体意义如表 6-3-1 所示。

表 6-3-1 LISA 集聚图各类型意义

类型	意义
高—高	其自身发展水平较高，邻近区域经济发展水平较高
高—低	其自身发展水平较高，邻近区域经济发展水平较低
低—高	其自身发展水平较低，邻近区域经济发展水平较高
低—低	其自身发展水平较低，邻近区域经济发展水平较低

三、"丝路经济带"各城市经济联系总量比较分析

（一）城市经济联系总量测算

由前面所介绍的改进后经典引力模型，分别通过式（4-5）和式（4-6）来测算研究区节点城市相互之间的经济联系强度和各节点城市对外经济联系总量。在此以乌克兰的基辅市为例进行相关计算说明，如表 6-3-2 所示。

与基辅可通过铁路到达的城市有第聂伯罗彼得罗夫斯克、敖德萨和基希讷乌等 23 座城市，首先经世界银行公开数据网站查询可知乌克兰 GDP 为 1121.54 亿美元、全国人口为 44 831 159 人、基辅市人口为 2 934 522 人，则基辅市 GDP 为 7.75 亿美元；同样对与其可以经由铁路到达的 23 座城市 GDP 进行查询及计算；由于两城市间基于铁路网的加权平均旅行时间距离在上一章通达性的计算时已经得出，所以根据公式（4-5）可计算基辅市与其他 23 座城市之间的经济联系强度；最后根据公式（4-6）求和得出基辅市对外经济联系总量，即基辅市与其他 23 座城市两两相互之间的经济联系强度之和为 22.2689，单位为 10^{10}·百万经济度。

表6-3-2 基辅市经济指标计算示例

起点城市	$I=\sqrt{P_iG_i}$	终点城市	$J=\sqrt{P_jG_j}$	$I \cdot J$	D_{ij}	D_{ij}^2	R_{ij}	R'_i	$\dfrac{R_i}{10^{10}} \cdot$ 百万经济度
基辅	15 077.8470	第聂伯罗彼得罗夫斯克	17 861.0390	269 306 013.9370	6.0352	36.4236	7 393 729.2799	22 268 855.4241	22.2689
基辅	15 077.8470	敖德萨	5 197.1503	78 361 836.8509	6.9295	48.0173	1 631 948.7783		
基辅	15 077.8470	基希讷乌	3 445.4840	51 950 480.7395	7.7451	59.9868	866 031.4675		
基辅	15 077.8470	利沃夫	3 740.3673	56 396 686.1382	9.0359	81.6473	690 735.8625		
基辅	15 077.8470	顿涅茨克	4 773.6121	71 975 793.4602	10.4118	108.4059	663 947.1037		
基辅	15 077.8470	布加勒斯特	22 199.2865	334 717 445.8427	12.1867	148.5157	2 253 750.6863		
基辅	15 077.8470	克拉科夫	8 336.0926	125 690 329.2733	13.0628	170.6363	736 597.6342		
基辅	15 077.8470	哈尔科夫	7 450.6562	112 339 854.8132	14.0516	197.4476	568 960.3132		
基辅	15 077.8470	罗兹	8 647.3218	130 382 994.7019	14.3892	207.0480	629 723.6539		
基辅	15 077.8470	布达佩斯	20 206.3091	304 667 638.3209	15.1564	229.7178	1 326 268.9421		
基辅	15 077.8470	华沙	19 878.3704	299 723 027.5549	15.3577	235.8585	1 270 774.5166		
基辅	15 077.8470	弗罗茨瓦夫	7 162.2807	107 991 772.0972	16.3158	266.2066	405 669.0992		

续表

起点城市	$I=\sqrt{P_iG_i}$	终点城市	$J=\sqrt{P_jG_j}$	$I \cdot J$	D_{ij}	D_{ij}^2	R_{ij}	R'_i	R_i $10^{10}\cdot$百万 经济度
基辅	15 077.8470	布拉格	18 510.3303	279 095 929.4341	19.0692	363.6357	767 515.1234		
基辅	15 077.8470	布尔诺	5 504.5755	82 997 147.2496	19.2085	368.9653	224 945.6762		
基辅	15 077.8470	格但斯克	5 294.5453	79 830 344.2682	19.4887	379.8092	210 185.3901		
基辅	15 077.8470	贝尔格莱德	9 476.9669	142 892 257.2978	19.4992	380.2188	375 815.8761		
基辅	15 077.8470	索菲亚	11 190.9249	168 735 053.7867	20.0261	401.0464	420 737.0136		
基辅	15 077.8470	维尔纽斯	7 451.7711	112 356 664.5909	20.0801	403.2111	278 654.7023		
基辅	15 077.8470	萨格勒布	16 949.6801	255 564 683.6868	21.0976	445.1100	574 160.7524		
基辅	15 077.8470	明斯克	15 001.2207	226 186 110.8870	21.6063	466.8302	484 514.7220		
基辅	15 077.8470	卢布尔雅那	4 279.6624	64 528 094.6282	22.1376	490.0745	131 669.9742		
基辅	15 077.8470	萨拉热窝	2 127.2868	32 074 904.5195	23.3974	547.4386	58 590.8705		
基辅	15 077.8470	斯科普里	4 837.8722	72 944 697.1224	23.8219	567.4812	128 541.1716		

按上述方法对研究区城市的对外经济联系总量进行测算，结果如表6-3-3所示。其中，中国相关城市GDP单位按人民币对美元汇率2018年的平均值6.6846计算。

表6-3-3 研究区城市对外经济联系总量结果

（单位：10^{10}·百万经济度）

城市	对外经济联系总量	城市	对外经济联系总量
摩尔曼斯克	3.5094	伊斯法罕	12.0780
阿尔汉格尔斯克	23.3318	亚兹德	8.7010
圣彼得堡	204.6449	伊斯兰堡	40 175.3474
彼尔姆	28.5856	拉瓦尔品第	40 162.6173
叶卡捷琳堡	34.0105	拉合尔	1258.1516
诺夫哥罗德	17.3639	巴库	35.7906
喀山	29.3660	达卡	69.9658
车里雅宾斯克	58.8190	库尔纳	9.1486
鄂木斯克	47.8250	吉大港	31.7810
新西伯利亚	45.7990	卡拉干达	4.5003
乌法	22.6351	阿拉木图	14.6894
萨马拉	33.5553	杜尚别	1.5317
伊尔库茨克	19.4845	阿姆利则	1087.1302
伏尔加格勒	26.0606	新德里	5 454 819.5831
罗斯托夫	0.5395	德里	5 454 824.3830
新库兹涅茨克	21.6538	坎普尔	80.2796
哈巴罗夫斯克	10.3141	巴特那	16.1416
莫斯科	343.5412	瓦拉纳西	20.1042
符拉迪沃斯托克	7.3840	那格浦尔	18.3282
阿斯特拉罕	13.0770	海得拉巴	20.0075
塔林	25.7400	撒马尔罕	1.5677
里加	7.8947	塔什干	8.7600
维尔纽斯	38.1022	伊斯坦布尔	367.5240
明斯克	43.0092	安卡拉	286.6196
格但斯克	11.0025	埃尔祖鲁姆	11.3076

续表

城市	对外经济联系总量	城市	对外经济联系总量
华沙	119.2822	阿达纳	44.6085
罗兹	95.2656	伊兹密尔	79.6132
弗罗茨瓦夫	34.9880	齐齐哈尔	896.5476
克拉科夫	32.3260	哈尔滨	4375.4541
布拉格	56.6794	长春	12 375.4550
布尔诺	27.5266	吉林	16 581.4061
基希讷乌	10.5913	乌鲁木齐	20.9083
布达佩斯	52.3361	抚顺	7265.7905
卢布尔雅那	44.9534	沈阳	12 298.8302
布加勒斯特	26.7083	鞍山	3710.6375
贝尔格莱德	33.9236	北京	38 407.8468
基辅	22.2689	唐山	17 590.8212
利沃夫	11.1064	天津	40 649.2720
顿涅茨克	9.4215	石家庄	7891.1032
敖德萨	13.2738	太原	2670.0287
哈尔科夫	7.4112	济南	5334.9474
第聂伯罗彼得罗夫斯克	24.7133	兰州	440.5336
萨拉热窝	3.9902	郑州	9241.0704
萨格勒布	71.3245	洛阳	6664.0283
索菲亚	22.8317	西安	3205.4498
斯科普里	10.1528	南京	6107.6368
阿什哈巴德	4.0034	上海	18 106.8485
比什凯克	3.1914	成都	3796.7500
埃里温	20.6199	武汉	5071.1008
阿勒颇	37.1566	杭州	13 460.1250
霍姆斯	8.5725	重庆	4854.5457
大马士革	15.7947	南昌	1655.9568
摩苏尔	37.8209	长沙	2793.7360
巴格达	88.7742	贵阳	376.5914

续表

城市	对外经济联系总量	城市	对外经济联系总量
巴士拉	293.0087	福州	1 129.6964
科威特	260.2791	昆明	495.0704
乌兰巴托	54.9848	广州	1 858.9299
第比利斯	22.3299	青岛	2 707.6682
大不里士	17.9777	大连	2 096.1825
马什哈德	21.5255	包头	543.7154
德黑兰	78.8538		

（二）城市经济联系总量测算结果分析

各国首府城市往往是各地区经济核心和对外经济联系的门户，以选取的 121 座城市为整个研究区各国、各地区经济的质心，进而利用上述引力模型测算各节点城市所属国家间的经济联系强度及对外经济联系总量。

从城市层面来看，俄罗斯罗斯托夫市对外经济联系总量为所选 121 座城市中最少，仅 $0.5395 \cdot 10^{10}$ · 百万经济度；印度首都城市新德里对外经济联系总量为所选 121 座城市中最多，达 $5\ 454\ 824.383\ 0 \cdot 10^{10}$ · 百万经济度之多。表明同为"丝路经济带"国家，各城市对外经济联系总量差距甚大。

国家层面来看，各国家之间经济联系总量也还存在很大差距，印度作为世界第二人口大国，对外经济联系总量为 $10\ 910\ 885.957\ 5 \cdot 10^{10}$ · 百万经济度；中国作为世界第一人口大国，对外经济联系总量紧随其后为 254 674.684 6，与印度相差 40 多倍；塔吉克斯坦对外经济联系总量为 $1.531\ 7 \cdot 10^{10}$ · 百万经济度，与印度更是相差极大。

由所选节点城市对外经济联系总量之和代表"丝路经济带"各国对外经济联系总量，可以看出对外经济联系总量大的国家有波兰、伊拉克、土耳其、俄罗斯、巴基斯坦、中国和印度；对外经济联系总量小的国家有塔吉克斯坦、吉尔吉斯斯坦、波黑、土库曼斯坦、拉脱维亚、前南联盟马其顿和乌兹别克斯坦。当然由于所采用的指标由各城市人口数量与地区 GDP 加权平均所得，对外经济联系总量结果不可否认受到了各国人口数量悬殊的影响，为了使结果更加精准，下一步引入自相关性理论等对研究区各城市经济联系强度进行更深层次研究。

四、"丝路经济带"各城市经济联系强度比较分析

前面分析了所选取"丝路经济带"沿带各城市的对外经济联系总量,那么经济联系强度在时空上有何差异则通过全局和局部自相关性进行分析说明。

(一)空间权重矩阵的确定

为了更好地反映研究区内各城市间的空间关联度和经济联系强度,采取加权平均旅行时间距离的导数作为空间权重。因为相比于确定空间权重矩阵的两种常用算法:基于多边形公共边和基于多边形质心直线距离来说,使用加权平均旅行时间距离的导数来衡量空间权重更为精确有效。

(二)全局空间自相关测度

在式(6-6)的基础上,得到全局空间自相关测度如式(6-10)所示。

$$I = \frac{n \sum_{i=1}^{n} \sum_{j=1}^{n} W_{ij}(x_i - \bar{x})(x_j - \bar{x})}{\sum_{i=1}^{n} \sum_{j=1}^{n} W_{ij} \sum_{i=1}^{n} (x_i - \bar{x})^2} \quad (6-10)$$

其中:x_i、x_j为城市 i、j 的经济联系强度;W_{ij}为建立的空间权重矩阵;n 为研究区内的 121 座城市。

利用 Open Geo Da 软件计算得到的"丝路经济带"各城市经济联系强度综合得分的全局自相关 Moran 指数 I 的值为 0.4562,小于 1,虽然属于正相关范围,但相关性较低。这说明就"丝路经济带",从整体来看,各节点城市的对外经济联系强度在空间上具有聚类特征,但聚类特征不明显。即经济联系强度大的城市与经济联系强度大的城市相邻接,对外经济联系强度低的城市与对外经济联系强度低的城市相邻接。

(三)局部空间自相关测度

为了能进一步更直观地揭示"丝路经济带"不同经济发展水平的城市对其他城市经济联系强度在局部范围内的相关关系,则采用空间自相关的局部指标之一 Local Moran's I 来测量节点城市 i 与相邻接的节点城市 j 之间经济联系强度的相关性。

利用式(6-8),经计算,结合 Arc GIS 和 Open Geo Da 软件得到 Moran 散

点图，如图 6-3-1 所示。

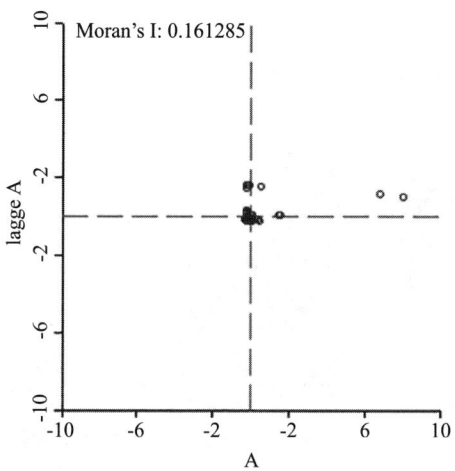

图 6-3-1 Moran 散点图

由图 6-3-1 可知，基于铁路网的经济联系的 Moran's I 指数点大部分落在第 I 和第 II 象限内且集中在 0 附近，呈现高高和低高集聚，说明就经济联系强度这一属性存在空间集聚。

所选的 121 座节点城市间集聚性较差，其中 59 座城市之间经济联系强度无显著性，这些城市主要集中在亚洲国家，表明集聚现象不明显；"低—低"类型的城市共有 52 座，主要分布在东欧国家，表明这些城市与邻近城市经济联系不紧密，没能在发展自身经济的同时带动邻域其他城市的经济发展；"高—高"类型存在于位于巴基斯坦的拉合尔市与位于印度的阿姆利则市，表明这两座城市经济发展迅速，城市自身均衡性较高，对另外一座城市的经济关联带动作用也较强；"低—高"类型的城市集中在印度、孟加拉国和巴基斯坦，表明这些城市自身对外经济联系较弱，而邻域城市对外经济联系较高；不存在"高—低"类型的城市，表明研究区中不存在某一城市对外经济联系强度较高，而其邻域城市对外经济联系强度弱的现象。

五、"丝路经济带"各城市经济隶属度比较分析

运用式（6-9）测算基于铁路网的城市经济联系隶属度，确定城市经济联

系的主要方向和强弱程度。如图 6-3-2 所示，全面清晰直观地体现了城市经济联系的主导方向。经过多次筛选经济联系隶属度分别在 60%、70% 和 80%（见图 6-3-3、6-3-4 和 6-3-5）以上的城市来解释主要城市经济联系特征。

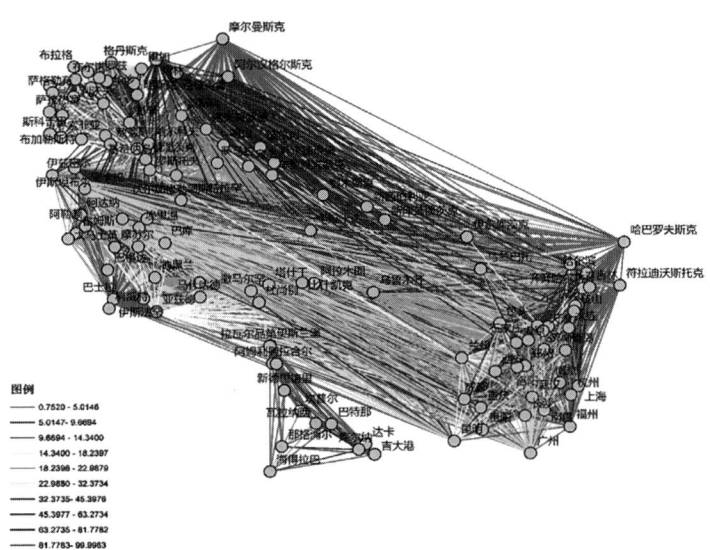

图 6-3-2　城市间经济隶属度分布图

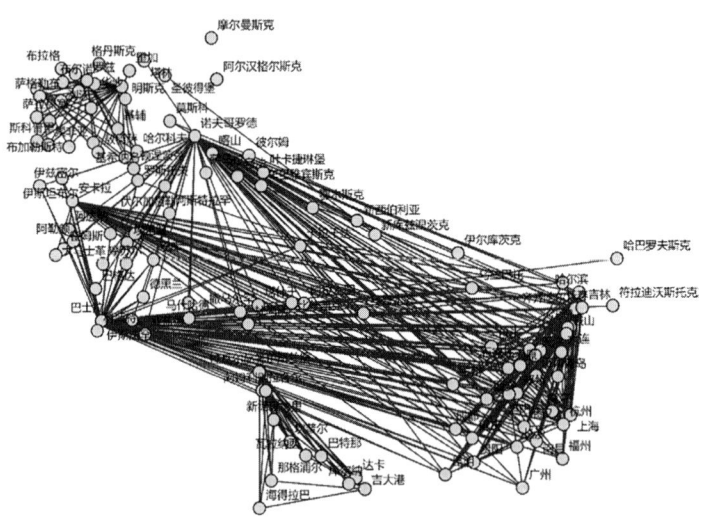

图 6-3-3　城市间经济隶属度为 60% 以上的分布图

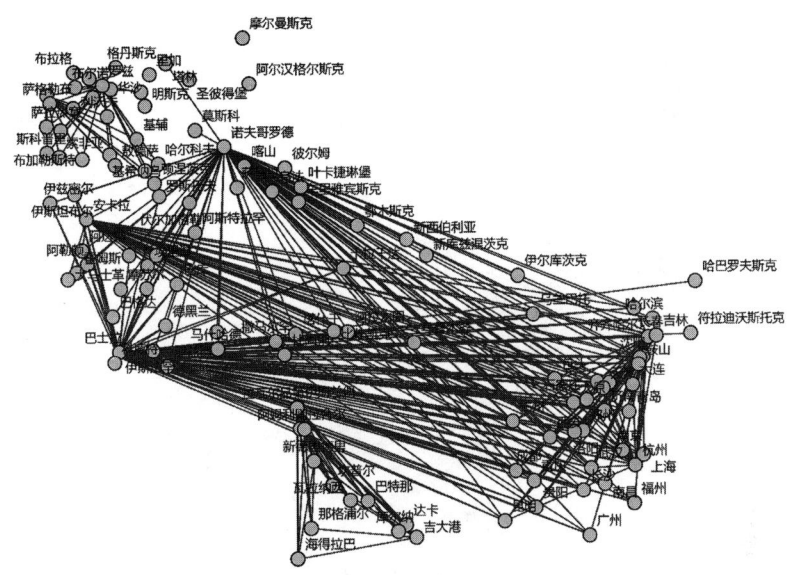

图 6-3-4　城市间经济隶属度为 70% 以上的分布图

由图 6-3-3 所示的经济隶属度大于 60% 的城市分布可知：在整个"丝路经济带"研究区内，东欧国家城市主要经济联系方向是东欧国家的其他城市，与研究区内其他区域城市经济联系非常微弱；就东欧国家内城市之间来看，维尔纽斯、罗兹和卢布尔雅那这三座城市对外经济联系较多。俄罗斯的诺夫哥罗德市、土耳其的安卡拉市、伊拉克的巴士拉市和科威特的科威特市的主要经济联系方向是中国各城市，其中绝大多数与中国沿海经济发达城市联系密切，这与我国沿海城市经济发展水平较高和中西部地区经济发展水平较低的实际情况相吻合；印度作为整个研究区经济发展水平较为落后的国家，其与研究区内其他区域国家城市经济联系也是极其微弱，尤其是其国内南部地区城市，经济发展比较闭塞。由图 6-3-4 所示的经济隶属度大于 70% 的城市分布可知：在整个"丝路经济带"研究区内，经济隶属度大于 70% 的城市与经济隶属度大于 60% 的城市分布相差不大，起决定作用的城市并未发生大的变化。

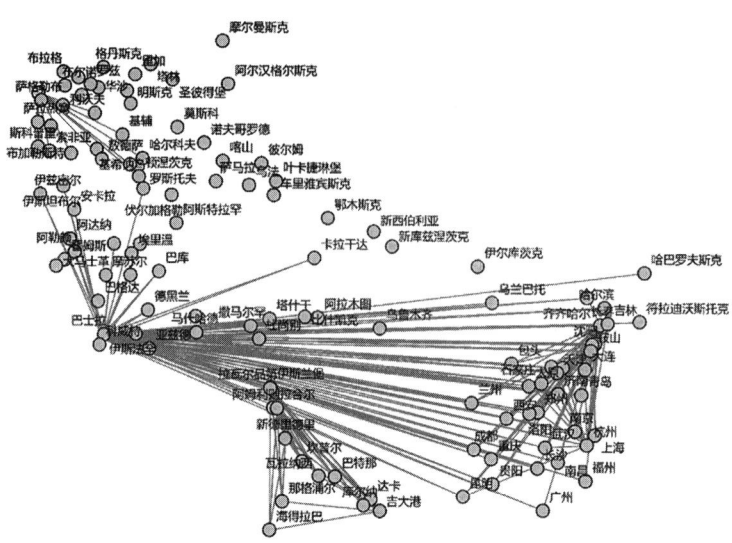

图 6-3-5　城市间经济隶属度为 80% 以上的分布图

由图 6-3-5 所示的经济隶属度大于 80% 的城市分布，对比经济隶属度大于 70% 的城市与经济隶属度大于 60% 的城市分布，我们可知在整个"丝路经济带"研究区内，隶属于东欧国家的卢布尔雅那市由于在交通联系、产业集中、科研机构和产业传统等方面的优势，在斯洛文尼亚拥有稳固的首席经济地位，因此在东欧国家内，卢布尔雅那是经济隶属度最高的城市。其次可以看出伊拉克巴士拉市和科威特的科威特市的经济隶属度也相当高，虽然伊拉克曾因石油工业资源而战火不断，但巴士拉市作为连接波斯湾和内河水系的唯一枢纽，它是国家对外贸易的窗口，其经济意义非常重大；科威特的科威特市石油和天然气资源储量丰富，像中国这样石油和天然气资源匮乏的国家将其作为主要经济联系方向。

六、经济联系视角下高铁站点选址

与之前分析通达性相似，由于国家国土面积、城市数量和城市发展水平的不一致导致各国所选城市数量不一致，所以在选择通达性差的城市时按照所选地区城市数量的不同，所选定的待确定高铁站点城市数量也不一致。这里按城市对外经济联系总量大小的前 50% 为标准，依次选择出需要初步待改善对外经济联系的城市。其次，判断初步所选定的城市与相邻城市经济联系强度在空间上是否具有集聚特征、再结合经济联系隶属度分别在60%、70%和80%以上的城市多次筛选来解释主要城市经济联系特征，综合分析城市站点初选址，从而进一步确定经济联系视角下的高铁站点选址。

（一）基于经济联系总量的高铁站点选址

由表6-3-3可知就所选定的研究区中对外经济联系总量最大的是位于印度的德里市。总的来说，对外经济联系总量大的城市主要集中在印度和中国部分地区；而对外经济联系总量小的城市主要集中在中亚地区。

1. 中亚地区的高铁节点城市的确定

中亚五国中共选定城市七座，综合考虑城市对外经济联系总量及其所属国家，选定杜尚别、撒马尔罕、比什凯克、阿什哈巴德和卡拉干达作为高铁节点城市。

2. 西亚/北非地区高铁节点城市的确定

西亚/北非九国中共选定城市20座，综合考虑城市对外经济联系总量及其所属国家，选定霍姆斯、埃尔祖鲁姆、伊斯法罕、埃里温、第比利斯和巴库作为高铁节点城市。

3. 中国高铁节点城市的确定

中国共选定城市27座，则从考虑城市对外经济联系总量角度初步选定待改善的14座城市依次为乌鲁木齐、贵阳、兰州、昆明、包头、齐齐哈尔、福州、南昌、广州、大连、太原、青岛、长沙和西安。

4. 中东欧高铁节点城市的确定

中东欧18国中共选定城市26座，综合考虑城市对外经济联系总量及其所属国家，选定萨拉热窝、里加、斯科普里、基希讷乌、索菲亚、塔林、布加勒斯特、贝尔格莱德、维尔纽斯、明斯克、卢布尔雅那、布达佩斯、萨格勒布、布尔诺、哈尔科夫、顿涅茨克、利沃夫、格但斯克、克拉科夫和弗罗茨瓦夫作为高铁节点城市。

5. 其他地区高铁节点城市的确定

除中亚、西亚国家和中国外的其他地区共选定城市35座，综合考虑城市对外经济联系总量及其所属国家，进一步选定罗斯托夫、摩尔曼斯克、符拉迪沃斯托克、库尔纳、哈巴罗夫斯克、阿斯特拉罕、巴特那、诺夫哥罗德、那格浦尔、伊尔库茨克、海得拉巴、瓦拉纳西、新库兹涅茨克、乌法和阿尔汉格尔斯克作为高铁节点城市。

（二）结合经济联系强度与经济隶属度综合分析城市选址

在基于经济联系总量选取的站点的基础上，结合经济联系强度与经济隶属度，综合考虑后对上述站点进行二次遴选，各区域选取的城市如下。

1. 中亚

杜尚别、撒马尔罕、比什凯克、阿什哈巴德和卡拉干达五座城市均属现所选研究区内城市对外经济联系总量排名前10中的城市。

其中杜尚别是塔吉克斯坦的首都，是塔吉克斯坦主要的经济和贸易集中城市。但其与研究区121座城市中59座主要集中在亚洲城市，且与其之间经济联系强度无显著性，主要是与中国多数和西亚部分共43座城市有经济联系，而且随着经济联系隶属度的提高，与其有经济联系的城市越少，说明该城市与其他某一城市的经济联系对其重要性不高，所以该市考虑作为备选高铁站点城市。比什凯克市主要通过9条公路干线和1条铁路支线同国内各州和周边国家哈萨克斯坦、乌兹别克斯坦和中国联结起来。所以尽管经济联系强度无显著性，但是与其有经济联系的城市有60座，因此建设高铁站点很有必要。卡拉干达市是哈萨克斯坦最大的工业城市，与43座城市有经济联系，经济联系强度属"低—低"类型，表明其与邻近城市经济联系不紧密，没能在发展自身经济的同时带动邻域其他城市的经济发展。为了进一步发展自身及其邻域城市经济，考虑作为备选高铁站点城市。

撒马尔罕是中亚最古老的城市之一，丝绸之路上重要的枢纽城市。经济联系强度无显著性，主要也是与中国和西亚部分共41座城市有经济联系，与其他某一城市的经济联系对其重要性不高；且其经济主要以工业（轧棉、丝织和食品加工）为主，所以高铁站建设有待进一步考证。阿什哈巴德虽然是土库曼斯坦的经济中心，与60座城市有经济联系，但是经济结构单一，长期以来一直以种植业和畜牧业为主，经济联系强度也无显著性。因此为高铁站建设待定城市。

2. 西亚/北非

西亚/北非九国中初步选定的六座城市依次为霍姆斯、埃尔祖鲁姆、伊斯法罕、埃里温、第比利斯和巴库。

其中霍姆斯市是该地区城市中对外经济联系最差的城市。它与56座城市有经济联系，与其他城市经济联系强度也无显著性，所以该市就经济发展上来说并不适宜高铁运输，没有建设高铁站的必要。巴库市虽与43座城市有经济联系，但与其他城市经济联系强度无显著性，且为阿塞拜疆的一个内陆海港。所以作为备选高铁站点并不适合。

埃尔祖鲁姆市经济以轻工业为主，农产品和工业产品在主要出口商品中大致各占一半；与37座城市有经济联系，与其他城市经济联系强度无显著性，考虑作为高铁站点备选城市。伊朗是亚洲主要经济体之一，经济实力位居亚洲第7位。伊斯法罕市为伊朗第三大城市，但是基础相对薄弱，大部分工业原材料和零配件依赖进口；与45座城市有经济联系，与其他城市经济联系强度无显著性；从主要进出口商品类型来看，有必要建设高铁站。埃里温市不但是亚美尼亚主要的经济和贸易集中城市，且与中国贸易及物流运输较频繁；与56座城市有经济联系，但与其他城市经济联系强度无显著性；为了进一步促进共同发展，考虑建设高铁站。第比利斯市是格鲁吉亚工业中心，与土耳其、阿塞拜疆和中国等10大国家贸易交好；与49座城市有经济联系，但其经济联系强度无显著性；因此，建设高铁站可大范围带动各国经济共同发展，充分表明建设的必要性。

3. 中东欧

中东欧18国初步选定的20座城市依次为萨拉热窝、里加、斯科普里、基希讷乌、索非亚、塔林、布加勒斯特、贝尔格莱德、维尔纽斯、明斯克、卢布尔雅那、布达佩斯、萨格勒布、布尔诺、哈尔科夫、顿涅茨克、利沃夫、格但斯克、克拉科夫和弗罗茨瓦夫。

其中萨拉热窝市对外经济联系总量最少，仅与三座邻近城市有经济联系，且其经济联系强度属"低—低"类型，这是由于该市面积人口均较少，而且位于被山峰所包围的河谷，城市规模较小且较为集中，故不适宜在市内建设高铁站。布加勒斯特市虽说是罗马尼亚首都、全国的政治、经济和文化中心，但仅与八座邻近城市有经济联系，且经济联系强度属"低—低"类型，城市位于黑海边，考虑更适合海运与公路运输，因此不必建设高铁站。贝尔格莱德市和萨格勒布市虽分别为塞尔维亚和克罗地亚的首都、经济中心，但是贝尔格莱德市与九座邻近城市有经济联系，萨格勒布市仅与两座邻近城市有经济联系，经济联系强度均属"低—低"类型；由于国家面积和人口数量的限制，现有陆侧公共交通发达且已充分满足出行需求，所以不考虑建设高铁。卢布尔雅那市在斯洛文尼亚拥有首席经济地位，与12座邻近城市有经济联系，但其经济联系强度均属"低—低"类型。是典型的地广人稀城市，现有交通充分保证了当地人的出行，所以不需要建设高铁。哈尔科夫市在乌克兰东北部，仅与五座邻近城市有经济联系，且经济联系强度均属"低—低"类型；同俄罗斯接壤，与莫斯科通过管道运输天然气；不适合建设高铁站。利沃夫市由于人口规模大的原因，在乌克兰算是经济发展较快的。但根据世界银行分类标准，利沃夫市属于下中水平收入城市；仅与10座邻近城市有经济联系，且经济联系强度均属"低—低"类型；若是建设高铁站或许可以改善现有经济现状，但是就目前来说该市已经是一个铁路枢纽，且覆盖范围广泛，考虑到再建会造成资源浪费所以无须建设。格但斯克市作为波兰最北边靠近波罗的海的一个小海滨城市，与20座邻近城市有经济联系，但经济联系强度均属"低—低"类型，而且市内公共交通满足需求，与外贸易建议走海运，所以考虑不建设高铁站。

里加市是拉脱维亚最重要的工业城市，有通往莫斯科、圣彼得堡和塔林等地的铁路；与22座邻近城市有经济联系，但其经济联系强度属"低—低"类型；从其进出口产品类型来看大都适合铁路运输，所以可以考虑在此建设高铁站。斯科普里市经济联系强度属"低—低"类型，但与24座邻近城市有经济联系，是马其顿的经济中心都市且逐渐成为东南欧的交通据点，结合这两点因素可考虑作为高铁站建设点。基希讷乌市是摩尔多瓦的主要工业与服务业中心，与10座邻近城市有经济联系，但经济联系强度属"低—低"类型；主要包括消费产品与电子产品制造、建筑材料、机械、塑胶、橡胶与纺织等工业项目和一般零售交易的服务业项目，适于铁路运输，综合这些因素考虑可作为高铁站建设点。

索菲亚是保加利亚的首都，与23座邻近城市有经济联系，但经济联系强度属"低—低"类型；全国经济、文化中心，经济发展主要依赖于工业、手工业及旅游服务业，且是欧洲交通中心之一；高铁站若建在该市，更有利于促进全欧洲城市之间的经济联系，所以考虑建设高铁站。塔林作为爱沙尼亚的首都和最大城市，同时也是经济与交通中心；与61座邻近城市有经济联系，但经济联系强度属"低—低"类型；东与俄罗斯相邻，且现有通莫斯科、圣彼得堡的铁路。莫斯科已确定建设高铁站，作为与莫斯科有来往的城市之一，建设高铁站会使得两地贸易往来更加紧密。维尔纽斯市是立陶宛的主要经济中心，与23座邻近城市有经济联系；目前拥有完善的公共交通系统；从长远发展角度来看，该市在莫斯科高铁站建成之后建设高铁站，有打开俄罗斯市场的潜在可能，两国有进一步发展经济贸易的可能，所以可考虑在该市建设高铁站。

明斯克市是现今白俄罗斯最大的工业中心，与22座邻近城市有经济联系，但其经济联系强度均属"低—低"类型，且自然资源较为匮乏，绝大部分原材料主要依赖俄罗斯和乌克兰进口；该市主要贸易对象是俄罗斯且现有铁路通往莫斯科，所以建设高铁站有助于加强与俄罗斯的进出口贸易联系。布尔诺市是捷克的第二大城市，与14座邻近城市有经济联系，是最重要的工业城市和铁路枢纽，地处整个欧洲的中心地带，但其经济联系强度均属"低—低"类型；在该市建设高铁站对整个欧洲建成高铁线网的意义极其重大；考虑建设高铁站。克拉科夫市是波兰南部最大的工业城市和重要的铁路枢纽，也是最大的旅游城市之一，与17座邻近城市有经济联系，但其经济联系强度均属"低—低"类型；建设高铁站点对其旅游文化发展是非常有帮助的。弗罗茨瓦夫在波兰城市中是经济规模仅次于首都华沙的工业城市，与18座邻近城市有经济联系，但其经济联系强度均属"低—低"类型；欧洲的铁路枢纽之一，不仅有通往波兰各地的国内列车，也有不少前往柏林、基辅、布达佩斯等地的国际列车班次，若是考虑在欧洲推进高铁项目建设，该市作为高铁站点建设必不可少。

布达佩斯是匈牙利首都，主要的商业及运输中心，但其仅与10座邻近城市有经济联系，且经济联系强度均属"低—低"类型，作为备选高铁站留待进一步探究。

4. 中国

中国共选定城市27座，从考虑城市对外经济联系总量角度初步选定待改善对外经济联系的14座城市，依次为乌鲁木齐、贵阳、兰州、昆明、包头、齐齐哈尔、福州、南昌、广州、大连、太原、青岛、长沙和西安。

5. 其他地区

除中亚、西亚国家和中国外的其他地区初步选定的15座城市依次为罗斯托夫、摩尔曼斯克、符拉迪沃斯托克、库尔纳、哈巴罗夫斯克、阿斯特拉罕、巴特那、诺夫哥罗德、那格浦尔、伊尔库茨克、海得拉巴、瓦拉纳西、新库兹涅茨克、乌法和阿尔汉格尔斯克。

由此可见选定的 15 座城市中有 10 座城市属俄罗斯,其中罗斯托夫市虽与 59 座城市有经济联系,但与其他城市经济联系强度无显著性,而且作为一个人口少、面积小的俄罗斯边缘城市,不考虑建设高铁站。摩尔曼斯克市与研究区内除东欧国家分散在各地的 76 座城市有经济联系,但其经济联系强度并无显著性,而且作为俄罗斯北冰洋沿岸最大港市,相比高铁运输,更适合海运和空运。所以也不作为高铁站建设。阿斯特拉罕市虽与 61 座城市有经济联系,但其经济联系强度无显著性,而且人口约 50 万,分布在有运河和小溪相连的 11 个岛屿上。主要经济来源为海产品,所以不适合建设高铁站。新库兹涅茨克市虽与 67 座城市有经济联系,但其经济联系强度无显著性,而且是俄罗斯东部地区最大的主要以钢铁、煤炭、机械制造为主的重工业城市之一。考虑到大宗重工业产品的运输采用普通铁路运输更为安全,所以该市不建设高铁。库尔纳市是孟加拉国大河港之一,工业以造船为主。仅与九座城市有经济联系,且其经济联系强度无显著性,所以不建议建设高铁站。

诺夫哥罗德市与 71 座城市有经济联系,其经济联系强度无显著性,但却是俄罗斯最古老的一个城市,拥有 11 世纪至 15 世纪著名建筑古迹,有作为旅游经济发展的潜在价值,而高铁客运是带动经济发展的重要手段,所以应该作为高铁站建设点。伊尔库茨克的经济联系强度无显著性,但与 65 座城市有经济联系,是西伯利亚最大的工业城市、交通和商贸枢纽,也是离贝加尔湖最近的城市;在此建设高铁站对带动工业、商贸和旅游产业大有好处,所以应该作为高铁站建设点。巴特那、那格浦尔、海得拉巴和瓦拉纳西这四座城市均属印度国。其中巴特那市仅与三座城市有经济联系,且其经济联系强度无显著性,但其值得参观游览的地方很多,有研究价值的文物和古迹不少,所以旅游价值有待开发,可建设高铁站。那格浦尔市仅与海得拉巴市有经济联系,但其经济联系强度无显著性且地处整个国家中心,是一个重要的枢纽站,建设高铁站是一定要的。瓦拉纳西市仅与 11 座邻近城市有经济联系,且其经济联系强度无显著性;是一座古老的宗教圣城,既是印度古老文化的缩影,又是印度现代文化的中心,对世界各地的游客具有极大的吸引力;满足作为高铁站建设的条件。

阿尔汉格尔斯克市大部分为平原和低地,多沼泽,大量输出木材且位于沿海地区,有直接通往莫斯科的铁路,所以国内货运可采用铁路运输,但是对外出口建议考虑海运；虽与 80 座城市有经济联系，但其经济联系强度无显著性，因此是否在该市建设高铁站有待进一步深究。

参考文献

曹小曙，李涛．基于陆路交通的"丝绸之路经济带"可达性与城市空间联系［J］．地理科学进展，2015，34（6）：657-664．

陈博文，陆玉麒．江苏交通可达性与区域经济发展水平关系测度——基于空间计量视角［J］．地理研究，2015，34（12）：2283-2294．

高安刚，朱芳阳．高速铁路对西南地区可达性及经济联系的影响研究［J］．铁道运输与经济，2014，36（5）：1-5．

高莹．中国高铁出口发展趋势研究［J］．时代经贸，2018，447（22）：59-60．

高勇，蔡先华．基于 Arc GIS Server 的 Web GIS 系统开发［J］．网络安全技术与应用，2007（12）：68-69．

李阿萌，肖翔．高速铁路对长三角地区城市经济联系格局的影响［J］．现代城市研究，2014（9）：110-116．

李恒鑫．湖北沿江铁路大通道布局研究［J］．铁道工程学报，2015，32（6）：25-31．

李京忠，袁宁．基于 GIS 的河南省交通网络通达性评级分析研究［J］．许昌学院学报，2019，38（02）：30-34．

梁宇，郑新奇．利用空间句法模型研究京津冀路网的通达性［J］．测绘通报，2016（10）：101-105．

孟德友，陆玉麒．高速铁路对河南沿线城市可达性及经济联系的影响［J］．地理科学，2011（5）：537-543．

孟德友，陆玉麒．基于引力模型的江苏区域经济联系强度与方向［J］．地理科学进展，2009，28（5）：697-704．

孟德友，陆玉麒．长江三角洲高速公路网络构建对区域可达性的影响［J］．热带地理，2014，34（5）：643-654．

汤国安．Arc GIS 地理信息系统空间分析实验教程［M］．Arc GIS 地理信息系统空间分析实验教程，2012．

王妙妙，曹小曙．基于交通通达性的关中—天水经济区县际经济联系测度及时空动态分析［J］．地理研究，2016，35（6）：1107-1126．

王腾, 左宜. 湖北省区域交通与经济发展水平关联度分析 [C]. 持续发展理性规划——2017中国城市规划年会论文集 (16区域规划与城市经济). 2017.

王振波, 徐建刚. 中国县域可达性区域划分及其与人口分布的关系 [J]. 地理学报, 2010 (4): 416-426.

徐维祥, 陈斌. 基于陆路交通的浙江省城市可达性及经济联系研究 [J]. 经济地理, 2013, 33 (12): 49-53.

徐州, 林孝松. 巫山县乡村地区公路网通达性空间格局研究 [J]. 浙江大学学报 (理学版), 2019 (4).

杨钟贤, 刘邵权. 汶川地震重灾区交通通达性分析 [J]. 长江流域资源与环境, 2009, 18 (12): 1166-1172.

叶明武, 王军. 基于GIS的上海中心城区公园避难可达性研究 [J]. 地理与地理信息科学, 2008, 24 (2): 96-98.

尹鹏, 李诚固. 东北地区省际城市可达性及经济联系格局 [J]. 经济地理, 2014, 34 (6): 68-75.

章小军. 综合交通枢纽场站布局规划 [J]. 现代经济信息, 2013 (13): 380-380.

周红娟. 基于GIS的路网分析系统的研究与构建 [D]. 西南交通大学, 2016.

邹晖, 祁毅. 基于形态差异的城市绿地公园服务效率评价——Arc GIS可达性分析应用实例 [J]. 南昌师范学院学报, 2013, 34 (3): 35-38.

Bentlage Michael, Lüthi Stefan, Thierstein Alain. Knowledge Creation in German Agglomerations and Accessibility: an Approach Involving Non-physical Connectivity. Cities, 2013, 30 (2): 47-58.

Chine, Steven. Optimization of Bus Stop Locations for Improving Transit Accessibility [J]. Transportation Planning and Technology, 2004, 11 (6): 211-227.

Gleason M P, Murray A T. Recent Advances in Accessibility Research: Representation, Methodology and Applications [J]. Geographical Systems, 2003 (5): 129–138.

Keeble R A. Urban Population Loss in Historical Perspective: Europy, 1820-2000 [J]. Environment and Planning, 2009, 41: 514-528.

Mateos Héctor S, Martínez Sánchez, Sanz Inmaculada, et al. Road Accessibility and Articulation of Metropolitan Spatial Structures: the Case of Madrid (Spain). Journal of Transport Geography, 2014, 37 (5): 61-73.

Milenkovic M, Bojovic N. Fuzzy Modeling Approach to the Rail Freight Car Inventory Problem

[J]. Transportation Planning and Technology, 2013 (ahead-of-print): 1-19.

Munnel T. Errors Expected: Aligning Urban Strategy with Demographic Uncertainty in Shrinking Cities [J]. International Planning Studies, 2008 (13): 431-446.

Park B H, Kim C S, Pho H L. On the Railway Line Planning Models Considering the Various Halting Patterns [J]. Proceeding of the International Multi-Conference of Engineers and Computer Scientists, 2010, 3: 17-19.

Sayarshad H R, Javadian N, Tavakkoli-Moghaddam R, et al. Solving Multi-objective Optimization Formulation for Fleet Planning in a Railway Industry [J]. Annals of Operations Research, 2010, 181 (1): 185-197.

Vickerman H, Albert M. Impoverished and Informal: Emerging Research Agendas in Planning [J]. Progress in Planning, 2009, 72 (4): 195-250.

Zhu Q, Chen Y, Liu T. GIS-Based OWA Method and Its Application to Site Safety Evaluation [C]. International Symposium on Modern Mining & Safety Technology. 2008.

第七章 "一带一路"沿线贸易网络与物流网络对比研究

"贸易畅通"是"一带一路"合作的基本目标。近年来，随着"一带一路"倡议不断深入人心，沿线国家积极响应，极大地促进了区域经贸往来，贸易联系日趋紧密；多边贸易份额不断增加。随着贸易发展的不断深入，"一带一路"沿线物流网络建设也获得长足发展。中欧班列的发班数量不断增加，航空及远洋航线不断开辟。在中国对"一带一路"国家的国际贸易中，以水路运输的进出口占比最高，约占70%；其次为航空运输，约占20%；铁路、公路运输受空间限制，占比较小。"一带一路"沿线物流网络是否能够支撑当前甚至以后的贸易发展，以及二者之间的相互关系，对于"一带一路"沿线经贸发展具有重要意义。因此对比"一带一路"贸易网络与物流网络，对比研究二者间的共通性与差异，对物流网络的优化、航线开辟都具有重要意义。

第一节 "一带一路"贸易网络与物流网络特征参数的对比

一、国家视角下"一带一路"贸易网络与物流网络的数据采集

鉴于当前"一带一路"沿线国家间国际贸易的运输方式以远洋运输与航空

运输为主，二者合计超过了运输总量的90%，因此本书以航空运输、远洋运输作为构建物流网络的主要运输方式；由于航空运输、远洋运输分别具有鲜明的技术经济特征，二者之间进行联运的情况极其少见，因此不存在二者网络融合的需要；此外，由于当前能够采集到的"一带一路"沿线各国国际贸易数据的统计口径多以国家为单位，为确保贸易网络与物流网络有相同的研究维度，故需要对第四章、第五章采集的航空网络和航运网络从国家视角下进行重新整合与构建。

（一）"一带一路"贸易网络的构建

针对"一带一路"沿线65个国家，采集各国家相互之间的国际双边贸易进出口数据。贸易网络数据主要来自世界银行下的WITS（World Integrated Trade Solution），该网站提供了所有国家、地区的双边贸易进出口数据。

将"一带一路"沿线65个国家作为贸易矩阵的行和列，以2017年两国间是否存在贸易往来作为矩阵的元素，若存在贸易往来则该元素为1，反之为0。由此构建出反映"一带一路"沿线国家贸易互通情况的一个65×65的邻接矩阵，记为M_1。

同样以"一带一路"沿线65个国家作为矩阵的行和列，以2017年两国间的双边贸易额为矩阵元素的值，构建一个邻接矩阵，反映"一带一路"沿线国家2017年的双边贸易流量，记为M_2。由于相对于矩阵M_1，矩阵M_2不仅包括了网络的结构信息还包含了贸易流量数据，矩阵M_1可根据矩阵M_2得到，故本书仅收录M_2，详见本书附录1。

由于不同国家统计数据的误差以及计价方式的不同，甲国对乙国的贸易额可能不等于乙国对甲国的贸易额。对应位置数据不同时，选取平均值；并将原始数据对称化，使之构成无向邻接贸易矩阵。

（二）国家视角下"一带一路"航空网络和远洋航运网络的构建

将第四章采集的机场或港口间的数据按国别进行合并，以沿线65个国家作为矩阵的行和列，可以得到国家视角下"一带一路"沿线航空网络连接矩阵H_1和航空网络加权矩阵H_2。其中，航空网络连接矩阵H_1反映的是"一带一路"沿线65个国家间的通航状况，两个国家间通航则矩阵对应元素为1，否则为0；

矩阵 H_2 中元素为两国间的航线数量，详见本书附录 2。

按照同样的方法，剔除"一带一路"沿线的内陆国家，可以得到"一带一路"远洋航运网络 Y_1 和加权网络 Y_2，详见本书附录 3。

二、网络密度的对比

网络密度是反映网络中各节点关系的重要指标，其计算公式如式（7-1）所示。

$$c = \frac{2m}{n \times (n-1)} \quad (7-1)$$

其中 m 为该网络的实际总关系数，n 为网络中包含的节点数。网络密度越大，说明这个网络关系越紧密，网络节点之间的连接越多，研究该网络的意义就越大。

对于贸易网络，将邻接矩阵 M_1 输入 Ucinet 中，可以得到该网络各节点的关系总数 $m=1948$，且网络的节点总数为 $n=65$，故可计算出贸易网络的整体密度为 0.9365。这表明："一带一路"沿线国际贸易网络是一个国家间贸易非常紧密合作的复杂网络。该网络对节点所代表的国家的行为影响能力很强，且说明"一带一路"倡议切实有效地将沿线国家凝聚起来共同发展。

根据邻接矩阵 H_1 和 Y_1，可分别求出航空网络的整体密度为 0.326，远洋海运网络的整体密度为 0.678。由此可以看出，"一带一路"沿线国家间彼此的贸易联系非常紧密，而航空航线的网络化程度还不高，国家间的通航水平还有很大的提升空间。远洋航运网络的密度介于二者之间。总的说来，无论是航空网络还是远洋航运网络，其网络密度都低于贸易网络，表明需要多种运输方式共同协作才能保证"一带一路"沿线国际贸易发展的需要。

三、度值对比

将矩阵 M_1、H_1、Y_1 输入 Ucinet 软件，可计算出"一带一路"贸易网络、航空网络、远洋航运网络中各国家的度值，如表 7-1-1 所示。

表 7-1-1　三个网络网络中各国家度值对比

国家	贸易网络	航空网络	远洋海运网络
阿尔巴尼亚	61	11	37
阿富汗	59	13	0
阿联酋	63	54	40
阿曼	61	24	44
阿塞拜疆	59	25	0
埃及	64	26	41
爱沙尼亚	62	8	37
巴基斯坦	64	18	29
巴勒斯坦	51	0	0
巴林	63	26	39
白俄罗斯	60	27	33
保加利亚	64	27	42
波黑	64	11	6
波兰	64	29	41
不丹	37	5	0
东帝汶	38	2	32
俄罗斯	64	44	42
菲律宾	64	20	38
格鲁吉亚	59	29	41
哈萨克斯坦	59	22	0
黑山	61	14	36
吉尔吉斯斯坦	58	11	0
柬埔寨	58	10	37
捷克	64	29	0
卡塔尔	57	41	38
科威特	63	29	30
克罗地亚	62	17	39
拉脱维亚	62	17	38
老挝	52	7	0

续表

国家	贸易网络	航空网络	远洋海运网络
黎巴嫩	62	25	40
立陶宛	63	11	38
罗马尼亚	64	22	40
马尔代夫	50	12	38
马来西亚	64	27	37
马其顿	62	13	0
蒙古	58	6	0
孟加拉国	64	22	34
缅甸	63	13	29
摩尔多瓦	61	10	1
尼泊尔	63	15	0
塞尔维亚	64	25	0
沙特阿拉伯	63	31	38
斯里兰卡	64	20	37
斯洛伐克	63	17	0
斯洛文尼亚	64	14	0
塔吉克斯坦	53	11	0
泰国	64	38	42
土耳其	64	55	44
土库曼斯坦	51	12	0
文莱	59	9	32
乌克兰	64	33	32
乌兹别克斯坦	54	18	0
新加坡	64	25	32
匈牙利	64	25	0
叙利亚	58	9	32
亚美尼亚	61	19	9
也门	52	6	38
伊拉克	51	21	7

续表

国家	贸易网络	航空网络	远洋海运网络
伊朗	60	29	16
以色列	53	28	44
印度	64	36	45
印度尼西亚	64	19	44
约旦	61	21	45
越南	62	20	44
中国	64	43	40

从表7-1-1可知，在贸易网络总度值，即所有节点的度数之和是3896，平均度值为59.94，代表"一带一路"沿线国家中平均每个国家与其他60个国家有贸易往来。其中，中国、新加坡等22个国家度值达到最大值64，度值最小的为不丹（37）；贸易网络平均度值为59.94，代表平均每个国家与其他60个国家有贸易往来；贸易网络中度值分布的差异不大，表明"一带一路"沿线各个国家之间都有着比较紧密的贸易联系，也从侧面反映了近年来我国推进"一带一路"倡议在经贸方面取得的成效。

航空网络的总的度值即所有节点的度数之和是1356，平均度值为20.86，即代表"一带一路"沿线国家中平均每个国家与其他20个国家有通航航线。度值最高的是土耳其（55），度值最低的是巴勒斯坦（0）；航空网络中各国平均度值为20.86，度值分布的差异性较大；其中土耳其（55）、阿联酋（54）、俄罗斯（44）、中国（43）、卡塔尔（41）是度值排名靠前的国家，表明这些国家是"一带一路"区域中重要的航空运输枢纽。

受自然条件限制，"一带一路"沿线仅47个国家拥有海运条件，远洋航运网络的总的度值即所有节点的度数之和是1455，平均度值为30.98，连接紧密程度高于航空运输网络。其中，印度、阿曼等国度数排名较高。

三个网络中度值分布情况如图7-1-1所示。

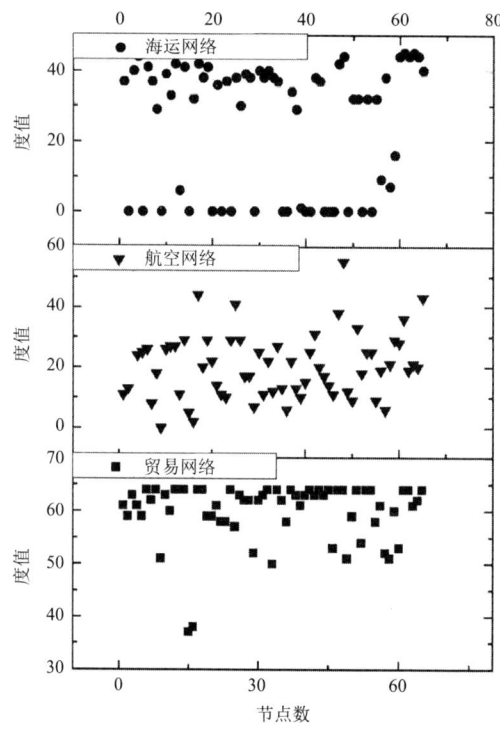

图 7-1-1　三个网络中度值分布情况

"一带一路"贸易网络的平均度值是 59.94,远高于航空网络的 20.86 和海运网络的 30.98。贸易网络中整体度值比较高,绝大多数国家的度值超过 50,仅两个国家度值低于 40。而航空网络度分布情况较为复杂,度值极大与极小的国家都存在,多数国家集中在 [10,29] 这个区间。海运网络中除去内陆国家,其余国家度值分布较均衡。

四、点强度的对比

点强度表示连接到节点 i 的所有边的权重总和。在贸易网络中,权重为双边贸易额;在航空网络中,权重为两国间直航航班的数量。网络中节点点强度越高,表明该节点在网络中发挥的作用就越大。

将矩阵 M_2、H_2、Y_2 输入 Ucinet 软件,可计算出"一带一路"贸易网络、航空网络、远洋海运网络中各国家的点强度值,如表 7-1-2 所示。

表 7-1-2　三个网络中各国家点强度值对比

国家	贸易网络	航空网络	远洋海运网络
阿尔巴尼亚	2 456 643	13	98
阿富汗	7 964 062	34	0
阿联酋	190 303 040	394	422
阿曼	32 520 456	79	210
阿塞拜疆	11 664 913	81	0
埃及	45 680 636	110	250
爱沙尼亚	12 952 477	14	95
巴基斯坦	44 615 664	121	56
巴勒斯坦	3 077 663	0	0
巴林	12 629 215	53	91
白俄罗斯	45 500 948	69	80
保加利亚	43 365 708	86	190
波黑	8 939 712	16	13
波兰	139 490 304	120	217
不丹	1 047 842	10	0
东帝汶	528 377	2	58
俄罗斯	276 943 104	729	291
菲律宾	85 207 312	101	372
格鲁吉亚	7 635 465	96	163
哈萨克斯坦	46 682 824	126	0
黑山	2 068 714	32	88
吉尔吉斯斯坦	7 086 434	48	0
柬埔寨	15 730 096	97	145
捷克	105 817 440	83	0
卡塔尔	41 456 996	109	136
科威特	31 359 472	75	63
克罗地亚	17 516 556	45	234
拉脱维亚	17 481 218	33	96
老挝	8 418 708	37	0

续表

国家	贸易网络	航空网络	远洋海运网络
黎巴嫩	9 763 686	48	97
立陶宛	27 910 120	42	103
罗马尼亚	59 182 932	54	99
马尔代夫	1 670 725	37	96
马来西亚	243 615 440	191	411
马其顿	5 698 371	17	0
蒙古	7 259 218	21	0
孟加拉国	39 015 664	65	120
缅甸	27 084 422	41	57
摩尔多瓦	5 140 356	17	1
尼泊尔	8 536 792	30	0
塞尔维亚	21 724 146	42	0
沙特阿拉伯	117 645 696	312	298
斯里兰卡	17 712 608	56	107
斯洛伐克	64 847 592	39	0
斯洛文尼亚	22 818 818	15	0
塔吉克斯坦	3 831 617	58	0
泰国	197 753 280	394	224
土耳其	154 935 568	415	400
土库曼斯坦	10 962 215	20	0
文莱	4 737 361	20	91
乌克兰	60 353 092	218	89
乌兹别克斯坦	14 347 804	81	0
新加坡	299 712 768	129	114
匈牙利	76 069 088	54	0
叙利亚	10 295 645	22	60
亚美尼亚	3 649 258	52	19
也门	5 471 048	16	124
伊拉克	46 645 252	125	15

续表

国家	贸易网络	航空网络	远洋海运网络
伊朗	73 219 616	180	94
以色列	34 744 736	85	177
印度	314 643 520	330	455
印度尼西亚	188 661 664	191	461
约旦	14 150 739	56	110
越南	167 150 960	138	126
中国	988 254 784	878	736

对各国在三个网络中点强度进行相关性分析，其结果如表 7-1-3 所示。

表 7-1-3 三个网络中各国点强度的相关性

		贸易网络	航空网络	海运网络
贸易网络	皮尔逊相关性	1.000	0.848**	0.762**
	显著性（双尾）		0.000	0.000
	个案数	65	65	65
航空网络	皮尔逊相关性	0.848**	1.000	0.761**
	显著性（双尾）	0.000		0.000
	个案数	65	65	65
海运网络	皮尔逊相关性	0.762**	0.761**	1.000
	显著性（双尾）	0.000	0.000	
	个案数	65	65	65

**.在 0.01 级别（双尾），相关性显著。

从表 7-1-2 中可以看出，中国无论是在贸易网络还是航空网络、海运网络中，点强度均排在首位，表明中国在上述三个网络中均处于核心地位。此外，包括中国、印度在内的 8 个国家的点强度在贸易网络和航空网络中均排入前 10 位。同时，根据表 7-1-2 中可知，在三个网络中各国的点强度具有很高的相关性，其中航空网络与贸易网络的相关性达到 0.848，海运网络与贸易网络的相关性也达到 0.762，这些都反映出当前航空运输和远洋海运都对"一带一路"沿线国际贸易发展发挥了较强的支撑作用。

第二节 "一带一路"贸易网络与物流网络属性的对比分析

网络属性的确定对于研究网络结构特性具有重要意义，两者相互影响、相互作用。本文拟通过平均最短路径长度、簇系数、度分布等性质来确定国际贸易网络与航空网络性质。

一、"小世界"属性的对比分析

（一）平均最短路径长度的测算

最短路径长度是指网络中两个节点间最少的边数，平均最短路径长度是指网络中所有节点的最短路径长度的平均；后者数值越小，说明网络的便利程度越高。用 Ucinet 软件计算出贸易网络的平均最短路径长度为 1.063，说明"一带一路"国际贸易网络分离程度很小，沿线国家间贸易形式以直接贸易为主，间接的转口贸易相对较少。

用 Ucinet 软件计算出航空网络的平均最短路径长度为 1.708，表明"一带一路"沿线任意两个国家间平均需 1.7 次转机就能到达。同样可以算出远洋航运网络的平均最短路径长度为 1.328；在海运网络中以直达航线为主，占 68.7%，表明各国之间进行货物运输相对比较便利，节点间联系紧密，整个网络的货物运输效率较高。不同国家间航空及海运运输周转次数如表 7-2-1 所示。

表 7-2-1 航空与海运网络中不同中转次数的国家对数量分布

中转次数	航空网络		海运网络	
	国家对数量	百分比	国家对数量	百分比
0	1359	33.7%	1465	68.7%
1	2496	61.8%	685	31.7%
2	181	4.5%	12	0.6%

(二)聚集系数的测算

假设一个节点有 k 条边,则这 k 条边连接的节点之间可能存在的边数的最大值为 $k(k-1)/2$;则该节点的聚集系数是指用实际存在的边数除以可能存在的边数最大值。所有节点的聚集系数的平均值就是该网络的聚集系数,它是反映网络集聚程度的重要指标,该指标越接近 1,表明网络中的节点之间的联系越紧密。

使用 Ucinet 计算出"一带一路"国际贸易网络的聚合系数为 0.952,这是一个比较高的数值,说明该网络有很高的集聚性。"一带一路"航空网络、海运网络的聚类系数分别达到 0.721、0.821,也都相对较高。

基于上述平均最短路径长度、聚集系数计算结果,可以发现"一带一路"贸易网络和物流网络都具有较短的平均最短路径长度和较大的聚集系数,符合小世界网络的基本特征。其中,相比于航空网络、海运网络,贸易网络的平均最短路径长度更小、聚集系数更大,表明贸易网络的"小世界"属性更强,网络的便捷程度、国家间的联系紧密程度都比航空网络、海运网络更强。

二、"无标度"属性的对比分析

节点的度分布 $P(k)$ 指的是网络中任意一个节点度值为 k 的概率。Barabási 和 Albert 最先指出"度值分布是否符合幂律分布"是判断网络是否具有"无标度"属性的关键,无标度网络中节点的度值与节点度值排序在双对数坐标下呈"双截尾幂律分布",关于双截尾幂律分布的数学解析和物理意义参考 Reed 的相关文献,本文不再赘述。将前文测算出贸易网络、航空网络、海运网络度值进行度分布分析,在双对数坐标系下得到三者的分布,如图 7-2-1、图 7-2-2、图 7-2-3 所示。

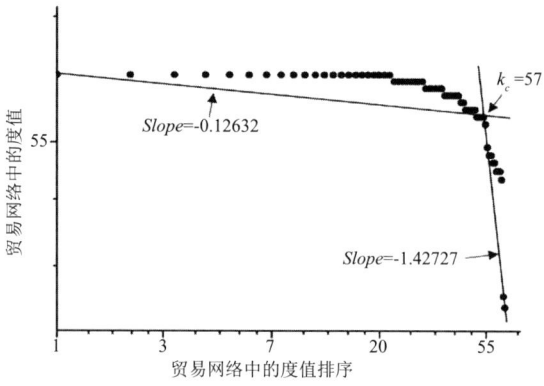

图 7-2-1　贸易网络中的度分布图

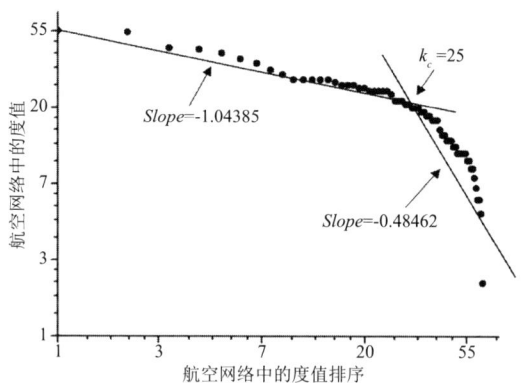

图 7-2-2　航空网络中的度分布图

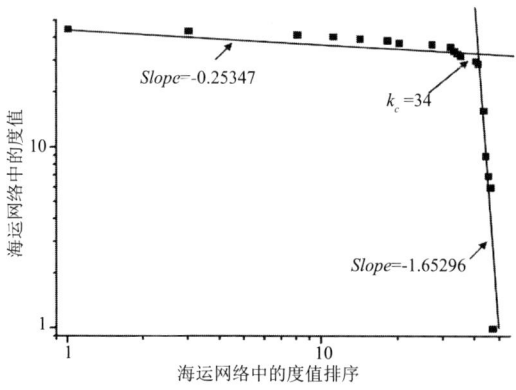

图 7-2-3　海运网络中的度分布图

从图 7-2-1、图 7-2-2、图 7-2-3 可见，三个网络都服从"双截尾幂律分布"，对其节点分布进行曲线拟合，贸易网络和航空网络、海运网络度分布函数分别为式（7-2）、式（7-3）、式（7-4）所示。

$$p(k)_M = \frac{\partial P(K>k)}{\partial k} \sim \begin{cases} k^{-1.126} & for \quad k \leq 57 \\ k^{-2.427} & for \quad k > 57 \end{cases} \quad (7-2)$$

$$p(k)_H = \frac{\partial P(K>k)}{\partial k} \sim \begin{cases} k^{-2.044} & for \quad k \leq 25 \\ k^{-1.484} & for \quad k > 25 \end{cases} \quad (7-3)$$

$$p(k)_Y = \frac{\partial P(K>k)}{\partial k} \sim \begin{cases} k^{-1.25} & for \quad k \leq 25 \\ k^{-2.65} & for \quad k > 25 \end{cases} \quad (7-4)$$

从度分布函数式（7-2）、式（7-3）、式（7-4）可知，贸易网络和航空网络、海运网络都具有无标度网络的特性，在三个网络中节点都具有较显著的差异性，都存在少数发挥着关键作用的核心节点。相比于贸易网络和海运网络，航空网络的节点在网络中的地位和作用差异性更大。

第三节 "一带一路"贸易网络与物流网络的中心性的对比分析

由于"一带一路"贸易网络与航空网络、海运网络中节点存在较大差异性，少数关键节点处于主导地位，对网络功能发挥着引领作用；而大多数节点则处于从属地位，对网络整体影响程度较小。因此，确定少数核心节点，是提升"一带一路"沿线贸易网络、航空网络、海运网络能力的关键；而中心性分析是确定网络中核心节点的主要手段。

一、主要中心性指标

（一）度数中心度

如果一个点与许多其他点直接相连，那么它就处于比较中心的地位。在无向图中某点的相对度数中心度的表达式如式（7-5）所示，其中 n 是网络的节点数，k_x 为节点 x 的度。

$$C'RD_{(x)} = \frac{k_x}{n-1} \quad （7-5）$$

（二）中介中心度

如果一个点处在很多线路上，那就可以认为它具有控制其他节点联络的能力，进而影响整个网络的功能。相对中介中心度的表达式如式（7-6）所示。

$$C_{ABk} = \frac{2(\sum_{i}^{n}\sum_{j}^{n} g_{ij}(k)/g_{ij})}{n^2 - 3n + 2}, i \neq j \neq k \text{ 且 } i < j \quad （7-6）$$

其中：g_{ij} 表示点 i 和 j 之间的最短路径的数量；$g_{ij}(k)$ 表示点 i 和 j 之间经过点 k 的最短路径数量。

（三）接近中心度

如果一个点更靠近其他点，它就越不依赖其他点，那该点就具有比较高的接近中心度，也称为整体中心度。相对接近中心度的表达式如式（7-7）所示。其中：d_{ij} 表示点 i 和 j 之间最短路径上边的数量。

$$C_{RPi}^{-1} = \frac{\sum_{j=1}^{n} d_{ij}}{n-1} \quad （7-7）$$

二、中心性的对比分析

将贸易网络、航空网络和海运网络的邻接矩阵带入 Ucinet 软件，可以计算各国中心性，如表 7-3-1 所示。

表 7-3-1　各国中心性汇总表

国家	贸易网络			航空网络			海运网络		
	度数中心性	中间中心性	接近中心性	度数中心性	中间中心性	接近中心性	度数中心性	中间中心性	接近中心性
阿尔巴尼亚	95.3	0.1	95.5	17.2	0.0	34.0	57.8	0.1	5.2
阿富汗	92.2	0.1	92.8	20.3	0.1	35.8	0.0	0.0	\
阿联酋	98.4	0.1	98.5	84.4	10.4	46.7	62.5	0.1	5.2
阿曼	95.3	0.1	95.5	37.5	0.5	38.3	68.8	2.9	5.3
阿塞拜疆	92.2	0.0	92.8	39.1	0.6	38.3	0.0	0.0	\
埃及	100.0	0.2	100.0	40.6	0.7	38.6	64.1	0.1	5.2
爱沙尼亚	96.9	0.1	97.0	12.5	0.0	33.5	57.8	0.1	5.2
巴基斯坦	100.0	0.2	100.0	28.1	0.1	36.8	45.3	0.0	5.2
巴勒斯坦	79.7	0.0	83.1	0.0	0.0	\	0.0	0.0	\
巴林	98.4	0.1	98.5	40.6	0.9	38.8	60.9	0.1	5.2
白俄罗斯	93.8	0.1	94.1	42.2	1.1	38.6	51.6	0.1	5.2
保加利亚	100.0	0.2	100.0	42.2	1.0	38.6	65.6	0.2	5.2
波黑	100.0	0.2	100.0	17.2	0.1	35.0	9.4	0.0	5.1
波兰	100.0	0.2	100.0	45.3	1.1	39.3	64.1	0.2	5.2
不丹	57.8	0.0	70.3	7.8	0.0	31.7	0.0	0.0	\
东帝汶	59.4	0.0	71.1	3.1	0.0	28.4	50.0	0.1	5.2
俄罗斯	100.0	0.2	100.0	68.8	5.2	43.5	65.6	0.2	5.2
菲律宾	100.0	0.2	100.0	31.3	0.5	37.4	59.4	0.2	5.2

续表

国家	贸易网络			航空网络			海运网络		
	度数中心性	中间中心性	接近中心性	度数中心性	中间中心性	接近中心性	度数中心性	中间中心性	接近中心性
格鲁吉亚	92.2	0.1	92.8	45.3	0.8	39.3	64.1	0.2	5.2
哈萨克斯坦	92.2	0.0	92.8	34.4	0.6	37.6	0.0	0.0	\
黑山	95.3	0.1	95.5	21.9	0.1	35.6	56.3	0.2	5.2
吉尔吉斯斯坦	90.6	0.1	91.4	17.2	0.1	35.4	0.0	0.0	\
柬埔寨	90.6	0.1	91.4	15.6	0.0	34.6	57.8	0.1	5.2
捷克	100.0	0.2	100.0	45.3	1.1	39.0	0.0	0.0	\
卡塔尔	89.1	0.1	90.1	64.1	4.2	42.7	59.4	0.1	5.2
科威特	98.4	0.1	98.5	45.3	1.3	39.5	46.9	0.0	5.2
克罗地亚	96.9	0.1	97.0	26.6	0.2	36.2	60.9	0.1	5.2
拉脱维亚	96.9	0.1	97.0	26.6	0.2	36.2	59.4	0.1	5.2
老挝	81.3	0.0	84.2	10.9	0.0	32.0	0.0	0.0	\
黎巴嫩	96.9	0.1	97.0	39.1	0.5	38.3	62.5	0.1	5.2
立陶宛	98.4	0.1	98.5	17.2	0.0	34.0	59.4	0.1	5.2
罗马尼亚	100.0	0.2	100.0	34.4	0.3	37.4	62.5	0.1	5.2
马尔代夫	78.1	0.0	82.1	18.8	0.0	35.8	59.4	0.1	5.2
马来西亚	100.0	0.2	100.0	42.2	1.0	39.0	57.8	0.1	5.2
马其顿	96.9	0.1	97.0	20.3	0.1	35.4	0.0	0.0	\
蒙古	90.6	0.1	91.4	9.4	0.0	34.0	0.0	0.0	\

续表

国家	贸易网络			航空网络			海运网络		
	度数中心性	中间中心性	接近中心性	度数中心性	中间中心性	接近中心性	度数中心性	中间中心性	接近中心性
孟加拉国	100.0	0.2	100.0	34.4	0.6	37.9	53.1	0.1	5.2
缅甸	98.4	0.1	98.5	20.3	0.0	35.2	45.3	0.0	5.2
摩尔多瓦	95.3	0.1	95.5	15.6	0.0	34.8	1.6	0.0	5.1
尼泊尔	98.4	0.1	98.5	23.4	0.2	36.4	0.0	0.0	\
塞尔维亚	100.0	0.2	100.0	39.1	0.6	38.1	0.0	0.0	\
沙特阿拉伯	98.4	0.1	98.5	48.4	1.5	40.0	59.4	0.1	5.2
斯里兰卡	100.0	0.2	100.0	31.3	0.2	37.4	57.8	0.1	5.2
斯洛伐克	98.4	0.1	98.5	26.6	0.2	36.2	0.0	0.0	\
斯洛文尼亚	100.0	0.2	100.0	21.9	0.1	34.6	0.0	0.0	\
塔吉克斯坦	82.8	0.0	85.3	17.2	0.0	35.4	0.0	0.0	\
泰国	100.0	0.2	100.0	59.4	4.0	41.8	65.6	0.6	5.2
土耳其	100.0	0.2	100.0	85.9	11.0	47.1	68.8	0.7	5.3
土库曼斯坦	79.7	0.0	83.1	18.8	0.1	35.6	0.0	0.0	\
文莱	92.2	0.1	92.8	14.1	0.0	34.4	50.0	0.4	5.2
乌克兰	100.0	0.2	100.0	51.6	1.8	40.3	50.0	0.0	5.2
乌兹别克斯坦	84.4	0.0	86.5	28.1	0.4	37.0	0.0	0.0	\
新加坡	100.0	0.2	100.0	39.1	2.8	38.6	50.0	0.0	5.2

续表

国家	贸易网络			航空网络			海运网络		
	度数中心性	中间中心性	接近中心性	度数中心性	中间中心性	接近中心性	度数中心性	中间中心性	接近中心性
匈牙利	100.0	0.2	100.0	39.1	0.6	38.1	0.0	0.0	\
叙利亚	90.6	0.0	91.4	14.1	0.0	33.7	50.0	0.0	5.2
亚美尼亚	95.3	0.1	95.5	29.7	0.3	36.8	14.1	0.0	5.1
也门	81.3	0.0	84.2	9.4	0.0	33.3	59.4	0.1	5.2
伊拉克	79.7	0.0	83.1	32.8	0.3	37.4	10.9	0.0	5.1
伊朗	93.8	0.1	94.1	45.3	1.1	39.3	25.0	0.0	5.1
以色列	82.8	0.1	85.3	43.8	1.1	39.0	68.8	0.8	5.3
印度	100.0	0.2	100.0	56.3	3.4	41.3	70.3	1.1	5.3
印度尼西亚	100.0	0.2	100.0	29.7	1.4	37.2	68.8	1.0	5.3
约旦	95.3	0.1	95.5	32.8	0.3	37.6	70.3	1.1	5.3
越南	96.9	0.1	97.0	31.3	0.7	37.4	68.8	1.0	5.3
中国	100.0	0.2	100.0	67.2	5.1	43.2	62.5	0.2	5.2

从表 7-3-1 中可以发现，度数中心性与接近中心性的分析结果基本相同，表明这些在局部中心程度高的国家在整体贸易网络中也处在中心位置。中间中心性反映了节点控制其他点对的能力，这取决于它是否在其他点对的最短路径上。部分国家在这一数值的排名上有轻微浮动，基本不影响对其中心性的整体评价。

经过剔除小额贸易的网络将国家的中心程度分割得更为细致，中国、印度、马来西亚、印度尼西亚始终占据最中心的位置，与其余64个国家都有金额不小的贸易互通；新加坡、泰国、土耳其、越南等国中心性稍弱，但也是比较重要的具有较大影响力的国家；东帝汶、不丹、文莱等国各项中心性都排在倒数，与它们的度数、介数相吻合；埃及、斯里兰卡、塞尔维亚等国家度值虽然较高,但中心性都不强,说明它们与一些国家间的贸易额比较小。

此外,土耳其、阿联酋是"一带一路"沿线国家航空网络中的绝对航空枢纽,连接着其他国家间的航空运输通道;俄罗斯、中国、卡塔尔具备比较强的空运优势;而东帝汶、不丹等国仅与极少数的国家有航线连接,航空运输尚不发达。在海运网络,南亚及西亚国家扮演着重要的中转作用。

通过三种中心性的对比,可以看出:一般而言,贸易中心性强的国家往往航空、海运中心性也比较强。然而也存在二者不匹配的现象,如土耳其、阿联酋在航空网络中具有中心度,而贸易网络中心度则较弱;印度尼西亚、新加坡则刚好相反;表明这些国家的航空运输与国际贸易二者的相互作用较弱。

三、"一带一路"贸易网络与物流网络的核心—边缘分析

核心—边缘理论认为,作为核心区域会凭借"人口、技术、资本"等方面的优势,进一步吸收边缘地区的人、财、物而发展自身,导致核心区域与边缘地区的差距越来越大;边缘区域依附于核心区域,二者间的发展不均衡。核心边缘理论广泛应用于空间经济理论,引入核心度这个指标就可以定量地研究比较各节点的核心程度。

在 Ucinet 中导入三个网络的邻接矩阵,分别计算出三个网络中各节点的核心度。其分布情况如图 7-3-1 所示。

关于节点的核心—边缘分类,目前尚无一致性认可的方式;一般说来,倾向于根据核心度值的大小及分布情况进行分类。本文借鉴 ABC 分类管理法,将累计数量为 5%~15% 而核心度累计值占全部节点核心度之和的 70%~75% 的节点,确定为网络的核心节点;将累计数量为 15%~25% 而核心度累计值占全部节点核心度之和的 20%~25% 的节点,确定为网络的准核心节点;将累计数量为 60%~70% 而核心度累计值占全部节点核心度之和的 10% 以下的节点,确定为网络的边缘节点。

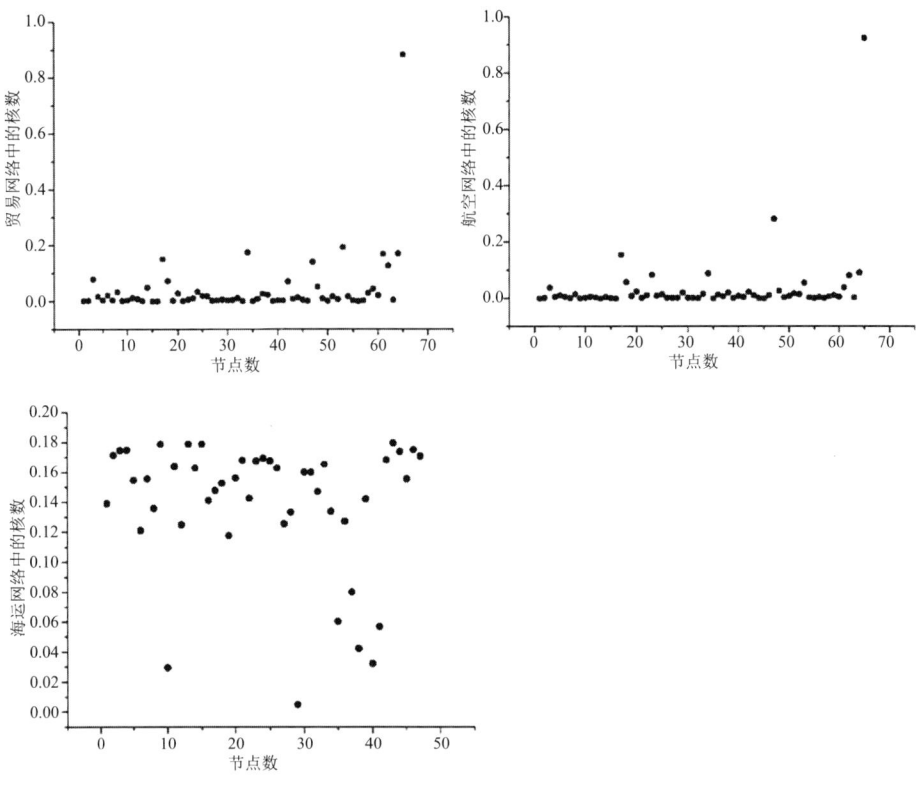

图 7-3-1 贸易网络和物流网络中节点核心度分布

根据上述分类标准，在贸易网络中，中国、新加坡、马来西亚、越南、印度、俄罗斯、泰国、印度尼西亚八个国家为贸易网络的核心节点，其中中国的核心度远超其他国家，处在绝对核心地位；阿联酋、菲律宾、沙特阿拉伯、土耳其、波兰、伊朗、捷克、巴基斯坦、伊拉克、哈萨克斯坦、孟加拉国、缅甸、以色列、埃及、卡塔尔 15 个国家属于贸易网络的准核心节点；其余 42 个国家属于边缘节点。按同样的方法，在航空网络中：中国、泰国、俄罗斯、越南、马来西亚、印度尼西亚六个国家为航空网络的核心节点，中国也处在绝对核心地位；菲律宾、新加坡、印度、阿联酋、土耳其、哈萨克斯坦、沙特阿拉伯、老挝、缅甸、乌克兰、马尔代夫、乌兹别克斯坦、巴基斯坦、卡塔尔 14 个国家属于网络的准核心节点，在"一带一路"航空网络中具有比较优势；其余 45 个国家属于边缘节点。在海运网络中：中国、印度、俄罗斯、印度尼西亚、保加利亚、阿曼、阿联酋分别是各自区域的航运枢纽，在海运网络中具有比较优势。

第四节　贸易网络与物流网络的协同发展分析

根据"一带一路"沿线 65 个国家在贸易网络与航空网络、海运网络中的作用，可分为：双核心国家、物流优势国家、贸易优势国家、双边缘国家四类。中国应针对不同类型国家的特点，采取不同的策略，从而实现"一带一路"沿线贸易网络与航空网络协同发展。

一、双核心国家

双核心国家是指在贸易网络与航空网络中都拥有较大的度数、点强度、中心性以及核心度的国家，除中国外，还包括印度、俄罗斯、新加坡、阿联酋等。上述这些核心国家都存在比较显著的区域核心的特征。中国应与此类国家达成更紧密的运输服务联系，适度超前发展运输业，促进贸易合作、人员交流。除增加航班数量外，抵达的区域也要从国家精确到城市；中国可以通过签订双边运输协议的方式争取长期经济性的航班，进而可以扩大双边协议为多边协议，建立"一带一路"沿线国家的运输联盟，提供更灵活多样的运输服务、共享设施设备，从而降低成本，加强市场竞争力。

二、物流优势国家

物流优势国家是指在贸易网络中中心性不强，但是在物流网络中有高度数，很强的中心性及地位核心的国家，如土耳其、阿联酋、泰国等；对中国来说，首要目标是与这些国家达成便捷、有利的运输条件。签订双边空运协议可以帮助两国简化通过、起降流程，增强两国间的航空运输意愿，通过航空运输提升两国的国际关系，帮助经济、文化等其他领域开展合作，进而借助其空运优势促进国际贸易。

三、贸易优势国家

贸易优势国家是指在贸易网络中有较高度数及点强度、中心性强、核心度高，但在物流网络中则处于准核心或边缘位置，如波兰、伊朗等。这类国家往往在"一带一路"中占据较优越的地理位置，但其国内的运输业发展相对滞后，运输设备设施落后。针对上述国家，中国应进一步协助其开展基础设施建设，出口技术及提供设备支撑。

四、双边缘型国家

双边缘国家是指在贸易网络与物流网络中度值都很低、点强度较弱、中心性不强、核心度边缘的国家，如东帝汶、不丹等；目前的发展状况与这些国家的经济社会、国土面积、地理位置、人口数量等都有关系，对这些国家的发展策略需要立足于该国实际情况，循序渐进，逐步实现物流与国际贸易的协调发展。

参考文献

曾楚宏，王钊. 中国主导构建"一带一路"区域价值链的战略模式研究［J］. 国际经贸探索，2020，36（06）：58-72.

陈伟光，郭晴. 2016. 中国对"一带一路"沿线国家投资的潜力估计与区位选择［J］. 宏观经济研究（9）：148-161.

崔日明，黄英婉. 2016. "一带一路"沿线国家贸易投资便利化评价指标体系研究［J］. 国际贸易问题（9）：153-164.

党亚茹，彭丽娜. 基于航空货运网络结构的城市层级分析［J］. 中国民航大学学报，2011，29（02）：52-58.

邸玉娜，由林青. 2018. 中国对"一带一路"国家的投资动因、距离因素与区位选择［J］. 中国软科学（02）：168-176.

葛志远，郝亚斐. "一带一路"交通运输产品贸易网络研究［J］. 北京工业大学学报（社会科学版），2018，18（03）：61-67.

韩永辉，罗晓斐. 中国与中亚区域贸易合作治理研究——兼论"一带一路"倡议下共建自贸区的可行性［J］. 国际经贸探索，2017（2）：72-84.

韩永辉,韦东明,谭锐."一带一路"沿线国家投资价值评估研究——基于 GPCA 模型的测算分析[J].国际经贸探索,2019,35(12):41-56.

李敬,陈旎,万广华,等."一带一路"沿线国家货物贸易的竞争互补关系及动态变化——基于网络分析方法[J].管理世界,2017(04):10-19.

刘宏鲲,周涛.中国城市航空网络的实证研究与分析[J].物理学报,2007(01):106-112.

陆一流,罗雪梅,许曜晨."丝绸之路经济带"贸易网络结构实证分析[J].上海管理科学,2017,39(06):65-69.

宋周莺,车姝韵,杨宇."一带一路"贸易网络与全球贸易网络的拓扑关系[J].地理科学进展,2017,36(11):1340-1348.

王姣娥,王涵,焦敬娟."一带一路"与中国对外航空运输联系[J].地理科学进展,2015,34(05):554-562.

许和连,孙天阳,成丽红."一带一路"高端制造业贸易格局及影响因素研究——基于复杂网络的指数随机图分析[J].财贸经济,2015(12):74-88.

杨文龙,杜德斌,马亚华,等."一带一路"沿线国家贸易网络空间结构与邻近性[J].地理研究,2018,37(11):2218-2235.

杨文龙,杜德斌,马亚华,等."一带一路"沿线国家贸易网络空间结构与邻近性[J].地理研究,2018,37(11):2218-2235.

姚红光,李智忠.中国航空网络鲁棒性的牵制控制研究[J].武汉理工大学学报(交通科学与工程版),2012,36(05):907-910+915.

姚红光.中国航空网络拓扑结构统计特征的实证研究[J].物流技术,2015,34(13):134-137.

郑军,张永庆,黄霞.2000—2014 年"海上丝绸之路"贸易网络结构特征演化[J].国际贸易问题,2017(3):154-165.

种照辉,覃成林."一带一路"贸易网络结构及其影响因素——基于网络分析方法的研究[J].国际经贸探索,2017,33(05):16-28.

卓志强,姚红光."一带一路"沿线航空网络结构及其鲁棒性研究[J].物流科技,2018,41(05):78-84.

邹嘉龄,刘春腊,尹国庆,等.中国与"一带一路"沿线国家贸易格局及其经济贡献[J].地理科学进展,2015,34(05):598-605.

邹嘉龄,刘卫东.2001—2013 年中国与"一带一路"沿线国家贸易网络分析[J].地理科学,2016,36(11):1629-1636.

Amaral L A N, Scala A, Barthelemy M, et al. Classes of Small-World Networks [J]. Proc. Natl. Acad, 2000, 97: 11149-11152.

Barabási A L, Albert R. Emergence of Scaling in Random Network [J]. Science, 1999, 286 (5439): 509-512.

Benedictis L D, Tajoli L. The World Trade Network [J]. World Economy, 2011, 34 (8): 1417-1454.

Reed W J, Jorgensen M. The Double Pareto-lognormal Distribution—a New Parametric Model for Size Distribution [J]. Stats -Theory & Methods, 2004, 33: 1733-1753.

Serrano, Ma Ángeles, Boguñá, et al. Topology of the world trade web [J]. Phys Rev E Stat Nonlin Soft Matter Phys, 2003, 68 (2): 015101.

Tavasszy L A, Ruijgrok K, Davydenko I. Incorporating Logistics in Freight Transport Demand Models: State-of-the-Art and Research Opportunities [J]. Transport Reviews, 2012, 32 (2): 203-219.

第八章 "一带一路"沿线物流网络的层次性研究

基础交通设施的互联互通是"一带一路"倡议优先建设领域，构建多层次、全方位的互联互通的现代物流网络对于"一带一路"沿线各国经贸发展具有重要意义。然而，以航空运输、远洋航运构成的"一带一路"沿线物流网络是由1000多个节点城市、数万条航线组成的复杂网络；少数关键节点对整个物流网络的服务功能和服务能力起到主导作用。因此，进行物流网络结构的层次性分析，找到其中发挥主导作用的核心层，是进一步优化物流网络结构、实现更有力地支撑"一带一路"倡议的关键。

在对"一带一路"沿线物流网络结构特征深入分析的基础上，通过凝聚子群分析的方式研究网络中的核心群体，通过k-核等手段分析网络中存在的派系以及派系内部、派系之间的关系，分析网络存在的"子结构"；并通过一系列算法，揭示出网络的整体结构如何由子结构组成，以及一些重要的子结构如何对网络整体功能产生直接的影响作用。此外，受客观因素影响，"一带一路"远洋航运网络通航港口、航线数量、网络结构的复杂程度都远远低于航空运输网络，远洋航运网络的层次性结构相对简单。因此，本章主要以"一带一路"航空运输网络为研究对象，采用以"度"值为标准的k-核分析，研究航空网络的层次化，通过分析层次间相互关系，识别出网络的核心层，可为"一带一路"航空网络的进一步完善提供理论指导。

第一节 网络的 k- 核分析

一、网络的 k- 核与节点的核数

Seidman 于 1983 年提出了 k- 核分析方法，认为可以运用最小度标准确定网络中不同凝聚力的群体，实现对网络层次化的研究。k- 核是一个建立在度值基础上的子群概念；如果把网络抽象为一个由点集 V 和边集 E 组成的图 $G=(V, E)$，则 k- 核是指满足下列条件的一个子图，即子图中的每个节点都至少与该子图中的 k 个其他节点相连。网络的 k- 核可以通过递归地去除所有度值小于 k 的节点及其连边，直到剩余网络中的所有节点度值都至少为 k 来获得。节点的核数表示包含该节点的最深的 k- 核，节点核数中的最大值称为该网络的核数。存在于 k- 核中，且不存在于 (k+1)- 核中的节点的集合称作 "k- 剩余集合"。

二、k- 核分解

k- 核分解能揭示网络的层次特性。k- 核分解是通过递归的方法逐次移去网络中所有度值小于等于 K 的节点；由于度值小的节点一般位于网络外层，而度值高的节点则往往位于网络的内层，所以 k- 核分解是由外向内逐层进行的。

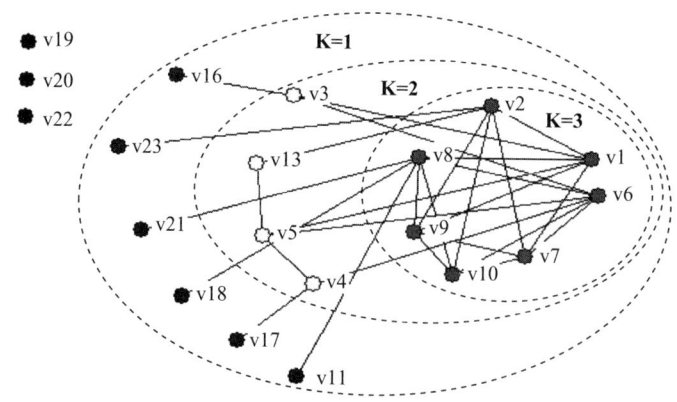

图 8-1-1　k- 核分解示意图

k-核分解的过程可由图 8-1-1 加以说明：针对一个具体的网络，首先计算出网络中各节点的度值；然后，根据度值从小到大的次序，依次去掉网络中相应的节点和边。在图 1 中，v19、v20、v22 三个节点为孤点，其度值为 0，因此首选去掉这三个点，剩下的节点及其相互之间的边构成了一个新的子图，即 1-核；然后，去掉网络中度值为 1 的节点（v11、v16、v17、v18、v21、v23）及其对应的边，得到 2-核；去掉网络中度值为 2 的节点（v3、v4、v5、v13）及其对应的边，得到 3-核；当去掉度值为 3 的节点及其对应的边后，所有的节点和边都不存在，此时分解过程终止；3-核所对应的子图可视为该网络的核心层。

由于，在 k-核分解的过程中，去掉节点的同时也去掉了其对应的边，因此在分解的过程中，尽管有些节点的初始度值不同，但是最终都有可能保留在同一层次。如 v3 节点的初始度值为 3，但当 v16 节点及其对应的边被去除后，v3 的度值变为 2，因此保留在 2-核中。

第二节 "一带一路"航空网络的 k-核分析

一、数据遴选与网络构建

由于"一带一路"沿线 65 个国家在经济发展、国土面积、人口数量等方面均存在较大差异，导致各国航空运输发展水平差异很大。有些国家，如中国、俄罗斯、印度尼西亚等，国土辽阔、通航城市众多、国内航线占据较大比重；在进行基于 k-核的网络层次化分析时，国内航线将对分析结构造成较大干扰；因此，本文以"一带一路"沿线 65 个国家中拥有国际航线的机场为节点，以相互间的国际航线为边建立航空网络模型。共采集到机场 522 座，国际航线 6822 条，数据来源于"飞常准"网站（http://www.variflight.com）。以 522 座机场作为矩阵的行和列，以相互之间是否存在航线建立"一带一路"航空网络 0-1 邻接矩阵 A。

二、"一带一路"航空网络的 k-核分解

将邻接矩阵 A 代入 Ucinet 软件进行 k-核分析，可以计算出航空网络中各机场的核数。经计算，节点核数中的最大值为 19。随着核数 k 的增加，各层网络中节点和边的消亡情况如表 8-2-1 所示。

表 8-2-1 各层网络中节点和边的消亡统计

核数	节点数	消亡节点数	消亡节点百分比	边数	消亡边数	消亡边数百分比
1	522	0	0.00%	6822	0	0.00%
2	429	93	17.82%	6642	180	2.64%
3	360	69	13.22%	6402	240	3.52%
4	318	42	8.05%	6182	220	3.22%
5	276	42	8.05%	5886	296	4.34%
6	251	25	4.79%	5656	230	3.37%
7	229	22	4.21%	5417	239	3.50%
8	216	13	2.49%	5249	168	2.46%
9	201	15	2.87%	5036	213	3.12%
10	182	19	3.64%	4727	309	4.53%
11	168	14	2.68%	4471	256	3.75%
12	153	15	2.87%	4175	296	4.34%
13	145	8	1.53%	3996	179	2.62%
14	122	23	4.41%	3444	552	8.09%
15	114	8	1.53%	3242	202	2.96%
16	96	18	3.45%	2731	511	7.49%
17	92	4	0.77%	2607	124	1.82%
18	70	22	4.21%	1901	706	10.35%
19	53	17	3.26%	1363	538	7.89%

从 8-2-1 可以看出，在 $k=2$、$k=3$ 时，节点的变化幅度最大，说明在这两个层次中存在高密度子群；在 $k=4$、$k=5$ 时，剩余节点下降到 8% 左右，随后的序列则保持相对稳定状态，这表明："一带一路"航空网络中，较高密度的节点子群主要分布在网络外围，表现为国家级、区域级的航空网络子系统；当 $k>6$ 以后，节点消亡相对稳定，说明高密度子群此时已消失，后续网络层次结构

相关均衡,网络的主体结构逐层显现。边的消亡大体上比较平稳,随 k 值略有增加,表明外围节点拥有的航线数量较少。

三、"一带一路"航空网络的节点核数与中心性的相关性分析

(一)节点中心性指标

根据不同的标准,节点的中心性可以分为:度数中心性、中间中心性、接近中心性、特征向量中心性 4 种。

1. 度数中心性

如果一个点与许多其他点直接相连,那么它就处于比较中心的地位。相对度数中心性,如式(8-1)所示:其中 n 是网络的节点数,d_x 为节点 x 的度。

$$C'RD_{(x)} = \frac{d_x}{n-1} \quad (8-1)$$

2. 中间中心性

如果一个点处在很多线路上,就具有控制其他节点联络的能力,进而影响整个网络的功能[23]。相对中间中心性,如式(8-2)所示。

$$C_{ABk} = \frac{2(\sum_{i}^{n}\sum_{j}^{n} g_{ij}(d)/g_{ij})}{n^2 - 3n + 2}, i \neq j \neq d \text{ 且 } i < j \quad (8-2)$$

其中,g_{ij} 表示点 i 和 j 之间的最短路径的数量;$g_{ij}(d)$ 表示点 i 和 j 之间经过点 d 的最短路径数量。

3. 接近中心性

如果一个点更靠近其他点,它就越不依赖其他点,那该点就具有比较高的接近中心性。相对接近中心性,如式(8-3)所示。其中:d_{ij} 表示点 i 和 j 之间最短路径上边的数量。

$$C_{RPi}^{-1} = \frac{\sum_{j=1}^{n} d_{ij}}{n-1} \quad (8-3)$$

4. 特征向量中心性

特征向量中心性要用到"因子分析"找出各个节点之间的距离有哪些"维

度"。每个节点相应于每个维度上的位置就叫作一个"特征值",一系列这样的特征值就叫作特征向量。对于网络邻接矩阵,其元素 a_{ij} 的含义是节点 i 对 j 的地位贡献量,令 x 代表特征向量中心性,表达式如式(8-4)所示。即一个节点的中心度是与此节点相连的其他节点的中心度的一个函数。

$$x_i = a_{i1}x_1 + a_{i2}x_2 + \cdots + a_{in}x_n \qquad (8-4)$$

(二)节点核数与中心性的相关性

核数和中心性都是确定航空网络核心节点的重要指标,将"一带一路"航空网络邻接矩阵 A 代入 Ucinet 软件,计算所有 522 个节点的核数及 4 种中心性指数,如图 8-2-1 所示。

随着节点核数的变化,节点的接近中心性和中间中心性指数分布较为均衡,节点核数与接近中心性和中间中心性的皮尔逊相关性指数分别为 0.428、0.427,表明核数与接近中心性和中间中心性的相关程度较弱;而与度数中心性和特征向量中心性的皮尔逊指数分别为 0.783、0.861,表明核数与度数中心性和特征向量中心性之间存在较强的正向相关关系;随着节点核数的增加,度数中心性和特征向量中心性指数都呈现出增加的趋势;核数高的节点,其度数中心性和特征向量中心性高的概率更大,核数低的节点,其度数中心性和特征向量中心性则都相对较低。

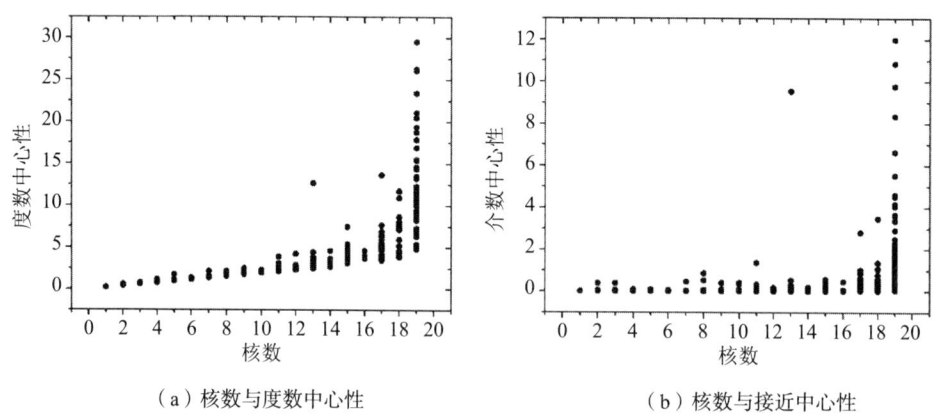

(a)核数与度数中心性　　　　　(b)核数与接近中心性

图 8-2-1　节点核数与中心性

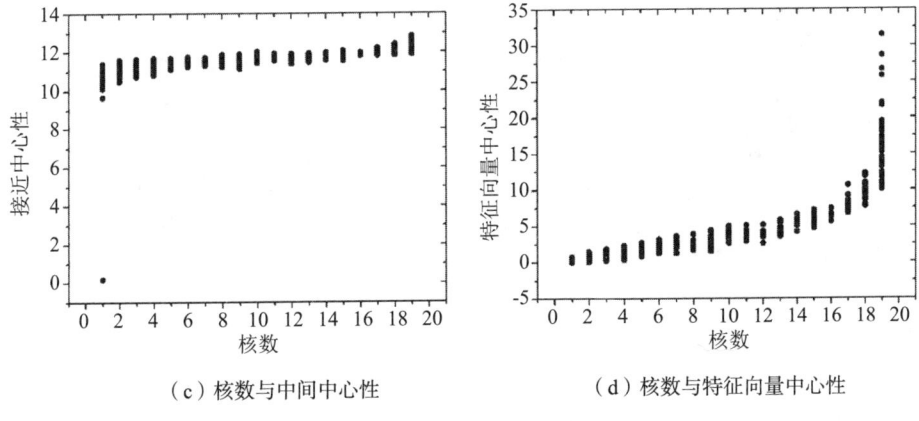

（c）核数与中间中心性　　　　　　　（d）核数与特征向量中心性

图 8-2-1　节点核数与中心性（续）

第三节　"一带一路"航空网络结构的层次分析

一、"一带一路"航空网络的层次化

应用 Ucinet 软件对"一带一路"航空网络进行 k- 核分解，可以分为 19 个层次，各层的通航节点及相互间的航线又构成了 19 个规模不同的网络，记为 k_i 网络，其中 $i=1，\cdots，19$；其部分网络的结构如图 8-3-1 所示。

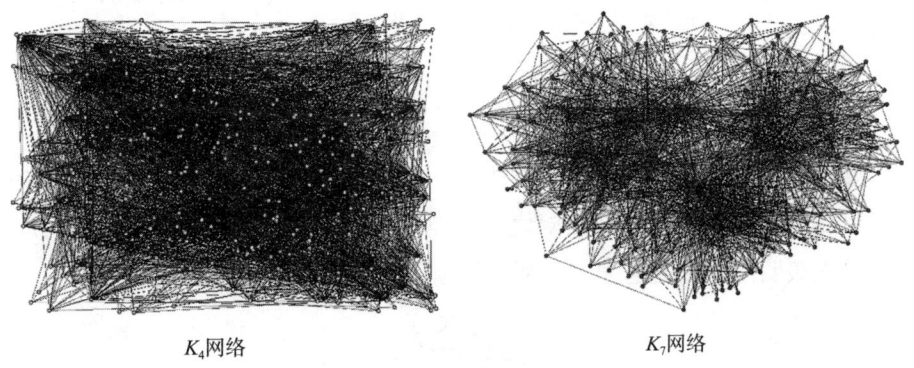

K_4网络　　　　　　　　　　　　　K_7网络

图 8-3-1　不同层次的航空网络结构图

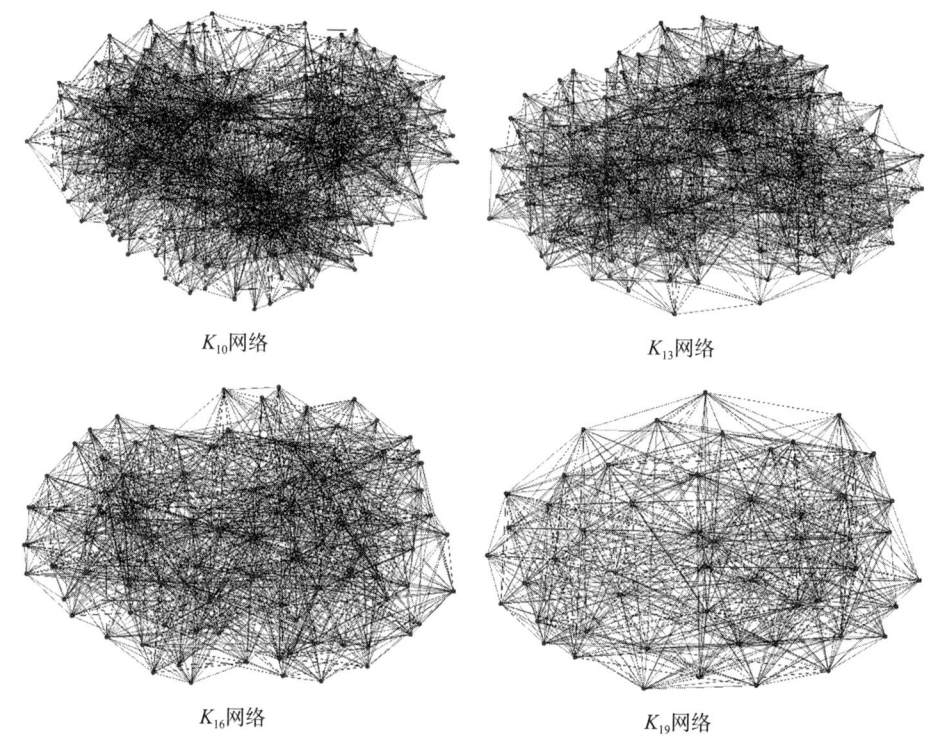

图 8-3-1　不同层次的航空网络结构图（续）

二、各层网络性质的对比分析

网络的平均路径长度、聚类系数和度分布情况是揭示网络性质的三个重要指标。

（一）平均路径长度

网络的路径长度是指任意两个节点之间的最短路径上包含的边数；平均路径长度则是指网络中所有节点对之间的路径长度的平均值，如式（8-5）所示；该值越大表明网络深度越大，便利程度越差。

$$L = \frac{\sum l_{ij}}{\frac{1}{2}N(N+1)} \quad (8-5)$$

其中：N 为节点数；l_{ij} 为节点 i 与 j 间的最短路径的边数。

（二）聚类系数

若一个节点 i 有 d_i 条边与其他节点相连，则聚类系数 C_i 是指 d_i 个节点间实际存在的边数与可能存在的边数的比值，如式（8-6）所示。整个网络的聚类系数 C 就是所有节点 i 的聚类系数 C_i 的平均值。聚类系数是反映网络中节点间聚集程度的指标。

$$C_i = \frac{2E_i}{d_i(d_i-1)} \quad (8-6)$$

将对"一带一路"航空网络 $k-$ 核分解得到的 19 个网络代入 Ucinet 软件，分别计算出各个网络的平均路径长度和聚类系数，其值如图 8-3-2 所示。

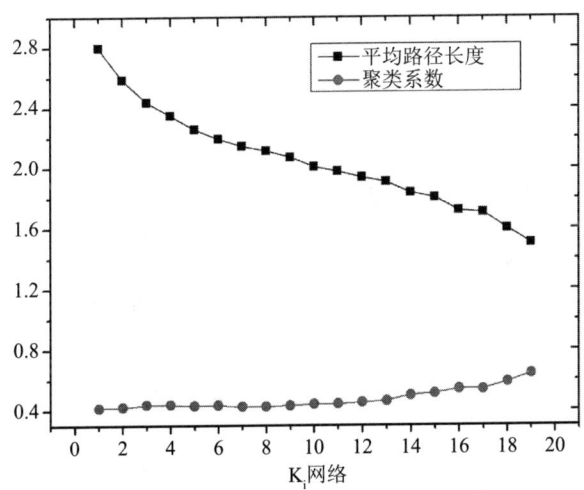

图 8-3-2　不同层次网络中平均路径长度和聚类系数变化图

从图 8-3-2 可以看出，在各层网络中聚类系数基本上呈缓慢上升的趋势，其中 k_1 网络的聚类系数最小为 0.417，k_{19} 网络的聚类系数最大达到为 0.640；总体看来，各层网络的聚类系数不大，与中国航空网络以及世界航空网络的聚类系数[26]比相对偏小；反映出"一带一路"航空网络各通航机场的聚集程度相对较弱，沿线枢纽机场的地位和作用并不显著。而各层网络的平均路径长度则呈现出较明显的下降趋势，其中 k_1 网络的平均路径长度最大为 2.796，即在

k_1 网络中两个节点间平均需经过 2.796 次中转才能到达;k_{19} 网络的平均路径长度最小为 1.505。平均路径长度的减小,反映出随着分解程度的不断提升,各层网络的便利化程度不断提升。

(三) 度分布

度分布表示的是随机选定一个节点的度值恰好为 k 的概率,可用分布函数 $P(k)$ 来描述。网络的度分布可以用幂律分布形式 $P(k) \propto k^{-\gamma}$ 来描述。为研究方便,常用累积度分布函数来反映度分布情况。累积度分布函数表示的是度值不小于 k 的节点的概率分布。

如果度分布为幂律分布,即 $P(k) \propto k^{-\gamma}$,那么累积度分布函数符合幂指数为 $\gamma-1$ 的幂律,如式(8-7)所示。其中 γ 又称为度分布指数,γ 值越小,网络中节点的度值差异越大,网络的无标度属性越强。在双对数坐标系下,幂律分布对应一条直线。

$$P(k) = \alpha \sum_{k'=k}^{\infty} k'^{-\gamma} = \alpha\, k^{-(\gamma-1)} \qquad (8-7)$$

选择 k- 核分析后的 7 个代表性网络计算出节点度值及度分布函数,在双对数坐标系下累积度分布曲线,如图 8-3-3 所示。

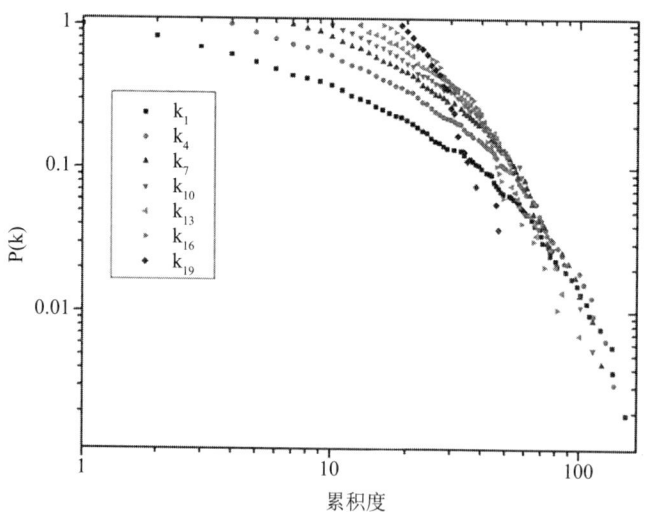

图 8-3-3 不同网络的累积度分布

在双对数坐标系下，各网络的累积度分布曲线近似对应一条直线，故上述累积度分布曲线符合幂律分布的特征；对上述分布进行曲线拟合，其 α、γ 取值如表 8-3-1 所示。

表 8-3-1　累积度分布曲线拟合参数

	k_1	k_4	k_7	k_{10}	k_{13}	k_{16}	k_{19}
α	1.194	3.623	8.187	16.335	38.632	123.747	4754.174
γ	1.609	1.835	2.007	2.169	2.394	2.702	3.852
R^2	0.921	0.954	0.962	0.968	0.966	0.960	0.968

从表 8-3-1 可知，随着 k 值的增加，其度分布指数 γ 呈现出不断增加的趋势，表明随着网络分解程度的不断提高，网络中节点度值的差异性在不断降低，网络的无标度属性在不断弱化。其中 k_1、k_4 中 γ 值小于 2，表明网络中存在相当比例的具有枢纽作用的节点，枢纽节点对网络功能有较大的影响作用；k_7、k_{10}、k_{13}、k_{16} 网络中的 γ 值介于 2 和 3 之间，其网络结构类似于 Internet router 网、Movie actors 网[29]，表明网络中节点间的连接程度不高，存在一定数量的枢纽节点，但数量并不很多，枢纽节点对网络功能的影响进一步降低。k_{19} 网络中的 γ 值大于 3，表明该网络类似于随机网络，该网络中节点度差异性不大，网络功能的实现不依赖某些特点的节点，各个节点对网络功能的影响都相对有限，网络具有较高的稳定性。

三、各层网络的连接状况分析

分析各层网络的连接状况，可以更深入地反映节点间连接规律，有助于确定出"一带一路"航空网络的核心层。将"k-剩余集合"记为 k_i'，$i=1$，…，19。各层网络的连接状况可用"k-剩余集合"间的相互连接状况来表示；各"k-剩余集合"相互间连接边数占该"k-剩余集合"中节点的总边数的百分比。如表 3 所示。

从表 8-3-2 可知，各层"k-剩余集合"与 k_{19}' 间的连接比例均为最大值，反映出 k_{19}' 居于核心地位；由于网络的最大核数为 19，所以 k_{19}' 与 k_{19} 为同一网络。因此，可知 k_{19} 网络与其他各层网络拥有最高的连接比例。

表 8-3-2 各层 "K-剩余集合" 间的相互连接百分比

	k_1^*	k_2^*	k_3^*	k_4^*	k_5^*	k_6^*	k_7^*	k_8^*	k_9^*	k_{10}^*	k_{11}^*	k_{12}^*	k_{13}^*	k_{14}^*	k_{15}^*	k_{16}^*	k_{17}^*	k_{18}^*	k_{19}^*	合计
k_1^*	6.45%	1.08%	2.15%	0.00%	0.00%	0.00%	1.08%	3.23%	1.08%	2.15%	0.00%	0.00%	23.66%	0.00%	1.08%	1.08%	7.53%	2.15%	47.31%	100%
k_2^*	0.87%	0.00%	0.87%	4.35%	1.74%	0.87%	0.00%	0.00%	0.87%	0.87%	1.74%	0.87%	5.22%	1.74%	0.87%	0.00%	6.96%	6.09%	66.09%	100%
k_3^*	1.85%	0.93%	0.93%	0.93%	1.85%	0.00%	0.00%	0.00%	0.00%	0.00%	1.85%	0.93%	9.26%	0.00%	4.63%	0.00%	11.11%	5.56%	60.19%	100%
k_4^*	0.00%	3.31%	0.66%	4.64%	0.66%	0.00%	1.32%	0.00%	1.32%	0.00%	3.97%	1.32%	5.96%	0.66%	1.99%	0.00%	9.27%	4.64%	60.26%	100%
k_5^*	0.00%	1.64%	1.64%	0.82%	0.00%	0.00%	2.46%	1.64%	3.28%	0.00%	2.46%	0.00%	3.28%	0.82%	5.74%	1.64%	10.66%	8.20%	55.74%	100%
k_6^*	0.00%	1.09%	0.00%	0.00%	0.00%	0.00%	0.00%	0.00%	4.35%	0.00%	1.09%	1.09%	1.09%	1.09%	4.35%	0.00%	15.22%	7.61%	63.04%	100%
k_7^*	1.11%	0.00%	0.00%	2.22%	3.33%	0.00%	2.22%	1.11%	1.11%	1.11%	1.11%	1.11%	5.56%	0.00%	5.56%	0.00%	12.22%	4.44%	57.78%	100%
k_8^*	2.70%	0.00%	0.00%	0.00%	1.80%	0.00%	0.90%	2.70%	0.90%	0.90%	0.90%	0.90%	6.31%	0.90%	7.21%	0.00%	9.91%	11.71%	52.25%	100%
k_9^*	0.64%	0.64%	0.00%	0.00%	2.55%	2.55%	0.64%	0.64%	4.46%	0.64%	1.91%	1.27%	4.46%	2.55%	9.55%	1.91%	11.46%	5.73%	47.13%	100%
k_{10}^*	1.54%	0.77%	0.00%	0.00%	0.00%	0.00%	0.77%	0.77%	0.77%	1.54%	2.31%	0.77%	4.62%	0.00%	6.92%	0.00%	10.77%	7.69%	60.77%	100%
k_{11}^*	0.00%	1.20%	1.20%	3.59%	1.80%	0.60%	0.60%	0.60%	1.80%	1.80%	4.79%	1.80%	6.59%	0.60%	3.59%	0.00%	11.38%	9.58%	48.50%	100%
k_{12}^*	0.00%	0.93%	0.93%	1.87%	0.00%	0.93%	0.93%	0.93%	1.87%	0.93%	2.80%	5.61%	6.54%	2.80%	6.54%	0.00%	12.15%	12.15%	42.06%	100%
k_{13}^*	6.98%	1.90%	3.17%	2.86%	1.27%	0.32%	1.59%	2.22%	2.22%	1.90%	3.49%	2.22%	6.35%	2.54%	5.71%	1.27%	5.71%	8.89%	39.37%	100%
k_{14}^*	0.00%	1.65%	0.00%	0.83%	0.83%	0.83%	0.00%	0.83%	3.31%	0.00%	0.83%	2.48%	6.61%	2.48%	9.92%	0.83%	6.61%	8.26%	53.72%	100%
k_{15}^*	0.27%	0.27%	1.33%	0.80%	1.86%	1.06%	1.33%	2.13%	3.99%	2.39%	1.60%	1.86%	4.79%	3.19%	15.96%	2.39%	11.44%	8.24%	35.11%	100%
k_{16}^*	1.22%	0.00%	0.00%	0.00%	2.44%	0.00%	0.00%	0.00%	3.66%	0.00%	0.00%	0.00%	4.88%	1.22%	10.98%	2.44%	8.54%	12.20%	52.44%	100%
k_{17}^*	1.38%	1.57%	2.36%	2.75%	2.55%	2.75%	2.16%	2.51%	3.54%	2.75%	3.73%	2.55%	3.54%	1.57%	8.45%	1.38%	7.66%	6.29%	40.86%	100%
k_{18}^*	0.39%	1.35%	1.16%	1.35%	1.93%	1.35%	0.77%	2.51%	1.74%	1.93%	3.09%	2.51%	5.42%	1.93%	6.00%	1.93%	6.19%	11.03%	47.39%	100%
k_{19}^*	2.37%	4.10%	3.51%	4.91%	3.67%	3.13%	2.81%	3.13%	3.99%	4.26%	4.37%	2.43%	6.69%	3.51%	7.12%	2.32%	1.08%	13.22%	23.37%	100%

第四节 "一带一路"航空网络的核心层研究

一、"一带一路"航空网络核心层的确定

$k-$核分解后的最高层网络 k_{19} 可视为"一带一路"航空网络的核心层,其理由如下:

(1)由于核数与度数中心性和特征向量中心性具有较强的相关性,因此,k_{19} 中的节点具有更大度数中心性和特征向量中心性,发挥着更大的连接作用。

(2)k_{19} 网络具有更大的聚类系数和更小的平均路径长度,表现出更强的"小世界"特征,便利程度较高;该网络度分布指数 γ 最大,表明该网络中节点度差异性不大,具有较高的稳定性。

(3)k_{19} 网络与其他各层网络的连接比例均最大,表明该网络在"一带一路"航空网络结构中占据核心位置。

k_{19} 网络共包括 37 个国家的 53 座机场,其中机场数量最多的国家是阿联酋(5 个),其次是中国、沙特(各 4 个)。核心层所涵盖的 37 个国家,占"一带一路"沿线国家总数的 56.92%,占沿线 GDP 的 86.45%,占沿线人口总数的 93.74%,具有较强的代表性。

二、"一带一路"航空网络核心层的凝聚子群分析

凝聚子群分析能揭示网络中各节点之间实际存在的或者潜在的相互关系。派系(cliques)是关联最紧密的凝聚子群[30];在核心层 53 个机场所构成的网络结构中,尽管有些机场从全球来看并不突出,但它可能承担着核心层重要的连接作用。因此,根据节点间的联系强度来识别派系,对有效加强航空网络整体联系具有重要意义。

一个网络中的派系结构必须具备下列三个特征:

(1)至少包含三个节点;

(2)"完备"性,即其中任何两点之间都是直接相关。

（3）"最大"性，即不能向其中加入新的点，否则将改变"完备"性。

针对核心层网络，使用 Ucinet 软件进行派系分析，以最少包含三个节点为标准，共识别出 857 个派系，其中最大派系包含 13 个节点，最小派系包含四个节点。通过对识别出的派系进行分析，发现核心层网络节点之间呈现下列特征：

（1）虽然识别出的派系众多，但存在大量的"重叠"节点。例如，卡塔尔的多哈（QA-DOH）出现在 582 个派系中，是"重叠"次数最多的节点。此外，"重叠"次数较多的机场还包括：土耳其的吉斯坦布尔（TR-IST）、阿联酋的迪拜（AE-DXB）、泰国的曼谷（AE-DXB），分别出现在 560、374、371 个派系中；意味着这些机场在核心层网络中承担着重要的联系功能，也是"一带一路"航空网络中最重要的枢纽机场。

中国的四个机场北京首都机场（CN-PEK）、上海浦东机场（CN-PVG）、广州白云机场（CN-CAN）、昆明长水机场（CN-KMG）分别出现在 183、67、41、28 个派系中；除北京外，其他三个机场的参与派系数量远低于 135 的平均值，表明在核心层中的地位并不突出。

（2）"一带一路"沿线可分为东亚、东南亚、中亚、中东、欧洲传统五大板块。通过分析派系中机场的构成可知：各大地域板块内部的机场之间都存在比较紧密的联系，大量的派系成员都来自同一板块；通过对规模较大的一些派系进行分析，可知东亚、东南亚、中亚、中东四个板块相互间存在较紧密的联系，上述四个板块中的机场往往出现在同一派系中；欧洲板块仅与中东板块存在较紧密的联系，而与东亚、东南亚、中亚三个板块间联系程度较弱。

（3）经济、人口、国土等因素对网络中机场地位的影响并不显著，中国、印度、俄罗斯等国的机场所属派系数量都不高；而卡塔尔、土耳其、阿联酋、泰国的机场，因其独特的地理位置，拥有大量派系。上述充分表明：地理因素是当前决定"一带一路"航空网络节点地位的主因。

参考文献

曾小舟，江可申，程凯.我国航空网络枢纽机场中心化水平比较分析［J］.系统工程，2010，28（09）：39-45.

杜方叶，王姣娥，谢家昊，等."一带一路"背景下中国国际航空网络的空间格局及演变

[J].地理科学进展,2019,38(07):963-972.

黄磊,赵延东,梅亮.社交媒体个人数据资源的多边市场竞争研究——基于k核凝聚子网的实证解析[J].软科学,2019,33(06):1-7.

焦敬娟,王姣娥.海航航空网络空间复杂性及演化研究[J].地理研究,2014,33(05):926-936.

冷炳荣,杨永春,李英杰,等.中国城市经济网络结构空间特征及其复杂性分析[J].地理学报,2011,66(2):199-211.

刘宏鲲,周涛.中国城市航空网络的实证研究与分析[J].物理学报,2007,56(01):106-112.

刘望保,韩茂凡,谢智豪.全球航线数据下世界城市网络的连接性特征与社团识别[J].经济地理,2020,40(01):34-40+49.

任卓明,刘建国,邵凤,等.复杂网络中最小K-核节点的传播能力分析[J].物理学报,2013,62(10):108902.

盛科荣,杨雨,张红霞.中国城市网络的凝聚子群及影响因素研究[J].地理研究,2019,38(11):2639-2652.

王海江,苗长虹.中国航空联系的网络结构与区域差异[J].地理科学,2015,35(10):1220-1229.

王姣娥,王涵,焦敬娟."一带一路"与中国对外航空运输联系[J].地理科学进展,2015,34(05):554-562.

姚红光.中国航空网络的多分辨率小波分解研究[J].西南交通大学学报(自然科学版)

张美书,葛世伦,贾昱,等.基于核的科研合作网络凝聚性特征分析[J].系统工程理论与实践,2020,40(7):1821-1831.

Abe S,Suzuki N. Scale-free Network of Earthquakes[J]. Europhys Lett,2004,65(4):581-586.

Albert R,Barabási A L. Statistical Mechanics of Complex Networks[J]. Reviews of Modern Physics,2002,74:47-97.

Barabási A L,Albert R. Emergence of Scaling in Random Network[J]. Science,1999,286(5439):509-512.

Borgatti S P,Everett M G. Models of Core-Periphery Structures. Social Networks,1999,21(4):375-395.

He Y,Tan J. Study on SINA Micro-blog Personalized Recommendation Based on Semantic

Network [J]. Expert Systems with Applications, 2015, 42 (10): 4797-4804.

Kitsak M, Gallos L K, Havlin S, et al. Identification of Influential Spreaders in Complex Networks [J]. Nature Physics, 2010, 6 (11): 888-893.

Kou Z, Zhang C. Reply Networks on Bulletin Board System [J]. Phys. Rev. E, 2003, 67: 36117.

Krapivsky P L, Redner S, Leyvraz F. Connectivity of Growing Random Networks [J]. Phys. Rev. Lett., 2000, 85: 4629-4632.

Liu J, Qiao J Z. Research on Relevance Between K-core and Clustering Coefficient in Complex Network [J]. Journal on Communications, 2015, 36 (1): 224-229.

Newman M E. The Structure and Function of Complex Networks [J]. SIAM Review, 2003, 45, 167-256.

Newman M E. The Structure of Scientific Collaboration Networks [J]. Proceedings of the National Academy of Sciences, 2001, 98 (2): 404-409.

Oliver R. The K-core and Branching Processes [J]. Combinatory Probability and Computing, 2008, 17 (1): 111-136.

Ren Z M, Liu J G, Shao F, et al. Analysis of the Spreading Influence of the Nodes with Minimum K-shell Value in Complex Networks [J]. Acta Physica Sinica, 2013, 62 (10): 108902.

Sebastian W, Sun X Q. Evolution of the International Air Transportation Country Network from 2002 to 2013 [J]. Transportation Research Part E, 2015, 82, 101034.

Seidman S B. Network Structure and Minimum Degree [J]. Social Networks, 1983, 5 (3): 269-287.

Cheung T, Wong C, Zhang A. The Evolution of Aviation Network: Global Airport Connectivity Index 2006–2016 [J]. Transportation Research Part E: Logistics and Transportation Review, 2020, 133: 101826.

Zhang J, Cao X B, Du W B and Cai K X. Evolution of Chinese Airport Network. Physica A: Statistical Mechanics and its Applications, 2010, 389 (18): 3922-3931.

Zhang Y H, Zhang A M, Zhu Z R, et al. Connectivity at Chinese Airports: The Evolution and Drivers [J]. Transportation Research Part A: Policy and Practice, 2017, 103: 490-508.

第九章 "一带一路"物流网络的连接机制及驱动因素分析

探究物流网络的连接机制及驱动因素可以更深刻地理解物流网络的演化趋势,为实现物流网络结构优化、支撑国际经贸发展奠定基础。链路预测技术能够度量一定时间段内网络结构的变化情况,研究不同时间段内网络的连接机制,是探究网络演变趋势的一种有效技术方法。本章以"一带一路"沿线航空运输网络为研究对象,从网络结构层面研究节点的连接偏好,以全局网络结构来定义节点相似性,并基于支持向量分类算法构建"一带一路"航空网络链路预测模型,同时基于多元回归分析探究"一带一路"航空网络中节点的社会经济属性与网络结构之间的关系。最终希望能够为"一带一路"物流网络的优化整合提供帮助。

第一节 链路预测理论

目前,关于网络结构分析的研究,其目的都是在于找寻网络的连接现状以及推演网络的内在演化机制或者外部因素对网络连接发展的影响,以此来研究网络的内在连接机理和未来发展方向。其中,链路预测在网络领域的应用有着不可替代的作用,能够预测未知信息以及还原缺失信息,对网络分析的发展有着极大的促进作用。

一、链路预测概述

（一）链路预测问题描述

链路预测就是利用网络中已知信息，预测网络中节点 i 和节点 j 是否有可能发生连接，以及两个节点间连接的可能性。

如图 9-1-1 所示，（a）为原始网络，共有 4 个节点，5 条边。如果所有节点都有连边，那么网络中的连边数量为（4-1）×4/2= 6 条。从原始网络中的实际连边选择（b）训练集和（c）测试集，（d）为不存在边集。根据选择的链路预测算法，对测试集和不存在边集的节点对之间相似性进行打分，如果分值都大于不存在边集，那么说明选择的链路预测精确度比较高。使用预测精确度高的链路预测算法，对不存在边集的节点对之间相似性进行打分，分值越高的节点对，越可能有连接。对于原始网络（a）只有一条不存在边，所以下一个连接节点对就是节点 2 和节点 3。

链路预测是数据挖掘的研究方向之一，在计算机领域应用较为广泛。随着复杂网络技术的深入研究，链路预测方法在网络中的应用也多了起来，主要应用在网络演化机制和网络发展方向上，推动复杂网络演化模型的发展。

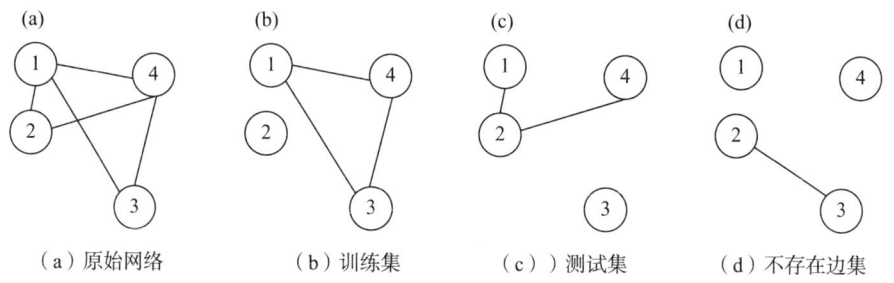

（a）原始网络　　（b）训练集　　（c）测试集　　（d）不存在边集

图 9-1-1　链路预测示意图

（二）数据集划分

根据上面链路预测问题描述部分的内容，我们知道链路预测的第一步就是划分数据集。对于数据集 E，可以划分为训练集和测试集 E^T 和 E^P，有 $E=E^T \cup E^P$，$E^T \cap E^P = \varnothing$。划分数据集的方法有多种，具体如下：

1. 随机抽样

随机抽样方法就是假设随机划分数据集中比例为 p 的边作为测试集，剩余的边作为训练集。该方法保证了每条边被选入测试集的概率是相同的，在链路预测中使用广泛，但是不适用于样本分布严重不均匀的数据集。

2. K-折折叠交叉检验

K-折折叠交叉检验就是总共做 K 次实验，将样本随机分为 K 份，选择其中一份作为测试集，其余的 K-1 份为训练集，输入训练模型得到一个预测精度。重复 K 次，整个网络的预测精度为 K 次预测精度的平均值。这样所有的数据都被选择为了测试集，相较于随机抽样避免了样本不均匀导致的模型精度不可信。

3. 逐项遍历

逐项遍历是一种比较精确的数据集划分方法，它每次都从网络中选择一条边为测试集，剩余的为训练集。遍历网络中所有的边，最后计算得到的平均值作为整个网络的预测精确度。但是该方法计算时间和复杂度较高，适合样本规模较小的网络。

（三）模型评价指标

链路预测的最后一步就是对该算法进行准确性评价，合理的评价指标可以选择出适合该模型的最优链路预测算法。评价链路预测算法准确度的指标主要有三个：AUC、准确率（Accuracy）、精确度（Precision）。这三个指标考虑的侧重点有所不同，适用于不同的数据集。AUC 是对算法整体准确度的测量；准确率是算法对数据预测正确的概率；精确率是只考虑排序靠前的边的准确度。

1. AUC 值

AUC 是指 ROC 曲线与坐标轴围成的面积。ROC 曲线以假阳性率为横轴，真阳性率为纵轴，根据分类阈值绘制而成的曲线，被广泛用来评价分类器的效果。在链路预测问题中，我们并不需要画出具体的 ROC 曲线图，只需要 AUC 值。我们可以将 AUC 问题理解为求解测试集 N^P 中随机选取一个节点对的分值，大于随机选取一个不存在边集 M 中节点对分值的概率。具体到模型来说就是，每次从测试集中 N^P 选取一个节点对，再随机从不存在边集 N 中选取一个节点对，如果前者的分支大于后者，则加 1 分；如果两个值一样就加 0.5 分；

然后重复操作 n 次。如果任意测试集 N^P 中的节点对的分值, 大于不存在边集 M 中节点对的分值, 则 AUC 的值为 1, 为最好的链路预测算法。AUC 定义如式（9-1）所示：

$$AUC = \frac{n_1 + 0.5 n_2}{n} \quad (9-1)$$

其中, n_1 表示测试集中的分值大于不存在边集的次数, n_2 表示二者分值相同的次数, n 为重复操作的次数。

如果所有边的分数值不是按照相似性指标计算, 而是随机产生的, 那么 AUC 值应当接近于 0.5, 因此当 AUC 的值大于 0.5 时, 说明该算法比随机预测方法要准确。理论上, n 值最大为测试集的数据量。

2. 准确率

准确率是指该链路预测算法预测正确的边数占所有网络边数的概率, 是比较常见的一个评价指标。但是该指标在数据集正反例不平衡的情况下, 不具有客观的评价结果。如果某个数据集有 90% 的样本为反例, 10% 的样本为正例, 而我们的预测策略认为所有样本都为反例, 准确率就为 90%。从准确率结果来看, 该预测模型表现优秀, 但是该模型无法预测出正例样本。这是以准确率作为评价标准的缺点, 只适合样本分布均匀的数据集。

3. 精确度

有时候我们并不关注网络中所有连边的预测结果, 而只是关注最可能产生连接的结果是否准确。比如某个机场要建立新航线, 如果预测结果的前几个机场都是现在已经建立联系的机场, 那么我们认为这样的模型精确度比较高。精确度就是定义前 L 个预测边预测正确的比例。如果其中有 m 条边来自测试集, 那么精确度的定义为：

$$Precision = \frac{m}{L} \quad (9-2)$$

从上式可以看出, 给定了 L, 精确度越高, 模型预测准确度越高。

二、链路预测指标的选取

在关于链路预测的相关研究中, 链路预测的指标有 30 多种。大致可以分为三类：基于相似性、基于极大似然估计和基于概率模型的链路预测指标。目前应用最广泛的是基于节点相似性的链路预测指标，属于比较成熟的指标，它不仅能够考虑网络的局部或者全局特征，也能够刻画出网络结构特征。而且基于节点相似性的链路预测指标定义和计算简单，计算复杂度不高，预测精度高，适合规模较大的网络。准确定义节点之间的相似性不是一件容易的事情，这些相似性指标无法保证在所有网络中都拥有较好的预测结果。可能某个指标只对某类网络具有较高的预测精确度，而对于其他类型网络预测精确度较低。所以学者更多的是从网络结构出发，寻找节点的网络结构相似性，保证节点相似性数据的可靠性。

基于网络结构相似性的指标众多，可以分为三大类：基于局部信息的相似性指标、基于半局域信息的相似性指标、基于全局信息的相似性指标。所以本文将基于网络结构相似性从三个分类中选取共八个在物流网络方面应用较多的链路预测指标。

（一）基于局部信息的相似性指标

基于局部信息是指只通过网络中节点的局部信息，比如节点度和共同邻居来计算的相似性指标。相较于其他指标而言，计算复杂度较低，适合样本规模较大的网络。

1. CN 指标

CN 指标认为两个节点间的共同邻居越多，两个节点越有可能相连。在"一带一路"国家航空网络中指两个国家间共同存在航班连接的国家数量越多，两个国家越有可能有航班联系。CN 指标所包含的信息较少，但是计算复杂度低，适合大规模节点网络。

$$S_{ij}^{CN}=|\Gamma(i)\cap\Gamma(j)| \qquad (9\text{-}3)$$

公式中的 $\Gamma(i)$、$\Gamma(j)$ 分别表示 i 节点和 j 节点的邻居节点的集合。

2. AA 指标

AA 指标将节点间共同邻居节点度值的大小考虑进来，由共同邻居的节点个数来分配每个节点的权重比例。认为某两个共同邻居的度值越小，这两个节点越相似，则越可能有连接。

$$S_{ij}^{AA} = \sum_{z \in \Gamma(i) \cap \Gamma(j)} \frac{1}{\log k_z} \quad (9-4)$$

公式中的 k_z 为节点 i 和节点 j 的共同邻居 k 的度值。

3. RA 指标

RA 指标与 AA 指标类似，只是对度值的惩罚的权重不同。AA 是以 $1/\log k$ 的形式下降，而 RA 是以 $1/k$ 的形式下降。当网络的平均度较小时，二者的结果差别不大；否则会出现较大差异。

$$S_{ij}^{RA} = \sum_{z \in \Gamma(i) \cap \Gamma(j)} \frac{1}{k_z} \quad (9-5)$$

（二）基于半局域信息的相似性指标

基于半局域信息是指考虑某个节点与其他节点较短路径内的相似性，其中也可以度值和共同邻居数量为权重。

1. LP 指标

LP 指标是在 CN 指标的基础上考虑多三阶路径。当 ε 等于 0 时，LP 指标就是 CN 指标。

$$S_{ij}^{LP} = (A^2 + \varepsilon A^3)_{ij} \quad (9-6)$$

公式中 $(A^2)_{ij}$、$(A^3)_{ij}$ 分别指节点 i 和节点 j 之间路径长度为 2 和 3 的路径数。

2. LRW 指标

为降低计算复杂度，LRW 指标为考虑有限步数 t 内的随机游走过程。$S_{ij}^{LRW}(t)$ 为粒子从节点 i 出发随机游走到节点 j 的概率。公式如下：

$$S_{ij}^{LRW}(t) = q_i \rho_{ij}(t) + q_j \rho_{ji}(t) \quad (9-7)$$

$q_i = k_i / M$ 表示节点 i 的初始资源分布，M 为网络中的总边数，k_i 为节点 i 的度值。$\rho_{ij}(t)$ 表示离子在 t 时刻从节点 i 出发，在 $t+1$ 时刻刚好在节点 j 的概率。

3. SRW 指标

SRW 指标是将 LRW 指标 t 步及以前的结果进行加总。这个指标给距离上临近目标节点的点更多的机会与目标节点相连，考虑了网络的局域性。

$$S_{ij}^{SRW} = \sum_{l=1}^{t} S_{ij}^{LRW}(l) = q_i \sum_{l=1}^{t} \rho_{ij}(l) + q_j \sum_{l=1}^{t} \rho_{ji}(l) \qquad (9-8)$$

(三)基于全局信息的相似性指标

基于全局信息是考虑某个节点在网络中到其他所有节点的路径长度等所有的信息，包括的信息最全面，但是计算复杂度较高，计算时间较长。

1. Katz 指标

Katz 指标考虑了网络中所有路径，根据路径长度给定不同的惩罚机制，路径长度越短权重越大。对于路径长度短的赋予较小的惩罚，对于路径长度长的赋予较大的惩罚，权重呈衰减系数。

$$S_{i=1}^{Katz} = \sum_{i=1}^{\infty} \beta^i \times (A^i)_{ij} \qquad (9-9)$$

公式中 $(A^i)_{ij}$ 为节点 i 和节点 j 间路径长度为 i 的路径数，β 要小于邻接矩阵最大特征值的倒数。

2. RWR 指标

RWR 指标是 PageRank 的拓展应用。它假设网络中的粒子，每游走一步都有一定概率返回原始出发点，是具有重启特性的随机游走。某一个粒子 t 时刻在节点 i 处，那么 $t+1$ 时刻该粒子达到网络各个节点的概率向量为

$$\rho_i(t+1) = cP^T \rho_i(t) + (1-c)e_i \qquad (9-10)$$

公式中 c 为粒子不返回原始点的概率，e_i 表示一个一维一列向量仅有第 i 个元素为 1，其他都是 0，P 为该网络的马尔科概率转移矩阵。

所以 RWR 相似性为

$$S_{ij}^{RWR} = \rho_{ij} + \rho_{ji} \qquad (9-11)$$

公式中 ρ_{ij} 为节点 i 出发的粒子走到节点 j 的概率。

第二节 基于相似性指标的网络链路预测

一、"一带一路"沿线网络模型的构建

本研究"一带一路"国家选取范围为"中国一带一路"官网数据定义的65个国家。以沿线航空运输网络作为物流网络主要标的,航线数据来自"飞常准"(https://map.variflight.com/)。以65个国家为节点构建一个无向无权的"一带一路"沿线国家航空网络 G_1 (V, E),其中 V 是网络中点的集合, E 是所有边的集合。如果两个国家间存在直达航班,则认为两个国家间存在实际连边。网络中共有2080条边,其中实际连边数量为678条。

本研究选取"一带一路"沿线65个国家的所有机场共1206个,只统计直达的跨国航线,不考虑国内机场间的航线。统计完成后剔除网络中的孤立点(网络中的孤立点,就是指该机场与其他64个国家没有国际航线),剩下585个机场。以这585个机场为节点构建一个无向无权的"一带一路"沿线机场航空网络 G_2 (N, F),其中 N 是网络中点的集合, F 是所有边的集合。如果分别来自两个国家的两个机场间存在国际航线,则认为二者存在实际连边。网络中共有170 820条边,其中实际连边数量为3640条。

将"一带一路"沿线国家航空网络数据和"一带一路"沿线机场航空网络数据分别导入 Ucinet,得到的网络统计特征结果如表9-2-1所示。

表 9-2-1 航空网络基本信息

网络名称	节点数	实际连边	平均度	网络密度	平均路径长度	簇系数
国家航空网络	65	679	20.86	0.3260	1.708	0.709
机场航空网络	585	3640	13.497	0.0214	2.799	0.430

其中, G_1 (65, 585)、G_2 (679, 3640) 两个航空网络数据集,将作为开展链路预测的样本数据。

二、构建基于相似性指标链路预测模型

基于相似性指标的链路预测方法,其本质就是一种无监督排序方法,根据相似性指标定义对网络中所有节点对进行打分。如果实际上没有连接的节点对的分值都低于实际有连接的节点,这个相似性指标定义准确,能够较大可能地正确预测该网络的链路。本部分将对"一带一路"沿线国家航空网络和"一带一路"沿线机场航空网络基于相似性指标进行链路预测,具体算法流程见附录4,主要步骤如下:

(1)将航空网络数据集以5折交叉验证的方法划分为训练集和测试集,也就是将数据平均分为5份,选取其中一份为测试集,另外4份为训练集;

(2)定义节点相似性指标,根据节点间的相似性指标方法,计算训练集的不存在边集的相似性分值和测试集边的相似性分值;

(4)每次从测试集中选取一个节点对,再随机从不存在边集N中选取一个节点对,如果前者的分支大于后者,则加1分;如果两个值一样就加0.5分。重复操作1000次后,取平均值计算模型AUC值;

(5)重复上述操作5次,取所有次数准确率的平均值为最终预测模型方法的准确值。

三、基于相似性指标链路预测结果

根据链路预测评价指标,经计算,"一带一路"沿线国家和机场基于相似性指标链路预测结果如下表9-2-2和表9-2-3所示:

表9-2-2 沿线国家基于相似性指标链路预测结果

	CN	AA	RA	LP	Katz	RWR	LRW	SRW
AUC	0.881	0.889	0.899	0.886	0.887	0.910	0.920	0.900

表9-2-3 沿线机场基于相似性指标链路预测结果

	CN	AA	RA	LP	Katz	RWR	LRW	SRW
AUC	0.900	0.903	0.903	0.942	0.941	0.942	0.933	0.923

AUC的值越高表示越好的预测效果。当AUC的值小于0.5时,模型预测

效果极差，都不如随机预测效果好。值介于 0.5 到 0.7 之间，表示模型预测效果较好；介于 0.7 到 0.9 之间，表示模型预测效果很好；值高于 0.9，表示模型预测效果非常好。从上述表 9-2-2 和表 9-2-3 来看，相似性指标在"一带一路"沿线国家和机场中的预测效果都比较好，AUC 值普遍高于 0.7，甚至可以达到 0.9 以上。

从表 9-2-2 可以看出，在"一带一路"沿线国家航空网络中，使用 LRW 相似性指标预测结果最高；预测结果最低的是 CN 指标。表格后半部分的相似性指标预测结果要高于前半部分也就是基于共同邻居信息的几个指标，即重点关注公共邻居节点度的指标预测效果不如关注全局网络路径的预测效果。

从表 9-2-3 可以看出，在"一带一路"沿线机场航空网络中，使用 RWR 和 Katz 相似性指标预测结果最高；CN 指标预测结果最低。同样的，表格后半部分的相似性指标预测效果要高于前半部分也就是基于共同邻居信息的几个指标，也就是重点关注公共邻居节点度的指标预测效果不如关注全局网络路径的预测效果。

从整体上看，基于相似性链路预测方法对"一带一路"沿线机场航空网络的预测精确度要稍微高于"一带一路"沿线国家航空网络。使用传统的基于相似性链路预测方法，对于样本规模越多、网络层面越小的网络预测正确度越高。基于全局信息的链路预测精确度要高于其他五个链路预测算法，基于局部信息的链路预测精确度普遍比基于局域信息和全局信息的方法低。在基于共同邻居的 CN、AA、RA 相似性指标链路预测中，考虑了共同邻居度值的 AA 和 RA 指标预测精确度更高，且 RA 相较于 AA 精确度更高。

第三节 基于支持向量机的网络链路预测

基于机器学习的链路预测方法就是将网络结构特征或者节点属性信息作为机器学习特征输入，通过机器学习算法以训练的方式构建预测模型，来判断网络链路结果，其本质就是将链路预测问题转化为二分类问题。在机器学习算法中，支持向量机算法是基于结构风险最小化原理来构建分类模型，能够用较少的训练样本训练出具有较高拟合度的分类模型，性能优异。

一、支持向量分类机的原理

支持向量分类机的本质就是对样本数据求分类函数,也就是模型的决策函数,根据决策值正确划分样本类别,如下式:

$$f(x)=sign(w^Tx+b) \tag{9-12}$$

其中,$w^Tx+b=0$ 表示分类的超平面,记为 L。w 是法向量,为垂直于超平面的方向。b 是样本到超平面之间的距离。对于点 (x_i, y_i),当 $w^Tx+b>0$ 时,该点为一类;当 $w^Tx+b<0$ 时,该点表示另一类。如图 9-3-1 所示,白色圆圈为一类,黑色圆圈为一类,超平面 L 就是模型的决策函数。假设,$f(x)>0$ 的点类别为 1,$f(x)<0$ 的点类别为 -1。

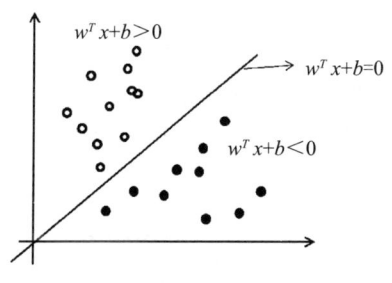

图 9-3-1 二分类示意图

(一)支持向量分类机的最优平面

求解支持向量分类机的最优分类函数就是寻找支持向量的最优平面。如下图 9-3-2 所示,白色类距离超平面最近的直线是 L_1,黑色类距离超平面最近的直线是 L_2。L_1 和 L_2 之间的距离称为分类间隔。分类间隔为两类样本中离超平面最近的两点间的距离。

对于样本来说,分类超平面有很多,但是只有使分类间隔最大时的分类超平面为最优分类平面。此时,在支持向量机中寻找决策函数问题,就变为寻找超平面间的最大分类间隔问题。我们假设所有数据点离最优分类平面的距离都大于1,就可以实现正确分类,那么样本 (x_i, y_i) 满足下式:

$$\begin{cases} w^Tx_i+b \geq +1, yi=+1; \\ w^Tx_i+b \leq -1, yi=-1. \end{cases} \tag{9-13}$$

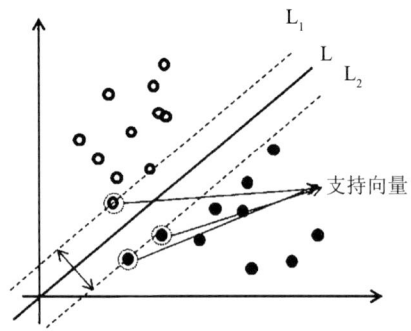

图 9-3-2　支持向量机线性分类示意图

故样本到分类超平面的距离的绝对值为：

$$r = \frac{w^T x + b}{\|w\|} \qquad (9\text{-}14)$$

根据图 9-3-2 所示，距离超平面 L 最近的几个样本数据使得上式的等号成立，点到分类平面的距离为 1，我们称这几个点为支持向量。支持向量之间的间隔为：

$$\gamma = \frac{2}{\|w\|} \qquad (9\text{-}15)$$

对于最好的分类平面来说，γ 值最大，那么寻找最优分类平面就变为寻找 w 和 b 使得最大的问题，数学表达式如下式所示：

$$\max_{w,b} \frac{2}{\|w\|} \qquad (9\text{-}16)$$

$$s.t.\, y_i(w^T x_i + b) \geq 1, i = 1, 2, \cdots, n.$$

显然为了最大化间隔，仅需要最大化 $\|w\|^{-1}$，这就等价于最小化 $\|w\|^2$，那么上式就变为：

$$\min_{w,b} \frac{1}{2} \|w\|^2 \qquad (9\text{-}17)$$

$$s.t.\, y_i(w^T x_i + b) \geq 1, i = 1, 2, \cdots, n.$$

对此，构建拉格朗日函数

$$L(w,b,\alpha)=\frac{1}{2}//w//^2+\sum_{i=1}^{n}\alpha_i\left[1-y_i(w^Tx_i+b)\right] \quad (9-18)$$

其中，α_i 为拉格朗日系数。

对 w、b、α_i 求偏导等于 0 得：

$$\begin{aligned} w &= \sum_{i=1}^{n}\alpha_i y_i x_i \\ 0 &= \sum_{i=1}^{n}\alpha_i y_i \\ \alpha_i\left(y_i\left(w^Tx_i+b\right)-1\right) &= 0 \end{aligned} \quad (9-19)$$

将上式代入拉格朗日函数，原来的问题就转化为凸二次规划对偶问题，如下式：

$$\begin{cases} \max \sum_{i=1}^{n}\alpha_i-\frac{1}{2}\sum_{i=1}^{n}\sum_{j=1}^{n}\alpha_i\alpha_j y_i y_j(x_i^T x_j) \\ s.t \quad \alpha_i\geq 0, i=1,\ldots,n \\ \quad\quad \sum_{i=1}^{n}\alpha_i y_i=0 \end{cases} \quad (9-20)$$

可以看出，式（9-20）就是在不等式约束下求解二次函数的极值问题，这表明会存在唯一优解。将最优解 w^*、b^* 代入式（9-12）就可以得到分类的最优平面，如下式：

$$f(x)=sgn((w^*)^T x+b^*)=sgn\left(\sum_{i=1}^{n}\alpha_i^* y_i x_i^* x+b^*\right) \quad (9-21)$$

当样本数据量较大时，会有一些噪声数据影响分类结果。为了最大化间隔的同时，不满足约束的样本尽可能少，也就是被错误划分种类的样本要少，所以，在此基础上增加松弛因子 ξ 和惩罚参数 C，那么优化目标就变为：

$$\min_{w,b} \frac{1}{2}//w//^2 + C\sum_{i=1}^{n} \xi_i$$

$$s.t. \ y_i(w^T x_i + b) \geq 1 - \xi_i, \xi_i \geq 0, i=1,2,\cdots,n.$$

（9-22）

其中松弛因子 ξ 是用来衡量预测结果与样本实际结果的便利程度，它的值越小，说明模型的鲁棒性越好。惩罚参数 C 是用来代表错误划分样本的惩罚力度，用于调节正则化和经验风险之间的平衡。

（二）核函数

对于在样本空间内无法线性可分的情况，我们可以将样本空间映射到高维空间来实现线性可分。在支持向量机中采用核方法，也就是引入核函数的方法将输入变量映射到高维空间。根据大量研究，常用的核函数有以下5种：

表9-3-1 常用的核函数

名称	表达式	参数
线性核函数	$k(x_i, x_j) = x_i^T x_j$	
多项式核函数	$k(x_i, x_j) = (x_i^T x_j)^d$	
径向基核函数	$k(x_i, x_j) = \exp\left(-\frac{\|x_i - x_j\|^2}{2\sigma^2}\right)$	$\sigma > 0$，为径向基函数的带宽
拉普拉斯核函数	$k(x_i, x_j) = \exp\left(-\frac{\|x_i - x_j\|}{\sigma}\right)$	$\sigma > 0$
Sigmoid核函数	$k(x_i, x_j) = \tanh(\beta x_i^T x_j + \theta)$	tanh为双曲正切函数，$\beta > 0$，$\theta > 0$

对于核函数的选择通常没有绝对的标准，它在不同的模型中性能表现各不相同。多项式核函数的计算量比较大，尤其当特征空间位数很高的时候，会出现无法得到正确结果的情况，但是径向基函数（RBF）不存在这样的情况。同时，Sigmoid核函数和径向基核函数（RBF）拥有相似的功能，一般情况下会优先考虑使用径向基核函数（RBF）。所以本文将选取RBF作为核函数。引入核函数后，优化目标就变为：

$$\min_{w,b} \frac{1}{2}//w//^2 + C\sum_{i=1}^{n} \xi_i \qquad (9-23)$$

$$s.t. \quad y_i(w^T k(x_i,x_j)+b) \geq 1-\xi_i, \xi_i \geq 0, i=1,2,\ldots,n.$$

求解式（9-23）的最优解就可以得到要找的最优分类平面，计算方法和上述过程一致，以此划分样本类别。

二、构建基于支持向量机的链路预测模型

（一）数据预处理

本部分，我们将8个相似性指标作为特征单独输入支持向量分类机。由于8个特征的数据范围变为较大，为统一样本的统计性分布，我们对数据进行[-1，1]的归一化处理，也就是所有特征的数值变化范围都映射到了-1和1之间。归一化公式为：

$$y = 2\frac{x - x_{min}}{x_{max} - x_{min}} + (-1) \qquad (9-24)$$

（二）划分数据集

为避免样本数据分布不平衡导致预测效果不好，本文选择k折交叉验证的方法划分训练集和测试集，避免过拟合。k值的选择并不是越大越好[73]，$k<5$时，测试结果会不稳定；$k>10$时，方差减小，偏离率增加。所以本文以5折交叉验证的方式划分训练集和测试集，也就是将数据集平均划分为5份，每次取其中一份为测试集，其余4份为训练集。一共进行5次，取遍所有数据作为测试集，以5次模型结果的平均值为最终模型的结果。

（三）选定核函数

不同的网络，不同的数据输入，不同核函数的选择，都会对预测精度产生较大的影响。为探究在相同相似性指标输入、核函数相同、参数默认的情况下，基于支持向量机的链路预测在"一带一路"不同层面航空网络的表现结果，以及不同相似性指标在"一带一路"沿线航空网络中的预测性能，我们选

定在支持向量机算法中使用频率和范围比较高的径向基 RBF 核函数。核函数中的参数选用默认值，$c=1$，$g=1$。

三、基于支持向量机的链路预测结果

（一）单个特征输入模型结果

以八个相似性指标分别作为单独特征输入，以支持向量机算法为模型，核函数选定径向基核函数（RBF），沿线国家航空的链路预测结果如图 9-3-3 所示，沿线机场航空网络预测结果如图 9-3-4 所示。

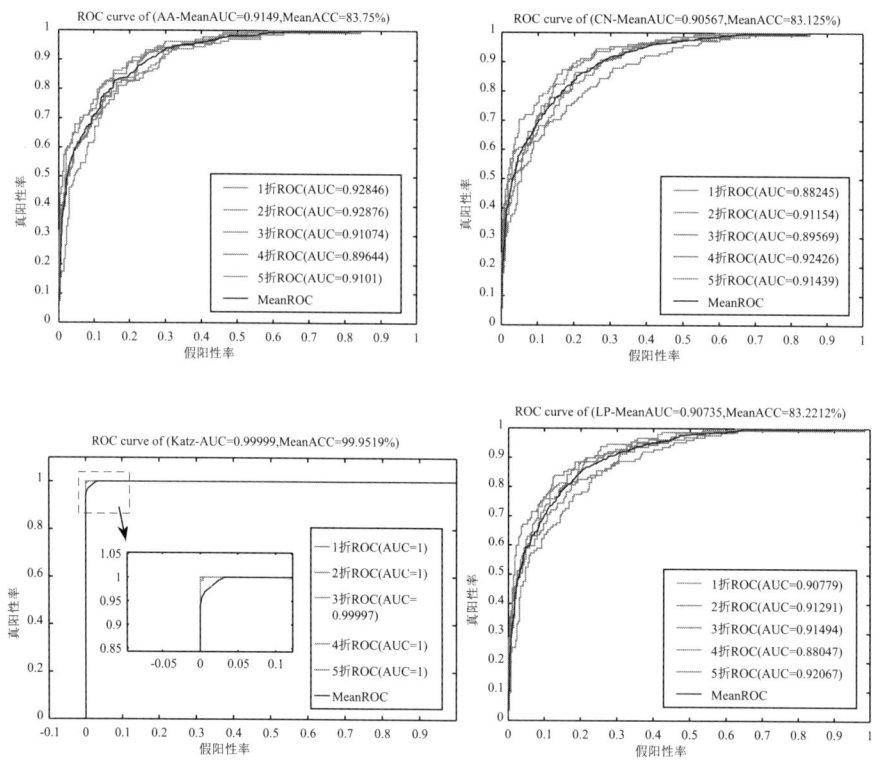

图 9-3-3　基于向量机"一带一路"沿线国家航空网络链路预测结果

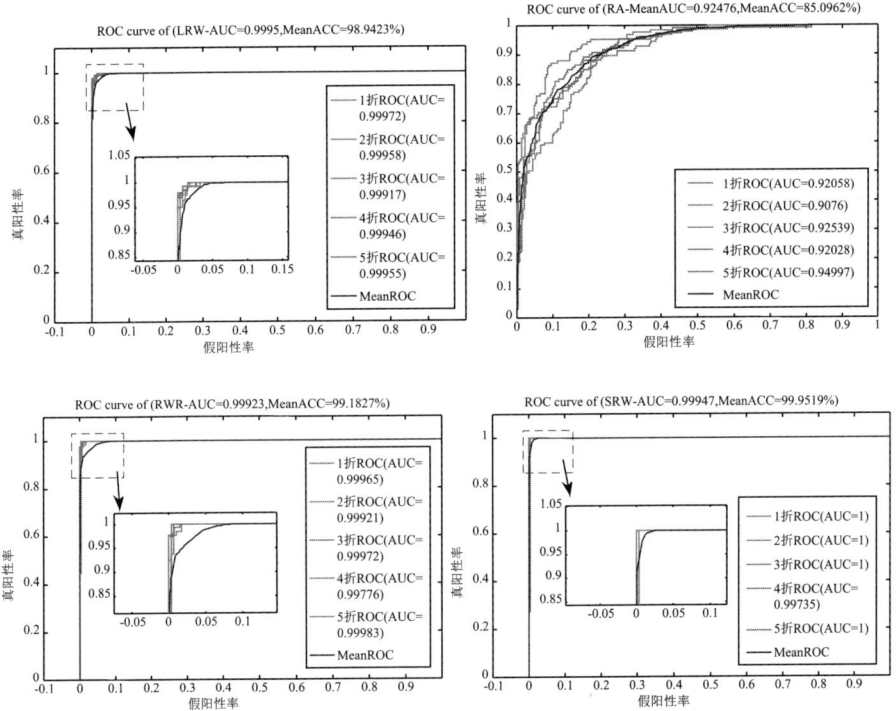

图 9-3-3 基于向量机"一带一路"沿线国家航空网络链路预测结果(续)

以八个相似性指标分别作为单独特征输入,以支持向量机算法为模型,核函数选定径向基核函数(RBF),沿线机场航空网络预测结果如下图 9-3-4 所示。

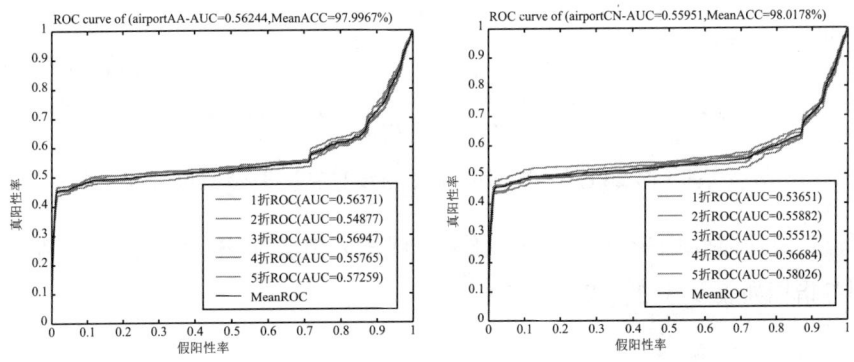

图 9-3-4 基于向量机"一带一路"沿线机场航空网络链路预测结果

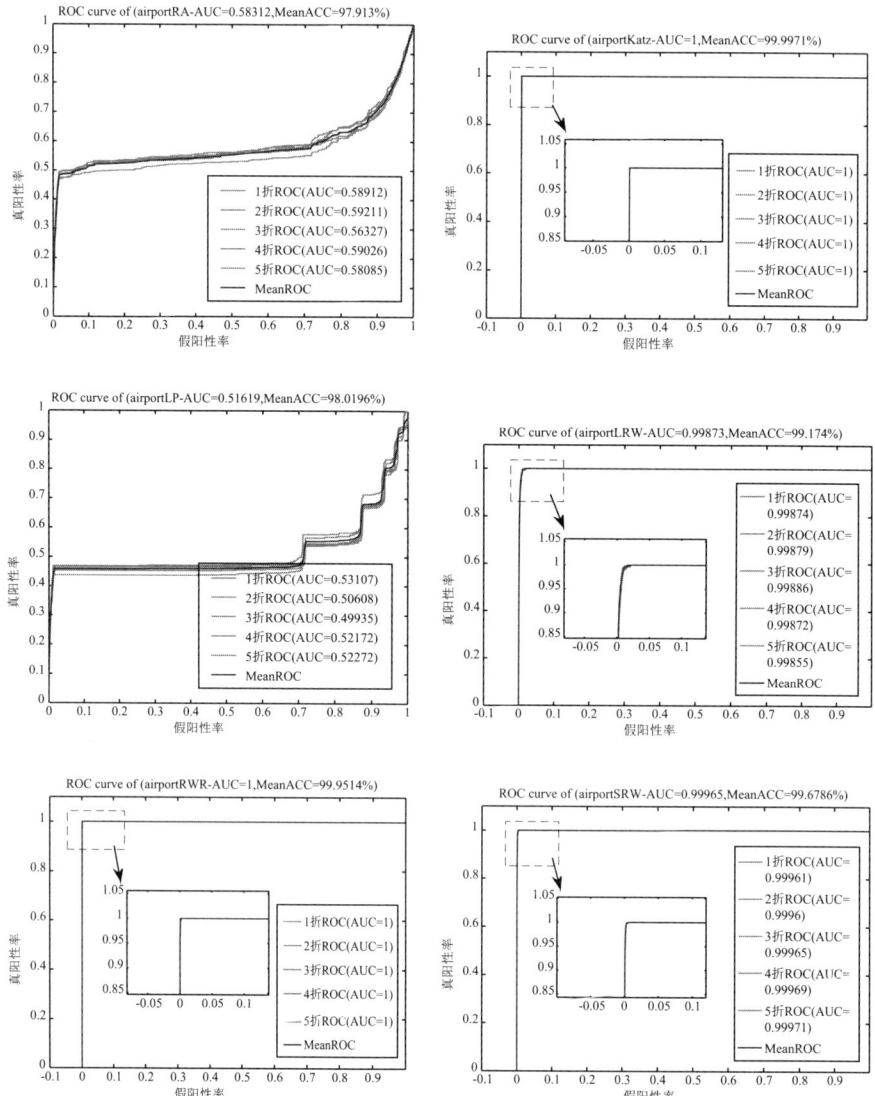

图 9-3-4 基于向量机"一带一路"沿线机场航空网络链路预测结果（续）

经计算，基于向量机"一带一路"沿线国家航空网络、沿线机场网络链路预测各指标如表 9-3-2、表 9-3-3 所示。

表 9-3-2 "一带一路"沿线国家航空网络链路预测结果

	AA	CN	RA	LP	Katz	LRW	RWR	SRW
ACC	83.606	83.221	85.096	83.173	99.952	98.942	99.183	99.952
AUC	0.914	0.906	0.925	0.907	0.9999	0.9995	0.9923	0.9947

表 9-3-3 "一带一路"沿线机场航空网络链路预测结果

	AA	CN	RA	LP	Katz	LRW	RWR	SRW
ACC	97.997	98.018	97.913	98.019	99.997	99.174	99.951	99.679
AUC	0.562	0.559	0.583	0.5162	1	0.998	1	0.996

根据表 9-3-2，基于支持向量的链路预测算法，在"一带一路"沿线国家航空网络中的预测精度都很高，全部高于 0.9。与基于相似性链路预算法结论相似的是，表格后半部分的相似性指标预测效果要高于前半部分也就是基于共同邻居信息的几个指标，即重点关注公共邻居节点度的指标预测效果不如关注全局网络路径的预测效果。

根据表 9-3-3，基于支持向量机的链路预测算法在"一带一路"沿线机场航空网络中的表现，两极分化很严重。以支持向量机为模型，共同邻居的相似性指标为输入的模型预测性能比较差，只比 0.5 高一点；其余指标的预测性能比较高，高于 9 甚至接近 1。这与"一带一路"沿线国家航空网络的预测结果相差非常多。对比两个层面航空网络的结构特征，我们发现机场航空网络的簇系数相较于国家航空网络比较低，这可能就是使得模型预测结果比较差的原因。该链路预测算法可能不适合网络密度和簇系数较低的网络，具体原因还需要进一步深入研究。

两个表格从整体上看，基于支持向量机的链路预测算法中，国家层面的航空网络也就是"一带一路"沿线国家航空网络的预测精确度，要高于机场层面的航空网络，尤其是以共同邻居指标 CN、AA、RA 作为特征输入时。越宏观层面的合作网络，预测精确度越高。基于支持向量机的链路预测算法中，以全局信息为特征输入时的预测精确度要高于以其他局部信息输入的结果。

（二）特征选择后输入模型的结果

与网络结构相似性有关的特征有七个，每个特征单独作为模型输入的时候，预测精度都较高，其中以基于全局信息的相似性特征预测精度最高。如果将 7 个相似性特征全部作为模型输入，那么等于考虑了基于网络结构相似性的全部信息。但是这七个特征都是从不同的角度描述网络结构的相似性，所包含的网络结构相似性信息存在重复的可能性。这就需要在模型输入前进行特征选择，以选择出包含几乎全部网络结构相似性信息的特征组合，来减少计算复杂度，提高预测精度。

1. 特征选择结果

特征选择算法主要有三大类：过滤式特征选择、包裹式特征选择、嵌入式特征选择。过滤式特征选择是在用相关系数或者卡方检验等方法从相关性角度对各个特征进行评分，然后选择分数较高的特征进行机器学习。包裹式特征选择主要是基于机器学习的预测效果评分，每次排除或者选择特征。嵌入式特征选择是使用一些机器学习算法计算各个特征的权值系数，根据权值系数选择特征。嵌入式与过滤式方法类似，但是是用训练的方法判断特征的优劣。由于决策树特征选择算法能够直观地比较各个特征的优劣，本部分将采用决策树 ID3 算法进行特征选择。它利用贪心算法思想，能够在进行节点分裂时能够分裂出具有最优分裂结构的属性。

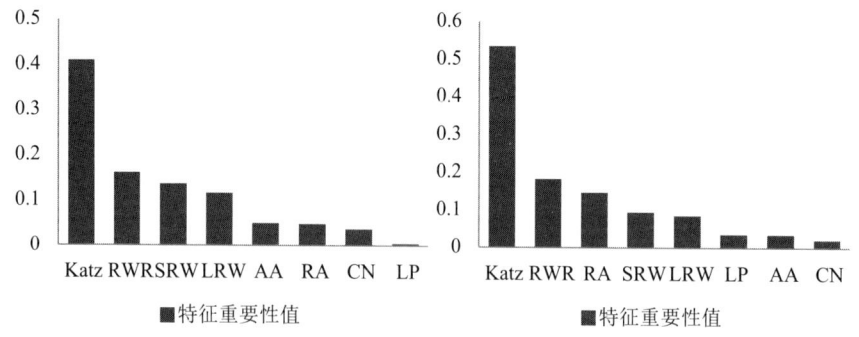

图 9-3-5　国家航空网络特征选择结果　　图 9-3-6　机场航空网络特征选择结果

根据图 9-3-5 和图 9-3-6 结果所示，无论是在"一带一路"国家航空网络还是机场航空网络，Katz 相似性指标特征重要性最高，也就是 Katz 指标对于"一带一路"航空网络而言包含的有用信息很多。基于共同邻居的相似性指标特征重要性普遍较低，而特征重要性代表了该特征所包含的能够预测正确结果的信息完整度，这也就能解释为什么基于共同邻居的相似性指标预测精确度普遍比较低的原因；基于全局性的指标重要性最高，同时预测精确度也是最高的。

2. 特征组合后输入模型结果

将以上特征重要性较高的前 4 个特征进行特征组合，重新输入模型测验模型精度。特征组合方式如表 9-3-4 所示。

表 9-3-4　特征组合方式

航空网络	特征集名称	特征集内容
"一带一路"国家航空网络	Select1	Katz、RWR、SRW、LRW
	Select2	Katz、RWR、SRW
	Select3	Katz、RWR
"一带一路"机场航空网络	Select4	Katz、RWR、RA、SRW
	Select5	Katz、RWR、RA
	Select6	Katz、RWR

每个模型的预测结果如表 9-3-5 和图 9-3-7 所示。

表 9-3-5　特征组合预测结果

特征组合	Select1	Select2	Select3	Select4	Select5	Select6
ACC	99.9519	99.9519	99.9519	100	100	99.9971
AUC	1	1	1	1	1	1

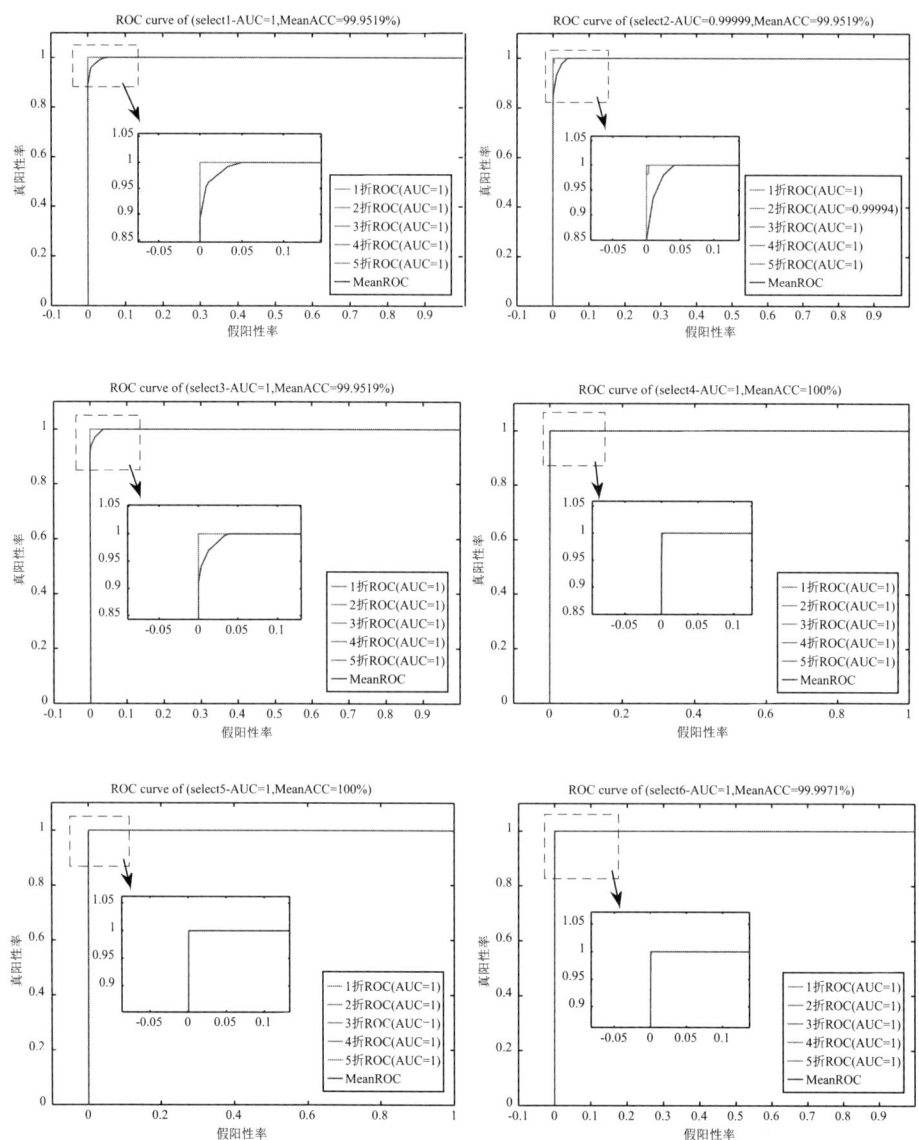

图 9-3-7 特征选择后的链路预测结果

根据上述几种特征组合后的预测结果,可以看出:

(1) 对比在基于支持向量机链路预测部分使用单个指标进行预测的结果,可以看出组合特征后的模型预测精确度更高。但注意,并不是包含的特征越多,该模型预测结果的精确度就越高。

（2）在基于支持向量机链路预测部分中，Katz指标不光涵盖了大部分"一带一路"网络链路预测的有用信息，且其他七个指标相对于Katz指标来说涵盖的信息是重复和微不足道的。对比单独考虑Katz指标和进行特征组合后的预测结果，我们认为只需要Katz指标基于支持向量机进行链路预测，预测精确度是最高的。

此外，以八个网络结构相似性的链路预测指标，分别输入以传统链路预测模型和支持向量分类机模型中进行预测分析，结果发现：

（1）对于"一带一路"沿线国家航空网络，也就是国家层面的"一带一路"航空网络，基于支持向量分类的链路预测模型精确度要优于传统模型。但对于机场层面的"一带一路"航空网络，只有当以全局和半局域信息作为特征输入的支持向量分类机模型，精确度才高于传统模型。这可能是因为，机场层面的跨国机场航空网络稀疏，各个机场之间由于地理距离等问题共同邻居数量很少，而以共同邻居信息为相似性指标作为输入时，相似性分值非常接近，以至于无法划分出一个分类性能优异的超平面。

（2）基于支持向量机的"一带一路"沿线国家航空网络链路预测精确度要高于"一带一路"沿线机场航空网络。这表示在"一带一路"航空网络中，网络越宏观，预测精确度越高。

（3）在"一带一路"沿线国家和机场航空网络中，基于支持向量机进行链路预测时，Katz指标几乎涵盖了所有能够预测链路的信息。相较于其他七个指标和组合指标，它有最高的预测精确度，是一个比较重要且具有代表性的指标。该指标不仅包含了路径相似的信息，同时也考虑进了共同邻居的数量。节点间的路径距离越短，共同邻居数量越多，则两个节点在结构上越相似、越可能产生连接。

第四节 "一带一路"沿线物流网络连接机制研究

对于"一带一路"物流所表现的结构拓扑性，以及节点之间产生复杂网络意义上的连接，其根本上都是在节点间的社会经济因素的驱动下形成的。回顾学者们关于物流网络的研究，大多数是基于复杂网络理论对物流网络的拓扑结构和演化机制进行研究，但对影响物流网络拓扑性的根本原因，也就是社会经济因素的研究非常少。一方面是由于社会经济属性数据的可得性和可靠性，另一方面是社会经济属性数据的全面性，都会影响研究结果的正确性和可靠性。本节将以物流网络为例，对社会经济因素如何影响"一带一路"物流网络节点之间的连接关系以及网络结构进行研究，从而进一步探究"一带一路"物流网络的连接机制。这对于弥补现今"一带一路"物流网络中的航线空缺以及未来关于"一带一路"物流网络的规划具有指导意义。

一、"一带一路"沿线物流网络连接驱动因素理论分析

根据以往学者的研究，影响物流网络的因素是多方面的，有人口规模、经济发展水平、政府政策、交通基础设施水平等来自社会、经济、政策、自然环境各方面的因素。根据物流运输的特点和物流网络特性，可从四个方面进行研究。

（一）政策因素

"一带一路"物流网络的构建依赖于"一带一路"倡议政策的提出，它的发展也依赖于政策的支持。政府支持的形式主要有加强物流基础建设、吸引物流公司入驻。"一带一路"政策实施以来，中国企业承建了近40项民航基础设施建设，以及与"一带一路"沿线20余个国家合作进行民航基础建设，致力于打通"一带一路"沿线国家间的物流道路。同时，与各国政府签订物流运输协定，建立密切合作伙伴关系，扩大航权安排，为国家间新增航线联系奠定了政策基础。目前，中国已与沿线45个国家间有直达航班，无须中转。由此可见，"一带一路"倡议政策直接促进了"一带一路"物流网络的发展。

同时也有学者发现各国间如果存在贸易协定、盟约国等政策约定，国家间的交通运输网络联系也会更紧密，会加速两国的物流网络联系以促进经济物质的流通。比如东盟10国间的物流网络就更为完善。同样地，具有类似文化的国家之间，无论是政策沟通还是贸易交流都更便利。

（二）地理位置因素

环境对交通方式的影响是巨大的。对于地理环境偏远、气候条件恶劣的地

区，大多数交通方式都无法达到。物流运输相较于其他交通方式，对地理环境的适应性比较高，可以去往绝大多数地方。地理因素还会影响物质的流通，距离越远的两个事物，它们之间物质流通的概率越小。因为距离越远，物质流通的时间和金钱成本越高，使得物质流通概率比较低。对于交通网络而言，距离对网络拓扑结构有明显的影响，距离越近的两个地区间越可能建立交通联系，且距离的影响效果是比较显著的。对于地理位置优越的地区，比如是沿海或者沿江地区以及陆路交通枢纽的地区相较于地理位置偏远、地形复杂的地区来说，更容易与其他地区建立交通联系。以中国上海和北京为例，这两个地区相较于内蒙古和新疆的交通网络而言，更为密集和完善。

（三）经济因素

物流运输需求是一种派生需求，它与社会经济的发展息息相关。经济发展是驱动国家间建立航线联系的根本原因。随着经济的发展，各国间的贸易联系、科技联系、人才联系随之增加，而这一切物质的流动都需要依靠航线联系为实际载体进行流动。可以说，要想经济获得发展，交通网络的基础设施建设要先行。与此同时，社会经济水平提高后，商品流通速度增加，居民在旅游上的消费则会增多，客观上会促进物流客货运输的发展。所以，与经济相关的指标多少都会与物流发展存在某些关联。

国内生产总值指的是一个国家（地区）在一定时间内的生产活动总值，是衡量国家经济状况的最佳指标。第一产业产值一般是指农、林、木、渔业在一定时间内的生产活动总值；第二产业产值是指工业在一定时间内的生产活动总值；第三产业产值是指第一和第二产业外的、在一定时间内的生产活动总值。研究发现中国物流旅客运量与国内生产总值具有很高的相关系数，高达 0.9791。同时第二、三产业产值与物流旅客运输量相关系数更高。第三产业产值对物流网络结构的影响是显著的，物流网络偏向连接第三产业发达的地区。相较于第一和第二产业，第三产业相关的指标与物流网络之间的关系更为密切。

（四）社会因素

国家间航线的建立还依赖于二者的社会环境，比如人口规模、人口受教育程度、社会安全性等。人口越多的国家，拥有越广袤的经济市场，越能享受人口红利带来的经济增速。经济的增长既来源于物质的流通也会增加物质的流通，也就是运输业的发展。所以人口越多的国家，有更大的市场需求，理论上交通网络更需要完善。同样地，安定的社会环境有利于经济的发展，安全的社会环境是经济发展的保障，同时也能够使更多的游客出游，增大第三产业产值，对物流网络和交通网络存在正向影响。如果社会长期处于不安定状态，比如巴勒斯坦就处于社会动荡中，整个对外交通网络系统会瘫痪，那么这是不利于物流网络建设的发展方向。

二、"一带一路"沿线物流网络连接驱动因素分析

物流网络中各节点的连接关系，从根本上是受节点间社会经济属性的影响，节点间的社会经济属性互相影响使得节点间有物流连接或者无物流连接，最终形成现在的物流网络结构。也就是说，各节点的社会经济属性对物流网络结构、相似性指标值具有直接影响。

根据上述基于相似性指标对"一带一路"沿线航空网络链路预测的研究，发现网络结构相似性 Katz 指标几乎可以 100% 预测准确物流网络中已连接的节点对，Katz 指标值越大，节点对越可能连接。所以根据 Katz 指标计算的"一带一路"沿线物流网络节点的拓扑相似性的值，可以用以判断网络中的节点对是否连接，将网络中表示连接或者不连接的离散变量变为连续变量。下面将以 Katz 相似指标值为因变量，社会经济等因素为自变量，采用多元回归具体分析社会、经济影响因素与物流网络连接之间的关系，研究社会经济因素如何影响节点对相似性来进一步探究物流网络连接机制。

通过上述"一带一路"沿线物流网络连接机制驱动因素的分析，考虑因素的可量化性和可获得性，确定选取七个影响因素并且量化为七个变量进行研究，具体指标内容见表 9-4-1。根据建立的指标体系采集的相关数据，如表 9-4-2 所示。

表 9-4-1 影响因素指标体系

影响因素	变量选取	变量名称	变量内容
社会因素	人口	POP	两国15~64岁人口数之和
	社会安全	SAV	两国总失业人数占劳动力总数比例之和

续表

影响因素	变量选取	变量名称	变量内容
经济	人均GDP	GDP	两国人均GDP之和
	进出口贸易额	TRA	两个国家间进出口贸易额之和
	国际旅游收入	INM	两个国家间旅游收入之和
	国际入境人数	IMM	两个国家间入境人数之和
地理	距离	DIS	两国首都距离

自世界银行网站（https：//data.worldbank.org.cn/indicator/）以及CEPII数据库，进行数据采集。统计时间为2019年9月至10月。数据统计时，七个指标中某些数据只能获取到截止2018年的数据，为保证和数据时间上的统一性，本研究根据1995—2018年的数据采用时间序列预测模型，使用移动平均方法对2019年的"一带一路"沿线各国家的14~64岁人口、社会安全系数、人均GDP、国际旅游收入、国际入境人数几个变量进行预测。

将统计出的七个因素按照变量描述要求进行处理后，对照"一带一路"沿线国家的两两关系，一共得出2080种关系，最终形成一个2080*7的矩阵。数据处理完毕后，对因变量Katz和七个自变量的统计描述如下：

表9-4-2 描述性统计结果

变量名称	个案数	最小值	最大值	平均值	标准差
Katz	2080	0	0.016 3	0.004 425	0.0 053 191
DIS	2080	68.9	12 324.92	4 133.738 3	2 660.010 61
GDP	2080	406 292.57	4 645 799 281	139 405 619.333	292 186 369.66
IMM	2080	656 680 600	3.07+E15	8.3+E13	1.92+E14
INM	2080	5.77+E15	2.7+E21	5.894+E19	1.725+E20
TRA	2080	0	96 990 000	1 111 063.661 4	5 802 440.660 27
POP	2080	1.28+E11	9.05+E17	1.987+E15	2.192+E16
SAV	2080	0.08	644.54	45.449 0	61.257 29

从表9-4-2可以看出，七个变量以及Katz值具有不同的量纲，平均值和标准差数值差异较大，所以我们将对数据进行取对数处理，在不改变数据间的关系的前提下缩小数据范围，为后续的多元回归做数据处理准备。

三、多元线性回归理论

回归分析是常用的一种统计分析方法,主要适用于研究变量间的关系以及确定变量之间的定量关系研究。根据自变量和因变量的关系,选择相应的多元回归模型,最后根据数据统计软件的模型结果,判定预测模型是否合理。一般根据 R^2 值可直接判断模型拟合度,判断模型的合理性。同时还需要对回归模型进行检验,只有通过 T 检验和 F 检验的回归模型才是合格的多元线性回归模型。

采用多元回归分析来确定因变量和自变量间的定量关系,能够实现定量探究影响物流网络连接的因素对"一带一路"物流网络连接的作用机制。

(一)模型原理介绍

构建多元线性回归模型如下:

$$\begin{cases} y = C_0 + \sum_{i=1}^{n} C_n x_n + \varepsilon \\ \varepsilon \sim N(0, \sigma^2) \end{cases} \tag{9-25}$$

式中,y 为被解释变量,x 为解释变量。C_0 为回归常数,$C_1, \ldots, C_n$ 为回归系数。ε 为随机误差。

现在有 i 个独立观测数据,代入式(9-25)得:

$$\begin{cases} y_i = C_0 + \sum_{i=1}^{n} C_n x_{ni} + \varepsilon \\ \varepsilon \sim N(0, \sigma^2) \end{cases} \tag{9-26}$$

使用最小二乘法对模型中的参数进行估计,使得 y 与 $y = \check{C}_0 + \sum_{i=1}^{n} \check{C}_n x_n$ 的误差平方和最小。

将 $\check{C}$ 代回元模型可以得到 y 的估计值为:

$$\check{y} = \check{C}_0 + \sum_{i=1}^{n} \check{C}_n x_n \tag{9-27}$$

那么残差平方和为:

$$SSE=\sum_{i=1}^{n}(y_i-\check{y}_i)^2 \quad (9-28)$$

这是原始数据 y_i 的总变异平方和：

$$SST=\sum_{i=1}^{n}(y_i-\bar{y})^2 \quad (9-29)$$

用拟合直线 $\check{y}=\check{C}_0+\sum_{i=1}^{n}\check{C}_n x_n$ 可解释的变异平方和：

$$SSR=\sum_{i=1}^{n}(\check{y}_i-\bar{y})^2 \quad (9-30)$$

所以有 $SST=SSR+SSE$。

从式（9-30）可以看出，y 的变异主要是两个原因引起。一方面是 x 取值的不同，使得 y 有了系统性变异；另一方面是除 x 以外的其他因素影响 y 的变化。SSE 越小，也就是残差平方和越小，那么观测值靠近回归直线越紧密，表示回归方程对原数据的拟合程度也越高，模型越贴合实际情况。

（二）模型拟合度

那么如何具体衡量观测值与回归直线之间的紧密程度，也就是测量模型拟合程度的评价指标就成为评价多元回归模型的重要指标。现在我们常用判定系数来判断回归方程对原始数据的拟合程度，数值越高，拟合效果越好。判定系数用 R^2 表示，如式（9-31）所示：

$$R^2=\frac{SSR}{SST}=\left(1-\frac{SSE}{SST}\right) \quad (9-31)$$

判定系数在 0 到 1 之间，值越高则表示拟合程度越高；反之，就代表拟合度越低。当值为 1 时，则表明 $SSE=0$，也就是残差为 0，即拟合数据与原数据完全吻合。要想残差平方和 SSE 最小，就需要让残差平方和 SSE 对回归系数的偏导数等于 0，由此我们可以得出回归系数的估计值，以及回归方程。

（三）模型检验

在拟合回归方程前，会假设 y 和 x 之间是线性关系，再进行线性回归模型拟合。但这种假设是否为真，还需要进行检验。检验主要从两个方面展开：一个是对模型的检验,检验该线性模型是否可以用于此自变量和因变量之间的关系,这就是 F 检验;另一个检验是对回归参数的检验,检验各个自变量是否显著影响因变量,也就是 T 检验。

四、多元回归模型的构建

构建多元线性模型的步骤为:

(1)研究被解释变量和解释变量的关系是否具有显著线性关系,一般通过皮尔逊相关系数法或者制作因变量和自变量散点图观察来验证是否存在线性关系;

(2)利用处理后的数据建立线性回归方程,验证回归方程拟合效果和回归系数;

(3)根据 T 检验和 F 检验结果,验证回归模型线性关系的显著性以及回归系数的显著性。

根据建立回归模型的一般步骤,首先对因变量和各个自变量之间的线性相关性进行讨论。在对影响"一带一路"物流网络连接的因素研究中,希望找到多方面的影响因素来研究"一带一路"物流网络连接机制。但是各个因素间是否存在相关关系,各个因素间互相的作用和影响是否对最终的研究结果产生影响,这都需要进行研究。

(一)相关分析

相关分析是对因变量和自变量之间的相关关系进行研究。二者如果存在正相关关系,则相关系数为正,反之为负。相关系数越大,则二者的相关性越强。通常我们认为相关系数值在 0.0~0.2 的为不相关或者相关性极弱,0.2~0.4 表示弱相关,大于 0.4 表示相关性较强。

皮尔逊相关系数只对线性关系敏感,所以选用皮尔逊相关系数研究节点相似性值与影响因素之间的相关关系,其结果如表 9-4-3 所示。

表 9-4-3　各指标之间的皮尔逊相关系数

	LnKatz	LnDIS	LnGDP	LnIMM	LnINM	LnTRA	LnPOP	LnSAV
LnKatz	1	−0.73**	0.291**	0.523**	0.561**	0.747**	0.459**	−0.13**

** 代表 sig 值小于 0.01。

根据皮尔逊相关系数定量分析方法，可以看出 Katz 值与七个变量间存在某种线性相关关系，可以使用多元线性回归模型。其中两国首都距离的相关性最强，为 0.735 且呈负相关，表明距离近的国家间存在航线连接的可能性更大。其次相关性较强的分别是两国间的进出口贸易额（$LnTRA$）、两国的国际旅游收入（$LnINM$）和国际入境人数（$LnIMM$），且呈正相关，表明两国间的人员、资金等流动越多，越可能有航班连接。和上面的四个变量相比，人口（$LnPOP$）、人均 GDP（$LnGDP$）以及社会安全系数（$LnSAV$）几个变量与物流网络连接的相关性略低一点。其中社会安全系数（$LnSAV$）的相关性非常弱，低于 0.2，在后续多元线性回归分析中将剔除 $LnSAV$ 变量。

（二）构建多元回归线性模型

根据上述相关性分析，可知自变量与因变量间存在线性关系。所以本部分将以网络结构相似性值（$LnKatz$）为因变量，首都距离（$LnDIS$）、国内人均生产总值（$LnGDP$）、入境人数（$LnIMM$）、国际旅游收入（$LnINM$）、进出口贸易额（$LnTRA$）、15~64 岁人口数（$LnPOP$）六个变量为自变量，构建多元线性回归方程，模型如下：

$$LnKatz = C_0 + C_1 LnDIS + C_2 LnGDP + C_3 LnIMM + C_4 LnINM + C_5 LnTRA + C_6 LnPOP + \varepsilon \quad (9-32)$$

式中，C_0，C_1，…，C_6 为待估计的回归系数，ε 为随机误差项。

由于本研究的数据为截面数据，容易产生异方差性。所以对上述数据进行最小二乘法（WLS）回归，权重设为残差绝对值的倒数。为避免自变量间多重共线性问题，使用逐步回归策略进行拟合模型。结果如表 9-4-4 所示。

表 9-4-4　逐步回归模型类别

模型	变量
1	LnTRA
2	LnTRA、LnDIS
3	LnTRA、LnDIS、LnINM
4	LnTRA、LnDIS、LnINM、LnPOP
5	LnTRA、LnDIS、LnINM、LnPOP、LnGDP

续表

模型	变量
6	LnDIS、LnINM、LnPOP、LnGDP
7	LnDIS、LnINM、LnPOP、LnGDP、LnIMM
8	LnDIS、LnINM、LnPOP、LnGDP、LnIMM、LnTRA

上述八个模型的统计信息如表9-4-5所示。

表9-4-5 八个模型的统计信息

模型	R	R方	调整后R方	标准估算的误差	德宾—沃森	F	显著性
1	0.819	0.671	0.671	1.858 15		3973.957	0.000
2	0.943	0.890	0.890	1.074 73		7875.572	0.000
3	0.966	0.932	0.932	0.843 58		8926.236	0.000
4	0.974	0.949	0.949	0.730 60	1.514	9087.609	0.000
5	0.992	0.984	0.984	0.416 01		23 232.803	0.000
6	0.992	0.984	0.984	0.416 01		29 015.760	0.000
7	0.994	0.988	0.988	0.358 87		31 352.947	0.000
8	0.994	0.988	0.988	0.358 48		26 185.324	0.000

从表9-4-5可以看出，随着自变量数的增加，模型的拟合度越来越高。其中模型8拟合度最优，调整后的R^2为0.988，说明该模型中的自变量可以解释因变量的98.8%，剩余的1.2%由随机误差项所解释。模型1只考虑了节点间的双边贸易额因素，调整后的R^2为0.671，也就是当只考虑双边贸易额因素时，两个国家间有航线连接可解释的部分为67.1%，其余不能解释的部分由其他因素所影响。模型2考虑距离因素后，两个国家间有航线连接可解释的部分大幅提高为89.0%。当考虑加入第三产业经济因素国际旅游收入，两个国家间有航线连接的可解释部分提高至93.2%。将六个因素逐步放入的模型中，模型8的拟合度最优且残差平方和最小，此时该模型调整后的R^2为0.988。

按模型8，代入采集的各影响因素数据样本，进行最优回归系数估计，并进行显著性检验，其结果如表9-4-6所示。

表 9-4-6　最优回归系数估计及显著性检验

变量	未标准化系数		标准化系数	t	显著性
	B	标准误差	B		
常量	−13.338	0.113		−118.317	0.000
LnTRA	0.004	0.013	0.013	2.288	0.022
LnDIS	−1.129	0.005	−0.660	−212.985	0.000
LnINM	0.012	0.003	0.023	4.164	0.000
LnPOP	0.275	0.003	0.439	86.930	0.000
LnGDP	0.282	0.004	0.294	77.321	0.000
LnIMM	0.066	0.003	0.119	25.967	0.000

根据表 9-4-5 可知，回归模型的显著性水平都在 0.05 以下，说明模型通过 F 检验，表明 LnKatz 与各自变量间线性关系显著，可以构建多元线性回归模型。同时，表 9-4-6 中回归系数的显著性水平也都在 0.05 以下，表明模型中的自变量通过 T 检验，LnTRA、LnDIS、LnINM、LnPOP、LnGDP、LnIMM 6 个变量对 LnKatz 具有显著的贡献。从标准化系数可知，距离因素对因变量的影响最大，其次是人口和 GDP 因素。国际旅游收入和双边贸易额的影响力度较小。

（三）模型检验

1. 多重共线性分析

对数据集进行多重共线性检验，使用方差膨胀因子（VIF）检验方法，检验结果如表 9-4-7 所示。

表 9-4-7　VIF 检验结果

变量	容差	VIF
LnTRA	0.209	4.781
LnDIS	0.654	1.528
LnINM	0.207	4.829
LnPOP	0.247	4.051
LnGDP	0.434	2.306
LnIMM	0.298	3.360

从表 9-4-7 的 VIF 检验结果来看，大多数数值在 1~5 范围内。表明数据不具有多重共线性，数据间的关系独立，该模型设定合理。

2. 残差检验

表 9-4-5 中的德宾—沃森值为 1.514，德宾—沃森检验结果在 1~3，都能够表示残差独立，且残差满足正态性分布，如图 9-4-1。表明模型通过参加检验，可以使用线性多元回归模型分析因变量和自变量之间的关系。

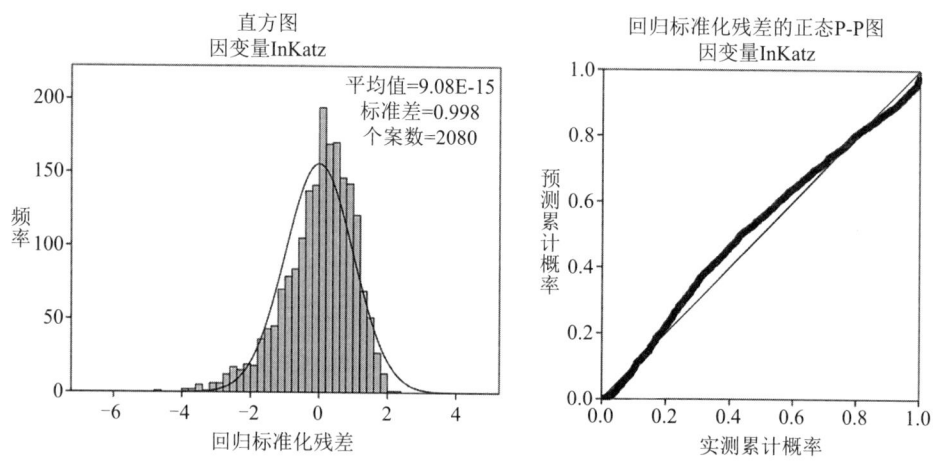

图 9-4-1　残差的正态分布检验

由此可知，$LnKatz$ 相似指标值与社会经济等因素间的线性回归模型为：

$$LnKatz=-13.338-1.129LnDIS+0.282LnGDP+0.066LnIMM \\ +0.012LnINM+0.275LnPOP+0.004LnTRA+\varepsilon \quad (9-33)$$

五、"一带一路"沿线物流网络连接机制分析

"一带一路"航空网络的形成以及网络中节点的连接性，从根本上都是由节点间的社会经济属性的相互关系所决定，可以由节点经济社会属性链路预测出"一带一路"航空网络节点连接情况。使用多元线性回归模型研究航空网络节点的结构相似性 Katz 值，与节点的社会经济属性之间的关系，以及节点的社会经济属性如何作用于网络的结构相似性。

(一)距离的影响

距离对 Katz 值影响的权重为 0.66，距离越大，Katz 值越小。距离越远的国家间，交通成本越高，商品等的流通便利性不如邻近国家，所以从经济角度而言开辟航线的可能性比较低。但是随着经济的发展，距离对开辟航线的影响会越来与小。

(二)国家人均 GDP 的影响

一国的人均 GDP 对 Katz 值影响的权重为 0.294，人均 GDP 越高，Katz 值越大。一个国家的人均 GDP 体现了该国的经济实力，经济实力越强的国家，资本会优先流入，扩展航线是必然趋势。随着国家的发展，影响力度也会越来越大。

(三)人口数量的影响

一国 14~64 岁人口数对 Katz 值影响的权重为 0.439，人口数越多，Katz 值越大。国家的人口是经济发展的基石，拥有众多人口的国家具备庞大的消费市场潜力。人口越多的国家，随着国家经济的发展，消费需求和市场逐渐增长，开辟新航线提高商品和人口流动是必然趋势。

(四)国际旅游收入的影响

国家间的国际旅游收入对 Katz 值影响的权重为 0.023，国际旅游收入越大，Katz 值越大。国际旅游的发展通常是依托国际航线数量，充足的航线数量和机场基础设施才能保障旅游需求。国际入境旅游人数对 Katz 值影响的权重为 0.119，入境旅游人数越多，说明国际航线需求越旺盛，市场会推动政府开辟直飞航线。

(五)国家间贸易额的影响

两个国家间的双边贸易额对 Katz 值影响的权重为 0.013，两个国家间贸易数量和质量的提升会带动两个国家间的航线增加，促进物流业的发展。

参考文献

曾小舟，唐笑笑，江可申. 基于复杂网络理论的中国航空网络结构实证研究[J]. 交通运输系统工程与信息，2011（06）：179-185.

傅颖斌，陈羽中. 基于链路预测的微博用户关系分析[J]. 计算机科学，2014，41（2）：201-205.

高峰，党亚茹. 世界航空客运网络的节点度分布特征[J]. 科学学与科学技术管理，2009，30（07）：75-79+185.

黄立威，李德毅，马于涛. 一种基于元路径的异质信息网络链路预测模型[J]. 计算机学报，2014，37（4）：848-858.

姜宝，李剑，江晓霞."海上丝绸之路"上的"互联互通"与贸易效率[J]. 华东经济管理，2018，32（10）：54-60.

姜巍. 国际航空枢纽发展特征分析及对我国的发展建议[J]. 价值工程，2018，37（19）：10-14.

刘宏鲲，张效莉，曹崴，等. 中国城市航空网络航线连接机制分析[J]. 中国科学（G辑：物理学·力学·天文学），2009（07）：25-32.

刘宏鲲，周涛. 中国城市航空网络的实证研究与分析[J]. 物理学报，2007（01）：114-120.

吕林媛，周涛. 链路预测[M]. 北京：高等教育出版社，2013.

沈静瑶，曾小舟，邬国祥. 中国民航客运市场需求预测的系统动力学模型研究[J]. 华东交通大学学报，2019，36（04）：57-66.

孙诚，王志海. 社会网络中基于神经网络的链路预测方法[J]. 数学建模及其应用，2017，6（04）：10-17.

吴祖峰，梁棋，刘峤，等. 基于AdaBoost的链路预测优化算法[J]. 通信学报，2014，35（03）：116-123.

伍杰华. 基于树状朴素贝叶斯模型的社会网络关系预测[J]. 计算机应用，2013，33（11）：3134-3137+3200.

闫玲玲，陈增强，张青. 基于度和聚类系数的中国航空网络重要性节点分析[J]. 智能系统学报，2016，11（05）：586-593.

赵丽琴，李赟，王志楠. 中国城市群网络空间结构特征及影响因素分析[J]. 统计与决策，2019，35（14）：87-90.

卓志强，姚红光."一带一路"沿线航空网络结构及其鲁棒性研究[J]. 物流科技，2018

（05）：84-90.

Barabasi A L. Albert R. Emergence of Scaling in Random Networks［J］. science，1999，286（5439）：509-512.

Barabási A L. Network science［M］. Cambridge University Press，2016.

Barrat A，Barthélemy M，Vespignani A. Modeling the Evolution of Weighted Networks［J］. Physical Review E，2004，70：066149.

Chaney T. The Network Structure of International Trade［J］. American Economic Review，2014，104（11）：3600-3634.

Dall J，Christensen M. Random Geometric Graphs［J］. Phys Rev E Stat Nonlin Soft Matter Phys，2010，168（3）：636-636.

Fortunato S. Community Detection in Graphs［J］. Physics Reports，2010，486（3-5）：75–174.

Guimera R，Mossa S，Turtschi A，et al. The Worldwide Air Transportation Network：Anomalous Centrality，Community Structure，and Cities' Global Roles［J］. Proceedings of the National Academy of Sciences，2005，102（22）：7794-7799.

Han X，Wang L，Han S N，et al. Link Prediction for New Users in Social Networks［C］// IEEE International Conference on Communications. IEEE，2016：1250-1255.

Holme P，Kim B J. Growing Scale-free Networks with Tunable Clustering［J］. Physical Review E，2002，65（2）：026107.

Hou B，Yao Y，Liao D. Identifying all-around Nodes for Spreading Dynamics in Complex Networks［J］. Physica A：Statistical Mechanics and its Applications，2012，391（15）：10-20.

Jost J，Joy M P. Evolving Networks with Distance Preferences［J］. Physical Review E Statistical Nonlinear & Soft Matter Physics，2002，66（3 Pt 2A）：036126.

Kossinets G，Watts D J. Empirical Analysis of an Evolving Social Network［J］. Science，2006，311（5757）：88–90.

Liben-Nowell D，Kleinberg J. The Link-prediction Problem for Social Networks［J］. Journal of the Association for Information Science and Technology，2007，58（7）：1019-1031.

Lü L Y，Zhou T. Link Prediction in Complex Networks：a Survey［J］. Physica A：Statistical Mechanics and its Applications，2011，390（6）：1150–1170.

Lü L Y，Zhou T. Link Prediction in Weighted Networks：the Role of Weak Ties［J］. EPL

（Europhysics Letters），2010，89（1）：18001.

Mc Pherson M，Smith L L，Cook J M. Birds of a feather：Homophily in social networks ［J］. Annual Review of Sociology，2001，27（1）：415-444.

Newman M E. Networks ［M］. Oxford，UK：Oxford University Press，2018.

Ron Kohavi. A Study of Cross-Validation and Bootstrap for Accuracy Estimation and Model Selection ［J］. Appears in the International Joint Conference on Artificial Intelligence. 1995.

Szab'o G，Alava M，Kert'esz J. Clustering in Complex Networks ［M］. Berlin，Heidelberg：Springer，2004.

第十章 中国视角下"一带一路"沿线物流网络的融合策略

作为未来百年的国家战略,"一带一路"倡议对我国未来发展将产生深远的影响,而沿线物流网络融合对该战略的实施具有先导作用。"五通"是"一带一路"的基本内涵,其与物流网络融合息息相关。其中:"设施联通"直接提出了物流网络连通融合的基本要求;"贸易畅通"则必须以高效畅通的物流网络作为支撑,在此基础上才能促进"资金融通";进而实现"政治沟通"和"民心相通"。因此,物流网络融合是实现"五通"的前提与基础。"一带一路"不是封闭的体系,没有绝对的边界,愿意参与的国家均可参加。从广义范畴讲,"亚—欧—非"大陆上的所有国家都是"一带一路"的潜在成员。"一带一路"相当于打造一个"亚—欧—非物流互联网",将参与各国的运输体系连接起来,构建海陆空一体化的物流通道,实现全球物流一体化。"一带一路"是中国融入世界物流网络的最佳切入点。

从中国视角开展"一带一路"沿线物流网络的融合研究,从国家、城市及线路三个层面提出具体的融合策略,不仅有助于构建通畅高效的跨国物流网络,降低物流时间、费用,刺激沿线国际贸易,助力"一带一路"倡议的成功,还可以为我国物流业发展及沿线基础建设投资提供指引。

第一节 中国融入"一带一路"沿线物流网络的基本策略

一、"一带一路"沿线国家分类

为了更准确地辨识不同国家的特点,更有针对性地提出物流网络融合的基本策略,基于国际贸易与物流实力双因素,对"一带一路"沿线国家进行分类。

(一)双核心国家

双核心国家是指在国际贸易及物流综合实力方面都处于领先地位的国家,具体表现为,不仅具有较高的国际贸易额度和与沿线其他国家广泛的贸易联系,而且在航空网络、物流网络中都拥有较大的度数、点强度、中心性以及核心度的国家。主要包括中国、印度、俄罗斯、新加坡、阿联酋等。

印度、俄罗斯、新加坡、阿联酋是"一带一路"沿线的经贸大国,此外这些国家还分别是南亚、东北亚、东南亚、西亚地区物流枢纽,在"一带一路"沿线的物流网络中发挥着巨大的作用。中国不仅仅是"一带一路"倡议的发起者,无论在国际贸易还是物流网络建设方面都处于领先地位,是沿线名副其实的核心国家。中国与印度、俄罗斯、新加坡、阿联酋等国家都有数额巨大的双边贸易,与"一带一路"大部分国家贸易往来都较为密切。然而,中国直达的海空航线主要还是通往东南亚国家与俄罗斯;与印度的通航数量未能与贸易规模相匹配;中国与欧洲国家的航线联系比较少。

未来,中国应发挥在"一带一路"建设中的影响力,充分发挥双核心国家的作用,具体策略包括:

1. 与主要贸易伙伴达成更紧密的物流服务联系

现有海空航班数量或许在短期可以满足贸易需求,但随着贸易合作程度加深,各国经济实力的提高,势必需要增加航班数量。中国可以通过推动沿线国家签订双边运输协议的方式为双方争取长期经济性的航班,对贸易也有促进作用。

随着运输合作的深入以及参与国的增加,进而可以扩大双边协议为多边协议,建立区域物流联盟的组织。这种组织的特点是可以提供更灵活多样的物流服务形式,共享设施设备、地面服务、运力等资源,从而降低成本,加强市场竞争力。

2. 打通与"一带一路"沿线其他国家的通航渠道

双核心国家大部分与"一带一路"其他国家实现了贸易互通,随之而来就产生了广泛的物流需求。然而,由于沿线各国发展程度差异较大,部分国家的物流基础设施相对滞后,影响了整个物流网络的运作效率。为进一步推动沿线国家经贸发展,实现物流网络融合,中国可以通过直接投资、提供技术、派遣人员等方式帮助这些国家提升物流基础设施。鉴于"一带一路"贸易网络、航空网络、海运网络都具备"小世界"的特点,任何国家的总体实力提升都会对网络产生直接的积极影响,使其他国家都能从中受益。

(二)物流优势国家

物流优势国家是指在"一带一路"贸易网络中心性不强,处半边缘或边缘地位,但是在航空网络、海运网络中具有较高的度数,很强的中心性国家如阿联酋、土耳其、泰国等。

土耳其在航空网络中是中心性最高的国家,是横跨欧洲和亚洲大陆,连接东西方的桥梁与纽带,在"一带一路"物流网络建设中具有重要的地位和作用;同时它也是中东地区的第一大经济体,经济开放程度高,与多国签有自由贸易协定;土耳其拥有丰富的劳动力,矿产资源丰富,旅游业发达等等因素都让土耳其成为"一带一路"倡议中关键的节点国家之一。阿联酋和泰国也具有得天独厚的地理优势,并成为区域物流中心。中国与土耳其、阿联酋、泰国的经贸往来频繁,但除与泰国之间存在较密集的海空航线外,与土耳其、阿联酋的交通运输线路仍有待强化。

物流优势国家应充分发挥物流枢纽的优势,扩大贸易往来。具体策略:

1. 签订国家层面的运输协议

物流优势国家在"一带一路"物流网络中承担着极为重要的枢纽功能,多数国家的国际物流需要通过这类国家的中转才能抵达最终目的地。因此对中国来说,首要目标是与这些国家达成便捷、有利的运输合作。签订双边运输协议简化两国货物过境手续,缩短物流服务时间,进而增强两国间的物流服务意愿;通过物流带动贸易发展,增进两国在人员往来、文化交流等各个领域的合作与发展。

2. 加强物流领域的交流与学习

物流优势是这类国家的立足根本,中国对这些国家物流领域的投入将转化为竞争优势,帮助它们始终处于领先地位。此外,也应增加双方的交流与学习。物流优势国家的形成,除了先天地理条件外,也必然在物流服务领域有着领先其他国家的独到之处。中国可在与这些国家的合作交流中吸收并学习其先进理念,提升本国物流综合能力。

(三) 贸易优势国家

贸易优势国家是指在"一带一路"沿线或其所在区域中,具有很强的经贸实力,但在物流网络中处于边缘或半边缘位置的国家。主要包括波兰、伊朗等国。

波兰是"一带一路"国际贸易网络东欧国家中,中心性比较高的国家。波兰能在欧洲各国中脱颖而出,得益于其优越的地理位置以及稳定的经济形势。它位于欧洲中部,是连接欧洲东西部的重要桥梁,吸引了许多汽车配件、航天航空、电子产品等行业的知名企业入驻,成为欧盟制造服务业的中心。中欧班列的开通,大大加强了中波两国间的贸易技术文化沟通,也进一步促进了波兰的经贸发展。伊朗作为区域大国,也具有较强的经贸实力。

针对这类国家,应协助其尽快发展远程国际物流服务,通过补齐物流方面的短板,进一步发挥其经贸优势,从而更好地融入"一带一路"的建设与发展。

(四) 双边缘国家

双边缘国家,是指在"一带一路"贸易网络与物流网络中都处于边缘地位的国家。具体表现为:度值很低、点强度较弱、中心性不强,如东帝汶、不丹等国。

针对这类国家,应协助其提升物流进出设施水平,及早融合"一带一路"

沿线物流网络，通过物流促进经贸发展，改变国家面貌。

二、重点合作国家的遴选

从物流产业发展的历史经验来看，一个区域的物流活动会随着该地区商品贸易的交流深度和频率的增加，而逐渐集中到以一个或几个地理位置良好且经济条件优越地区，成为物流轴心，从而形成轴辐式的物流网络格局。轴心地区由于其较低的物流成本，客观上促进了经贸发展，从而使得其与周边地区的联系越来越紧密，进而带动该区域物流网络的整体发展。

在前文国家分类的基础上，从"一带一路"沿线六大区域中根据各国现状及其成为区域枢纽国家的潜力，选取我国重点合作的国家。

（一）匈牙利

匈牙利与我国长期保持着稳定、良好的政治关系；此外，该国作为东欧的物流枢纽，拥有相对完善的物流基础设施，其机场数量和机队规模都处于中东欧国家前列。目前匈牙利所在的中东欧地区航空物流网络初具规模，匈牙利积极将首都布达佩斯机场建成具有一定国际影响力的航运枢纽，并大力推进专业航空货运公司的建设。匈牙利是我国航空物流进入东欧的首选降落地，未来中国与匈牙利之间的航空航线尚有进一步提升的空间。

（二）土耳其

土耳其作为东欧和中东区域之间承上启下的国家，在"一带一路"沿线因其优越的地理位置成为物流枢纽，重要性不言而喻。此外，它还是中东地区较为发达的国家，与世界上许多国家保持通航且签有自由贸易协定，经济自由度指数相当高。在"一带一路"倡议促进下，土耳其与远东市场的物流交流已成必然趋势。但中东地区的安全形势，以及近年来土耳其外交政策的转变对其经济社会发展带来了隐患。

（三）阿联酋

阿联酋的迪拜机场作为中东最大的机场和最重要的枢纽站，是整个区域的轴心地区。阿联酋航空公司每年拥有300万吨的航空货运量和世界前10的吞吐量，其基础设施能力不容置疑，而阿联酋也是中东最富裕的国家之一。

（四）印度

印度作为世界第一人口大国，其物流市场的前景不可估量，而飞速发展的社会经济也为它的物流业发展提供条件。印度成为物流大国的基础已然具备。印度发达城市程度为纵向分布，北有首都新德里，南有印度"硅谷"班加罗尔和海湾城市孟买。在"一带一路"沿线的远洋航运网络中，印度凭借良好的地理位置和雄厚的综合能力已经占据了有利位置，成为远洋海运网络中不可或缺的国家之一。然而，在航空运输方面，印度的综合实力稍弱，其航线分布、机队规模都有待进一步提升。

（五）新加坡

新加坡依靠马六甲海峡的天然地理优势已成为强大的世界海运枢纽，而在航空物流网络中它依然扮演着举足轻重的角色。新加坡作为东南亚唯一的发达国家，其经济实力无须多言，并且拥有完善的基础设施，其不足主要在于国土面积和经济腹地过于狭小。

（六）哈萨克斯坦

哈萨克斯坦是世界上最大的内陆国，该国占中亚经济总量60%以上，是中亚地区经济发展状况最好、国土面积最大的国家。哈萨克斯坦自古以来就是"丝绸之路"的重要节点，在完善"一带一路"沿线物流网络的过程中，哈萨克斯坦将发挥重要作用。哈萨克斯坦与我国陆路相连，是我国构建和完善"一带一路"沿线铁路网络的关键节点。

（七）俄罗斯

在"一带一路"沿线，俄罗斯不仅是区域贸易大国，也是物流强国，各类运输方式一应俱全，铁路、公路、水运、航空均起着重要作用，是比较典型的双核心国家。俄罗斯幅员辽阔、地跨欧亚两大洲，在航空运输与铁路运输方面都将成为构建"一带一路"沿线物流网络中的重要力量。

三、"一带一路"沿线物流网络的轴辐式优化策略

轴辐式网络结构是指在网络中通过选择将某些节点建设成为枢纽，从而令其发挥中转作用；在网络中，枢纽节点之间是干线，其主要作用是发挥物流服务的规模经济，从而降低物流成本；其余节点与枢纽节点是支线，主要作用是拓展干线物流服务无法覆盖的区域和范围。

轴辐式网络结构在航空网络和海运网络中都具有非常重要的实际意义，已经成为当前世界物流网络发展的主流模式。在区域经济发展中，枢纽节点的建设已经是不可缺少的一环，国际物流枢纽对于经济发展的提升作用极其显著。

根据轴辐式网络布局理论，并结合当前实际，着力于以区域枢纽国家构建"一带一路"沿线物流网络轴心，进而构建三条干线通道：

（1）自中东欧出发经匈牙利中转，经俄罗斯通过哈萨克斯坦或蒙古，进入中国西部及北部区域。

（2）自中东欧出发经匈牙利中转，通过土耳其进入中东，在哈萨克斯坦中转后，通过中亚进入中国西部地区。

（3）自中东欧出发经匈牙利中转，通过土耳其进入中东，在阿联酋进行中转后，经印度进入东南亚，后抵达中国东部地区。

针对上述三条干线通道，中国应重点开展下列工作。

（一）"中蒙俄经济走廊"的建设

自 2016 年 9 月 13 日中蒙俄三国共同签署的《中蒙俄经济走廊建设发展纲要》公布以来，中蒙俄经济走廊建设正式启动，在三国的共同努力下，目前中蒙俄经济走廊建设已经取得一些阶段性成果。

"中蒙俄经济走廊"对于"一带一路"倡议具有重要意义，必须高度重视，加强利用蒙古和中国东北的战略地位，建设区域地方连接枢纽进行深度开发。在当前复杂多变的国际形势下，中俄蒙三国应做好邻居、好伙伴，深入合作，增加互信，也共同促进东北亚地区的发展与繁荣。

中蒙俄经济走廊，作为"丝路经济带"的组成部分，拥有两条支线走廊，一是从华北平原、京津冀地区，到内蒙古、蒙古与俄罗斯；二是东北方向，沿

着铁路线从中国东北南端的大连、沈阳、长春、哈尔滨到满洲里和俄罗斯的赤塔。中蒙俄经济走廊除了加强在公路、铁路方面的贯通与互联外，更需要加强航空枢纽节点的建设，来满足对于高速、安全、便捷的物流服务方式的需求。

（二）进一步强化新疆地区"丝路经济带"核心区的建设

2015年，新疆维吾尔自治区在《推动共建一带一路》中，被确定为"丝绸之路经济带"的核心区域。新疆作为我国向西开放的桥头堡，无论是对外贸易联络，还是"丝绸之路经济带"战略的推行，新疆的发展都将牵动我国整个"丝绸之路经济带"战略在亚欧大陆的推行以及"丝路经济带"核心区建设的成效，因此新疆的发展受到各方关注。在我国西部地区，将新疆建设成一个"丝路经济带"区域枢纽是具备良好的基础条件的。与西北其他地区相比，新疆更靠近中亚地区，拥有无法替代的地理位置优势。

增设乌鲁木齐、西安、昆明等中西部机场与航空枢纽的航线。在当代"丝绸之路经济带"建设的研究中，有相当多的学者对新疆区域枢纽进行了探讨。从地理位置上来看，乌鲁木齐、西安等西部机场，更加靠近莫斯科、伊斯坦布尔、迪拜这些机场，但目前通航的航班很少，甚至没有直飞航线，往往要绕到较远的机场，耗费更多时间进行中转。以乌鲁木齐至迪拜的航线为例，直航飞行只需5小时左右，但由于乌鲁木齐到迪拜的周班班次少，所以航班往往从乌鲁木齐出发，需要在广州中转，这样航程多耗时近10小时，无疑是增加飞行成本、降低运输效益的，如若开通更多迪拜至乌鲁木齐的直航班次，将乌鲁木齐打造成为我国在"丝路经济带"航空网络中的一个枢纽节点，航空货物通过乌鲁木齐进行中转，最后抵达我国华南、华东地区更符合成本效益的理论。因此在加强北京、上海、广州机场枢纽作用之余，更应该打造这类国内二线区域航空枢纽，这样既符合开发西部内陆城市的国家政策，也可以减轻现有枢纽机场过于饱和的状况。

（三）构建西部"陆海新通道"

统筹区域基础条件和未来发展需要，优化主通道布局，创新物流组织模式，强化区域中心城市和物流节点城市的枢纽辐射作用，发挥铁路在陆路运输中的骨干作用和港口在海上运输中的门户作用，促进形成通道引领、枢纽支撑、衔接高效、辐射带动的发展格局。

建设自重庆经贵阳、南宁至北部湾出海口（北部湾港、洋浦港），自重庆经怀化、柳州至北部湾出海口，以及自成都经泸州（宜宾）、百色至北部湾出海口三条通路，共同形成西部"陆海新通道"的主通道。

着力打造国际性综合交通枢纽，充分发挥重庆位于"一带一路"和长江经济带交会点的区位优势，建设通道物流和运营组织中心；发挥成都作为国家重要商贸物流中心的作用，增强对通道发展的引领带动作用；建设广西北部湾国际门户港，发挥海南洋浦的区域国际集装箱枢纽港作用，提升通道出海口功能。

围绕主通道完善西南地区综合交通运输网络，密切贵阳、南宁、昆明、遵义、柳州等西南地区重要节点城市和物流枢纽与主通道的联系，依托内陆开放型经济试验区、国家级新区、自由贸易试验区和重要口岸等，创新通道运行组织模式，提高通道整体效率和效益，有力支撑西南地区经济社会高质量发展。

强化主通道与西北地区综合运输通道的衔接，联通兰州、西宁、乌鲁木齐、西安、银川等西北重要城市。结合西北地区禀赋和特点，充分发挥铁路长距离运输优势，协调优化运输组织，加强西部"陆海新通道"与"丝绸之路经济带"的衔接，提升通道对西北地区的辐射联动作用，有力促进西部地区开发开放。同时，注重发挥西南地区传统出海口湛江港的作用，加强通道与长江经济带的衔接。

第二节 中国深度融入"一带一路"航空网络的策略分析

一、我国融入"一带一路"航空网络的重点区域分析

确定了我国与"一带一路"沿线国家间航线连接的主要驱动因素后，能为"一带一路"沿线国家的航空网络的构建提供新增方案，为我国航空公司开设"一带一路"沿线新航线提供依据。通过宏观层面上分析"一带一路"沿线航线连接的主要驱动因素的变化趋势，并预测其与航线连接的相关性的变化规

律，能够较准确地得出我国与沿线国家航空运输需求的宏观变化情况。

当前，我国新开设的航线主要集中在东南亚，其次位于中东欧和俄罗斯。然而，中国与阿尔巴尼亚、亚美尼亚、巴林、不丹、波黑、保加利亚、克罗地亚、爱沙尼亚、科威特、拉脱维亚、立陶宛、马其顿、摩尔多瓦、黑山、罗马尼亚、斯洛伐克、斯洛文尼亚、叙利亚、也门、东帝汶以及巴勒斯坦这21个国家没有直接的航线连接。

在这些未开发的航线中，人口数量、人均国内生产总值以及与中国的进出口贸易总额等，所有指标都预计呈现上升趋势的"一带一路"沿线国家有马其顿、巴林、巴勒斯坦、不丹以及爱沙尼亚。分阶段地预期建立直达航线，将是未来中国航空运输网络构建的重要内容之一。

东南亚国家经济发展潜力较好，与中国之间的进出口贸易总额在未来上升势头良好，且本国民航业发展有一定的基础，例如泰国、马来西亚，然而机场基础设施建设与国家整体经济发展需进一步匹配完善。当地航空公司也有较良好的行业服务标准，同时从2017年我国与东南亚国家的新增航线最多这点来看，未来我国也会与东南亚国家增加在航空方面的往来，同时在"一带一路"整体航空网络中扮演更加重要的角色。

南亚国家多为发展中国家，经济发展基础相对薄弱，如印度、巴基斯坦、孟加拉国，人均国内生产总值预计将小有增幅，与中国经贸合作关系有待进一步加强，本国民航业发展相对滞后，机场基础设施以及航空公司的制度规范尚待完善。未来随着"一带一路"倡议的发展，南亚与中国的航线连接会逐渐增多。

中亚及独联体国家的经济基础也一般，人均国内生产总值呈下降趋势，例如哈萨克斯坦、塔吉克斯坦，它们身处内陆，航空运输业相较公路、铁路运输的发展较为滞后，机场基础设施的建设和航空公司的发展同样滞后。预计短期内我国和中亚国家的航线连接将维持现状，难以出现大幅度增长。

西亚国家之间经济发展水平存在较大差距，阿联酋以及卡塔尔已成为"一带一路"沿线主要的航空运输枢纽国，未来将是我国航空运输重点服务区域。

中东欧国家经济基础好，例如捷克、匈牙利、俄罗斯，这些国家大都与中国经济贸易合作关系良好，我国与中东欧的新增航线数量增长较快，未来中东欧地区也将是我国航空运输重点发展的区域，应适当增加通航航班班次。

二、"一带一路"沿线航空网络中枢纽国家的确定

在"一带一路"倡议的引领下，沿线国家贸易往来加快，共同促进全球经济增长，同时推动了航空运输业的发展。未来中国的航空货运需求的增速变快，将成为世界航空货运的主要枢纽。以我国为中心，将沿线国家划分为若干个区域，从中预测并分析得出该区域的航空货运枢纽中心，大力发展我国到"一带一路"沿线国家航空货运枢纽中心的物流服务，有助于进一步促进沿线国家间的经贸往来。

枢纽辐射网络是现在发达国家主要采用的航空运营模式，可以是单枢纽也可以是多枢纽。枢纽航线网的建立使得一些边缘化的机场在网络中达到联通，同时也使得原本枢纽机场的航线增加，枢纽机场自身的辐射功能增强，整个区域航空网络更加稳健和具有通达性。最主要的是，区域航空枢纽群的建立可以使"一带一路"沿线航空网络的平均路径长度进一步下降，减少各区域机场之间转机次数，网络紧密度会大大地增强。枢纽机场的选择主要是通过区域网络中机场的度值和介数值来筛选。度值能表现出区域机场目前的航空运输能力，而介数值能表现机场在网络中重要"桥梁"作用。

（一）东南亚区域

该地区主要有新加坡的 SIN 机场，马来西亚的 KUL 机场，菲律宾的 MNL 与 CEB 机场，缅甸的 RGN 机场，越南的 HAN 与 SGN 机场，泰国的 BKK 与 DMK 机场，印度尼西亚的 CGK 与 DPS 等机场。国内、国际航线较为密集，未来可以这些机场为中心，从东南亚航空网络向"一带一路"沿线航空网络中的其他机场进行航线辐射连接。

（二）南亚区域

该地区主要有印度的 DEL、BOM 与 CCU 机场，斯里兰卡的 CMB 机场，孟加拉国的 DAC 机场，尼泊尔的 KTM 机场，马尔代夫的 MLE 机场，巴基斯坦的 KHI、LHE 与 ISB 等机场。国内、国际航线较为密集，未来可以这些机场为中心，从南亚航空网络向"一带一路"沿线航空网络中的其他机场进行航线辐射连接。

（三）中亚区域

该地区主要有哈萨克斯坦的 ALA 与 TSE 机场，乌兹别克斯坦的 TAS 机场，土库曼斯坦的 ASB 机场，吉尔吉斯斯坦的 FRU 与 OSS 机场，塔克斯坦的 DYU 与 LBD 等机场。国内、国际航线较为密集，未来可以这些机场为中心，从中亚航空网络向"一带一路"沿线航空网络中的其他机场进行航线辐射连接。

（四）西亚区域

该地区主要有土耳其的 IST、AYT 与 SAW 机场，伊朗的 THR、MHD 与 IKA 机场，阿联酋 DXB、AUH 与 SHJ 机场，卡塔尔的 DOH 机场，以色列的 TLV 机场，沙特阿拉伯的 JED、RUH 与 MED 机场，科威特的 KWI 机场，阿曼的 MCT 机场，塞浦路斯的 LCA 机场，阿塞拜疆的 GYD 等机场。国内、国际航线较为密集，未来可以这些机场为中心从西亚航空网络向"一带一路"沿线航空网络中的其他机场进行航线辐射连接。

（五）中东欧区域

该地区主要有俄罗斯的 DME、YKS 与 LED 机场，希腊的 ATH 与 SKG 机场，波兰的 WAW 机场，罗马尼亚的 OTP 机场，捷克的 PRG 机场，白俄罗斯的 MSQ 机场，匈牙利的 BUD 机场，乌克兰的 KBP 与 SIP 机场，保加利亚的 BOJ 与 SOF 机场，塞尔维亚的 BEG 机场，拉脱维亚的 RIX 机场，斯洛伐克的 BTS 等机场。国内、国际航线较为密集，未来可以这些机场为中心，从东南亚航空网络向"一带一路"沿线航空网络中的其他机场进行航线辐射连接。

三、区域视角下"一带一路"沿线航线网络航线优化策略

区域航空枢纽群的建立，可以使得"一带一路"沿线航空网络更加通达和稳健。枢纽机场通过增加与区域和沿线国家间的航线数，使得自身越来越强，呈现"马太效应"。另一方面会使得其他航空较为落后的国家缺少在"一带一路"中竞争的空间，一直在网络中处于边缘位置，无法满足自身的运输需求。所以需要根据区域国家自身需求来增加航线数，以满足未来航空运输需求。

根据区域融合性分析，南亚地区航线连通性最差，其余依次是中亚、西亚、中东欧以及东南亚地区。所以首先应针对南亚地区国家进行深度融合，然后对沿线其他航线网络连接航线数较少的区域开设新的航线。航线先要与地区内的枢纽机场相连接，其次再与其他区域的枢纽机场相连，最后达到区域视角下"一带一路"沿线航空网络的深度融合目的。

东南亚区域中，柬埔寨、文莱、老挝这些国家机场数较少，对其他航线网络连接也较弱。还有菲律宾、印度尼西亚、越南、缅甸等国家，在对其他航线网络连接航线数上明显小于平均值，未来需要增加这些机场对其他航线网络的连接航线。

南亚区域中，不丹对沿线其他航线网络的连接最少。另外还有阿富汗、尼泊尔等国，在对其他航线网络连接航线数上明显小于平均值，未来需要增加这些机场对其他航线网络的连接航线。

中亚区域中，吉尔吉斯斯坦、塔吉克斯坦和土库曼斯坦等国，在对其他航线网络连接航线数上明显小于平均值，未来需要增加这些机场对其他航线网络的连接航线。

西亚区域中，阿曼、科威特、也门等国在对其他航线网络连接航线数上明显小于平均值，未来需要增加这些机场对其他航线网络的连接航线。

中东欧区域中，斯洛文尼亚、斯洛伐克、摩尔多瓦、马其顿、立陶宛、克罗地亚、黑山、波黑和爱沙尼亚等国，这些国家的大部分航线都局限于中东欧地区，缺少对沿线其他航线网络的航线连接，同时在对其他航线网络连接航线数上明显小于平均值，未来需要增加这些机场对其他航线网络的连接航线。

四、中国与"一带一路"沿线其他国家航空网络融合方案

目前中国已经与"一带一路"沿线40多个国家存在连接的航线，但是有些国家依然与中国之间没有连接的航线，这些国家大多数分散在中东欧和西亚地区，同时还有一些国家与中国之间连接航线数较少。这些都表明，目前中国与"一带一路"沿线航空网络仍未深度融合。

（一）中国机场在沿线网络中的布局优化

现阶段需要优化中国对"一带一路"沿线的航空布局。目前中国国内机场

数有224座，开通"一带一路"国家航线的机场有75座。平均沿线国家连接数量为每座机场11条航线。中国目前拥有"一带一路"沿线航线的机场仅占全部机场的33%，说明国内仍有2/3的机场与"一带一路"沿线国家没有连接，所以未来可增加沿线建立航线的国内机场数，以全面满足"一带一路"的战略需求。

（二）中国与沿线国家航线连接在沿线网络中的布局优化

目前中国在"一带一路"上有862条沿线航线，其中东南亚航线599条，南亚航线53条，中亚航线22条，西亚航线60条，中东欧航线128条。中国与东南亚、中东欧区域连接航线数较多，而与中亚、西亚和南亚的连接航线较少。因此目前中国应当先与西亚区域多国建立更多的航线连接，因为该区域与中国现在连接的航线数最少。其次是增加与中东欧和南亚区域的航线。分析发现中国在中东欧区域的大部分航线是与俄罗斯连接的，而在南亚区域的大部分航线是与印度联通。因此针对中东欧和南亚区域，要与除俄罗斯与印度外的其他国家开辟新的沿线航线。

（三）我国主要机场的发展策略

1. 北京国际机场的现状及发展建议

北京是我国最重要的大型国际枢纽机场，2018年，北京首都机场旅客吞吐量突破1亿人次，成为继美国的亚特兰大机场后，全球第二个年旅客吞吐量过亿的机场。北京首都机场一直面临着空域资源紧张和航班时刻饱和这两大困难。

北京首都机场的通航机场共有315个，其中国内机场有169个，国际机场有146个，其中属于"一带一路"区域的机场有66个。

目前，随着大兴国际机场的投入使用，北京将有空间可以申请更多新的国际航线，为我国构建更宽阔的航空网络。在中心性计算结果中，北京首都机场的度中心性和临近中心性都在"一带一路"网络中排名第一位，表明首都机场的航线数量是非常多的，然而介数中心性却不是第一位，作为我国重要的枢纽机场，北京首都机场还能够进一步发挥其中转的能力。当前二三线城市飞往北京的航班占了首都机场的28%左右，未来可将这些航班适当分散到周边的天津、石家庄或者是新机场，释放更多的空间为国际航线服务，有利于打造北京首都机场的国际枢纽地位。

2. 广州国际机场的现状及发展建议

广州白云国际机场是我国三大门户复合枢纽机场之一，第二航站楼的开放使用，满足了机场日益扩增的需求。广州白云地处粤港澳大湾区，后者是我国建设世界级城市群、参与全球竞争、促进国际交流合作的重要区域。粤港澳大湾区在2017年的总体旅客吞吐量超过2亿人次，货邮吞吐量接近800万吨，运输规模位于全球湾区的机场之首。广州白云机场处在这样一个充满机遇的环境中，有着更多发展的可能。

2018年，广州白云机场完成旅客吞吐量接近7000万人次。通航机场共有249个，其中国内机场有156个，国际机场有93个，属于"一带一路"区域机场的有51个。相较于北京首都机场来说，广州白云机场的航线数量明显没有那么密集，但分布还是较为全面的，与"一带一路"区域中的各个地区均有航线连接。

从中心性结果分析来看，广州白云机场还能够进一步增强自身的通达性，机场的度中心性排名较高，但是临近中心性排名较低，表明广州白云机场缺乏直飞航线，与航空网络中的其他机场节点的连接度不够紧密。广州作为我国南部沿海城市，与东南亚地区有着强大的航空网络优势，应充分发挥先天条件，进一步拓展与东南亚、泛太平洋地区的航空市场，提升深度联系。从航线分布来看，广州白云机场与中亚的连接度还不够强，未来可以开通更多中亚航线，在已有航线的基础上，开通更多直飞航线，来提升自身的可达性。白云机场在粤港澳大湾区中，与周边地区的机场有竞争也有合作。白云机场应把握在区域内的机遇，探索区域机场群的协同发展模式，进一步强化自身的运输能力。

3. 上海浦东国际机场的现状与发展建议

上海浦东国际机场是华东区域第一大枢纽门户机场，是我国三大门户复合枢纽机场之一，2018年完成旅客吞吐量7405.42万人次。上海浦东机场在2019年下半年将会投用全新的60万平方米的卫星厅，到时机场能够满足8000万人次进出港。上海是我国目前唯一拥有两座国际机场的城市，虹桥机场和浦东机场分别有各自的运营方向，浦东机场面向国际，通航机场共有291个，其中国内机场160个，国际机场131个，属于"一带一路"区域的机场有42个。上海浦东机场的航线分布与北京首都机场是很相似的，涵盖的国家地区较多，但与"一带一路"区域机场的联通数量是三大复合枢纽中最少的。

浦东机场通航机场数量较多，超过了广州白云机场，然而"一带一路"区域的国际通航机场数量却是三大复合枢纽机场中最少的，这表明浦东机场在"一带一路"建设中投入的资源还不够，在未来，浦东机场应该开通更多"一带一路"区域航线，提升其在"一带一路"区域航空网络中的地位。上海浦东机场位于长三角地区，是华东地区最重要的国际机场，它的发展状况对周边地区机场也有辐射作用，能够带动整个区域的发展。浦东机场绝佳的地理位置，也有利于发展机场的中转能力，配合新建成的卫星厅，能够更好地提升机场的枢纽地位。

4. 昆明长水国际机场的现状及发展建议

昆明长水国际机场是我国大型区域枢纽机场，2018年机场完成旅客吞吐量超过4709万人次。通航机场共有191个，国内机场134个；国际机场57个，其中属于"一带一路"区域的机场有45个。从昆明机场开始，我们可以看到门户复合枢纽机场与区域枢纽机场是有非常大的差距的，昆明机场的"一带一路"区域国际航线集中分布在东南亚地区，有少量的通往东欧航线。

长水国际机场是我国8大区域枢纽机场之一，其通航机场中国内机场占比达到了70.15%，由此可以得出长水机场的运量主要靠国内航线来支撑。在国际机场中，属于"一带一路"的区域机场占78.9%，比例较高。从航线分布来看，长水机场大部分通航机场位于东南亚地区，在未来可以增加更多通往东欧、中欧以及中亚的航线，提高机场的度中心性和临近中心性。昆明机场处于我国西南地区，是我国与东南亚地区交流沟通的重要门户，还需要进一步发展提高机场的中转能力，切实达到枢纽机场的全面发展。

5. 成都双流国际机场的现状及发展建议

成都双流国际机场是我国8大区域枢纽机场之一。2018年旅客吞吐量达到5295万人次，同比增长6.3%。双流机场的通航机场共有237个，其中国内机场有168个；国际机场有69个，其中属于"一带一路"枢纽机场的有38个。

双流机场的通航机场中国内机场占比较高，达到了70.8%，说明它的国际航线是比较欠缺的。从航线分布图来看，双流机场在"一带一路"区域的国际航线比长水机场要丰富许多，不仅局限于东南亚，还有与西亚/北非之间的航线，通往东欧地区的航线数量也较多，在全球网络中的可达性是较好的。在未来可以开通更多中亚和西亚/北非地区的航线，来充实机场的航线分布。从地理位置上看，双流机场深处我国腹地，是西南地区的要塞，可以作为我国东部地区与中亚、东欧地区通航的中转点，以此来提高自身的介数中心性水平，发展机场的枢纽能力。

6. 西安咸阳国际机场的现状及发展建议

西安咸阳国际机场是我国西北地区重要的区域枢纽机场。2018年旅客吞吐量达到4465.37万人次。咸阳机场的通航机场共有218个，其中国内机场占了大多数，有171个；国际机场有47个，其中属于"一带一路"区域机场有26个。咸阳机场在"一带一路"区域的国际航线，主要分布在东欧和东南亚地区。

在通航机场构成上，国内机场占了较大比例，达到了78%。咸阳机场要想达到国际枢纽机场的标准，还需要开通更多国际航线。从航线分布来看，它还没有开通飞往西亚/北非的航线，与东欧的联系也较弱，这在未来都是可以重点加强的部分。作为我国西北地区重要的枢纽机场，咸阳机场的中转枢纽水平还不够，在机场的第三期规划完成后，将会更好地完成机场定位，同时也能带动区域经济发展。

7. 重庆江北国际机场的现状及发展建议

重庆江北国际机场是我国8大区域枢纽机场之一，2018年旅客吞吐量达到4159.5万人次，同比增长7.4%。江北机场的通航机场有212个机场，国内机场有156个；国际机场有56个，其中"一带一路"区域机场有30个。江北机场的国际航线多分布在东南亚地区，有少量通往东欧的航线。

重庆江北机场与成都双流机场地理位置非常靠近，同是我国中西部发展较为迅速的国际枢纽机场。在定位和发展方向上有重合之处，总体来看，江北机场的运力还比不上双流机场。后者的航班量、客流量和航线数都比前者高，但江北机场一直在不断增加航线来提高自身运力，2018年新开直飞航线数超过了双流机场。江北机场是我国中西部唯一一座有三个航站楼的国际机场，在中西部的竞争力较高，有很大的发展潜力。目前，江北机场的通航机场中国际机场仅占26%，国际航线较少，主要分布在东南亚、欧洲和北美洲地区，从"一带一路"发展战略考虑，在未来可以开通更多飞往东欧或是西亚/北非的航班，来充实机场的国际航线、提高机场的运力。

8. 深圳宝安国际机场的现状及发展建议

深圳宝安国际机场是我国8大国际枢纽机场,是我国12大干线机场之一。2018年旅客吞吐量达到了4934.9万人次,同比增长8.2%,增长速度较快。深圳宝安的通航机场共有211个,国内机场有151个;国际机场有60个,其中属于"一带一路"区域机场的有32个。它在"一带一路"区域的国际航线多分布在东南亚和欧洲地区,有少量通往中东地区的航线。

深圳机场与广州白云机场同处于粤港澳大湾区,具有得天独厚的环境优势,但从另一角度来看,深圳机场地处广州和香港两大国际级的枢纽机场之间,在夹缝中如何有效地发展是需要重点考虑的。深圳宝安机场在"一带一路"区域网络中的中心性程度偏低,但这或许并不是深圳机场自身的主观能动结果,目前它的问题主要在于对机场规划不够到位、航线供给不足。在粤港澳大湾区的背景下,深圳有着极大的发展潜力,位于湾区中部的地理位置可以令其作为大湾区的资源会合点,建立粤港澳大湾区内部高效的交通网络,虹吸香港和广州的中转客流,提高机场自身的运力。同时,深圳机场作为干线机场的定位,可以采取精准航线布局策略,积极强化与高中心性国际机场的航空联系。

第三节 中国融入"海上丝绸之路"航运网络的策略分析

一、提升我国港口"海上丝绸之路"航运网络地位的策略分析

作为世界港口、航运大国,中国港口在"一带一路"航运网络中发挥着重要的作用,已成为中国沟通国内外的重要桥梁和融入经济全球化的战略通道。为全面落实《推动共建丝绸之路经济带和21世纪海上丝绸之路的愿景与行动》,探寻"一带一路"远洋航运网络优化的关键切入点,进一步提升我国港口在"一带一路"航运网络中地位,建议后续航运网络完善的过程中应当拓展多元

化中介转运通道,明确国内港口分工。具体而言:

(1)以强化与新加坡、巴生港、孔雀港等主要的国际转口港的运输联系为切入点,通过航线航班优化来完善"海上丝绸之路"的航运网络建设,为加强中国与东盟、南亚各国发挥各自要素禀赋优势以及促进"海上丝路"沿线地区产业合理分工与布局,搭建安全、畅通、高效的海上要素流动渠道。

(2)充分研究利用好大洋山开发建设的历史机遇,以上海港区为龙头,渐次打造国际性复合型枢纽港。长期以来,由于受金融自由度等因素的限制,中国尚未建成像新加坡那样能够满足期货交易的国际中转港。优化上海、宁波、舟山港口群之间的竞合关系,以加快推进中国(上海)自由贸易试验区、沿海综合保税区和通关口岸建设为契机,逐步将该类港口节点打造成为能够满足大宗期货交易的国际中转港,面向南亚、非洲、欧洲市场,承接日韩进出口货物的海上转运业务,逐步建设成为复合型枢纽港。

(3)突出中国主要港口的航运功能特征,沟通协调各港口有所侧重地融入"海上丝绸之路"建设。其中,青岛、天津外向航运能力突出,应充分发挥其在海外航运干线上的门户作用;广州、大连外贸货运占比较低,但却是诸多海外港口的直挂港,应借力陆向腹地的货箱喂给能力和港口发展基础,纵深拓展与海向腹地的关联强度,搭建稳定的航运往来关系,提高航运效率;厦门、福州和烟台港区是货运规模较小但网络转运功能突出的中介支线港,应借助中介转运的契机加快港口建设;湛江、汕头、海口、泉州和三亚港区的货运体量和网络地位优势不明显,可在补给和辅助枢纽港和干线港的过程中寻找机会谋求自身发展。

(4)加快完善"海上丝绸之路"沿线港口城市基础设施建设。港口城市是"21世纪海上丝绸之路"建设中的重要节点,应逐步加强沿线港口城市提升内外向物资集疏能力的基础设施建设,构建区域性的国家航运中心,并以关键航运节点为辐射点,推动海上互联互通;与此同时,加强对沿线国家港口设施的投资力度,促进物流信息平台的无缝链接,积极参与周边国家航运网络建设。

二、我国主要港口融入"海上丝绸之路"航运网络的策略分析

(一)天津港

作为中国首都北京的海上门户和京津冀协同发展国家战略的重要平台,天津港具有深厚的历史底蕴,凭借其良好区位优势,着力构建并完善海上航线和陆上物流的双向开放平台,大力发展大陆桥运输,建成了世界等级最高的人工深水港,为成为"一带一路"和中蒙俄经济大通道的战略支点打下了良好基础。目前,天津港是我国唯一一个拥有三条大陆桥过境通道的港口,同时也是我国连通新亚欧大陆桥经济走廊和中蒙俄经济走廊的起点。天津港是"一带一路"倡议实施的启运港。120余条集装箱班轮航线覆盖了东南亚、东北亚、欧洲、美洲、波斯湾、地中海、非洲等地区,有效衔接海洋运输与内陆发展,其新亚欧大陆桥东部桥头堡的称号无可厚非。

此外,天津港已经成为具有"起步早、通道全、发展快、运距短"特点的国内唯一同时运营三条陆桥跨境海铁联运"五定"(定点、定线、定车次、定时、定价)班列的港口。天津港发展中欧陆桥具有得天独厚的区位优势,在运输距离上,除了满洲里通道之外,其他方向均为沿海港口距离中最短。天津港目前已形成"两桥、三通道、四口岸"的中欧陆桥运输总体框架。"两桥"指西伯利亚大陆桥和新亚欧大陆桥,前者由天津港出发经二连浩特或满洲里口岸出境;后者由天津港出发经阿拉山口或霍尔果斯口岸出境。"三通道"指天津至二连浩特、至满洲里和至阿拉山口(霍尔果斯)的班列通道,其中,二连浩特通道从内蒙古二连浩特连接蒙古铁路,也可通过蒙古铁路和俄罗斯铁路进一步连接欧洲,是蒙古最重要的运输通道;满洲里通道从满洲里连接俄罗斯铁路;阿拉山口通道从新疆进入哈萨克斯坦、俄罗斯,并可进一步连通白俄罗斯、波兰至德国;霍尔果斯通道是新兴的陆桥运输通道,从新疆霍尔果斯连通哈萨克斯坦铁路。"四口岸"指由天津港陆桥班列经过的满洲里口岸、二连浩特口岸、阿拉山口口岸和霍尔果斯口岸。在天津港现有通道基础上,积极建设京津冀向西经临河—策克—哈密线的过境通道,响应国家规划建设"一带一路"北通道的号召,进一步缩短运输距离,降低班列客户的时间和经济成本。

未来，天津港应进一步增强自身实力，加强与"海上丝绸之路"沿线国家的合作，开辟集装箱新航线，增加航班密度，优化航线布局，形成覆盖全球的集装箱航线网络；引进国际知名船级社设立分支机构，吸引外资公司和船舶来津注册登记；鼓励外企和资本进入天津海运市场，支持组建跨国大中型海运集团公司，培育海运龙头企业；不断探索海关特殊监管区域制度创新，积极推进东疆保税港区、保税区、出口加工区、保税物流园区等海关特殊监管区域的功能、政策、监管和法制等方面的整合以及体制机制的创新；依托京津冀协同发展和自由贸易区建设优势，探索以资本为纽带、交叉持股等多种形式的港口合作模式创新，在运输和服务两个层面推进津冀沿海港口的合作，形成联动发展的区域性港口集团。

（二）上海港

上海港控江襟海，依托上海市，在金融服务、对外贸易、政策制定、基础设施建设等方面具备人才优势和经验优势，可以充分满足"一带一路"建设需要；背靠长江流域，经济腹地广阔，有利于推进我国过剩产能的转移和中西部地区的均衡发展，同时西部地区的发展也将推动对外贸易和进出口需求增长；出海口面向东方，沿东、南、北三个方向全面打开我国进出口大门，是连接太平洋与大西洋水路运输通道的咽喉之地。

"一带一路"倡议给上海港带来巨大的发展机遇，随着"一带一路"倡议的深入人心以及经济全球化的发展，我国与沿线国家及地区的贸易关系越来越密切，外贸需求与日俱增为上海港提供了长期的市场机会。且上海港位于"一带一路"与长江经济带建设的交会点，是"一带一路"的重点建设港口，为响应"一带一路"倡议，上海已基本建成航运资源高度集聚、航运服务功能健全、航运市场环境优良、现代物流服务高效，具有全球航运资源配置能力的国际航运中心。切实提升上海核心竞争力，进一步巩固上海港的国际枢纽地位。

此外，2005年为了加快推进上海国际航运中心建设，国务院批准设立洋山保税港区，至此我国首个保税港区正式建立，实现出口加工区、保税区和港区的"三区合一"，主要发展集装箱运输服务、国际中转、配送、采购、转口贸易和出口加工等业务，促进现代物流业的发展，同时大力拓展相关区域功能，实现港口经济和产业经济的联动发展，为物流业、制造业提供支持的各类服务，全面增强上海港的国际竞争力。

为进一步提升上海港在"海上丝绸之路"航运网络中的地位，后续应在下列方面继续加强。

1. 加强与宁波北仑港的资源整合

上海港的水深条件极大限制了第六代以上的集装箱靠泊。而宁波—舟山港水深达18.2米以上，这一优越的自然条件正好弥补了上海港的水深不足。自然天气影响方面，洋山港由于是台风的常年登陆口，受台风影响，码头全年平均作业天数为315天，而宁波北仑港则为350天。由此可见，上海港与宁波—舟山港具有明显的优势互补性，且两个港口地理位置十分接近，可以淡化行政区划，进行一定程度上的港口资源整合，转竞争关系为战略联盟，例如洋山港遭遇台风等特殊天气而导致码头无法正常运营时，可以将宁波—舟山港设为首选的备用港。此外，两港应避免同质竞争，实现互补合作发展。具体来说可分两方面进行分工合作：第一，两港进行分区域合作，虽然上海、宁波两港的港口覆盖范围高度重合，但仍存在一定差异，上海港与东南亚地区港口联系航线频率较高，与南亚、大洋洲地区港口联系强度相对较弱；而宁波港与南亚、大洋洲的航线联系频率较上海港高，所以加强上海港与东南亚合作的同时，宁波港则应加强与南亚、大洋洲地区的互动合作，依托航运中心连接国际市场，打造宁波对外开放战略平台，融入"海上丝绸之路"国家战略实施计划。第二，两港利用各自优势，有序开展货源竞争，上海港发展集装箱业务时应重点发挥资源配置中心的作用，发展高端航运服务业，如航运保险、航运金融、航运科技等，加快完善现代航运服务体系；而宁波则加快国际枢纽港建设，提高服务水平，推进港口转型，加强大宗散货业务运输，大力发展集装箱运输，向着综合性港口发展。总之，上海港应与其他港口协同发展，共同优化航线组合，扩展"海上丝绸之路"沿线国际港口码头资源，发挥各自的优势进行有效的分工合作，在"海上丝绸之路"实现错位互补发展态势，从而更好地利用现有资源，发展航运经济。

2. 加强建设国际航运网络

东南亚是"一带一路"中"21世纪海上丝绸之路"地理位置离中国最近且联系最为紧密的区域。上海港与东南亚港口的联系较为频繁，且随着"海丝之路"的不断发展，作为中国最大的港口，上海港的辐射作用应不断加强。故可以从东南亚的重点港口入手，加强港口之间的合作发展。上海港可联合中国海运、中远、中外运等集团对东南亚的重点港口进行投资，加强相关"海上丝绸之路"合作项目的建立，组成国际港口战略联盟，发挥上海港得天独厚的战略位置，加强航贸联系，增强港口辐射能力。

3. 推进制度创新和管理创新

在国家层面上，除了加大对上海港为首的沿海大港建设的支持力度外，更重要的是加强顶层设计，推进制度创新和管理创新。例如，目前国际中转集拼业务至今并无多大突破，上海港国际中转集拼箱量不及总箱量的10%，因此，要统筹各地口岸政策，推进国际中转集拼业务流程再造，不断优化管理流程。

4. 积极输出软实力

对于上海港自身来讲，要充分体现国家战略，代表国家参与国际竞争，积极发起成立"海上丝绸之路"国际港口联盟，定期在上海举办相关的会议和活动，吸引国际航运界的人士齐聚上海，搭建信息沟通和交流合作的平台，共同商讨解决区域合作中面临的重大事项，推进港口间业务合作、区域物流合作等事宜；设立"海上丝绸之路"航运教育发展基金，利用上海在航运教育特别是海员训练等方面的优势，努力把上海发展成为卓越的航运教育中心，吸引东南亚、中东、非洲等地的航运人才到上海进行培训学习、推动上海与"海丝之路"沿线国家的人才交流与合作。

（三）广州港

广州港作为我国与东盟之间贸易货物主要进出口港口，充分发挥了作为"一带一路"排头兵连接海内外的区位优势。广州港是世界海上交通史上唯一一个历经2000多年而长盛不衰的大港。广州港坐拥东太平洋沿岸绝佳地理位置，周边有数个依靠"一带一路"发展的国家和地区，处于世界经济最前沿。同时广州港是国家综合运输体系的重要枢纽，是中国的第四大港口，吞吐量位居世界第五位。可以称之为"海上丝绸之路"经久不衰的东方发祥地"。

广州应定位为"海上丝绸之路"建设的排头兵，要为"21世纪海上丝绸之路"建设发挥更大的作用，并努力实现下列基本目标：

1. 面向东盟、南亚开放的主要门户和战略支点

加快推进外联东盟、南亚，内接周边及内陆腹地的铁路、公路、航空、港

口、航运等通道建设，构建互联互通的服务体系，形成江海联动、水陆并进、空港衔接、铁海联运等"四位一体"的国际综合大通道，努力将广州建设成为"21世纪海上丝绸之路"的核心枢纽，成为我国面向西南新一轮开放的主要门户和战略支点。

2. "海上丝绸之路"的经济中心

坚持高端发展和创新驱动，努力建设高水平现代产业基地，与沿线国家加强贸易、投资和产业合作，实现错位发展，促进形成以我为主、优势互补、融合发展、互利共赢的多层次产业圈，增强广州经济对沿线国家的辐射力和影响力，把广州建设成为"海上丝绸之路"的经济中心。

3. "海上丝绸之路"的人文交流中心

依托海外华人华侨、历史文化等资源，与沿线国家加强在教育、文化、科技、旅游、医疗、卫生、体育、宗教等领域的合作，夯实互利合作的人文基础，共同拓展、诠释新"海上丝绸之路"文明内涵，着力促进人心相通，不断增强广州文化软实力，将广州建设成为"海上丝绸之路"的人文交流中心。

4. 探索国际区域合作新模式的先行示范区

用好用足国家给予的先行先试政策，加强南沙自贸区、广州中新知识城等重大战略平台建设，加快谋划建设境外合作载体，在经贸投资合作、文化交流、自贸区建设、涉外投资管理体制等方面先行先试，为全国开展国际区域合作积累示范经验。

5. "海上丝绸之路"的航运中心

加强广州港建设，完善通道设施和集疏运体系建设，大力发展航运金融、航运经纪、航运保险、航运咨询、船舶租赁等高附加值服务业。加强广州港与沿线国家重要港口的合作交流，开通更多航线，畅通海上物流通道，加强港口信息共享、技术合作，形成港口链合作机制，强化战略支撑作用，支持广州港与沿线国家重要港口组建港口联盟。加快推进铁路、公路和港口建设，建设周边省市最便捷出海通道，完善陆路骨干通道，将广州打造成陆上丝绸之路和"海上丝绸之路"的交通枢纽。

（四）宁波—舟山港

宁波—舟山港是全球最大综合港、第六大集装箱干线港。"海上丝绸之路"

航运网络中重要的东方节点。为更好融入"海上丝绸之路"航运网络，提升宁波—舟山港在网络中的地位，应注重做好下列两方面工作。

1. 加强航运专业市场发展

要成为"海上丝绸之路"的主枢纽港，宁波—舟山港还需立足全国、辐射"海上丝绸之路"，把现代航运服务业做大做强，重点发展三大专业市场。

（1）船舶交易市场。拓展服务功能，扩大船舶交易种类，并适时与舟山船舶交易市场整合；探索国际船舶交易业务，争取类似天津东疆保税港区和上海自贸区的国际船舶登记制度政策试点；与宁波海事法院合作，搭建船舶司法拍卖平台，并逐渐拓展到全国乃至"海上丝绸之路"诸国。

（2）航运订舱市场。加强与各运营主体的合作，为会员企业提供航运物流信贷、融资租赁、保险等金融业务，并逐步扩大到与宁波—舟山港开展有港口联盟、港航联盟的港口运营商和船队公司；支持航运订舱平台作为应用平台，研究开展网上订舱、网上通关、网上支付等创新服务模式。

（3）航运金融服务市场。研究制定扶持政策及优惠措施，鼓励银行、保险、融资租赁、股权投资基金等金融机构为航运服务产业提供金融服务保障；支持航交所与有关金融企业合作，共建小微航运物流企业融资平台。

2. 强化海铁联运网络，培育海铁联运经济

发展海铁联运，对宁波—舟山建设国际强港、建成"海上丝绸之路"主枢纽港有着特殊意义。

（1）健全宁波—舟山港铁路集疏运网络

目前宁波—舟山港海铁联运对外主靠萧甬铁路，对内仅通镇海、北仑两港区，运输能力严重受限，需加快海铁联运集疏运体系建设，包括甬金铁路，此为宁波—舟山港便捷辐射浙江中西部及江西、湖南、湖北等中部省市的关键项目，也可分担萧甬铁路货运压力；九景衢铁路及与长江中游港口间的连接线，为宁波—舟山港对接长江黄金航道，带动沿线及江北海铁联运的重要通道；杭州湾跨海铁路通道，为宁波—舟山港海铁联运业务辐射江苏及沿海北方地区的重要通道；梅山保税港区、穿山北港区铁路支线及专用站，可促进海铁联运无缝对接。

（2）建设宁波海铁联运物联网示范工程

加快改造港口业务应用系统、数据交换平台，建成现代化海铁联运计划管理系统、货物跟踪系统、增值服务系统；加快建立集装箱海铁联运物联网信息采集终端，建成宁波—舟山港集装箱海铁联运数据资源中心；探索形成集装箱海铁联运技术标准规范，力争成为国家标准；加快建成宁波—金华—上饶海铁联运示范线。

（3）培育海铁联运市场主体

坚持以市场为导向，加大海铁联运市场主体培育力度，鼓励铁路、航运、港口企业扩大经营范围和物流服务网络，为客户提供多式联运全程物流服务。支持宁波港集团与铁路总公司等合资合作，组建全国性、国际化海铁联运集团。支持浙江船公司、物流企业、大宗商品运营商等联合，或与省外、境外企业合资合作，组建以宁波—舟山港为主基地的新型海铁联运企业群，提升市场竞合水平。

（4）做强海铁联运经济

加强与海铁联运相关的物流、金融、保险、信息，以及货代、船代、理货等服务业的发展，建成高效、现代的海铁联运增值服务体系。加强与中国南车等央企合作，吸引中集集团到浙江建立基地，力争使浙江成为我国海铁联运现代化技术装备研究、制造的重要基地。支持浙江企业参与海铁联运的装备、零部件等的研究与制造，培育一批海铁联运服务集成商，实现集群化、基地化发展，做大做强浙江"海铁联运经济"。

（五）青岛港

作为传统的中国北方大港，青岛港在参与"海上丝绸之路"建设方面具有先发优势，为更好融入"海上丝绸之路"航运网络，提升青岛港在网络中的地位，应继续做好下列工作。

1. 打造"一带一路"双向桥头堡

综合青岛市及山东半岛蓝色经济区的地理位置、"海上丝绸之路"的历史内涵，以及国家"一带一路"倡议规划的总体意图等因素，青岛市打造"21世纪海上丝绸之路"枢纽城市应定位于北方"海上丝绸之路"，这在一定程度上将青岛市对外开放面向限定在东北亚地区，限制了全方位对外开放格局的建设空间。但随着"中部崛起""西部大开发"等区域发展战略的实施，特别是"丝绸之路经济带"构想的提出，经由我国中部和西部地区，积极参与"丝绸之路经济带"

建设，将对外贸易延伸至中亚、西亚乃至欧洲国家和地区，具备了新的可能。面向东北亚这一世界上最具经济活力的地区之一，在亚欧经贸往来日趋繁荣的大背景下，青岛完全可以借助于韩国釜山、日本长崎、俄罗斯远东地区的符拉迪沃斯托克等重要港口的贸易往来基础，以及对外贸易成熟度、城市魅力等独特优势，将面向东北亚的海上开放格局与面向中亚、西亚，乃至欧洲的陆上开放格局有效衔接，将青岛打造成"一带一路"双向桥头堡和综合枢纽城市。

2. 打造一体化的国际贸易服务

以信息化为基本特征，加快打造一体化的国际贸易服务平台。与传统贸易相比，现代国际贸易不仅需要强大的交通运输能力，更需要与之相配套的现代服务业的支撑。青岛应由现阶段的大宗散货集散中心和能源储运中心向集现代商贸服务、现代物流、现代金融于一身的国际一流综合性大港转变。为此，青岛应在强大的货物运输能力基础上，进一步强化配套机制，打造安全、高效、便捷、畅通、低成本和一体化的国际贸易服务平台，具体包括保险、税务、法律、金融、电子交易、现代物流平台等。青岛应以服务外包为突破口，以高效、高质量的贸易服务产业最大程度上扩展青岛的国际影响力，形成国际品牌效应。同时，应着力打造基于高效物流为基础的海洋贸易综合管理系统，用信息化手段确保信息的准确性和管理的实效性，在提供高质量贸易服务的同时提供全面有效的外贸信息，夯实青岛打造东北亚乃至世界海上集疏网络中心节点的组织基础，打造现代物流强港和信息母港。

3. 全面提升基础设施建设能级

全面推进海港、空港、信息港和道路交通等基础设施建设。强大的运输能力和信息传递能力是实现"通道""枢纽"使命的物质基础。为此，应进一步打造海运、航空、铁路、公路"四位一体"的立体式交通运输网络。如，增开国际客货运航线，发展多式联运；加快电子口岸建设；加快海关特殊监管区域整合优化等。特别是要加强港口建设，从以物流为中心向贸易与物流一体化发展的方向转变，建成物流、信息流、商流、资金流合一。加快青岛向长三角、珠三角、环渤海、黄河流域，特别是内陆无海地区的铁路和公路建设。加快青岛至东营，青岛至天津的高铁建设，有效利用天津的生产力和人才要素；推进沿海高等级公路建设，有效衔接长三角、珠三角和环渤海三大经济区的核心城市。同时，还应加强信息港和电子交易平台建设，为现代对外贸易提供技术支撑。

(六）厦门港

作为"海上丝绸之路"核心区的最大港口，厦门港伴随着"一带一路"倡议的深入推进，近年来取得了长足的发展；为更好融入"海上丝绸之路"航运网络，提升厦门港在网络中的地位，应继续做好下列工作。

1. 加大厦门港基础设施建设

大力推进厦门港基础设施建设，完善港口配套设施，扶持厦门港做强做大。重点推动厦门港整体连片开发，集中力量引导推进重点港区发展。抓紧建成一批能够适应当前航运发展的专业化、现代化大型泊位。目前，厦门港的最大泊位水深为16米，不能满足超过15万吨级船舶的进出港，对于超大型的船舶只能趁涨潮进出港，增加了船舶的时间成本。为了满足船舶全天候进出港的要求，需要拓宽加深航道，扩建深水泊位，对码头结构加固改造和靠泊等级升级，以提高港区通航能力。

2. 加强与沿线国家港口的合作与交流

在与"一带一路"沿线国家港口的合作过程中，厦门港应与"一带一路"国家港口结为友好港，并签订友好协议，在协议中规定合作流程，在港口建设、经营与管理等方面，相互取经并加强彼此之间的业务往来，这样可以充分发挥各自航线、货源、区位等优势，进而实现各港口在"21世纪海上丝绸之路"与"丝绸之路经济带"中的无缝对接。比如，加强与东盟等地区在港口码头、物流园区、集散基地和配送中心等建设、经营、管理等方面的合作，搭建港口物流信息共享平台，推进建立统一的全程运输协调机制，促进与"海上丝绸之路"沿线国家货物通关、换装便利化。

3. 大力发展海铁联运

厦门港的经济腹地偏小，因此如何延伸经济腹地对厦门港的发展尤其重要。海铁联运以及多式联运为拓展厦门港经济腹地提供有力支持。当前，厦门港应抓住机遇，重视海铁联运和多式联运建设，积极推介自身，加强与内陆省份合作，加快陆地港建设，进一步拓展经济腹地，多建立一些内陆揽货网点，发展海铁联运。在福建省内，可以建设三明、龙岩、晋江、武夷山等陆地港；在福建省外，可在江西、广东、江浙、四川、重庆等地建立陆地港以及揽货网点。另外，应积极拓展东南亚市场，比如与越南、马来西亚等国家合作，把这些国家的产品通过海铁联运运往中亚、西亚、欧洲等地。

4. 进一步丰富国际航运服务业务

积极发展国际中转直拼、沿海捎带业务。厦门港的水水中转业务将由自贸区的国际中转直拼和沿海捎带业务直接带动，长期依靠厦、漳、泉腹地的局面将被改变，并有可能拓展港口腹地资源。国际中转集拼业务一定程度上减少了货主的货运成本，使厦门港吸引了很多货物资源来进行中转。沿海捎带业务的政策，可以把其他经济腹地的货物通过水路吸引到厦门港。随着这些政策的出台，厦门港腹地可以扩展到其他分支港口，港口腹地资源得以扩展。

5. 加大港口物流金融服务模式创新力度

首先依托自贸区，在海峡两岸之间建设两岸互惠的金融中心，两岸经贸集聚区得以建成。厦门港要对新兴金融产业发展持大力支持的态度，把离岸人民币业务放开运行。一定要尽量让国有商业银行等金融机构对港口提供更多的支持，通过出台一些优惠政策来使地方金融机构在港区设立金融服务机构，服务结构得到更深一层的完善，强化港口金融服务平台的综合实力。

（七）北部湾港

北部湾港下辖防城港、钦州港、北海港，位于中国广西壮族自治区南部北部湾。北部湾港北靠渝、云、贵，东邻粤、琼、港、澳，西接越南，南濒海南岛，地处华南经济圈、西南经济圈与东盟经济圈的结合部，是我国内陆腹地进入中南半岛东盟国家最便捷的出海门户，2019 年国家发展改革委印发了《西部陆海新通道总体规划》，北部湾开发是国家"一带一路"的重要战略。

为更好融入"海上丝绸之路"航运网络，提升青岛港在网络中的地位，应继续做好下列工作。

1. 加快港口重大项目建设

北部湾港应充分发挥优良的深水岸线资源，重点推进 30 万吨级码头和 10 万吨级泊位的建设，大力推进大吨位散杂货、油、煤、气等业主码头的建设以及各航道的扩建；积极扩大港口发展空间，推进港口设施朝深水化、大型化发展。

应科学规划港区铁路，抓紧港口铁路建设，发展港口铁路专线，打造以铁路为纽带的海铁联运体系，开通至中国西南中南地区铁路集装箱班列，拓展集装箱国际中转业务，通过铁路的纽带作用把钦州港的港口优势发挥出来。同时，要充分抓住北部湾地区集装箱货物向钦州保税港区集中的发展机遇，加强码头泊位和堆场升级改造，不断完善集装箱干线港口的功能，推进干支线链接，扩大航线服务范围和服务渠道。

2. 建立港口物流战略联盟

应积极探索北部湾沿海港口合作的新模式，建立港口联盟，充分发挥各自的优势，加强信息沟通，减少重复建设，形成参与"海上丝绸之路"建设的合力。大力培育港航市场发展主体，大力引进国内外知名港航、物流运营商，让以参股、控股等形式参与港口、码头等重大基础设施建设，开创共同开发、共同受益、共建"海上丝绸之路"的国际合作新局面。

积极探索建立与东盟国家市场对接的港口物流服务体系，探索与东盟国家航运企业互设分支机构，开展国际海上货物运输，构建"海上丝绸之路"交通节点。顺应港口现代化建设的内在需要和临港工业发展的外在扩张要求，加强与西南、中南地区经济联动，创造条件扩大货物中转，推动适箱货源向钦州保税港区聚集；建设港口物流综合信息服务平台，推动港口物流产业能力提升；大力引进国内外知名港航、中转、运输、配送等物流运营商进行战略合作，建立港口物流战略联盟，构建"21世纪海上丝绸之路"建设发展的良好平台，为港口物流互联互通提供坚实的服务保障。

3. 加快港口航运转型升级发展

北部湾港要为建设区域性国际航运中心服务，建设成中国—东盟自贸港。不仅要提升口岸联检、航运信息、船务经纪、船舶租赁、货物代理、船舶登记、船舶零部件供应等传统航运服务水平，还要加强海事融资、海上保险、海事仲裁、航运咨询、海员培训、航运研究等高端服务建设；创新港口建设经营模式，把港口发展与工业、物流、城市发展结合起来，努力提高城镇化程度，以形成强大的港口客流、物流和信息流；建立港航电子政务网和港口物流商务网，不断升级完善航运信息系统；建立与国际通行规则接轨的社会化、专业化的现代物流体系。建设完善的与港口形成产业链的商品集散、出口加工、国际中转、国际贸易等专业市场和高端服务区。不断促进港口功能的升级与拓展，使之成为"21世纪海上丝绸之路"上的重要战略节点。

第四节 中国与"丝路经济带"沿线铁路网络的融合策略

一、基于中欧班列的"丝路经济带"铁路发展策略

(一)中欧班列对"一带一路"发展的作用分析

中欧班列作为承担"一带一路"沿线各国物流营运的重要载体,积极融入全球物流供应链,实现沿线国家互利共赢,促进地缘经济的融合发展。从中欧班列服务世界抗击新冠疫情、中欧班列促进亚欧互联互通、中欧班列促进地缘经济发展等方面,分析中欧班列拉动沿线地缘经济发展现状,提出中欧班列促进地缘经济发展优化对策——发挥中欧班列品牌带动作用,灵活运用政府市场补贴,构建中欧班列重要物流节点,加快中欧班列物流信息化建设,推动中欧班列高质量发展。

中欧班列不断深化"一带一路"沿线国家和地区的互联互通,成为联结中欧陆路物流的重要载体和运输骨干,有效促进了中欧地缘经济的新发展。地缘经济通过利用国家各种资源对该国经济行为和发展产生重要影响,促进区域各国协调发展。"一带一路"倡议聚焦沿线各国互联互通,实现沿线国家互利共赢,促进地缘经济的融合发展,而中欧班列是贯穿欧亚大陆的交通大动脉,以其特有的快捷、高效、绿色和全天候等特点,优化沿线国家的产业布局和运输结构,为中欧地缘经济发展提供有力支撑,并成为联系"一带一路"沿线国家互联互通的交通纽带。

(二)中欧班列未来发展策略分析

1. 进一步加强资源整合

调整运输组织结构。增加中欧中转班列,保障直达班列可靠运行,促进中

欧组织能力大幅提升，确保集装箱铁路运输多式联运国际列车总数完成到2020年快速增长的战略目标；全面修正与改善作业的组织流程，有效控制全程，提高监督、评估与调度的工作效率，提高应急响应能力，保障列车准时到发。在全面考察市场需求的前提下，将部分班列线路增加车次，以满足市场实际需求，根据中欧班列具体运输能力来调整中欧队伍；大力支持国内铁路企业和其他国家铁路公司的合资与合作，构建出完善的列车运行信息交换平台，加强列车监控的全过程，共同优化整体运行，压缩列车运行时间，达到日均运输组织水平1300千米。

加强货物供应。国家有关部门和单位在建设外商投资物流园区的过程中，需要依据中欧班列物流的对应方式，统筹规划、建设物流园区，使其能够与中欧班列彼此支持、协同推进；牢牢把握国际市场中出现的装备制造合作机遇，积极推进国内企业和沿线国家、政府的协同和贸易，提高中欧班列车次数量与服务质量，在国家工业园区、海外经贸合作区等区域中推广中欧班列建设，以为其提供更为丰富的供应源；积极支持国内企业走出国门，在海外相关区域建立对应办事机构，大力发展联合经营网点，以促进我国企业经营海外物流能力的大幅提升。

创建世界一流品牌。中欧班列品牌由中国国家铁路集团有限公司负责建设和管理。作为国家支持的国际一流物流名片，各级政府与企业需要根据中欧铁路发展布局为中心，积极支持与推进中欧铁路布局建设。中国国家铁路集团有限公司制定并出台了管理措施，加强中欧班列品牌管理。

大力建设境外营业网点。结合中欧班列的整体布局来有计划、分批次地建立起境外物流中心，以支持中欧铁路提升整体配送能力。

2. 创新的运输服务模式

改进物流服务质量，扩大服务范围。提高运输、仓储、配送、申报、检验等物流环节的有效链接，以提供一站式物流全程服务；大力支持航空、水路、公路运输方式与中欧班列的有效联系，构建全方位服务的优质完整链条；提升应急响应、货物跟踪、编制文件以及业务验收等全方位的物流服务，构建出完善的中欧铁路服务体系。

拓展国际邮件输送范围。根据国际邮件的突出特征与货物跟踪的实际模式，执行国际邮件"地方检查"、港口检查和释放模式；全面提升电子通关效率，促进和海外相关机构的合作，以获得境外邮政海关监管的彼此支持，如与他国铁路部门、检验检疫、海关以及邮政等部门密切合作；大力加强国际邮件与铁路港口交流中心站建设，积极促进中欧国际邮件贸易，保障邮寄国际邮件的稳定性与可靠性；全面简化与整合国际铁路运输和邮寄业务的组织和清关流程，提高邮件运输的及时性，提高数据反馈的及时性和准确性。

推广电子产品清单。争取境外相关部门如检验检疫、海关及铁路部门的支持，为采用电子快递清单和中欧国际快递业务的开发铺平道路，选择拼箱配送模式，以满足跨境电子商务的实际运输需要。

改进与健全物流增值服务范围。拓展货物原料、国际保险理赔以及国际机构采购等增值服务内容；全面发挥综合保税区的政策支持与对应港口节点的地理便利，为转口贸易及跨境货物加工提供优质服务。

构建一致化的运营规则。加强与国际组织合作，共同构建出统一化的档案模式，以形成获得境外合作组织共同认可的一致化技术标准与执行规则，来促进中欧班列服务质量与效率的同步提升。如可与万国邮政联盟、世界海关组织以及国际铁路联盟的合作等。

建立完善的价格机制。按照市场规律、货物运量的变化、数量和价格捆绑的原则，建立灵活的中欧班列定价机制。有效集中本地货物供应来源，依靠标准化和大规模运行模式，保障境外价格谈判统一口径，以全面促进领导价格能力，以大幅缩减国际物流运输的整体成本。

3. 促进地区产业结构调整

中欧班列运输通道是个开放的社会经济系统，在当前班列发展期间，所在地区政府实施的产业计划布局以及政策环境都会给班列运行造成不同程度的影响，而且这也是影响中欧班列培育和发展的关键所在。政策环境和产业布局制定和实施的前提是所在地区政府有发展贸易经济的大需求，而通过政治或者经济手段参与到中欧班列的开行中，可以有效引导产业布局的发展和科学管理班列的进度。从事进出口加工贸易的企业，是中欧国际铁路运输通道系统的主要服务对象。班列产品经营主体和客户之间也是基于契约关系存在的双赢关系，因为一方面可以提升客户对企业的忠诚度，帮助企业进一步扩大市场占有份额，保证运输通道有充足的货源；另一方面，中欧班列有利于扩大企业的经营规模和影响范围，有效提升企业整体竞争力，从而推动整个区域发展。

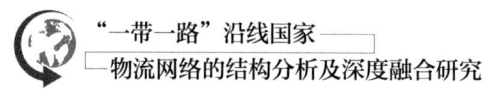

二、积极谋划构建"丝路经济带"沿线高铁线路

(一)"丝路经济带"沿线高铁线路分析

目前中国重点关注并紧密跟踪的国外高铁项目超过 14 条,涉及本文研究区的国家有罗马尼亚、俄罗斯、巴基斯坦等。主要涉及以下两条高铁线路:

1. 莫斯科—喀山高铁

莫斯科—喀山高铁是俄罗斯规划建设的一条高速铁路。2014 年 10 月 13 日下午,国务院总理李克强与俄罗斯总理梅德韦杰夫在莫斯科共同主持中俄总理第 19 次定期会晤时,中俄双方签署了"莫斯科—喀山"高铁发展合作备忘录,双方皆有意发展该项目,并最终决定将"莫斯科—喀山"高铁线路延长至北京。若是这条超过 7000 千米长的高铁将北京与莫斯科成功连接起来,那么到时从北京去往莫斯科的时间将缩短四天,从莫斯科到达喀山 14 个小时的车程也会减少到 3.5 小时。

2. 德里—金奈高铁走廊

目前,德里—金奈高铁走廊处于紧密跟进阶段,计划中全长 1754 千米的"德里—金奈高铁走廊"连接印度的德里与金奈两市,是印度总理莫迪提出的"钻石四边形"高铁网战略的一部分,若是建成,德里—金奈高铁走廊将成为印度第一长、全球第二长的高铁走廊,速度将达到每小时 300 千米。

(二)"丝路经济带"沿线高铁站点选址

通过以上分地区综合分析各城市通达性与对外经济联系,并主要对其现有铁路通达性与对外经济联系相关性大小进行对比分析,经过分析了解到,部分城市目前铁路通达性较好,但其对外经济联系并不紧密,这说明铁路通达性的提高不能明显改善其地区经济发展水平;部分城市目前铁路通达性较好,对外经济联系也较紧密,说明其铁路通达性与地区经济发展水平相匹配,步调一致;部分城市目前铁路通达性较差,但其对外经济联系却较紧密,说明现阶段铁路通达性与其地区经济发展水平不匹配,该城市的经济发展、对外经济贸易不依赖于铁路运输;还有部分城市目前铁路通达性差,对外经济联系也不紧密,这些城市是考虑修建高铁的重点目标城市,可以通过修建高铁来提升通达性从而带动城市的经济发展。结合以上多方面分析，可得出考虑修建高铁的城市。具体包括：中亚地区，杜尚别、阿什哈巴德、塔什干、比什凯克、卡拉干达；西亚/北非地区，巴格达、摩苏尔、马什哈德、伊斯坦布尔、伊斯法罕；东北亚及俄罗斯，莫斯科、新库兹涅茨克、符拉迪沃斯托克、哈巴罗夫斯克、诺夫哥罗德、伊尔库茨克；中东欧地区，塔林、里加、斯科普里、索菲亚、布尔诺。

中国高铁在走出国门的过程中虽历经波折，但仍要清楚地看到：经过多年苦练内功，中国高铁从运营管理到工程技术都取得了长足进步，高铁技术处于世界领先地位，具备了在"一带一路"沿线推广高铁的内在基础；另一方面，作为经济运行的大动脉，高速铁路在推动"一带一路"沿线相关国家和地区贸易与人员往来便利化、实现经济融合方面具有普通铁路无法比拟的重大优势，高铁既是"一带一路"倡议的重要内容，更是加快实施推进"一带一路"的重要工具。未来应重点继续关注上述城市及其所在国家高铁建设需求，为中国高铁走出国门，实现"丝路经济带"沿线互联互通，共建沿线命运共同体贡献中国力量。

参考文献

金凤君.我国航空客流网络发展及其地域系统研究［J］.地理研究，2001（01）：31-39.

金凤君，王成金.轴－辐侍服理念下的中国航空网络模式构筑［J］.地理研究，2005（05）：774-784.

赵凤彩.航线网络经济性的探讨［J］.中国民航学院学报，2002（02）：12-16.

王成金，金凤君.从航空国际网络看我国对外联系的空间演变［J］.经济地理，2005（05）：667-672.

胡从旭."一带一路"背景下厦门港发展对策研究［J］.中国物流与采购，2018（23）：50-51.

柯菁.厦门港漳州辖区港口发展策略研究——以落实"一带一路"倡议为背景［J］.闽南师范大学学报（哲学社会科学版），2020，34（02）：42-45.

陈愉瑜."一带一路"背景下宁波舟山港的新机遇［J］.一带一路报道（中英文），2021（01）：102-104.

鲁渤，邱伟权，邢戬，等.基于"一带一路"倡议评估的中国沿海节点港口与港城发展策略研究[J].系统工程理论与实践,2020,40(06):1627-1639.

郭建科,侯雅洁,何瑶."一带一路"背景下中欧港口航运网络的演化特征[J].地理科学进展,2020,39(05):716-726.

曹小曙,李涛.基于陆路交通的"丝绸之路经济带"可达性与城市空间联系[J].地理科学进展,2015,34(6):657-664.

陈博文,陆玉麒.江苏交通可达性与区域经济发展水平关系测度——基于空间计量视角[J].地理研究,2015,34(12):2283-2294.

曹小曙,李涛.基于陆路交通的"丝绸之路经济带"可达性与城市空间联系[J].地理科学进展,2015,34(6):657-664.

王建伟,杜逸芸.基于可达性与经济联系的"一带一路"经济带引力格局划分[J].长安大学学报:社会科学版,2017(19):70-76.

附 录

附录 1 "一带一路"沿线国家间国际贸易加权网络

(1)

	AL	AF	AE	OM	AZ	EG	EE	PK	BL	BH	BY	BG	BA	PL	BT	TL	RU	PH	GE	KZ	ME	KG
AL	0	12	13 150	287	148	36 217	6622	5126	26	195	1362	159 282	38 188	82645	64	0	94 209	730	251	3889	62 963	254
AF	12	0	1 025 445	19	33 464	4091	159	1 643 515	0	330	9813	1202	448	5896	0	0	174 464	1959	80	595 192	621	1435
AE	13 150	1 025 445	0	10 058 937	102 339	3 217 806	42 077	5 191 950	39 087	3 002 923	47 751	475 033	16 911	734 344	1284	476	1 564 426	1 063 489	132 059	409 082	5949	48 974
OM	287	19	10 058 937	0	90	262 947	2319	687 718	4415	462 390	1992	14 088	506	124 044	1	0	103 786	46 051	223	574	14	5
AZ	148	33 464	102 339	90	0	3723	4060	11 138	101	1684	116 499	34 811	756	74 666	0	0	2 116 897	1671	713 918	139 863	3	1684
EG	36 217	4091	3 217 806	262 947	3723	0	39 442	223 366	105 446	218 651	79 189	1 167 510	21 160	407 960	16	76	4 190 411	38 091	31 449	62 333	2296	3888
EE	6622	159	42 077	2319	4060	39 442	0	21 037	549	2112	173 904	823 20	3007	1 350 767	0	0	2 684 299	10 993	12 381	71 766	542	2410
PK	5126	1 643 515	5 191 950	687 718	11 138	223 366	21 037	0	1198	120 720	72 576	55 279	4766	416 623	32	878	490 902	246 998	4819	53 244	1026	2765

续表

	AL	AF	AE	OM	AZ	EG	EE	PK	BL	BH	BY	BG	BA	PL	BT	TL	RU	PH	GE	KZ	ME	KG
BL	26	0	39 087	4415	101	105 446	549	1198	0	1593	3275	3396	22	31 193	0	0	5403	600	52	40	0	0
BH	195	330	3 002 923	462 390	1684	218 651	2112	120 720	1593	0	228	5202	1050	67 757	0	0	10 331	36 987	521	1481	142	15
BY	1362	9813	47 751	1992	116 499	79 189	173 904	72 576	3275	228	0	85 729	16 946	2 483 309	182	16	29 211 860	15 177	89 920	644 385	626	122 896
BG	159 282	1202	475 033	14 088	34 811	1 167 510	82 320	55 279	3396	5202	85 729	0	181 975	2 790 897	0	2	5 724 618	119 085	661 840	161 862	28 620	12 589
BA	38 188	448	16 911	506	756	21 160	3007	4766	22	1050	16 946	181 975	0	368 475	258	0	368 818	2089	382	2665	240 302	572
PL	82 645	5896	734 344	124 044	74 666	407 960	1 350 767	416 623	31 193	67 757	2 483 309	2 790 897	368 475		0	173	18 476 960	345 076	154 493	1 150 438	66 200	25 289
BT	64	0	1284	1	0	16	0	32	0	0	182	0	258	0		0	1103	11	1	0	1	0
TL	0	0	476	0	0	76	0	878	0	0	16	182	0	173	0		97	915	1	0	0	0
RU	94 209	174 464	1 564 426	103 786	2 116 897	4 190 411	2 684 299	490 902	5403	10 331	29 211 860	5 724 618	368 818	18 476 960	1103	97	0	600 312	1 131 294	16 255 998	13 496	1 527 794
PH	730	1959	1 063 489	46 051	1671	38 091	10 993	246 998	600	36 987	15 177	119 085	2089	345 076	11	915	600 312	0	2383	19 003	371	657
GE	251	80	132 059	223	713 918	31 449	12 381	4819	52	521	89 920	661 840	382	154 493	0	1	1 131 294	2383	0	72 708	195	8908
KZ	3889	595 192	409 082	574	139 863	62 333	71 766	53 244	40	1481	644 385	161 862	2665	1 150 438	0	0	16 255 998	19 003	72 708	0	733	772 460
ME	62 963	621	5949	14	3	2296	542	1026	0	142	626	28 620	240 302	66 200	0	1	13 496	371	195	733	0	543
KG	254	1435	48 974	5	1684	3888	2410	2765	0	15	122 896	12 589	572	25 289	0	0	1 527 794	657	8908	772 460	543	0
KH	812	0	124 318	809	587	2818	4975	31 376	32	4070	2055	9416	3352	239 342	2	1	111 236	66 260	27	2415	847	166
CZ	73 607	1899	765 188	55 940	882 994	410 623	356 339	172 550	19 535	38 741	317 654	2 090 788	275 239	22 591 986	10	40	7 286 021	394 134	94 238	463 019	44 922	14 303
QA	3657	0	5 110 757	1 114 054	2596	1 552 806	3577	1 229 850	9627	621 609	5664	22 822	3155	537 219	1226	0	82 775	416 943	1463	71	0	81
KW	1497	104	3 477 520	386 566	176	1 110 553	4549	937 016	8635	450 468	3667	21 506	1734	138 105	23	0	489 369	600 532	2059	819	28	25
HR	56 646	144	46 698	8289	213 530	129 954	13 533	19 310	208	4979	17 681	337 260	2 046 505	1 013 223	0	0	766 559	11 094	5320	248 050	172 834	430

续表

	AL	AF	AE	OM	AZ	EG	EE	PK	BL	BH	BY	BG	BA	PL	BT	TL	RU	PH	GE	KZ	ME	KG
LV	2184	1034	75 824	7958	17 735	74 267	2 399 637	23 224	213	500	442 760	108 625	4549	1 901 693	0	0	3 592 468	4966	38 379	73 984	7254	12 398
LA	6	1	20 629	35	0	0	0	0	0	24	194	3678	22	12 478	0	0	8311	2931	0	180	97	3
LB	1235	1066	891 361	45 378	24 145	794 220	102	2217	157	41 690	51 215	188 956	2643	101 931	1	0	683 855	9071	26 734	5932	70	33
LT	5130	5727	127 237	1822	27 368	49 983	2 966	22 382	388	2131	1 521 504	202 458	14 169	5 113 890	0	0	5 745 812	9301	73 351	1 102 373	10 132	50 990
RO	122 195	4726	391 021	28 202	363 663	636 721	2 142 708	61 313	4072	12 112	149 624	7 277 960	179 745	6 459 311	0	0	3 576 745	34 703	233 518	1 132 883	33 577	4595
MV	0	55	220 402	8593	0	4111	172 105	6544	0	11 402	0	451	0	8787	4	0	487	2169	0	0	0	0
MY	9441	192 569	4 543 120	485 348	20 007	571 004	16	1 281 842	3927	295 747	107 921	176 844	6271	735 388	1651	16 942	1 809 124	5 793 947	20 408	100 743	2540	3510
MK	144 304	5	6088	1132	579	5358	56 027	2084	103	132	19 663	1 150 081	165 312	281 163	193	0	169 876	1491	613	5619	39 887	3100
MN	53	1	3805	0	151	306	6300	696	0	0	13 399	2968	56	45 232	0	0	1 142 758	3126	506	52 396	0	1556
BD	5546	3935	1 044 104	96 129	5488	62 328	1526	711 805	109	63 490	115 573	28 966	14 455	995 607	34 787	273	1 199 164	66 036	16 076	24 623	4398	1751
MM	145	8902	185 286	15 196	146	727	20 055	85 427	11	3917	4386	7357	1019	77 918	4	0	78 007	49 127	0	679	232	135
MD	739	653	4409	486	6656	7461	1869	2589	0	141	220 611	232 104	4385	293 426	9771	24	796 505	2072	17 173	31 084	489	1835
NP	4	4	266 548	1827	10	25 968	9916	8046	456	4989	1839	664	45	4 902	22	8	13 300	3659	15	65	14	1
RS	211 850	20 839	82 008	3435	4383	67 054	123	20 129	52 812	1086	171 176	1 864 357	1 867 448	1 336 812	753	6	2 112 911	9039	7111	86 333	756 050	19 947
SA	3567	9300	11 366 431	2 014 592	8988	4 576 553	16 775	2 097 564	1946	3 021 637	33 828	120 624	9331	1 301 791	173	0	732 834	801 874	21 935	17 331	306	658
LK	5428	1500	1 217 286	82 057	58 222	44 294	132 168	400 819	12 615	22 058	22 924	12 547	4352	122 426	0	0	392 862	54 408	2090	11 985	308	2541
SK	31 217	559	205 116	21 554	43 949	79 937	10 705	67 831	1490	14 663	162 943	1 040 392	182 596	10 101 121	327	1	4 948 491	47 902	16 686	46 142	13 528	1016
SI	49 605	258	80 600	9626	21 809	102 825	175 640	51 633	8694	175 640	71 853	681 728	1 184 669	1 669 640	58		1 199 841	30 867	25 321	101 524	97 865	10 830
TJ	1	80 574	22 155	10	2045	741	578	11 648	0	0	37 753	1204	76	11 364	0		711 902	35	3384	775 995	1	38 734

续表

	AL	AF	AE	OM	AZ	EG	EE	PK	BL	BH	BY	BG	BA	PL	BT	TL	RU	PH	GE	KZ	ME	KG
TH	9459	26 884	6 221 018	447 219	199 620	839 973	81 708	1 274 920	13 612	410 321	77 974	146 343	13 267	869 521	19 051	35 016	2 097 145	9 441 792	24 985	72 514	3789	2178
TR	428 800	135 798	11 097 304	231 811	2 179 547	4 155 934	398 867	635 681	286 294	367 423	771 846	7 288 371	648 280	6 641 315	1387	51	19 309 718	234 418	1 506 646	2 042 669	94 996	421 725
TM	1368	357 156	180 198	1	164 229	558	12 914	20 035	0	3779	61 925	18 524	75	39 812	0	0	427 576	0	140 836	99 281	7	5354
BN	1	2	7826	296	55	1518	7	664	0	42	448	98	1	1750	0	115	221	52 165	79	7	1	0
UG	28 034	5853	363 149	31 731	802 884	2 144 501	247 278	212 465	41 084	5506	4 461 957	984 089	29 097	6 625 748	147	9	12 008 192	178 978	539 073	1 145 687	12 246	39 874
UZ	656	399 556	312 015	6	29 781	1735	33 905	6872	391	154	105 191	29 996	135	64 510	0	0	3 639 689	1219	88 590	1 985 491	37	309900
SG	1276	12 943	8 300 147	300 780	25 644	434 012	50 796	985 690	4298	376 390	22 434	339 260	4094	775 582	12 001	100 919	4 898 536	11 432 158	22 820	110 314	2383	1927
HU	98 895	2809	266 822	20 802	46 068	275 051	200 703	73 751	1106	12 597	188 764	2 594 623	472 036	10 029 752	22	0	4 978 459	195 877	52 945	350 603	70 822	7741
SY	691	1407	270 261	22 205	2409	737 425	742	18 912	0	29 719	30 542	94 533	4252	61 036	0	0	666 839	1298	2361	17 792	1	312
AM	237	31	133 591	151	3412	3054	10 225	1649	107	19	43 097	191 926	204	56 846	156	280	1 501 256	1067	361 017	9002	28	1902
YE	0	68	692 646	692 404	0	233 834	3	75 912	391	20 841	34 578	11 811	283	4015	0	23	90 162	1010	0	0	0	0
IQ	1312	18	6 368 741	248 949	7862	690 590	645	56 306	19	52 604	0	68 409	328	248 488	0	4236	210 756	23 124	17 268	0	24	0
IR	1147	1 589 891	16 118 429	606 948	365 082	66 432	4967	619 140	0	27 065	60 208	164 054	5188	141 734	156	280	1 332 080	260 318	127 247	361 069	2481	33 695
IL	8420	190	0	0	437 531	132 135	29 868	1260	1 947 001	0	84 789	215 081	5323	846 403	943 928	23	2 239 515	224 707	28 948	107 813	921	1419
IN	50 923	717 094	40 838 288	4 128 328	518 117	3 393 070	151 146	2 144 779	19 534	906 287	320 830	446 403	49 564	2 677 652	3084	4236	9 220 717	2 314 103	81 272	1 051 640	28 208	45 894
ID	11 350	28 487	2 646 646	455 437	507 985	1 386 992	77 890	2 692 897	3661	166 937	190 351	133 566	14 878	665 979	0	211 838	3 055 256	7 468 897	35 933	49 241	5993	1340
JO	456	3655	1 139 875	88 056	4544	598 131	7163	67 224	217 016	102 125	5580	63 155	1648	90 356	518	0	148 034	12 935	369	943	28	2054
VN	9865	29 171	4 313 497	109 721	114 127	352 629	54 254	640 733	4460	93 390	114 429	185 254	30 240	394 679	15 653	43 320	3 660 901	3 494 921	20 935	370 269	8178	1826
CN	569 262	821 048	33 561 180	8 976 164	1 193 274	9 806 380	1 492 912	18 487 742	225 958	1 495 427	225 2679	3 040 915	420 645	25 002 914		112 579	85 059 384	38 899 992	959 860	14 206 530	228 548	3 507 516

(2)

	KH	CZ	QA	KW	HR	LV	LA	LB	LT	RO	MV	MY	MK	MN	BD	MM	MD	NP	RS	SA	LK	SK
AL	812	73 607	3657	1497	56 646	2184	6	1235	5130	122 195	0	9441	144 304	53	5546	145	739	4	211 850	3567	5428	31 217
AF	0	1899	0	104	144	1034	1	1066	5727	4726	55	192 569	5	1	3935	8902	653	4	20 839	9300	1500	559
AE	124 318	765 188	5 110 757	3 477 520	46 698	75 824	20 629	891 361	127 237	391 021	220 402	4 543 120	6088	3805	1 044 104	185 286	4409	266 548	82 008	11 366 431	1 217 286	205 116
OM	809	55 940	1 114 054	386 566	8289	7958	35	45 378	1822	28 202	8593	485 348	1132	0	96 129	15 196	486	1827	3435	2 014 592	82 057	21 554
AZ	587	882 994	2596	176	213 530	17 735	0	24 145	27 368	363 663	0	20 007	579	151	5488	146	6656	10	4383	8988	58 222	43 949
EG	2818	410 623	1 552 806	1 110 558	129 954	74 267	0	794 220	49 983	636 721	4111	571 004	5358	306	62 328	727	7461	25 968	67 054	4 576 553	44 294	79 937
EE	4975	356 339	3577	4549	13 533	2 399 637	102	2966	2 142 708	172 105	16	56 027	6300	1526	20 055	1869	9916	123	16 775	132 168	10 705	175 640
PK	31 376	172 550	1 229 850	937 016	19 310	23 224	2217	22 382	35 458	61 313	6544	1 281 842	2084	696	771 805	85 427	2589	8046	20 129	2 097 564	400 819	67 831
BL	32	19 535	9627	8635	208	213	0	157	388	4072	0	3927	103	0	109	11	141	0	456	52 812	1946	12 615
BH	4070	38 741	621 609	450 468	4979	500	24	41 690	2131	12 112	11 402	295 747	132	0	63 490	3917	220 611	4989	1086	3 021 637	22 058	14 663
BY	2055	317 654	5664	3667	17 681	442 760	194	51 215	1 521 504	149 624	0	107 921	19 663	13 399	115 573	4386	232 104	1839	171 176	33 828	22 924	162 943
BG	9416	2 090 788	22 822	21 506	337 260	108 625	3678	188 956	202 458	7 277 960	451	176 844	1 150 081	2968	28 966	7357	293 426	664	1 864 357	120 624	12 547	1 040 392
BA	3352	275 239	3155	1734	2 046 505	4549	22	2643	14 169	179 745	0	6271	165 312	56	14 455	1019	4385	45	1 867 448	9331	4352	182 596
PL	239 342	22 591 986	537 219	138 105	1 013 223	1 901 693	12 478	101 931	5 113 890	6 459 311	8787	735 388	281 163	45 232	995 607	77 918	293 426	4902	1 336 812	1 301 791	122 426	10 101 121
BT	0	10	1226	23	0	0	0	0	0	0	4	1651	193	0	34 787	4	0	9771	22	753	173	0
TL	2	40	0	0	0	0	0	1	0	0	0	16 942	0	0	273	24	0	8	0	6	0	1
RU	111 236	7 286 021	82 775	489 369	766 559	3 592 468	8311	683 855	5 745 812	3 576 745	487	1 809 124	169 876	1 142 758	1 199 164	78 007	796 505	13 300	2 112 911	732 834	392 862	4 948 491
PH	66 260	394 134	416 943	600 532	11 094	4966	2931	9071	9301	34 703	2169	5 793 947	1491	3126	66 036	49 127	2072	3659	9039	801 874	54 408	47 902
GE	27	94 238	1463	2059	5320	38 379	0	26 734	73 351	233 518	0	20 408	613	506	16 076	0	17 173	15	7111	21 935	2090	16 686
KZ	2415	463 019	71	819	248 050	73 984	180	5932	1 102 373	1 132 883	4	100 743	5619	52 396	24 623	679	31 084	65	86 333	17 331	11 985	46 142
ME	847	44 922	0	28	172 834	7254	97	70	10 132	33 577	0	2540	39 887	0	4398	232	489	14	756 050	306	308	13 528
KG	166	14 303	81	25	430	12 398	3	33	50 990	4595	0	3510	3100	1556	1751	135	1835	1	19 947	658	2541	1016

续表

	KH	CZ	QA	KW	HR	LV	LA	LB	LT	RO	MV	MY	MK	MN	BD	MM	MD	NP	RS	SA	LK	SK
KH	0	147 976	11 123	12 627	12 568	1863	20 021	7106	1885	5192	53	399 903	1676	380	5305	4688	609	114	7082	40 386	7486	45 905
CZ	147 976	0	154 737	117 191	813 257	437 742	22 543	74 381	972 718	4 611 631	3663	1 016 744	353 597	12 325	376 659	37 215	100 175	9290	996 532	618 517	49 934	20 131 646
QA	11 123	154 737	0	577 275	57 206	2752		105 137	10 111	67 670	2419	790 132	1697	146	210 455	6037	859	2920	7180	1 940 149	69 547	34 139
KW	12 627	117 191	577 275	0	5434	4910	98	405 951	5471	81 400	39	368 787	694	8	652 656	9126	1346	1274	7328	2 344 774	56 448	80 566
HR	12 568	813 257	57 206	5434	0	20 667	135	25 904	53 841	376 603	192	23 988	205 913	114	22 655	3233	3822	204	1 329 935	153 768	2200	624 364
LV	1863	437 742	2752	4910	20 667	0	129	6813	5 049 766	49 792	221	67 703	4757	810	11 862	711	20 891	269	11 967	48 793	7441	216 776
LA	20 021	22 543		98	135	129	0	55	9	13	38	19 323	8	13	206	849	21	0	130	89	1797	322
LB	7106	74 381	105 137	405 951	25 904	6813	55	0	6137	238 646	1665	82 087	4144	28	49 603	2284	11 348	453	8398	678 219	30 973	41 711
LT	1885	972 718	10 111	5471	53 841	5 049 766	9	6137	0	184 386	14	50 482	7713	7509	5955	3120	36 733	1989	37 471	258 905	7106	274 245
RO	5192	4 611 631	67 670	81 400	376 603	49 792	13	238 646	184 386	0	35	143 507	411 031	1822	45 362	4997	1 517 608	913	1 498 455	323 968	17 803	3 178 265
MV	53	3663	2419	39	192	221	38	1665	14	35	0	128 742	8		4876	147	9	14	2	2258	214 716	130
MY	399 903	1 016 744	790 132	368 787	23 988	67 703	19 323	82 087	50 482	143 507	128 742	0	9782	30 068	1 664 084	1 183 988	10 466	58 904	30 667	2 852 036	670 266	384 034
MK	1676	353 597	1697	694	205 913	4757	8	4144	7713	411 031	9	9782	0	1778	5065	239	9480	11	966 041	5412	1505	87 768
MN	380	12 325	146	8	114	810	13	28	7509	1822	14	30 068	1778	0	4514	136	470	47	786	4193	4946	1655
BD	5305	376 659	210 455	652 656	22 655	11 862	206	49 603	5955	45 362	4876	1 664 084	5065	4514	0	108 935	5165	25 669	32 872	797 005	153 597	190 750
MM	4688	37 215	6037	9126	3233	711	849	2284	3120	4997	147	1 183 988	239	136	108 935	0	9165	18 594	10 624	137 986	68 131	11 273
MD	609	100 175	859	1346	3822	20 891	21	11 348	36 733	1 517 608	9	10 466	9480	470	5165	9165	0	317	27 373	3571	870	43 751
NP	114	9290	2920	1274	204	269	0	453	1989	913	14	58 904	11	47	25 669	18 594	317	0	42	65 053	2714	2012
RS	7082	996 532	7180	7328	1 329 935	11 967	130	8398	37 471	1 498 455	2	30 667	966 041	786	32 872	10 624	27 373	42	0	90 431	3787	700 262
SA	40 386	618 517	1 940 149	2 344 774	153 768	48 793	89	678 219	258 905	323 968	2258	2 852 036	5412	4193	797 005	137 986	3571	65 053	90 431	0	191 276	123 564
LK	7486	49 934	69 547	56 448	2200	7441	1797	30 973	7106	17 803	214 716	670 266	1505	4946	153 597	68 131	870	2714	3787	191 276	0	50 646
SK	45 905	20 131 646	34 139	80 566	624 364	216 776	322	41 711	274 245	3 178 265	130	384 034	87 768	1655	190 750	11 273	43 751	2012	700 262	123 564	50 646	0

续表

	KH	CZ	QA	KW	HR	LV	LA	LB	LT	RO	MV	MY	MK	MN	BD	MM	MD	NP	RS	SA	LK	SK
SI	14 793	1 490 320	19 382	20 515	3 931 671	58 308	134	18 269	129 225	942 874	422	283 687	264 428	12 249	64 068	19 762	19 076	710	1 319 244	114 272	11 846	977 577
TJ	0	4476	0	24 538	7	7225	0	78	42 512	704	0	8754	2	2	11 574	254	410	1	9090	97	488	336
TH	3 942 917	1 163 712	2 678 447	632 144	34 055	37 432	4 687 627	206 432	30 972	217 462	142 044	21 662 558	13 219	28 817	942 186	5 691 197	6233	87 586	43 050	5 264 735	523 110	213 201
TR	63 545	3 790 465	916 109	642 674	508 772	291 045	3041	878 380	709 275	5 672 573	41 070	3 107 762	458 597	27 003	992 733	60 965	436 805	87 423	1 273 943	4 628 202	252 358	1 351 378
TM	0	20 647	0	142	587	10 015	0	89	12 095	54 216	0	16 491	522	1	78 395	1978	638	0	147	1924	119	1890
BN	8661	1301	120	104	0	1	3	189	160	472	29	1 161 114	1	0	692	444	1	123	8	1344	165	97
UG	10 292	776 039	55 500	31 491	57 298	328 497	518	361 987	1 075 751	1 375 064	410	263 118	60 052	29 273	357 941	53 350	697 531	37 555	330 212	590 846	125 977	1 204 376
UZ	0	38 772	0	48	81	101 724	0	567	156 095	11 984	0	80 006	564	730	260 501	754	11 338	81	1356	7347	9496	3880
SG	1 932 509	786 222	4 477 817	1 808 751	37 341	119 613	39 653	34 947	148 727	106 236	272 210	6 436 240	3897	56 559	3 872 626	3 149 342	2696	75 344	46 227	6 371 122	1 742 805	82 400
HU	3795	9 664 783	57 517	49 195	2 419 173	238 605	1860	83 821	447 659	9 298 537	129	571 606	353 178	8772	11 919	17593	112 014	1100	2 261 309	208 746	39 257	10 077 571
SY	35	17 598	69 764	121 505	5227	109 248	3	474 226	3524	107 787	0	109 231	330	71	21 238	6	7909	356	9595	756 872	52 933	7302
AM	1289	34 752	927	228	1853	6503	15	1023	24 580	7847	4	7707	219	1	7369	228	1903	8	44985	2725	864	6353
YE	0	135	3165	10 503	2	229	1	8070	725	9918	21	183 677	268	0	5487	656	5	173	174	535 117	4280	356
IQ	7948	31 548	68 915	347 389	128 029	1151	0	125 921	3391	111 940	0	223 857	1113	3006	577	16 847	49	44	253 084	354 897	105 397	19 897
IR	253	65 222	89 668	236 118	39 708	2286	0	92 779	9038	472 110	260	873 991	7387	762	68 299	24 919	1435	355	19 470	109 526	175 783	22 755
IL	9269	1 013 045	0	0	58 953	67 088	159	0	85 717	453 564	0	10 577	18 660	0	20 665	34 486	10 988	8192	59 394	0	137 948	340 629
IN	140 019	1 242 668	8 929 405	5 006 478	178 271	137 203	187 170	286 864	207 570	681 713	249 152	14 331 411	51 832	21 300	7 100 823	1 742 141	22 501	6 435 745	140 297	16 847 476	5 180 374	308 880
ID	491 930	385 218	733 297	352 986	54 391	63 971	42 947	94 036	47 010	172 016	41 748	17 164 960	17 782	16 533	1 952 896	1 004 714	19 209	65 233	42 572	3 442 964	378 340	117 379
JO	1835	56 261	306 249	335 285	19 840	3025	0	262 245	4425	260 658	35	145 733	355	32	52 444	2275	4021	1820	25 140	2 867 120	41 276	25 862
VN	2 286 639	125 381	332 763	347 520	69 810	151 494	887 965	90 346	60 648	246 306	9938	10 069 346	29 073	50 682	690 930	626 198	20 683	65 050	98 849	1 978 486	336 723	224 517
CN	5 475 503	17 700 610	7 944 305	9 023 502	1 123 240	990 269	2 450 908	2 067 334	1 493 522	5 341 072	290 999	81 683 600	335 495	5 663 143	13 554 356	12 494 321	328 129	1 137 287	1 319 412	36 556 648	4 508 949	6 423 279

（3）

	SI	TJ	TH	TR	TM	BN	UG	UZ	SG	HU	SY	AM	YE	IQ	IR	IL	IN	ID	JO	VN	CN
AL	49 605	1	9459	428 800	1368	1	28 034	656	1276	98 895	691	237	0	1312	1147	8420	50 923	11 350	456	9865	569 262
AF	258	80 574	26 884	135 798	357 156	2	5853	399 556	12 943	2809	1407	31	68	18	1 589 891	190	717 094	28 487	3655	29 171	821 048
AE	80 600	22 155	6 221 018	11 097 304	180 198	7826	363 149	312 015	8 300 147	266 822	270 261	133 591	692 646	6 368 741	16 118 429		40 838 288	2 646 646	1 139 875	4 313 497	33 561 180
OM	9626	10	447 219	231 811	1	296	31 731	6	300 780	20 802	22 205	151	692 404	248 949	606 948	0	4 128 328	455 437	88 056	109 721	8 976 164
AZ	21 809	2045	199 620	2 179 547	164 229	55	802 884	29 781	25 644	46 068	2409	3412	0	7862	365 082	437 531	518 117	507 985	4544	114 127	1 193 274
EG	102 825	741	839 973	4 155 934	558	1518	2 144 501	1735	434 012	275 051	737 425	3054	233 834	690 590	66 432	132 135	3 393 070	1 386 992	598 131	352 629	9 806 380
EE	53 528	578	81 708	398 867	12 914	7	247 278	33 905	50 796	200 703	742	10 225	3	645	4967	29 868	151 146	77 890	7163	54 254	1 492 912
PK	51 633	11 648	1 274 920	635 681	20 035	664	212 465	6872	985 690	73 751	18 912	1649	75 912	56 306	619 140	1260	2 114 779	2 692 897	67 224	640 733	18 487 742
BL	1490	0	13 612	286 294	0	0	41 084	391	4298	1106	0	107	391	19	0	1 947 001	19 534	3661	217 016	4460	225 958
BH	8694	0	410 321	367 423	3779	42	5506	154	376 390	12 597	29 719	19	20 841	52 604	27 065	0	906 287	166 937	102 125	93 390	1 495 427
BY	71 853	37 753	77 974	771 846	61 925	448	4 461 957	105 191	22 434	188 764	30 542	43 097	34 578	0	60 208	84 789	320 830	190 351	5580	114 429	2 252 679
BG	681 728	1204	146 343	7 288 371	18 524	98	984 089	29 996	339 260	2 594 623	94 533	191 926	11 811	68 409	164 054	215 081	446 403	133 566	63 155	185 254	3 040 915
BA	1 184 669	76	13 267	648 280	75	1	29 097	135	4094	472 036	4252	204	283	328	5188	5323	49 564	14 878	1648	30 240	420 645
PL	1 669 640	11 364	869 521	6 641 315	39 812	1750	6 625 748	64 510	775 582	10 029 752	61 036	56 846	4015	248 488	141 734	846 403	2 677 652	665 979	90 356	394 679	25 002 914
BT	327	0	19 051	1387	0	0	147	0	12 001	22	1	0	0	0	0	156	943 928	3084	0	518	15 653
TL	58	0	35 016	51	0	115	9	0	100 919	0	312	28	0	24	280	23	4236	211 838	0	43 320	112 579
RU	1 199 841	711 902	2 097 145	19 309 718	427 576	221	12 008 192	3 639 689	4 898 536	4 978 459	666 839	1 501 256	90 162	210 756	1 332 080	2 239 515	9 220 717	3 055 256	148 034	3 660 901	85 059 384
PH	30 867	35	9 441 792	234 418	0	52 165	178 978	1219	11 432 158	195 877	1298	1067	1010	23 124	260 318	224 707	2 314 103	7 468 897	12 935	3 494 921	38 899 992
GE	25 321	3384	24 985	1 506 646	140 836	79	539 073	88 590	22 820	52 945	2361	361 017	0	17 268	127 247	28 948	81 272	35 933	369	20 935	959 860
KZ	101 524	775 995	72 514	2 042 669	99 281	7	1 145 687	1 985 491	110 314	350 603	17 792	9002	0	0	361 069	107 813	1 051 640	49 241	943	370 269	14 206 530
ME	97 865	1	3789	94 996	7	1	12 246	37	2383	70 822	1	28	0	24	2481	921	28 208	5993	28	8178	228 548
KG	10 830	38 734	2178	421 725	5354	0	39 874	309 900	1927	7741	312	1902	0	0	33 695	1419	45 894	1340	2054	1826	3 507 516

续表

	SI	TJ	TH	TR	TM	BN	UG	UZ	SG	HU	SY	AM	YE	IQ	IR	IL	IN	ID	JO	VN	CN
KH	14 793	0	3 942 917	63 545	0	8661	10 292	0	1 932 509	3795	35	1289	0	7948	253	9269	140 019	491 930	1835	2 286 639	5 475 503
CZ	1 490 320	4476	1 163 712	3 790 465	20 647	1301	776 039	38 772	786 222	9 664 783	17 598	34 752	135	31 548	65 222	1 013 045	1 242 668	385 218	56 261	125 381	17 700 610
QA	19 382	0	2 678 447	916 109	0	120	55 500	0	4 477 817	57 517	69 764	927	3165	68 915	89 668	0	8 929 405	735 297	306 249	332 763	7 944 305
KW	20 515	24 538	632 144	642 674	142	104	31 491	48	1 808 751	49 195	121 505	228	10 503	347 389	236 118	0	5 006 478	352 986	335 285	347 520	9 023 502
HR	3 931 671	7	34 055	508 772	587	0	57 298	81	37 341	2 419 173	5227	1853	2	128 029	39 708	58 953	178 271	54 391	19 840	69 810	1 123 240
LV	58 308	7225	37 432	291 045	10 015	1	328 497	101 724	119 613	238 605	109 248	6503	229	1151	2286	67 088	137 203	63 971	3025	151 494	990 269
LA	134	0	4 687 627	3041	0	3	518	0	39 653	1860	3	15	1	0	0	159	187 170	42 947	0	887 965	2 450 908
LB	18 269	78	206 432	878 380	89	189	361 987	567	34 947	83 821	474 226	1023	8070	125 921	92 779	0	286 864	94 036	262 245	90 346	2 067 334
LT	129 225	42 512	30 972	709 275	12 095	160	1 075 751	156 095	148 727	447 659	3524	24 580	725	3391	9038	85 717	207 570	47 010	4425	60 648	1 493 522
RO	942 874	704	217 462	5 672 573	54 216	472	1 375 064	11 984	106 236	9 298 537	107 787	7847	9918	111 940	472 110	453 564	681 713	172 016	260 658	246 306	5 341 072
MV	422	0	142 044	41 070	0	29	410	0	272 210	129	0	4	21	0	0	260	249 152	41 748	35	9938	290 999
MY	283 687	8754	21 662 558	3 107 762	16 491	1 161 114	263 118	80 006	65 436 240	571 606	109 231	7707	183 677	223 857	873 991	10 577	14 331 411	17 164 960	145 733	10 069 346	81 683 600
MK	264 428	2	13 219	458 597	522	1	60 052	564	3897	353 178	330	219	268	1113	7387	18 660	51 832	17 782	355	29 073	335 495
MN	12 249	2	28 817	27 003	1	0	29 273	730	56 559	8772	71	1	0	0	3006	762	21 300	16 533	32	50 682	5 663 143
BD	64 068	11 574	942 186	992 733	78 395	692	357 941	260 501	3 872 626	11 919	21 238	7369	5487	577	68 299	20 665	7 100 823	1 952 896	52 444	690 930	13 554 356
MM	19 762	254	5 691 197	60 965	1978	444	53 350	754	3 149 342	17 593	6	228	656	16 847	24 919	34 486	1 742 141	1 004 714	2275	626 198	12 494 321
MD	19 076	410	6233	436 805	638	1	697 531	11 338	2696	112 014	7909	1903	5	49	1435	10 988	22 501	19 209	4021	20 683	328 129
NP	710	1	87 586	87 423	147	123	37 555	81	75 344	1100	356	8	173	44	355	8192	6 435 745	65 233	1820	65 050	1 137 287
RS	1 319 244	9090	43 050	1 273 943	1924	8	330 212	1356	46 227	2 261 309	9595	44 985	174	253 084	19 470	59 394	140 297	42 572	25 140	98 849	1 319 412
SA	114 272	97	5 264 735	4 628 202	1924	1344	590 846	7347	6 371 122	208 746	756 872	2725	535 117	354 897	109 526	0	16 847 476	3 442 964	2 867 120	1 978 486	36 556 648
LK	11 846	488	523 110	252 358	119	165	125 977	9496	1 742 805	39 257	52 933	864	4280	105 397	175 783	137 948	5 180 374	378 340	41 276	336 723	4 508 949
SK	977 577	336	213 201	1 351 378	1890	97	1 204 376	3880	82 400	10 077 571	7302	6353	356	19 897	22 755	340 629	308 880	117 379	25 862	224 517	6 423 279

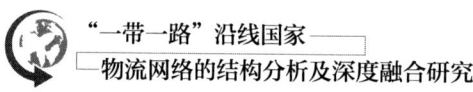

续表

	SI	TJ	TH	TR	TM	BN	UG	UZ	SG	HU	SY	AM	YE	IQ	IR	IL	IN	ID	JO	VN	CN
SI	0	4412	103136	1242071	11757	56	197738	29084	87873	2123328	9133	9560	302	3575	57408	415399	346824	110597	8995	149904	2740246
TJ	4412	0	756	353630	0	12	34775	0	574	1346	694	1035	0	0	201907	731	71839	2742	301	0	1348112
TH	103136	756	0	1755793	11778	705996	553910	3375	18225124	588168	131670	16496	113426	277820	380460	1027577	8874124	14965779	187333	6272936	72980184
TR	1242071	353630	1755793	0	1441532	2140	3966296	1503379	1171581	2817053	1867494	112328	512344	5358360	7617633	4618300	6506620	1728363	789000	2392736	24105910
TM	11757	0	11778	1441532	0	0	151208	0	13866	17642	582	15829	0	0	535855	4546	74572	6243	36	0	6943242
BN	56	12	705996	2140	0	0	106	0	1028915	6102	0	0	22	0	58	44	619372	108447	606	74972	950188
UG	197738	34775	553910	3966296	151208	106	0	290385	104523	3111322	603362	120670	22449	395329	550837	508636	2937693	933235	186756	377289	7575924
UZ	29084	0	3375	1503379	0	0	290385	0	4500	57840	7713	3684	0	0	188923	19478	235139	47869	2979	37430	4220872
SG	87873	574	18225124	1171581	13866	1028915	104523	4500	0	583649	9131	2840	4513	859583	1396398	1645887	18543150	36421204	45855	11420410	89325504
HU	2123328	1346	588168	2817053	17642	6102	3111322	57840	583649	0	19798	16563	1302	140190	42359	463131	662613	157950	37536	311932	9040888
SY	9133	694	131670	1867494	582	0	603362	7713	9131	19798	0	25783	53052	1214696	410002	304154	0	50755	357993	26399	1365737
AM	9560	1035	16496	112328	15829	0	120670	3684	2840	16563	25783	0	147	58717	197977	7215	40996	16245	91	17442	515437
YE	302	0	113426	512344	0	22	22449	0	4513	1302	53052	147	0	121	19115	0	483822	64191	46580	19543	1509202
IQ	3575	0	277820	5358360	0	0	395329	0	859583	140190	1214696	58717	121	0	2678389	0	8685854	329303	505077	15359	16325443
IR	57408	201907	380460	7617633	535855	58	550837	188923	1396398	42359	410002	197977	19115	2678389	0	8783504	8783504	1050673	72863	98413	24735284
IL	415399	731	1027577	4618300	4546	44	508636	19478	1645887	463131	304154	7215	0	0	8783504	0	4522544	181449	233970	972952	11481018
IN	346824	71839	8874124	6506620	74572	619372	2937693	235139	18543150	662613	0	40996	483822	8685854	8783504	4522544	0	19023498	1198394	8844678	84402800
ID	110597	2742	14965779	1728363	6243	108447	933235	47869	36421204	157950	50755	16245	64191	329303	1050673	181449	19023498	0	356650	6136837	60450856
JO	8995	301	187333	789000	36	606	186756	2979	45855	37536	357993	91	46580	505077	72863	233970	1198394	356650	0	145060	3005381
VN	149904	0	6272936	2392736	0	74972	377289	37430	11420410	311932	26399	17442	19543	15359	98413	972952	8844678	6136837	145060	0	96990000
CN	2740246	1348112	72980184	24105910	6943242	950188	7575924	4220872	89325504	9040888	1365737	515437	1509202	16325443	24735284	11481018	84402800	60450856	3005381	96990000	0

附录 2 "一带一路"沿线国家航空加权网络

(1)

	AL	AF	AE	OM	AZ	EG	EE	PK	BL	BH	BY	BG	BA	PL	BT	TL	RU	PH	GE	KZ	ME	KG
AL	0	0	0	0	0	0	0	0	0	0	1	1	0	0	0	0	0	0	0	0	0	0
AF	0	0	2	0	1	0	0	2	0	0	0	0	0	0	0	0	2	0	0	1	0	1
AE	0	2	0	11	4	11	0	29	0	5	1	4	2	2	0	0	29	5	6	7	2	1
OM	0	0	11	0	0	2	0	12	0	1	0	0	0	0	0	0	0	1	0	0	0	0
AZ	0	1	4	0	0	1	0	1	0	1	0	1	0	0	0	0	25	0	1	4	0	0
EG	0	0	11	2	1	0	0	0	0	3	0	4	0	7	0	0	2	0	1	0	0	0
EE	0	0	0	0	0	0	0	0	0	0	0	0	0	1	0	0	2	0	0	0	0	0
PK	0	2	29	12	1	0	0	0	0	7	0	0	0	0	0	0	0	0	0	0	0	0
BL	0	0	0	0	0	0	0	0	0	0	0	0	0	0	0	0	0	0	0	0	0	0
BH	0	0	5	1	1	3	0	7	0	0	0	0	0	0	0	0	1	1	0	0	0	0
BY	1	0	1	0	1	0	0	0	0	0	0	2	0	1	0	0	20	0	2	5	3	0
BG	1	0	4	0	1	0	2	0	0	1	0	0	0	8	0	0	17	0	1	0	0	0
BA	0	0	2	0	0	0	0	0	0	0	0	0	0	0	0	0	0	0	0	0	1	0

续表

	AL	AF	AE	OM	AZ	EG	EE	PK	BL	BH	BY	BG	BA	PL	BT	TL	RU	PH	GE	KZ	ME	KG
PL	0	0	2	0	0	7	1	1	0	1	1	8	0	0	0	0	4	0	4	1	2	0
BT	0	0	0	0	0	0	0	0	0	1	0	0	0	0	0	0	0	0	0	0	0	0
TL	0	0	0	0	0	0	0	0	0	0	0	0	0	0	0	0	0	0	0	0	0	0
RU	0	2	29	0	25	2	2	0	0	1	20	17	0	4	0	0	0	3	21	53	10	29
PH	0	0	5	1	0	0	0	0	0	1	0	0	0	0	0	0	3	0	0	0	0	0
GE	0	0	6	0	1	1	0	0	0	0	2	1	0	4	0	0	21	0	0	6	0	0
KZ	0	1	7	0	4	0	0	0	0	1	5	0	0	0	0	0	53	0	6	0	0	2
ME	0	0	2	0	0	0	0	0	0	0	3	5	1	1	0	0	10	0	6	0	0	0
KG	0	1	1	0	0	0	0	0	0	0	0	0	0	2	0	0	29	2	0	0	0	2
KH	0	0	1	0	0	0	0	0	0	0	0	0	0	0	0	0	0	0	0	0	0	0
CZ	1	0	4	1	1	7	0	7	0	0	1	8	1	6	0	0	16	3	1	2	1	0
QA	0	0	5	3	1	1	0	4	0	1	0	1	1	2	0	0	2	1	1	0	0	0
KW	0	0	5	1	1	0	2	0	0	0	0	2	1	0	0	0	0	0	1	0	0	0
HR	0	0	1	0	0	5	1	0	0	1	1	1	0	7	0	0	8	0	0	0	0	0
LV	0	0	2	0	0	0	2	0	0	0	1	2	0	2	0	0	8	2	1	0	0	0
LA	0	0	0	0	0	2	0	0	0	1	1	1	0	0	0	0	0	0	0	0	0	0
LB	0	0	5	1	0	4	2	0	0	0	2	1	0	1	0	0	2	2	0	0	0	0
LT	0	0	0	0	0	0	0	0	0	0	0	2	0	4	0	0	8	0	2	0	0	0

续表

	AL	AF	AE	OM	AZ	EG	EE	PK	BL	BH	BY	BG	BA	PL	BT	TL	RU	PH	GE	KZ	ME	KG
RO	0	0	4	0	0	1	0	0	0	0	1	4	0	3	0	0	3	0	1	0	1	0
MV	0	0	3	0	0	0	0	0	0	0	0	0	0	0	0	0	1	0	0	0	0	0
MY	0	0	3	1	0	0	0	4	0	0	0	0	0	0	0	0	0	7	0	1	0	0
MK	1	0	1	0	0	0	0	0	0	0	0	1	0	1	0	0	0	0	0	0	2	0
MN	0	0	0	0	0	0	0	0	0	0	0	0	0	0	1	0	7	0	0	1	0	1
BD	0	0	11	2	0	0	0	2	0	1	0	0	0	0	0	0	0	0	0	0	0	0
MM	0	0	1	0	0	0	0	0	0	0	0	0	0	0	1	0	0	1	0	0	0	0
MD	0	0	1	0	0	0	0	0	0	0	0	0	0	0	0	0	6	0	1	0	1	0
NP	0	0	6	1	0	0	0	0	0	0	1	0	0	0	0	0	0	0	0	0	0	0
RS	1	0	3	0	0	1	1	0	0	0	0	2	2	2	0	0	3	0	1	0	2	0
SA	0	7	34	6	2	25	0	24	0	6	0	0	1	0	0	0	1	5	2	0	0	0
LK	0	0	7	1	0	0	0	2	0	1	0	0	0	0	0	0	0	1	0	0	0	0
SK	1	0	1	0	0	1	0	0	0	0	0	6	1	3	0	0	2	0	0	0	0	0
SI	1	0	0	0	0	0	1	0	0	0	1	1	1	1	0	0	1	0	0	0	1	0
TJ	0	1	1	0	0	0	0	0	0	0	0	0	0	0	1	0	39	0	0	3	0	3
TH	0	0	7	5	1	1	0	3	0	1	0	0	0	1	0	0	21	5	1	2	0	0
TR	3	0	9	1	11	9	2	3	0	2	8	5	3	12	0	0	77	1	6	12	1	4
TM	0	1	2	0	1	0	0	0	0	0	1	0	0	0	0	0	4	0	0	1	0	0

续表

	AL	AF	AE	OM	AZ	EG	EE	PK	BL	BH	BY	BG	BA	PL	BT	TL	RU	PH	GE	KZ	ME	KG
BN	0	0	1	0	0	0	0	0	0	0	0	0	0	0	0	0	0	2	0	0	0	0
UG	1	0	4	0	4	8	2	0	0	0	7	5	0	21	0	0	65	0	13	5	4	0
UZ	0	0	2	0	1	0	0	1	0	0	1	0	0	0	0	0	52	0	0	3	0	1
SG	0	0	3	1	0	0	0	0	0	1	0	0	0	0	1	1	2	7	0	0	0	0
HU	1	0	2	0	1	0	0	0	0	0	1	3	2	5	0	0	6	0	2	1	1	0
SY	0	0	6	1	0	0	0	0	0	1	0	0	0	0	0	0	0	0	0	0	0	0
AM	0	0	2	0	0	1	0	0	0	0	1	1	1	1	0	0	23	0	2	2	0	0
YE	0	0	7	0	0	0	0	0	0	0	0	0	0	0	0	0	0	0	0	0	0	0
IQ	0	0	11	1	4	5	0	1	0	1	2	0	0	0	0	0	4	0	1	0	0	1
IR	0	5	22	5	7	0	0	5	0	2	1	0	0	0	6	0	8	0	10	2	0	0
IL	1	0	0	0	1	1	0	0	0	1	1	3	0	14	0	0	13	0	2	0	0	1
IN	0	4	62	17	0	1	0	5	0	9	0	1	0	0	0	0	5	2	0	2	0	0
ID	0	0	4	1	0	0	0	0	0	0	0	0	0	0	0	1	0	3	0	0	0	0
JO	0	0	6	1	0	6	0	0	0	1	0	0	0	0	0	0	5	0	0	0	0	1
VN	0	0	5	0	0	0	0	0	0	0	0	0	0	0	0	0	5	4	2	2	0	0
CN	0	1	19	2	4	3	0	9	0	0	1	0	0	2	0	0	114	45	2	10	0	4

(2)

	KH	CZ	QA	KW	HR	LV	LA	LB	LT	RO	MV	MY	MK	MN	BD	MM	MD	NP	RS	SA	LK	SK
AL	0	1	0	0	0	0	0	0	0	0	0	0	1	0	0	0	0	0	1	0	0	1
AF	0	0	0	0	0	0	0	0	0	0	0	0	0	0	0	0	0	0	0	7	0	0
AE	1	4	5	5	1	2	0	5	0	4	3	3	1	0	11	1	1	6	3	34	7	1
OM	0	1	3	1	0	0	0	1	0	0	0	1	0	0	2	0	0	1	0	6	1	0
AZ	0	1	1	1	0	1	0	0	0	0	0	0	0	0	0	0	0	0	0	2	0	0
EG	0	7	0	5	0	0	0	2	4	1	0	0	0	0	0	0	0	0	1	25	0	1
EE	0	0	0	0	2	1	0	0	2	0	0	0	0	0	0	0	0	0	0	0	0	0
PK	0	0	7	4	0	0	0	0	0	0	0	4	0	0	2	0	0	0	0	24	2	0
BL	0	0	0	0	0	0	0	0	0	0	0	0	0	0	0	0	0	0	0	0	0	0
BH	0	0	1	1	0	0	0	1	0	0	0	0	0	0	1	0	0	0	0	6	1	0
BY	0	0	0	0	0	0	0	0	0	0	0	0	1	0	0	0	0	0	1	0	0	0
BG	0	1	1	2	1	2	0	1	2	4	0	0	0	0	0	0	0	0	2	0	0	6
BA	0	8	1	1	1	0	0	0	2	0	0	0	0	0	0	0	0	0	2	1	0	1
PL	0	0	2	0	7	2	0	1	4	3	0	0	1	0	1	0	1	1	2	0	0	3
BT	0	6	0	0	0	0	0	0	0	0	1	0	0	0	0	0	0	0	0	0	0	0
TL	0	0	0	0	0	0	0	0	0	0	0	0	0	0	0	0	0	0	0	0	0	0
RU	0	16	2	0	8	8	0	2	8	3	1	0	0	7	0	0	6	0	3	1	0	2

续表

	KH	CZ	QA	KW	HR	LV	LA	LB	LT	RO	MV	MY	MK	MN	BD	MM	MD	NP	RS	SA	LK	SK
PH	2	0	3	1	0	0	2	0	0	0	0	7	0	0	0	1	0	0	0	5	1	0
GE	0	1	1	1	0	1	0	1	2	1	0	0	0	0	0	0	1	0	1	2	0	0
KZ	0	0	0	0	0	0	0	0	0	0	1	0	0	1	0	0	0	0	0	0	0	0
ME	0	1	0	0	0	0	0	0	0	1	0	1	2	0	0	0	0	0	2	0	0	0
KG	0	0	0	0	0	0	0	0	0	0	0	0	0	0	0	0	1	0	0	0	0	0
KH	0	0	1	0	0	0	4	1	0	0	0	3	0	1	0	1	0	0	0	0	0	5
CZ	1	1	1	1	4	1	0	0	0	1	1	0	0	0	3	0	0	1	1	1	1	0
QA	0	0	0	0	1	0	0	0	1	1	1	0	1	0	2	1	0	1	0	5	1	0
KW	0	1	1	0	0	0	0	1	0	1	0	2	0	0	0	0	0	1	0	0	0	0
HR	0	4	0	0	2	2	0	0	3	0	0	1	1	0	0	0	0	0	4	0	0	1
LV	0	1	0	0	0	0	0	0	0	0	0	0	0	0	0	0	0	0	1	0	0	1
LA	4	0	0	0	0	0	0	0	0	0	0	0	0	0	0	0	0	0	0	4	0	0
LB	0	0	1	0	0	0	0	1	0	1	0	0	0	0	2	0	0	0	1	0	0	0
LT	0	0	0	1	1	0	0	0	0	0	0	0	1	0	0	0	0	0	0	0	0	0
RO	0	1	1	1	0	0	0	0	0	0	0	1	0	0	1	0	2	0	1	0	0	2
MV	0	0	0	0	0	0	0	0	0	0	0	0	0	0	0	0	0	1	0	3	4	0
MY	3	0	2	1	0	0	2	0	0	0	0	0	1	0	2	2	0	1	0	3	1	0

续表

	KH	CZ	QA	KW	HR	LV	LA	LB	LT	RO	MV	MY	MK	MN	BD	MM	MD	NP	RS	SA	LK	SK
MK	0	1	1	0	1	0	0	0	0	0	0	0	0	0	0	0	0	0	2	0	0	1
MN	0	0	0	0	0	0	0	0	0	0	0	0	0	0	0	0	0	0	0	0	0	0
BD	0	0	3	2	0	0	0	2	0	0	1	2	0	0	0	1	0	2	0	7	1	0
MM	1	0	1	0	0	0	0	0	0	0	0	2	0	0	1	0	0	1	0	0	0	0
MD	0	0	0	0	0	0	0	0	0	2	0	0	0	0	0	0	0	0	1	0	0	0
NP	0	0	1	1	0	0	0	0	0	0	0	1	0	0	2	1	0	0	0	1	1	0
RS	0	1	1	0	4	0	0	1	0	1	3	0	0	0	0	0	1	1	0	0	0	1
SA	0	1	11	5	0	0	0	4	0	0	4	3	2	0	7	0	0	1	0	0	4	0
LK	0	0	1	1	0	1	0	0	0	0	0	1	0	0	1	0	0	1	1	4	0	0
SK	0	5	0	0	1	0	0	0	0	2	0	0	1	0	0	0	0	0	1	0	0	0
SI	0	1	0	0	0	0	0	0	0	0	0	0	1	0	0	0	0	0	0	0	0	0
TJ	0	0	0	0	0	0	0	0	0	0	0	0	0	0	0	0	0	0	0	0	0	0
TH	7	0	4	1	0	2	7	1	0	0	2	20	0	1	2	10	2	1	0	5	2	0
TR	0	5	5	7	3	0	0	7	3	11	1	1	3	1	1	0	0	1	4	60	1	5
TM	0	0	0	0	0	0	0	0	0	0	0	0	0	0	0	0	0	0	0	0	0	0
BN	0	0	0	0	0	0	0	0	0	0	0	4	0	0	0	0	0	0	0	1	0	0
UG	0	2	1	1	4	2	0	2	9	1	0	0	0	0	0	0	1	0	1	0	1	3

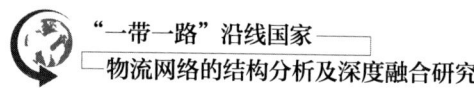

续表

	KH	CZ	QA	KW	HR	LV	LA	LB	LT	RO	MV	MY	MK	MN	BD	MM	MD	NP	RS	SA	LK	SK
UZ	0	0	0	0	0	1	0	0	0	0	0	2	0	0	0	0	0	0	0	0	0	0
SG	2	0	1	0	0	0	2	0	0	0	1	11	0	0	2	2	0	1	0	2	1	0
HU	0	2	1	0	1	1	0	0	0	5	0	0	1	0	0	0	0	0	1	0	0	2
SY	0	0	1	3	0	0	0	1	1	0	0	0	0	0	0	0	0	0	0	0	0	0
AM	0	1	1	0	0	0	0	1	0	0	0	0	0	0	0	0	0	0	0	0	0	0
YE	0	0	1	2	0	0	0	0	0	0	0	1	0	0	0	0	0	0	0	3	0	0
IQ	0	0	5	3	0	0	0	5	0	0	0	0	0	0	3	0	0	0	0	6	0	0
IR	0	1	6	9	0	0	0	2	0	0	0	1	0	0	0	0	0	0	0	7	1	0
IL	0	2	0	1	3	2	0	0	3	7	0	0	0	0	13	4	1	5	1	0	0	3
IN	0	0	14	11	0	0	0	0	0	1	7	14	0	0	1	1	0	0	0	31	14	0
ID	0	0	3	1	0	0	0	0	0	0	0	32	0	0	0	0	0	0	0	30	4	0
JO	0	0	1	1	0	0	0	2	0	1	0	1	0	0	0	0	0	0	1	6	0	0
VN	7	1	2	0	0	0	5	0	0	0	0	6	0	0	1	2	0	0	0	0	0	0
CN	69	5	8	0	0	0	15	1	0	0	12	64	0	10	4	14	0	6	3	9	7	0

(3)

	SI	TJ	TH	TR	TM	BN	UG	UZ	SG	HU	SY	AM	YE	IQ	IR	IL	IN	ID	JO	VN	CN
AL	1	0	0	3	0	0	1	0	0	1	0	0	0	0	0	1	0	0	0	0	0
AF	0	1	0	6	1	0	0	0	0	0	0	0	0	0	5	0	4	0	0	0	1
AE	0	1	7	9	2	1	4	2	3	2	6	2	7	11	22	0	62	4	6	5	19
OM	0	0	5	1	0	0	0	0	1	0	1	0	0	1	5	0	17	1	1	0	2
AZ	0	0	1	11	1	0	4	1	0	1	0	0	0	4	7	1	0	0	0	0	4
EG	1	0	1	9	0	0	8	0	0	1	0	1	0	5	0	1	1	0	6	0	3
EE	0	0	0	2	0	0	2	1	0	0	0	0	0	0	0	0	0	0	0	0	0
PK	0	0	3	3	0	0	0	0	0	0	0	0	0	1	5	0	5	0	0	0	9
BL	0	0	0	0	0	0	0	0	0	0	0	0	0	0	0	0	0	0	0	0	0
BH	0	0	1	2	0	0	0	0	0	0	1	0	1	2	1	1	9	0	1	0	0
BY	1	0	0	8	1	0	7	1	1	1	0	1	0	2	1	1	0	0	0	1	1
BG	1	0	0	5	0	0	5	0	0	3	0	0	0	0	0	3	1	0	0	0	0
BA	1	0	0	3	0	0	0	0	0	2	0	1	0	0	0	0	0	0	0	0	0
PL	1	0	1	12	0	0	21	0	0	5	0	0	0	0	0	14	0	0	0	0	2
BT	0	0	1	0	0	0	0	0	1	0	0	0	0	0	0	0	6	0	0	0	0
TL	0	0	0	0	0	0	0	0	1	0	0	0	0	0	0	0	0	1	0	0	0
RU	1	39	21	77	4	0	65	52	2	6	0	23	0	4	8	13	5	0	5	5	114

续表

	SI	TJ	TH	TR	TM	BN	UG	UZ	SG	HU	SY	AM	YE	IQ	IR	IL	IN	ID	JO	VN	CN
PH	0	0	5	1	0	2	0	0	7	0	0	0	0	0	0	0	2	3	0	4	45
GE	0	0	1	6	0	0	13	0	0	2	0	2	0	1	10	2	0	0	2	0	2
KZ	0	3	2	12	1	0	5	3	0	1	0	2	0	0	2	0	2	0	0	2	10
ME	1	0	0	1	0	0	4	0	0	1	0	0	0	0	0	0	0	0	0	0	0
KG	0	3	0	4	0	0	0	1	0	1	0	0	0	0	1	0	1	0	0	0	4
KH	0	0	7	0	0	0	0	0	0	0	0	0	0	0	0	0	0	0	0	7	69
CZ	1	0	0	5	0	0	2	0	2	2	1	1	0	0	1	2	0	0	1	1	5
QA	0	0	4	5	0	0	1	0	0	1	3	1	1	5	6	0	0	3	1	2	8
KW	0	0	1	7	0	0	1	0	1	0	0	0	2	3	9	1	14	1	1	0	0
HR	0	0	0	3	0	0	4	0	0	0	0	0	0	0	0	3	11	0	1	0	0
LV	0	0	0	2	0	0	2	0	0	1	0	0	0	0	0	2	0	0	0	0	0
LA	0	0	7	0	0	0	0	1	0	1	0	0	0	0	2	0	0	0	2	5	15
LB	0	0	1	7	0	0	2	0	2	0	0	1	0	5	0	3	0	0	2	0	1
LT	0	0	0	3	0	0	9	0	0	5	0	0	0	0	0	7	0	0	0	0	0
RO	0	0	0	11	0	0	1	0	0	0	0	0	0	0	0	0	1	0	0	0	0
MV	0	0	2	1	0	0	0	0	1	0	0	0	0	0	1	0	7	0	1	0	12
MY	0	0	20	1	0	4	0	2	11	0	0	0	0	1	1	0	14	32	1	6	64

续表

	SI	TJ	TH	TR	TM	BN	UG	UZ	SG	HU	SY	AM	YE	IQ	IR	IL	IN	ID	JO	VN	CN
MK	1	0	0	3	0	0	0	0	0	1	0	0	0	0	0	0	0	0	0	0	0
MN	0	0	1	1	0	0	0	0	0	0	0	0	0	0	0	0	0	0	0	0	10
BD	0	0	2	1	0	0	0	0	2	0	0	0	0	0	3	0	13	1	0	1	4
MM	0	0	10	0	0	0	0	0	2	0	0	0	0	0	0	0	4	1	0	2	14
MD	0	0	0	2	0	0	1	0	0	0	0	0	0	0	0	1	0	0	0	0	0
NP	0	0	1	1	0	0	0	0	1	1	0	0	0	0	0	0	5	0	0	0	6
RS	1	0	0	4	0	1	1	0	0	0	0	0	0	0	0	1	0	0	1	0	3
SA	0	0	5	60	0	0	0	0	2	0	0	0	3	6	7	0	31	30	6	0	9
LK	0	0	2	1	0	0	1	0	1	0	0	0	0	0	1	0	14	4	0	0	7
SK	0	0	0	5	0	0	3	0	0	2	0	0	0	0	0	3	0	0	0	0	0
SI	0	0	0	2	0	0	1	1	0	0	0	0	0	0	0	1	0	0	0	0	0
TJ	0	0	0	2	1	1	0	1	0	0	0	0	0	0	3	0	1	0	0	0	3
TH	2	2	2	0	1	0	1	4	9	6	0	2	0	0	2	1	26	8	2	14	214
TR	0	1	1	3	3	0	30	1	1	1	0	1	0	19	21	5	4	1	8	2	5
TM	0	0	0	0	0	0	0	0	0	0	0	0	0	0	0	0	2	0	0	0	2
BN	0	0	1	0	0	0	0	0	0	0	0	0	0	0	0	0	0	3	0	1	6
UG	1	0	1	30	0	0	0	0	0	3	0	2	0	0	2	9	0	0	1	0	2

续表

	SI	TJ	TH	TR	TM	BN	UG	UZ	SG	HU	SY	AM	YE	IQ	IR	IL	IN	ID	JO	VN	CN
UZ	0	1	1	4	0	0	0	0	1	0	0	0	0	0	2	1	3	0	0	1	3
SG	0	0	9	1	0	1	0	1	0	0	0	0	0	0	0	0	15	18	0	3	40
HU	0	0	0	6	0	0	3	0	0	0	0	0	0	0	0	3	0	0	1	0	1
SY	0	0	0	0	1	0	0	0	0	0	0	1	0	5	3	0	0	0	1	0	0
AM	0	0	0	2	0	0	2	0	0	0	1	0	0	2	6	1	1	0	0	0	0
YE	0	0	0	0	0	0	0	0	0	0	0	0	0	0	0	0	2	0	0	0	0
IQ	0	0	0	19	0	0	0	2	0	0	5	2	0	0	33	0	5	0	7	0	3
IR	1	3	2	21	0	0	2	1	0	0	3	6	0	33	0	0	7	0	0	0	4
IL	0	0	1	5	0	0	9	3	0	3	0	1	0	0	0	0	1	0	1	0	2
IN	0	1	26	4	2	0	0	0	15	0	0	0	2	5	7	1	0	15	0	2	17
ID	0	0	8	1	0	3	0	0	18	0	0	0	0	0	0	0	15	0	1	3	61
JO	0	0	2	8	0	0	1	0	0	1	0	0	0	7	0	0	0	1	0	0	1
VN	0	0	14	2	0	1	0	1	3	0	0	0	0	0	0	0	2	3	0	0	71
CN	0	3	214	5	2	6	2	3	40	1	0	0	0	3	4	2	17	61	1	71	0

附录 3 "一带一路"沿线国家远洋海运加权网络

(1)

	AL	AE	OM	EG	EE	PK	BH	BY	BA	BG	PL	TL	RU	PH	GE	ME	KH	QA	KW	HR	LV	LB	LT	RO
AL	0	6	2	1	0	1	1	0	0	0	0	1	2	6	2	0	2	1	1	0	1	1	1	0
AE	5	0	9	9	4	1	4	4	0	8	10	4	16	24	5	1	8	2	0	12	4	4	4	4
OM	2	10	0	2	3	1	2	2	2	4	5	2	8	12	2	1	4	2	1	3	1	1	3	2
EG	2	9	4	0	1	3	2	1	0	6	4	2	9	12	4	2	4	1	1	5	2	2	2	3
EE	0	4	3	3	0	0	1	0	0	2	3	1	3	6	1	0	2	2	1	0	1	1	1	0
PK	1	1	0	3	1	0	0	0	0	2	1	0	2	1	2	1	0	0	0	2	1	1	1	1
BH	1	4	2	2	1	0	0	1	0	2	2	1	4	6	1	1	2	0	0	3	1	1	1	1
BY	0	4	2	2	0	0	1	0	0	2	2	1	3	6	1	0	2	1	0	0	1	1	0	0
BA	0	0	2	0	0	0	0	0	0	0	0	0	0	0	0	0	0	0	0	0	0	0	0	0
BG	2	8	4	5	2	1	2	2	0	0	4	2	8	12	2	1	4	3	1	3	2	2	2	2
PL	1	8	4	7	2	1	2	1	0	4	0	2	9	12	4	0	4	3	0	1	3	3	3	0
TL	1	4	2	2	1	0	1	1	0	2	2	0	2	0	1	1	0	1	0	3	1	1	1	1

续表

	AL	AE	OM	EG	EE	PK	BH	BY	BA	BG	PL	TL	RU	PH	GE	ME	KH	QA	KW	HR	LV	LB	LT	RO
RU	1	16	8	9	3	3	4	3	0	8	8	2	0	12	5	3	4	7	3	8	3	4	2	3
PH	6	21	11	16	6	4	6	5	0	12	13	0	12	0	10	6	0	10	4	18	5	6	5	6
GE	2	8	4	5	2	2	2	1	0	3	3	1	4	7	0	2	3	3	2	4	2	2	2	2
ME	1	4	2	3	0	1	1	0	0	2	0	1	3	6	2	0	2	1	0	0	0	1	0	1
KH	2	8	4	6	2	2	2	2	0	4	6	1	4	0	4	2	0	4	2	5	2	2	2	2
QA	2	0	2	3	1	0	0	1	0	4	3	1	6	6	3	1	2	0	0	3	2	1	2	1
KW	1	0	1	3	1	1	1	0	0	2	1	0	2	0	2	1	1	0	0	2	1	1	0	1
HR	1	12	6	6	3	2	3	0	0	2	0	3	8	18	3	0	6	5	2	0	1	2	1	0
LV	1	4	2	3	1	0	1	1	0	2	3	1	3	6	2	1	2	2	1	2	0	0	0	0
LB	1	4	2	3	0	1	1	0	0	2	0	1	3	6	2	0	2	2	0	1	0	0	0	0
LT	1	4	3	3	1	1	1	1	0	2	3	1	4	6	2	1	2	2	0	1	1	1	0	1
RO	1	4	3	3	1	0	1	1	0	0	2	1	4	6	2	1	2	2	1	1	1	1	0	1
MV	1	4	2	3	1	0	0	1	0	2	3	1	4	6	2	1	2	1	0	1	1	1	1	1
MY	6	27	12	14	6	3	6	6	0	12	14	0	12	3	9	6	0	9	3	18	6	6	6	6
BD	2	8	4	4	2	0	2	2	0	4	5	0	4	0	3	2	1	3	0	6	2	2	2	2
MM	1	4	2	3	1	0	1	1	0	2	3	0	2	0	2	1	1	2	0	3	1	1	1	1
MD	0	0	1	1	0	0	0	0	0	0	0	0	0	0	0	0	0	0	0	0	0	0	0	0
SA	3	12	6	9	3	0	3	2	0	5	7	2	9	12	5	2	5	3	0	6	2	2	2	2

续表

	AL	AE	OM	EG	EE	PK	BH	BY	BA	BG	PL	TL	RU	PH	GE	ME	KH	QA	KW	HR	LV	LB	LT	RO
LK	1	4	2	3	1	0	1	1	0	2	2	1	4	6	2	1	2	1	0	3	1	1	1	1
TH	3	12	6	9	3	0	3	2	0	3	4	2	8	12	2	2	3	5	0	4	0	0	4	0
TR	4	20	10	14	6	0	5	3	0	6	6	3	13	18	4	2	5	6	0	5	0	1	4	0
BN	0	4	2	2	1	0	1	1	0	1	2	1	4	6	0	1	0	1	0	2	0	0	2	0
UG	0	0	0	0	0	0	0	1	0	0	2	0	1	0	2	0	0	0	0	0	0	0	0	0
SG	1	4	2	3	1	0	1	0	0	2	2	0	2	0	2	1	0	2	0	3	1	1	1	1
SY	1	4	2	3	1	0	1	0	0	2	0	0	1	0	0	0	0	1	0	0	0	0	0	0
AM	0	0	1	0	0	0	0	0	0	2	0	0	1	0	1	0	0	2	0	0	0	0	0	0
YE	2	8	4	6	2	0	2	1	0	2	2	2	3	0	0	1	0	0	0	3	1	1	1	1
IQ	0	0	0	0	0	0	0	0	0	0	0	0	0	0	0	0	0	0	0	0	0	0	0	0
IR	0	0	0	0	0	0	0	0	0	0	0	0	0	0	2	1	0	0	0	0	0	0	0	0
IL	1	7	4	4	2	2	2	1	2	6	6	2	7	10	2	1	4	1	2	3	0	2	2	2
IN	13	55	25	11	4	2	4	2	4	4	5	1	5	6	6	3	6	5	3	7	4	2	4	3
ID	5	30	12	15	6	6	6	2	3	9	8	4	12	12	0	4	12	11	6	10	5	5	6	6
JO	1	5	2	3	1	1	1	0	1	2	0	1	2	3	0	0	2	3	1	2	1	1	1	1
VN	2	9	4	6	2	1	2	1	1	2	5	1	4	2	4	2	3	3	1	2	1	0	2	1
CN	11	46	19	27	9	3	9	6	0	17	22	0	19	5	19	8	8	17	0	29	7	11	9	11

	MV	MY	BD	MM	MD	SA	LK	TH	TR	BN	UG	SG	SY	AM	YE	IQ	IR	IL	IN	ID	JO	VN	CN
AL	0	7	2	1	0	4	1	3	3	0	0	1	1	0	2	0	0	1	5	6	1	2	11
AE	4	31	8	0	0	12	3	12	13	0	4	4	4	0	6	0	0	8	17	24	4	4	41
OM	1	9	2	0	1	5	2	4	8	0	2	2	0	1	4	0	0	4	9	6	2	3	19
EG	3	14	5	0	0	6	3	6	15	0	2	1	2	0	6	0	0	6	13	12	3	4	22
EE	1	7	2	1	0	4	1	3	5	0	0	1	0	1	0	0	0	2	5	6	1	2	11
PK	0	3	0	0	0	0	0	1	5	0	0	0	1	0	1	0	0	1	1	3	1	1	3
BH	1	6	2	1	0	3	1	3	4	0	1	1	0	0	2	0	0	0	4	6	1	2	9
BY	0	7	2	0	0	3	1	3	3	0	0	1	0	0	2	0	0	2	4	6	1	2	10
BA	0	0	0	0	0	0	0	0	0	0	0	0	0	0	1	0	0	2	4	3	1	1	0
BG	2	14	4	1	0	7	2	6	1	0	2	2	1	0	3	0	0	3	9	12	2	3	21
PL	2	14	3	1	0	7	2	6	12	0	0	1	1	0	4	0	0	6	10	11	3	4	27
TL	1	0	0	0	0	4	1	0	2	0	1	0	0	0	0	0	0	2	4	1	1	0	0
RU	4	14	4	2	0	15	4	5	14	0	3	2	2	0	4	0	0	8	18	11	4	5	29
PH	6	1	0	0	0	22	6	1	32	0	6	1	4	0	10	0	0	12	24	1	6	1	2
GE	2	10	3	1	0	6	2	4	4	0	1	2	2	0	4	0	0	4	9	10	2	4	19
ME	1	6	2	0	0	3	1	3	5	0	0	1	1	0	2	0	0	2	5	6	1	2	11

续表

	MV	MY	BD	MM	MD	SA	LK	TH	TR	BN	UG	SG	SY	AM	YE	IQ	IR	IL	IN	ID	JO	VN	CN
KH	2	0	0	0	0	8	2	0	14	0	2	0	2	0	4	0	0	4	8	1	2	0	1
QA	1	7	2	0	0	1	1	3	8	0	1	2	1	0	2	0	0	0	3	6	2	1	15
KW	0	3	0	0	0	0	0	1	6	0	0	1	1	0	2	0	0	0	0	4	1	1	7
HR	3	19	6	0	0	10	3	9	7	0	1	3	2	0	5	0	0	3	13	18	3	6	32
LV	1	6	2	1	0	4	1	3	7	0	0	1	1	0	2	0	0	2	5	6	1	2	11
LB	1	7	2	0	0	3	1	3	6	0	1	1	1	0	2	0	0	0	4	6	1	2	10
LT	1	7	2	1	0	4	1	5	8	1	0	1	1	0	2	0	0	2	5	6	1	2	11
RO	1	7	2	0	0	4	1	3	6	0	1	1	1	0	2	0	0	2	5	6	1	2	11
MV	0	7	2	0	0	3	1	3	7	0	1	1	1	0	1	0	0	2	4	6	1	2	11
MY	6	0	0	0	0	21	6	3	27	0	5	3	3	0	9	0	0	12	24	11	6	4	22
BD	2	0	0	0	0	7	2	0	8	0	1	0	1	0	3	0	0	0	8	0	2	0	0
MM	1	0	0	0	0	4	1	0	3	0	1	1	0	0	1	0	0	2	4	0	0	0	1
MD	0	0	0	0	0	0	0	0	0	0	0	0	0	0	0	0	0	0	0	0	0	0	0
SA	2	14	4	0	0	0	3	6	7	0	2	2	2	0	2	0	0	0	9	12	5	2	29
LK	1	7	2	0	0	2	0	3	3	0	1	1	0	0	1	0	0	0	4	6	2	1	18
TH	0	14	4	0	0	8	3	0	10	2	4	0	2	2	2	2	8	2	8	8	2	0	13

续表

	MV	MY	BD	MM	MD	SA	LK	TH	TR	BN	UG	SG	SY	AM	YE	IQ	IR	IL	IN	ID	JO	VN	CN
TR	1	21	6	0	0	11	1	5	0	1	6	1	2	2	2	2	8	2	12	12	4	1	27
BN	0	7	2	0	0	2	0	4	4	0	2	0	1	1	1	1	4	3	6	10	2	1	5
UG	0	0	0	0	0	0	0	2	5	1	0	0	0	0	0	0	0	1	2	6	2	1	4
SG	1	0	0	0	0	0	0	0	3	0	0	0	0	0	1	0	0	0	4	0	1	0	1
SY	0	0	0	0	0	3	0	2	3	1	0	0	0	0	0	0	0	2	4	6	1	1	0
AM	0	0	0	0	0	0	0	2	2	1	0	0	0	0	0	0	0	2	3	6	1	1	0
YE	1	7	2	0	0	0	1	0	4	0	0	0	0	0	0	0	0	2	5	6	1	1	9
IQ	0	0	0	0	0	2	0	2	2	1	0	0	0	0	0	0	0	0	3	5	1	1	0
IR	0	0	0	0	0	0	0	0	0	0	3	1	2	2	0	0	0	0	10	11	1	3	10
IL	0	9	4	0	0	4	1	6	5	2	6	4	3	3	0	3	4	0	9	7	2	2	10
IN	3	16	6	0	0	7	2	10	10	8	12	6	6	6	0	5	8	4	0	19	5	5	20
ID	5	33	12	0	0	17	6	12	12	11	2	1	1	1	0	1	11	2	22	0	7	8	17
JO	1	6	2	0	0	3	1	3	3	2	2	1	1	1	0	1	2	0	3	1	0	1	3
VN	1	5	2	0	0	3	1	1	2	2	0	0	0	0	0	0	1	1	5	4	2	0	2
CN	11	13	1	6	0	53	29	13	58	0	9	55	0	0	8	0	9	18	44	11	11	9	0

附录4 基于相似性指标的传统链路预测算法

```matlab
%%% 主程序
function [ net ] = FormNet( linklist )
    if ~all(all(linklist(:,1:2)))
        linklist(:,1:2) = linklist(:,1:2)+1;
    end
    linklist(:,3) = 1;
    net = spconvert(linklist);
    nodenum = length(net);
    net(nodenum,nodenum) = 0;
    net = net-diag(diag(net));
    net = spones(net + net');
end

%%% 子程序
%%AA
dataname = strvcat( ' ');
datapath = ' ';
thisdatapath=strcat(datapath,dataname(1,:),'.txt');
linklist=load(thisdatapath);
net=FormNet(linklist);
train=net;
train1 = train ./ repmat(log(sum(train,2)),[1,size(train,1)]);
train1(isnan(train1)) = 0;
train1(isinf(train1)) = 0;
sim = train * train1;
clear train1;
xlswrite( ' ')

%%CN
dataname = strvcat( ' ');
datapath = ' ';
```

```
thisdatapath=strcat(datapath,dataname(1,:),'.txt');
linklist=load(thisdatapath);
net=FormNet(linklist);
train=net;
sim=train*train;
xlswrite(' ')

%%RA
dataname = strvcat(' ');
datapath = ' ';
thisdatapath=strcat(datapath,dataname(1,:),'.txt');
linklist=load(thisdatapath);
net=FormNet(linklist);
train=net;
train1 = train ./ repmat(sum(train,2),[1,size(train,1)]);
train1(isnan(train1)) = 0;
train1(isinf(train1)) = 0;
sim = train * train1;  clear train1;
xlswrite(' ')

%%Katz
dataname = strvcat(' ');
datapath = ' ';
thisdatapath=strcat(datapath,dataname(1,:),'.txt');
linklist=load(thisdatapath);
net=FormNet(linklist);
train=net;
sim = inv( sparse(eye(size(train,1))) – 0.01 * train);
sim = sim – sparse(eye(size(train,1)));
xlswrite(' ')

%%LP
dataname = strvcat(' ');
datapath = ' ';
thisdatapath=strcat(datapath,dataname(1,:),'.txt');
linklist=load(thisdatapath);
net=FormNet(linklist);
train=net;
```

```
sim = train*train;
sim = sim + 0.0001 * (train*train*train);
xlswrite( ' ')

%%LRW
dataname = strvcat( ' ');
datapath = ' ';
thisdatapath=strcat(datapath,dataname(1,:),' .txt' );
linklist=load(thisdatapath);
net=FormNet(linklist);
train=net;
deg = repmat(sum(train,2),[1,size(train,2)]);
train = train ./ deg; clear deg;
I = sparse(eye(size(train,1)));
sim = I;
stepi = 0;
while(stepi < 3)
    sim = (1−0.85)*I + 0.85 * train' * sim;
    stepi = stepi + 1;
end
sim = sim+sim' ;
xlswrite( ' ')

%%RWR
dataname = strvcat( ' ');
datapath = ' ';
thisdatapath=strcat(datapath,dataname(1,:),' .txt' );
linklist=load(thisdatapath);
net=FormNet(linklist);
train=net;
deg = repmat(sum(train,2),[1,size(train,2)]);
train = train ./ deg;      clear deg;
I = sparse(eye(size(train,1)));
sim = (1 − 0.85) * I\(I− 0.85 * train' ) ;
(1 − 0.85) * inv(I− 0.85 * train' )*I
sim = sim+sim' ;
xlswrite( ' ')
```

附录5 基于支持向量机的链路预测算法

```
[CN_label,CN_inst]=libsvmread('airport.txt');
[CN_inst,PS]=mapminmax(CN_inst');
CN_inst=CN_inst';
K=5;
sum_accuracy_svm=0;
sum_auc=0;
sum_x=0;
sum_y=0;
[m,n]=size(CN_inst);
Indices = crossvalind('Kfold',m,K);
for i= 1:K
    CN_test_indic=(Indices == i);
    CN_train_indic= ~CN_test_indic;
    CN_train_inst=CN_inst(CN_train_indic,:);
    CN_train_label=CN_label(CN_train_indic,:);
    CN_test_inst=CN_inst(CN_test_indic,:);
    CN_test_label=CN_label(CN_test_indic,:);

    model=libsvmtrain(CN_train_label,CN_train_inst);

    [predict_label,accuracy,dec_values]=libsvmpredict(CN_test_label,CN_test_inst,model);
    sum_accuracy_svm=sum_accuracy_svm +accuracy;
    x=1.0;
    y=1.0;
    pos_num=sum(CN_test_label==1);
    neg_num=sum(CN_test_label==0);
    m=size(CN_test_label,1);
    [val,ind] = sort(dec_values,'descend');
    roc_y = CN_test_label(ind);
    x=zeros(m+1,1);
```

```
        y=zeros(m+1,1);
        auc=0;
        x(1)=1;y(1)=1;
        for j=2:m
              TP=sum(roc_y(j:m)==1);
              FP=sum(roc_y(j:m)==0);
              x(j)=FP/neg_num;
              y(j)=TP/pos_num;
              auc=auc+(y(j)+y(j-1))*(x(j-1)-x(j))/2;
        end
        x(m+1)=0;y(m+1)=0;
        auc=auc+y(m)*x(m)/2;
        plot(x,y,'b');
        xlabel('False Positive Rate');
        ylabel('True Positive Rate');
        leg_str{i}=[num2str(i),'折 ROC(AUC=' num2str(auc) ')'];
        hold on
        sum_x=sum_x+x;
        sum_y=sum_y+y;
        sum_auc=sum_auc+auc;
end
mean_accuracy_svm = sum_accuracy_svm/K;
mean_auc=sum_auc/K;
disp('平均准确率:');
disp(mean_accuracy_svm);
mean_x=sum_x/K;
mean_y=sum_y/K;
disp('平均 AUC:');
disp(mean_auc);
plot(mean_x,mean_y,'r','lineWidth',1.5);
set(gca,'Xlim',[-0.1 1]);
set(gca,'Ylim',[0 1.1]);
title(['ROC curve of (airport-AUC=' num2str(mean_auc) ',MeanACC=' num2str(mean_accuracy_svm(1)) '%)']);
                legend(leg_str,'Location','SouthEast','MeanROC');
```